Maria, Königin des ersten Schöpfungstages, des Lichtes

Vor Erschaffung der Welt

Maria von Agreda

LEBEN DER
JUNGFRÄULICHEN GOTTESMUTTER MARIA

II. Band

MIRIAM ✠ VERLAG

Die Seherin Maria von Jesus zu Agreda

Leben der jungfräulichen Gottesmutter Maria

EIN WUNDER SEINER ALLMACHT, EIN ABGRUND SEINER GNADEN

Der ehrwürdigen Schwester Maria von Jesus
vom Orden des heiligen Franziskus,
Äbtissin des Klosters der Unbefleckten Empfängnis
in Agreda, geoffenbart.

Unter Zugrundelegung der
„Nueva Edición de la Mistica Ciudad de Dios",
Barcelona 1911–1914,
ins Deutsche übertragen von
Schwester Assumpta Volpert,
Dienerin des Heiligen Geistes

Illustrationen: Schwester Serviane Wollseifen SSpS

8 Bücher in 4 Bänden
46 ganzseitige Bilder entsprechend der 1. Auflage 1954

Das Imprimatur hat das erzbischöfliche Ordinariat Salzburg
am 31. Mai 1954, Zl. 1311, erteilt

Mit Erlaubnis des Ordensobern

7. Auflage 2015

Alle Rechte der deutschen Ausgabe liegen beim
Miriam-Verlag • D-79798 Jestetten
www.miriam-verlag.de

Satz & Druck: Miriam-Verlag
Printed in Germany

ISBN 978-3-87449-129-7

DEM HEILIGEN DREIEINIGEN GOTT

IN UNSEREN HERZEN

UND IN DEN HERZEN ALLER MENSCHEN!

INHALT

VORWORT

Die Offenbarungen über das *Leben der jungfräulichen Gottesmutter Maria,* welche die Gottesmutter selbst der spanischen Klarissin Maria von Jesus in den Jahren 1655 bis 1660 anvertraut hat, sind ein außerordentliches Geschenk der Himmelskönigin an die Welt. Sie wurden im Laufe der Jahrhunderte in mehr als fünfundzwanzig Sprachen übersetzt. Seitdem spenden sie, wie eine „Stadt auf dem Berge" alle Länder überragend, bis an die Grenzen der Erde ihr Licht. Eben deshalb wurde und wird dieses Marienwerk von Satan gehaßt und unerbittlich angefochten, gibt es doch kaum ein anderes Buch, das die Gnadenherrlichkeit Mariens so klar offenbart und so hell beleuchtet. In diesem Werk erscheint Maria schon vor dreihundert Jahren als die unbefleckt empfangene Gottesmutter, als die Königin der Engelwelt und der gesamten Menschheit, als Mittlerin der Gnaden und als Miterlöserin.

Dieser Glanz um Maria bringt es von selbst mit sich, daß dieses „Zeichen am Himmel" (Offb 12, 1), das Luzifer und seinen Anhang in allen Zeitaltern besiegt, auch die Anschläge der Hölle auf die Menschheit und auf das Erlösungswerk ins Blickfeld rückte wie außer der Geheimen Offenbarung des heiligen Johannes wohl kaum ein anderes Buch.

Dank der göttlichen Vorsehung blieb dieses größte Marienwerk durch alle Stürme über Jahrhunderte bestehen. Tausende von Menschen haben unverlierbare Werte aus ihm geschöpft. Große Geistesmänner und Päpste zollten ihm ihre Anerkennung und tiefe Verehrung.

Im heiligen Jahre 1950, anläßlich der feierlichen Dogmatisierung der Wahrheit von der leiblichen Aufnahme Mariens in den Himmel, hatte ich den Gedanken gefaßt, eine neue deutsche Ausgabe vorzubereiten. Aber immer eindringlicher kam es mir zum Bewußtsein, welches Ausmaß an Arbeit und Sorgfalt für die Verwirklichung eines solchen Planes erforderlich wäre. Um so glücklicher war ich, als 1952 ein Schreiben von

Schwester Assumpta Volpert aus Rom eintraf mit dem Inhalt, daß die Übersetzung der acht Bücher bereits vorliege und der Herausgabe durch einen Verlag harre.

So sah ich die Verwirklichung meines Planes plötzlich in unmittelbare Nähe gerückt. Eine mündliche Aussprache in der Ewigen Stadt und die Einsichtnahme in die Übersetzung von Sr. Assumpta überzeugten mich von der Gründlichkeit und Genauigkeit, mit der sie gearbeitet hatte. Da ihr zudem als Schriftstellerin ein guter Ruf vorausging, und ich wahrnehmen konnte, in welch hoher Auffassung und mit welcher Selbstlosigkeit diese Ordensfrau ihrer Aufgabe oblag und für die Neuausgabe dieses großen Marienwerkes besorgt war, übernahm ich es mit dankbarer Freude, die Wege dazu zu ebnen. Denn in jahrzehntelanger Arbeit erschöpfte sich Sr. Assumpta fast völlig, dieses einzigartige Werk aus dem spanischen Originaltext dem deutschen Sprachraum zu schenken. Kurz vor ihrem Heimgang in die Ewigkeit erlebte sie noch das Erscheinen der ersten Bände und die Freude, daß Ungezählte nach diesem Marienwerk verlangten.

Eine Fügung der Vorsehung mag es sein, daß die deutsche Neuausgabe hundert Jahre nach der feierlichen Dogmatisierung der Unbefleckten Empfängnis Mariä (1854) durch Papst Pius IX. zustande kam, war es doch gerade Maria von Jesus zu Agreda, die drei Jahrhunderte früher – damals wurde noch unter großen und größten Theologen darüber eifrig diskutiert – die Wahrheit dieses Geheimnisses niedergeschrieben hat.

So möge denn das herrliche und ebenso minnigliche wie grandiose Werk der großen spanischen Seherin Hunderte und Tausende verstehender Seelen erfassen und mit neuer Verehrung für Maria, die Königin des Universums, erfüllen. Und wer vermöchte die im „argen liegende Menschheit" sicherer zu Christus, dem göttlichen Weltheiland zu führen, als Maria, die heiligste Jungfrau und Mutter?

Egg / Zürich, im Rosenkranzmonat 1954 Prof. Albert Drexel

Maria von Agreda

LEBEN DER
JUNGFRÄULICHEN GOTTESMUTTER MARIA

DRITTES BUCH

Ich legte den ersten Teil des Lebens Mariä Gott zur Prüfung vor, damit das göttliche Licht untersuche und verbessere, was ich mit seinem Beistande, jedoch in meiner Unzulänglichkeit niedergeschrieben hatte. Ich wollte zu meinem Troste erfahren, ob es Ihm gefalle, und ob Er befehle, das meine Kräfte übersteigende Werk fortzusetzen oder aufzugeben. Der Herr anwortete mir: „Du hast gut geschrieben. Doch du bedarfst einer neuen, größeren Vorbereitung, um die noch übrigen Geheimnisse der Mutter Meines eingeborenen Sohnes zu offenbaren. Du sollst allem Unvollkommenen und Sichtbaren gänzlich absterben, nach dem Geiste leben und Gewohnheiten annehmen, die den Engeln eigen sind und durch erhöhte Reinheit dem gleichen, was du schauen und beschreiben sollst."

Da ward ich inne, daß Gott eine hohe Vollkommenheit des Lebens von mir verlange, und ich wurde mißtrauisch gegen mich selbst, verwirrt und verzagt. Es erhob sich in mir ein großer Streit zwischen dem Fleische und dem Geiste. Dieser spornte mich an, jene Vollkommenheit zu erwerben, um das Wohlgefallen des Herrn und meinen eigenen Vorteil zu gewinnen. Das Gesetz der Sünde in meinen Gliedern dagegen widerstand dem göttlichen Lichte, und ich fürchtete meine Unbeständigkeit. Feigheit drückte mich nieder, und ich glaubte, nicht fähig zu sein, so erhabene Dinge zu behandeln, zumal sie den Beschäftigungen der Frauen so fern liegen.

Von Furcht überwältigt, beschloß ich, dieses Werk nicht fortzusetzen. In seiner grausamen Bosheit fiel der böse Feind mich mit unglaublicher Wut an, da er meinte, ich habe niemanden, der mich aus seiner Macht befreien könne. Wie ein Engel des Lichtes stellte er sich, als sei er eifrig um das Heil meiner Seele besorgt. Hartnäckig versuchte er mich, übertrieb die Gefahr meiner Verdammung und drohte mir eine Strafe an wie die des Luzifers; denn ich hätte aus Stolz etwas unternommen, was meine Kräfte übersteige und gegen Gott selbst sei.

Viele tugendhafte Seelen seien aus geheimem Dünkel und durch trügerische Einflüsterungen der Schlange getäuscht worden. Ohne vermessenen Stolz könne man die Geheimnisse der göttlichen Majestät nicht erforschen. In dieses Laster sei ich verstrickt. Übrigens seien die heutigen Zeiten für solche Gegenstände ganz ungünstig. Das bekräftigte er durch Beispiele bekannter Personen, deren Trug und Täuschung man entdeckt habe. Sodann wies er auf den Verlust meines guten Namens hin, den der geringste Fehler mir zuziehen würde, sowie auf die schlimmen Folgen meiner Schriften für Menschen von geringerer Frömmigkeit. Das alles würde ich zu meinem Schaden noch einsehen. So trachtet der böse Feind, das Urteil irrezuleiten, damit man um so schwieriger die Finsternis von dem Lichte unterscheide.

Selbst bei guter Absicht und regem Eifer kann man auf Erden oft nicht leicht zwischen der wahren und falschen Klugheit unterscheiden, wenn das Licht von oben mangelt. Dies habe ich selbst erfahren. Mehrere fromme Personen, die mich liebten und mein Bestes wünschten, andere, die Offenbarungen geringschätzten und verachteten, suchten mich zu gleicher Zeit vom Schreiben und von meinem geistlichen Wege abzuhalten, als hätte ich ihn mir selbst gewählt. Die Furcht vor Schande und Verachtung, die den Orden, meine Verwandten und besonders mein Kloster treffen könnten, verursachte ihnen Besorgnis, mir aber großes Leid. Ich gestehe, meinen natürlichen Neigungen und Wünschen, meinem Kleinmut und meiner Furcht hätte der gewöhnliche geistliche Weg, den andere Ordensfrauen gingen, mehr zugesagt.

In diesen Stürmen suchte ich den Hafen des Gehorsams, der mir Sicherheit bot. Um diese Zeit war mein geistlicher

Vater und Oberer lange abwesend. Er hatte meine Seele viele Jahre geleitet, kannte mein Inneres und meine Verfolgungen. Er hatte mir befohlen zu schreiben und mir glücklichen Ausgang, Ruhe und Trost versprochen. Der höllische Drache benutzte diese Zeit, einen rasenden Strom von Versuchungen gegen mich loszulassen und mich vom Gehorsam und den Weisungen meines Obern abzubringen. Doch vergebens.

Zu all diesem verursachte mir Satan noch Krankheiten und Unpäßlichkeiten. Er erregte in mir eine unüberwindliche Traurigkeit, verwirrte mir den Kopf und wollte, so scheint es mir, meinen Verstand verfinstern, das Denken hemmen, den Willen schwächen und mir Leib und Seele verderben. Er hatte Erfolg, insofern ich in meiner Verwirrung mehr aus menschlicher Schwäche denn aus Bosheit einige bedeutende Fehler beging. Diese benützte die höllische Schlange mehr als irgend ein anderes Mittel, mich zu verderben. Satan flüsterte mir allerlei spitzfindige Gedanken ein, um mich glauben zu machen, meine religiösen Erlebnisse seien Lug und Trug.

Diese Versuchung hatte wegen meiner wirklich begangenen Fehler den Schein der Wahrheit für sich, und ich widerstand ihr weniger als anderen. Nur Gottes besonderem Erbarmen verdanke ich es, daß ich den Glauben und die Hoffnung auf Hilfe nicht ganz verlor. In Finsternis versenkt, konnte ich sagen: „Todesschmerzen umgaben mich und die Ströme der Bosheit haben mich erschreckt" (Ps 17, 5). In höchster Not entschloß ich mich, das bisher Geschriebene zu verbrennen und keine Fortsetzung zu machen. Dann machte mir Satan den Vorschlag, nicht mehr auf mein Inneres zu achten, noch es anderen zu eröffnen. So könnte ich meine Sünden büßen und den erzürnten Herrn versöhnen. Er drängte mich sogar, das Gelübde zu machen, nicht mehr zu schreiben wegen der Gefahr, getäuscht zu werden und andere zu täuschen. Ich sollte mein Leben bessern, meine Unvollkommenheiten ablegen und Buße tun.

Unter dieser Tugendmaske wollte Satan seinen Anschlägen Glauben verschaffen. Ich befand mich besonders vierzehn Tage lang in einer finsteren Nacht, ohne Ruhe und ohne göttlichen oder menschlichen Trost. Besonders ängstigte mich der Verlust meiner Gesundheit und die Überzeugung, daß der Tod herannahe und mit ihm die Gefahr, ewig verloren zu gehen. Das alles hat der böse Feind angestiftet. Die bitteren Eindrücke aber bewirkten, daß ich vorsichtiger wurde und seinen Einflüsterungen nicht folgte. Auch die Hochschätzung des Gehorsams hat mir viel geholfen. Mir war ja befohlen, zu schreiben und gerade das Gegenteil zu tun von dem, was Satan mir einfüsterte. Ganz besonders aber verteidigte mich der verborgene Schutz des Allerhöchsten. Er ließ nicht zu, daß eine Seele, die Ihn inmitten solcher Trübsale unter Seufzen und Schluchzen verherrlichte, in die Gewalt der wilden Tiere gerate. Meine Kämpfe und Trostlosigkeiten waren unbeschreiblich. Zwischen meinem seelischen Zustand und dem der Verdammten fand ich keinen Unterschied als den, daß es in der Hölle keine Erlösung gibt, während sie in jenem Zustand möglich ist.

An einem dieser Tage rief ich aus der Tiefe meines Herzens: „Wehe mir! Wohin soll ich gehen? Jeder Hafen des Heiles ist mir verschlossen!" Da antwortete mir eine süße und starke Stimme in meinem Innern: „Wohin willst du gehen, wenn nicht zu deinem Gott?" Ich erkannte, daß der Herr mir gnädig helfen wollte. Ermutigt raffte ich mich auf. Eifer und Kraft beseelten mich in meinem Verlangen und in meinen Akten des Glaubens, der Hoffnung und der Liebe. Ich demütigte mich vor Gott, beweinte voll Vertrauen meine Sünden, beichtete sie reumütig und suchte das Licht und die Wahrheit der vergangenen Tage. Die göttliche Weisheit kommt dem mit Verlangen Rufenden zuvor. Auch mir kam sie bald mit freudigem Antlitz entgegen und erhellte die Nacht des Sturmes in meiner Seele.

Maria, Königin des vierten Schöpfungstages, der Sternenwelt

Dann kam der lichte Tag, an dem ich meine frühere Ruhe fand und die Süßigkeit der Liebe und der Anschauung meines Herrn und Gottes wieder genoß. Dabei erkannte ich, wie sehr ich Grund habe, die Gunsterweise Seiner Allmacht in mir als echt anzunehmen und hochzuhalten. Ich dankte Ihm dafür von Herzen und erkannte, was ich bin und was Gott ist, was das Geschöpf aus sich allein kann, nämlich nichts. Ich erkannte aber auch, was das Geschöpf vermag, wenn es von der Allmacht Gottes erhoben und unterstützt wird. Dies ist ohne Zweifel mehr, als unsere irdische Fassungskraft sich vorstellen kann. Ich verdemütigte mich vor dem unzugänglichen Licht, das groß, stark, ohne Trug und Falschheit ist. Mein Herz ergoß sich in feurige Erweise der Liebe, des Lobes und der Dankbarkeit. Dieses göttliche Licht hatte mich ja so kräftig beschützt, daß meine Leuchte in der Nacht der Versuchung nicht erlosch. Dankbar beugte ich mich in den Staub und erniedrigte mich bis zur Erde.

Zur Befestigung dieser Wohltat erhielt ich eine innere Mahnung, ohne jedoch klar zu erkennen, wer sie mir gab. Sie wies mich streng zurecht wegen meiner Treulosigkeit. Sie ermahnte und erleuchtete mich zu gleicher Zeit mit liebenswürdigem Ernst. Sie verlieh mir neues Verständnis für das Gute und das Böse, für die Tugend und das Laster, für das, was sicher, nützlich und heilsam ist, und ebenso für das Gegenteil. Sie zeigte mir den Weg der Ewigkeit, indem sie mich über Anfang, Mitte und Ende aller Dinge unterrichtete, auch über das ewige Leben und das ewige Verderben.

Bei dieser tiefen Erkenntnis verstummte ich. Ich schwebte verwirrt zwischen der entmutigenden Furcht vor meiner Gebrechlichkeit und dem Verlangen nach dem Guten, dessen ich nicht würdig war. Gottes Güte und Barmherzigkeit ermutigte mich, aber die Furcht, Ihn zu verlieren, beugte mich nieder. Ich betrachtete die ewige Glorie und die ewige Pein. Um jene zu erwerben und dieser zu entgehen, schienen mir alle Peinen und Qualen der Welt, des Fegfeuers und sogar der Hölle leicht. Ich sah, daß die göttliche Gnade uns sicher ist, wenn wir sie benutzen wollen. Da ich aber auch erkannte, daß Leben und Tod in unsere eigenen Hände gegeben sind, daß wir die Gnade durch unsere Schwachheit und Bosheit verlieren können, daß der Baum liegen bleibt, wohin er fällt, in eine nie endende Ewigkeit, da durchdrangen mein Herz und meine Seele so bittere Schmerzen, daß ich beinahe erlegen wäre.

Ganz vernichtet in der Erkenntnis meiner eigenen Schwäche sowie der Untreue, durch die ich die göttliche Gerechtigkeit erzürnt hatte, wagte ich nicht, meine Augen zu Gott zu erheben. Nur stillschweigend richtete ich meine Seufzer an Seine Barmherzigkeit. Darauf antwortete der Herr: „O Seele, was willst du? Was suchst du? Welchen Weg willst du wählen?" Diese Frage war mir wie ein herzdurchbohrender Pfeil. Ich wußte, daß der Herr mein Verlangen besser kannte als ich selbst. Dennoch war mein Zögern zwischen der Frage und meiner Antwort sehr peinlich. Ich wünschte, der Herr möchte meine Antwort voraussetzen und sich nicht den Anschein geben, als kenne Er sie nicht. Von einer mächtigen Gewalt angetrieben, antwortete ich mit lauter Stimme und aus tiefster Seele: „Allmächtiger Gott, ich wähle den Weg der Tugend und des ewigen Lebens, damit Du mich leitest. Wenn ich dies wegen Deiner Gerechtigkeit nicht verdiene, so wende ich mich an Deine Barmherzigkeit und bringe Dir zu meinen Gunsten die unendlichen Verdienste Jesu Christi, Deines heiligsten Sohnes und meines Erlösers, dar."

Ich sah nun, daß dieser höchste Richter Seinem eigenen Worte, alles zu gewähren, um was man Ihn im Namen Seines Sohnes bitten werde, zustimmte, und daß Er mich in und durch Jesus erhörte, jedoch unter gewissen Bedingungen, die eine geistige Stimme mir erklärte. Sie sagte: „Seele, Geschöpf des Allmächtigen, willst Du als Auserwählte den Weg des wahren Lichtes wandeln und die geliebte Braut des

Herrn werden, so mußt du die Gesetze der Liebe des Herrn befolgen. Du mußt dir selbst vollkommen entsagen sowie allen deinen irdischen Neigungen und jeder, auch der geringsten Anhänglichkeit zu den vergänglichen Dingen. Du sollst kein sichtbares Geschöpf mehr lieben als Gott deinen Schöpfer und Herrn. Du mußt alle Eindrücke, Schmeicheleien und Zuneigungen von dir weisen. Deine Neigungen dürfen sich nur so weit den Geschöpfen zuwenden, als es dir dein Herr und Bräutigam zur Übung der wohlgeordneten Liebe befiehlt, oder so weit ein Geschöpf dir helfen kann, Ihn allein zu lieben.

Ganz losgeschält sollst du dich mit Taubenflügeln in leichtem Fluge aufschwingen zu einem erhabenen Ort, an den Seine göttliche Güte dich versetzen will, um dort zu leben und zu verbleiben. Dieser große Gott ist ein sehr eifersüchtiger Bräutigam. Seine Eifersucht und Liebe sind so stark wie der Tod. Darum will Er dich schützen und an einen einsamen Ort versetzen, den du nicht verlassen darfst, um zu einem andern herabzusteigen, der dir keine Sicherheit bietet und für deine Liebesbeweise nicht geeignet ist. Er selbst will dir jene Personen bezeichnen, mit denen du ohne Furcht verkehren darfst. Diese Vorschrift ist durchaus gerecht, Die Bräute eines so großen Königs müssen sie beobachten, da selbst irdische Bräute dies tun, um treu zu sein. Der Adel deines Bräutigams erfordert, daß dein Verhalten der Würde und dem Titel entspreche, den du von Ihm empfängst, daß du auf nichts achtest, das deines Standes unwürdig wäre und dich unfähig machte, den Schmuck zu empfangen, mit dem du in Sein Brautgemach eintreten sollst.

Zweitens verlangt der Herr von dir, daß du rasch deine elenden Kleider ablegst. Sie sind zerrissen durch deine Sünden und Unvollkommenheiten, beschmutzt durch die Folgen der Sünde und abscheuerregend durch die Neigungen deiner verdorbenen Natur. Gott will dich durch Seine eigene Schönheit reinigen und erneuern, aber unter der Bedingung, daß du nie die ärmlichen, elenden Kleider, die du abgelegt hast, aus dem Auge verlierst. Dadurch und durch die Anerkennung der Wohltat Gottes soll die Narde deiner Demut einen lieblichen Wohlgeruch zu diesem großen König emporsenden. Du sollst auch nie den Dank vergessen, den du dem Urheber deines Heiles schuldest, der dich mit dem kostbaren Balsam Seines Blutes gereinigt, deine Wunden geheilt und dir Sein Licht so überreich verliehen hat."

Die Stimme fuhr fort: „Wenn du alles Irdische vergessen hast, sollst du mit dem Brautschmuck geziert werden, den der Herr gnädig für dich bereitet hat, damit Ihm deine Schönheit gefalle. Ein Gewand soll dich bedecken, weißer als der Schnee, strahlender als Diamanten, leuchtender als die Sonne, doch so zart, daß du es leicht beflecken kannst, wenn du sorglos bist. Dann wärest du deinem Bräutigam zum Abscheu. Bewahrst du aber dieses Gewand in Reinheit, werden deine Schritte sehr schön sein wie die der Fürstentöchter, und Gott wird sich deiner Anmutungen und deiner Werke erfreuen. Als Gürtel wird Er dir Erkenntnis Seiner göttlichen Macht und heilige Furcht verleihen, damit du deine Neigungen bindest und dich in allem nach Seinem Wohlgefallen richtest. Das Geschmeide und das Band, die den Hals, d. h. deine demütige Unterwerfung schmücken werden, sollen die reichen Edelsteine deines Glaubens, deiner Hoffnung und deiner Liebe sein. Den wohlgeordneten Haaren, d. h. deinen himmlischen Gedanken und Erkenntnissen werden die eingegossene Weisheit und Wissenschaft als Spange dienen. Die Schönheit und der Reichtum der Tugenden werden die Borden deines Gewandes sein. Die Sorgfalt, immer das Vollkommenste zu tun, wird dir als Sandalen dienen und als deren Riemen die Zurückhaltung und die Fesseln der Liebe, die dich vom Bösen fernhalten. Die sieben Gaben des Heiligen Geistes werden die Fingerrringe sein, die deinen Händen Reiz verleihen.

Der Glanz deines Angesichtes ist die Teilnahme an der Gottheit, die dich durch die heilige Liebe erleuchten wird. Hinzufügen wirst du die Schamröte über deine Sünden. In Zukunft wirst du dich hüten, sie wieder zu begehen und wirst immer das grobe, beschmutzte Kleid, das du abgelegt hast, mit dem schönen Gewand vergleichen, das du jetzt empfängst.

Weil du aber selbst zu elend und arm für eine so edle Vermählung bist, will der Allerhöchste dir zur Befestigung dieses Vertrages die unendlichen Verdienste deines Bräutigams Jesus Christus zur Mitgift anweisen, als ob sie für dich allein wären. Er gibt dir auch Anteil an allen Seinen Gütern und Schätzen, die alles enthalten, was Himmel und Erde umfassen. Alles gehört diesem höchsten Herrn, und als Seine Braut wirst du Herrin über alles sein, um es in Ihm zu gebrauchen und um Ihn immer mehr zu lieben. Damit du, o Seele, eine so kostbare Gnade erlangst, will dein Herr und Bräutigam, daß du dich ganz in dich selbst zurückziehst, ohne je deine Sammlung zu verlieren; denn es ist Gefahr, diese Schönheit durch irgend eine, wenn auch noch so geringe Unvollkommenheit zu trüben. Solltest du aber, schwach wie du bist, eine solche begehen, so stehe alsbald mutig auf und beweine aus Dankbarkeit deinen kleinen Fehler, als wenn es der schwerste wäre.

Damit auch dein Aufenthaltsort deinem Stande entspreche, will dein Bräutigam dir eine weite Wohnung anweisen. Er wünscht, daß du immer in unendlichen Räumen Seiner Gottheit wohnst, in den unermeßlichen Gefilden Seiner Eigenschaften und Vollkommenheiten lustwandelst, wo der Gesichtskreis sich erweitert, ohne eine Schranke zu finden, wo der Wille sich ohne Kummer ergötzt und der Geschmack sich ohne Bitterkeit ersättigt. Dies ist das allzeit liebliche Paradies, wo die liebsten Bräute Jesu Christi sich erholen, wo sie Blumen und wohlriechende Myrrhe pflücken und wo man das unendliche All findet, weil man dem unvollkommenen Nichts entsagt hat. Dort findest du deine sichere Wohnung. Damit auch deine Gesellschaft und Unterhaltung ihr entspreche, will der Herr, daß du sie mit den Engeln pflegst, sie als Freunde und Genossen annimmst und durch den häufigen Umgang mit ihnen ihre Tugenden in dir ausprägst und nachahmst.

Betrachte, o Seele, die große Wohltat, daß die Mutter deines Bräutigams und die Königin des Himmels dich aufs neue als ihre Tochter und Schülerin annimmt. Durch ihre Vermittlung empfängst du viele außerordentliche Gnaden, um ihr heiliges Leben schreiben zu können. Darum auch hast du die Verzeihung erhalten, die du nicht verdienst. Für diese Arbeit ist dir verliehen worden, was du ohne sie nicht erhalten hättest. Was wäre aus dir geworden, wenn die Mutter der Barmherzigkeit dich nicht beschützt hätte? Ohne ihre Fürsprache wärest du schon verloren, und deine Werke wären arm und unnütz, wenn die göttliche Güte dich nicht erwählt hätte, diese Geschichte zu schreiben. Im Hinblick darauf erwählte dich der ewige Vater zu Seiner Tochter und zur Braut Seines einzigen Sohnes. Der Sohn nimmt dich an, damit du an Seinen zärtlichsten Liebeserweisen teilhabest. Der Heilige Geist gibt dir Seine Erleuchtungen. Dieser Vermählungsvertrag ist von dem mächtigsten Finger des Allerhöchsten auf das weiße Papier der Reinheit der seligsten Jungfrau geschrieben mit der Tinte des Blutes des Lammes. Der ewige Vater ist der Vollstrecker und der Heilige Geist das Band, das dich mit Jesus Christus vereinigt. Seine und Seiner Mutter Verdienste dienen dir als Bürgschaft und Pfand, da du selbst ein armer Erdenwurm bist, nichts anbieten kannst und nur dein Wille verlangt wird."

So belehrte mich die Stimme. Ich dachte, es sei die eines Engels, doch war ich nicht ganz sicher, da ich ihn nicht sah. Solche Gnaden geben sich kund oder verbergen sich, je nachdem die Seele dafür empfänglich ist. Ich hatte noch viele andere Erlebnisse, die mir helfen sollten, den Widerstand der Schlange gegen das Schreiben dieser Geschichte zu überwinden. Doch ich kann sie nicht alle berichten. Ich setzte mehrere Tage lang mein Gebet fort, stellte dem Herrn meine Unfähigkeit und Angst vor und flehte, Er wolle mich leiten und lehren, damit ich nicht irre. Seine göttliche Majestät antwortete mir immer, daß ich vollkommen leben und das Begonnene fortsetzen solle. Auch die Königin des Himmels gab mir oft sanft und liebreich ihren Willen kund. Sie befahl mir, ihr als Tochter zu gehorchen und ihr Leben zu schreiben.

Zu all diesem wollte ich jedoch noch die Sicherheit des Gehorsams haben. Darum fragte ich meinen Obern und Beichtvater, was er mir in der Sache befehle, aber ohne ihm zu entdecken, was mir der Herr und Seine heiligste Mutter zu erkennen gegeben hatten. Er befahl mir, kraft des Gehorsams fortzufahren und diesen zweiten Teil zu schreiben. So durch den Herrn und den Gehorsam zugleich gezwungen, kehrte ich zur Gegenwart des Allerhöchsten zurück. Eines Tages während des Gebetes machte ich mich los von jedem Eigenwillen. Niedergeworfen vor Gottes Thron sagte ich: „Mein Herr, was willst du mit mir tun?" Auf diese Frage erhielt ich folgende Erleuchtung.

Die heiligste Dreifaltigkeit zeigte mir im göttlichen Licht, daß ich arm und voll Fehler sei. Sie wies mich zurecht, mahnte mich streng, mich zu bessern und gab mir sehr erhabene und heilsame Lehren über das vollkommene Leben. Ich wurde aufs neue gereinigt und erleuchtet. Ich sah, daß die Mutter der Gnade vor dem Throne Gottes Fürsprache für mich einlegte. Dieser Schutz belebte mein Vertrauen. Auf die Milde einer solchen Mutter rechnend, sagte ich: „Meine Herrin, meine Zuflucht, schaue als wahre Mutter auf die Armut deiner Dienerin." Es schien mir, daß sie meine Bitte erhörte und zum Allerhöchsten gewendet sagte: „Mein Herr, ich will dieses arme Geschöpf aufs neue als meine Tochter annehmen!" Doch der Allerhöchste antwortete ihr: „Meine Braut, was kann diese Seele ihrerseits aufweisen für eine so große Gunst? Sie verdient sie ja nicht. Sie ist ein armer, unnützer Wurm, undankbar für unsere Wohltaten."

O unvergleichliche Kraft des Wortes Gottes! Wie könnte ich die Wirkung aussprechen, die diese Antwort des Allmächtigen in mir hervorbrachte? Sie verdemütigte mich bis in mein Nichts; denn ich erkannte das Elend des Geschöpfes und meine Undankbarkeit gegen Gott. Mein Herz schwankte zwischen dem Schmerz über meine Sünden und dem Verlangen nach dem großen, jedoch unverdienten Glück, Tochter dieser erhabenen Königin zu sein. Schüchtern erhob ich die Augen zum Thron des Allerhöchsten. Verwirrung und Hoffnung zeichneten sich in meinem Antlitz. Ich bat meine Fürsprecherin, mich wenigstens als ihre Dienerin anzunehmen, da ich den Namen einer Tochter nicht verdiene. Ich sagte dies aus der Tiefe meiner Seele, ohne Worte zu bilden. Da vernahm ich, wie Maria zum Allerhöchsten sprach:

„Mein König und mein Gott! Wohl hat dieses arme Geschöpf aus sich selbst nichts, was es Deiner Gerechtigkeit anbieten könnte. Doch ich opfere für es die Verdienste meines heiligsten Sohnes auf und Sein kostbares Blut, zugleich auch meine Würde als Mutter Deines Sohnes, ebenso alles, was ich in Seinem Dienste getan habe. Endlich bringe ich Dir Deine Gottheit und Deine Güte dar und flehe Dich an, Du wollest gestatten, daß ich dieses Geschöpf jetzt als meine Tochter und Schülerin annehme. Ich bürge für sie. Durch mein Leben wird sie ihre Fehler verbessern und ihre Handlungen nach Deinem Wohlgefallen vervollkommnen."

Der Allerhöchste gewährte diese Bitte. Ewig sei Er gepriesen! Alsbald fühlte ich mit Jubel, daß in meiner Seele unbeschreiblich Großes vor sich ging. Ich wandte mich an alle Geschöpfe Himmels und der Erde und lud sie ein, mit mir und für mich den Urheber der Gnade zu preisen: „O Bewohner und Fürsten des Himmels, alle lebenden Geschöpfe, von der Hand des Allerhöchsten gebildet, schauet diese Wunder

Seiner freigebigen Barmherzigkeit. Preiset Ihn ewig dafür! Die Niedrigsten des Weltalls hat Er aus dem Staube erhöht, die Ärmsten hat Er bereichert, die Unwürdigste geehrt. Und wenn ihr, Kinder Adams, seht, daß die verlassenste Waise Schutz, die größte Sünderin Verzeihung findet, hinweg dann mit eurer Unwissenheit! Erhebet euch von eurer Niedergeschlagenheit! Belebet eure Hoffnung! Hat der Allmächtige mir Huld erwiesen, mich gerufen und mir vergeben, dann könnt auch ihr alle auf euer Heil hoffen. Suchet den Schutz Mariä, der heiligsten Jungfrau. Rufet ihre Fürsprache an, und ihr werdet erfahren, daß sie eine Mutter von unaussprechlicher Barmherzigkeit und Milde ist.

Wohlan denn, meine Herrin, nun werde ich nicht mehr Waise heißen; denn ich habe eine Mutter, die Königin des Weltalls ist. Nun werde ich nicht mehr unwissend sein, außer durch meine eigene Schuld; denn die Lehrmeisterin der göttlichen Weisheit unterrichtet mich. Ich werde nicht mehr arm sein; denn ich habe ja eine Herrin, die über alle Schätze des Himmels und der Erde verfügt. Gebenedeit bist du unter allen Frauen. Ich kann dir unmöglich gebührend danken. Empfange diesen Dank vom Allerhöchsten in der beseligenden Anschauung des Himmels, wo du dich ewig in Gott erfreust. Mein Inneres möge schweigend dich loben; denn meine Zunge findet keine entsprechenden Worte."

Unerklärliches fühlt die Seele bei solchen Geheimnissen und Wohltaten. Sie brachten mir große Güter. Zugleich offenbarte sich mir ein Leben hoher Vollkommenheit. Ich kann nicht sagen, wie ich es erkannte. Das alles wurde mir nur verliehen, weil ich das Leben der heiligsten Jungfrau schreiben sollte. Der ewige Vater erwählte mich, die Geheimnisse Seiner Tochter zu offenbaren. Der Heilige Geist erkor mich, von Ihm erleuchtet und geleitet, die verborgenen Gaben Seiner Braut zu erklären. Der heilige Sohn Gottes bestimmte mich, die Geheimnisse Seiner reinsten Mutter Maria zu enthüllen.

Ich sah, daß die heiligste Dreifaltigkeit, um mich zu diesem Werk zu befähigen, meinen Geist mit einem ganz neuen Licht erleuchtete, um diese Arbeit vollkommen auszuführen.

Der Allerhöchste befahl mir auch, alles eifrig nachzuahmen, was ich über die heldenmütigen Tugenden Mariä erfahren und niederschreiben würde. Da ich mich ganz untauglich erkannte, bot die himmlische Königin mir aufs neue ihre Hilfe an. Dann bat ich die heiligste Dreifaltigkeit um Ihren Segen zum Beginn dieses zweiten Teiles, und ich erkannte, daß alle drei Personen ihn mir gaben. Nach dieser Vision reinigte ich meine Seele durch Reue und durch die heiligen Sakramente. Dann begann ich im Namen des Herrn zur Ehre des Allerhöchsten und Seiner heiligsten Mutter.

Dieser zweite Teil enthält das Leben Mariä von der Menschwerdung Christi bis zu Seiner Himmelfahrt. Die Gnaden und Wohltaten, durch die Maria auf das Geheimnis der Menschwerdung vorbereitet werden sollte, begannen vom Augenblick ihrer unbefleckten Empfängnis an zu strömen. Im Geiste und Ratschlusse Gottes war sie schon damals Mutter des ewigen Wortes. Diese Gaben und Gnaden nahmen zu, je näher der Tag der Menschwerdung kam. Ich finde aber keine Worte, um diese Zunahme der Gnade auszudrücken. Darum müssen wir uns immer wieder an die unendliche Macht des Herrn erinnern, der, mag Er auch noch so viel geben, immer noch unendlich mehr hat, um aufs neue zu geben. Wir müssen festhalten, daß die Seele und ganz besonders die Seele Mariä eine in gewissem Sinne unendliche Fassungskraft besitzt, so daß sie immer mehr und mehr empfangen kann. So war es bei Maria, bis sie zu jenem Gipfel der Heiligkeit und der Teilnahme an der Gottheit gelangt war, den kein anderes Geschöpf je erreicht hat und in Ewigkeit erreichen wird.

Der Herr wolle mich erleuchten, daß ich dieses Werk zu Seinem göttlichen Wohlgefallen fortsetzen kann.

*1. Die Novene
der seligsten Jungfrau
vor der Menschwerdung
des göttlichen Wortes.
Erster Tag*

Gott fügte es, daß Maria als Gemahlin des heiligen Joseph öfter mit Menschen verkehren mußte, damit ihr sündenloses Leben allen ein Vorbild erhabenster Heiligkeit werde. Dabei hegte sie so hohe Gedanken und Entschließungen und regelte sie alle ihre Handlungen so weise, daß sie ein wunderbares Erstaunen in den Engeln hervorrief und den Menschen eine bis dahin nie gesehene Lehrerin war. Wohl kannte sie nur wenige Menschen, und noch weniger verkehrten mit ihr. Aber diese Glücklichen erhielten von ihr so viele Gnadeneinflüsse, daß sie, von Bewunderung, Freude und Hochachtung hingerissen, gern mit lauter Stimme das heilige Feuer verkündigt hätten, das ihre Herzen entflammte; denn sie wußten, daß es von der Gegenwart der reinsten Jungfrau kam. Auch ihr waren diese Wirkungen nicht verborgen. Sie aber bat unaufhörlich den Herrn, Er möge sie vor den Augen der Menschen verhüllen und alle ihre Gnaden einzig zu Seinem Lobe lenken, sie selbst aber von allen Menschen vergessen und verachtet werden, wenn nur Seine unendliche Güte nicht beleidigt würde.

Meistens erhörte der Herr diese Bitten. Seine Vorsehung fügte es, daß dasselbe Licht, das die Menschen geneigt machte, Maria zu loben, sie auch verstummen ließ. Von göttlicher Kraft bewogen, kehrten sie in ihr Inneres ein, um da den Herrn mit dem ihnen verliehenen Licht zu preisen. So vergaßen sie das Geschöpf und wandten sich zum Schöpfer. Viele entsagten der Sünde allein schon, weil sie Maria gesehen hatten. Andere besserten ihr Leben. Alle nahmen sich bei ihrem Anblick zusammen; denn ihre Seelen empfingen himmlische Einflüsse von ihr. Sogleich aber vergaßen sie das Bild der seligsten Jungfrau, das sich in ihrer Seele abgespiegelt hatte. Hätten sie es bewahrt, wäre ihnen die Abwesenheit Mariä unerträglich gewesen. Alle hätten sie mit Ungestüm gesucht, wenn Gott dies nicht geheimnisvoll verhindert hätte.

Während der sechs Monate und siebzehn Tage zwischen ihrer Vermählung und der Menschwerdung des Sohnes Gottes beschäftigte sich Maria mit verdienstreichen Arbeiten. Es ist mir unmöglich, im einzelnen zu berichten, welche heldenmütigen inneren und äußeren Akte der Liebe, der Demut, der Gottesverehrung sie übte, wieviele Almosen und Wohltaten sie spendete, und wieviele andere Werke der Barmherzigkeit sie verrichtete. Niemand kann das fassen. Man kann höchstens sagen, daß Gott in Maria die Fülle Seines Wohlgefallens, die volle Befriedigung Seiner Wünsche und alle Treue fand, die ein bloßes Geschöpf Seinem Schöpfer schuldet. Durch diese Heiligkeit und Verdienste sah sich, nach unseren Begriffen, Gott gleichsam verpflichtet, Seine Schritte zu beschleunigen und Seinen allmächtigen Arm zum größten Wunderwerk zu erheben, zur Menschwerdung des Eingeborenen des Vaters im reinsten Schoße dieser erhabenen Jungfrau.

Der Herr selbst bereitete Maria neun Tage darauf vor. Er ließ dem Strom der Gottheit freien Lauf, um diese Stadt Gottes zu überfluten, Er erteilte ihr so viele Gnaden, Gaben und Auszeichnungen, daß ich bei deren Erkenntnis sprachlos wurde. Meine Niedrigkeit bangt vor der Erzählung dessen, was ich erkenne; denn die Zunge, die Feder, alle Fähigkeiten der Geschöpfe sind unzureichende Werkzeuge, um so erhabene Geheimnisse zu enthüllen. Alles, was ich hier berichten werde, ist nur ein Schatten vom kleinsten Teil dieses unerklärlichen Wunders, das man nicht mit unsern beschränkten

Ausdrücken messen darf, sondern mit der schrankenlosen göttlichen Macht.

Am *ersten* Tag dieser überaus seligen Novene erhob sich die seligste Jungfrau nach dem Beispiel ihres Vaters David nach kurzer Ruhe um Mitternacht. Es war dies ihre gewöhnliche, vom Herrn selbst ihr angewiesene Ordnung. Niedergeworfen in der Gegenwart des Allerhöchsten begann sie ihre Gebete und heiligen Übungen. Da sagten ihre heiligen Engel: „Braut unseres Königs und Herrn, erhebe dich; denn Seine Majestät ruft dich!" Mit glühendem Eifer stand sie auf und antwortete: „Der Herr befiehlt, daß der Staub vom Staube sich erhebe!" Sich zum Herrn wendend rief sie: „Mein höchster, allmächtiger Herr, was verlangst Du von mir?" Bei diesen Worten wurde ihre heiligste Seele zu einer neuen, höheren Wohnung erhoben, in größerer Nähe des Herrn, weiter entrückt von allem Irdischen und Vergänglichen.

Sie fühlte sich alsbald zu einer höheren Vision des Herrn vorbereitet. Darauf empfing sie eine Schau, die zwar nicht intuitiv, sondern abstraktiv war, aber so klar und deutlich, daß Maria das unbegreifliche Gut tiefer erkannte als die Seligen des Himmels, die es durch Anschauung kennen und genießen. Diese Vision war viel erhabener und eindringender als andere der gleichen Art; denn da Maria jede Gnade vollkommen benützte, wurde jede für sie die Vorbereitung auf eine neue. Durch das offenkundige Schauen der Gottheit wurde sie gestärkt, um mit größerer Kraft vor diesem unendlichen Gut zu wirken.

Maria erkannte in dieser Vision sehr hohe Geheimnisse der *Gottheit* und deren *Vollkommenheiten,* besonders ihre Mitteilung nach außen durch die *Schöpfung,* die von der Güte und Freigebigkeit Gottes ausging. Sie wurde inne, daß Er für Sein göttliches Wesen und für Seine unendliche Glorie der Geschöpfe nicht bedurfte, weil Er ohne sie schon vor der Erschaffung der Welt in Seiner unbegrenzten Ewigkeit unendlich selig war. Viele Geheimnisse, die man nicht allen erklären kann und darf, wurden Unserer Lieben Frau mitgeteilt. Sie war ja die „Einzige", die „Auserwählte". Maria erkannte den Drang und das Verlangen der Gottheit, sich nach außen mitzuteilen, einen Drang, der weit gewaltiger war als der, mit dem alle Elemente zusammen ihrem Mittelpunkt zustreben. Da sie in die Feuersphäre der göttlichen Liebe so hoch erhoben war und von Liebe ganz erglühte, bat sie den ewigen Vater, Seinen Eingeborenen zum Heil der Menschen in die Welt zu senden und durch Ausführung Seines Ratschlusses seinem eigenen göttlichen Wesen und seinen Vollkommenheiten – menschlich gesprochen – die Befriedigung zu gewähren, nach der sie verlangte.

Überaus süß waren diese Worte Seiner Braut dem Herrn. Sie waren die „Purpurschnur" (Hld 4, 3), mit der sie Seine Liebe band und anzog. Damit ihr Verlangen erfüllt werde, begann Er, den Tabernakel oder den Tempel zu bereiten, in den Er vom Schoße Seines Vaters herniedersteigen wollte. Er beschloß, Seiner zukünftigen geliebtesten Mutter die klare Erkenntnis all Seiner Werke nach außen zu verleihen, wie Seine Allmacht sie vollbracht hatte. In der Vision dieses Tages offenbarte ihr Gott alles, was Er am ersten Tag erschaffen hat. Maria schaute all diese Werke deutlicher und durchdringender, als wenn sie ihren körperlichen Augen gegenwärtig gewesen wären; denn sie erkannte sie zuerst in Gott, darauf in ihnen selbst.

Sie schaute, wie Gott im Anfang *Himmel und Erde erschuf,* wie leer die Erde war, Finsternis über dem Abgrund lag und der Geist Gottes über den Wassern schwebte; wie auf Gottes Gebot das Licht wurde und wie es beschaffen war. Sie sah die Scheidung der Finsternis vom Licht und daß Gott die Finsternis Nacht, das Licht aber Tag nannte, und wie damit der erste Tag vorüberging. Sie erkannte die Größe der Erde, ihre Länge, Breite und Tiefe; ihre Abgründe, die Hölle, die Vorhölle, das Fegfeuer und deren Bewohner; die Gegenden, die Klimate, die Meridiane, die vier Himmelsgegenden und alle Menschen, die auf der Erde wohnen sollten. Mit derselben Klarheit erkannte sie die unteren Sphären und den empyreischen Himmel. Sie sah, wie am ersten Tag die Engel erschaffen wurden. Sie schaute deren Natur, deren Eigenschaften, Verschiedenheiten, Hierarchien, Ämter, Rangstufen und Tugenden. Auch die Empörung der bösen Engel und die Ursachen ihres Falles wurden der seligen Jungfrau enthüllt, doch verbarg ihr der Herr, was sie selbst betraf. Sie schaute die Strafe und die Wirkungen der Sünde in den bösen Geistern und erkannte dabei, was sie in sich selbst sind. Zum Schluß offenbarte ihr der Herr aufs neue, wie sie von dem niedrigen Stoff der Erde gebildet sei und von der Natur derer, die in den Staub zurückkehren. Gott sagte ihr zwar nicht, daß auch sie in denselben verwandelt werde, aber er gab ihr eine so tiefe Erkenntnis ihres irdischen Wesens, daß sie sich in den Abgrund des Nichts verdemütigte und, obwohl unschuldig, sich tiefer erniedrigte als alle Adamskinder zusammen, die doch voll Elend sind.

Durch diese Vision wurden im Herzen Mariä tiefe Fundamente gegraben, die ein Gebäude tragen sollten, das bis zur wesenhaften und persönlichen Vereinigung mit der Gottheit hinaufragen sollte. Da die Würde der Mutter Gottes gewissermaßen unendlich ist, mußte sie sich auf eine schrankenlose Demut gründen, die jedoch die Grenzen der Vernunft nicht überschritt. Am Gipfelpunkt der Tugend angelangt, hat nun die Gebenedeite unter den Frauen sich so tief verdemütigt, daß die heiligste Dreifaltigkeit befriedigt, und – nach unserer Weise zu denken – willens war, sie zur höchsten Würde eines bloßen Geschöpfes und in die nächste Nähe der Gottheit zu erheben. Darum sagte der Allerhöchste mit Wohlgefallen zu ihr:

„Meine Braut, Meine Taube! Groß ist Mein Verlangen,

die Menschen von der Sünde zu erlösen. Meine unendliche Barmherzigkeit leidet sozusagen Gewalt, so lange Ich nicht niedersteige, um die Welt wieder herzustellen. Bitte Mich darum während dieser Tage ohne Aufhören und mit großer Inbrunst. Vor Mir niedergeworfen, rufe und flehe ohne Unterlaß, daß der Eingeborene des Vaters herabsteige, um sich mit der menschlichen Natur zu vereinigen."

Darauf antwortete Maria: „Ewiger Herr und Gott! Dir gehört alle Macht und Weisheit. Niemand kann Deinem Willen widerstehen. Wer steht Deiner Allmacht im Wege? Wer hemmt den gewaltigen Strom Deiner Gottheit, daß Du nicht ausführst, was Du zugunsten des Menschengeschlechtes verlangst? Bin ich vielleicht, mein Vielgeliebter, das Hindernis für eine so unermeßliche Wohltat? So laß mich lieber sterben als Deinem Willen widerstehen! Kein Geschöpf kann diese Gnade verdienen. Darum warte doch nicht, mein Herr und Gott, bis wir uns ihrer noch unwürdiger machen. Die Menschen steigern ja ihre Sünden und Beleidigungen immerfort. Wie können wir also das Gut verdienen, dessen wir uns täglich unwürdiger machen? In Dir selbst, o Herr, ist der Grund und der Antrieb, uns zu helfen. Deine unendliche Güte und Deine zahllosen Erbarmungen bewegen Dich dazu. Die Seufzer der Propheten und der Väter Deines Volkes bestürmen Dich. Die Heiligen sehnen sich nach Dir, und die Sünder erwarten Dich. Alle zusammen rufen Dich! Und wenn ich armseliger Erdenwurm Deiner Güte nicht unwürdig bin wegen meiner Undankbarkeit, so flehe ich zu Dir aus tiefster Seele: „Beschleunige Deine Schritte! Komm und rette uns zu Deiner eigenen Ehre!"

Nach diesem Gebet kehrte Maria in ihren natürlichen Zustand zurück. Gemäß dem Wunsch des Herrn betete sie den ganzen Tag um die Menschwerdung des Wortes. Wiederholt warf sie sich in tiefer Demut zur Erde nieder und betete in Kreuzform. Der Heilige Geist selbst hatte sie diese Haltung gelehrt, an der die heiligste Dreifaltigkeit so großes Wohlgefallen fand. Ja, Sie nahm dieses Morgenopfer der reinsten Jungfrau, das dem Opfer ihres heiligsten Sohnes vorauseilte, so an, als ob Sie von Ihrem Throne aus die Person Jesu Christi im Leibe Seiner künftigen Mutter als Gekreuzigten erblickt hätte.

Lehre der Himmelskönigin

Meine Tochter, die Menschen können die unaussprechlichen Werke, die der Allmächtige in mir vollbrachte, als er mich auf die Menschwerdung des ewigen Wortes vorbereitete, nicht verstehen. Während jener neun Tage wurde mein Geist erhoben, mit dem unveränderlichen Wesen der Gottheit vereinigt und derart in den Ozean der unendlichen Vollkommenheiten versenkt, erhielt er so erhabene göttliche Einflüsse, daß sie in keines Menschen Herz kommen können. Gott verlieh mir eine das Innerste der Geschöpfe durchdringende Kenntnis, die weit klarer und vortrefflicher war als die aller himmlischen Geister, seitdem sie Gott anschauen. Alles, was ich geschaut hatte, blieb meinem Geiste eingeprägt, damit ich es nach Belieben gebrauchen könnte.

Jetzt betrachte aufmerksam, was ich mit dieser Kenntnis getan habe, und folge mir mit Hilfe des dir eingegossenen Lichtes nach. Suche in allen Geschöpfen den Ursprung, von dem sie kommen, und das Ziel, zu dem sie bestimmt sind, und mache dir so eine Leiter, die dich zu deinem Schöpfer emporführt. Gebrauche sie wie einen Spiegel, der dir die Gottheit des Schöpfers zeigt, um dich an Seine Allmacht zu erinnern und mit heiliger Liebe zu entflammen. Bewundere und lobe die Größe und Herrlichkeit des Schöpfers. Demütige dich tief in Seiner Gegenwart und tue und leide alles gern, um sanftmütig und demütig von Herzen zu werden. Betrachte, meine Tochter, daß die Demut das festeste Fundament all der Wunder war, die Gott in mir gewirkt hat. Wisse: wie diese Tugend kostbar ist vor allen andern, so ist sie auch sehr zart und vielen Gefahren ausgesetzt. Wenn du nicht in allen Dingen ohne Unterschied demütig bist, so wirst du es in keinem einzigen in Wahrheit sein. Erkenne dein irdisches, vergängliches Wesen und vergiß nicht, wie Gottes Weisheit den Menschen so erschaffen hat, daß schon seine Entstehung eine ebenso eindringliche, deutliche und andauernde als wichtige Lehre der Demut ist. Damit er stets daran denke, hat Gott ihn nicht aus edlerem Stoff gebildet und überdies in sein Inneres das „Gewicht des Heiligtums" gelegt. Er soll in die eine Waagschale das unendliche, ewige Wesen des Herrn, in die andere aber seinen allerniedrigsten Stoff legen und so Gott geben, was Gottes ist, sich selbst aber, was ihm gebührt.

Zum Beispiel und zur Belehrung der Menschen habe ich diesen Unterschied vollkommen gemacht. Du sollst mir darin nachfolgen und sorgfältig nach Demut streben. Dann wirst du dem Allerhöchsten und mir wohlgefallen. Ich will, daß du die wahre Vollkommenheit erreichst, daß sie auf das tiefste Fundament der Erkenntnis deiner selbst gegründet sei. Je tiefer du es gräbst, desto höher wird sie das Gebäude deiner Tugend erheben, und desto inniger wird dein Wille mit dem Willen des Herrn vereinigt sein; denn von der Höhe Seines Thrones sieht er herab auf die Demütigen der Erde.

* * *

2. Zweiter Tag
der Vorbereitung

ch sagte, Gott wollte, daß eine gebühren-
de Übereinstimmung herrsche zwischen dem Beginn der Wie-
derherstellung der Welt und der Schöpfung. Die Harmonie
dieser beiden Werke wurde unmittelbar vor der Herabkunft
des Erlösers geschaffen, damit, nachdem Jesus Christus, der
neue Adam, gebildet wäre und Gott alle Kräfte Seiner Allmacht bei diesem größten Seiner Wunderwerke aufgeboten
habe, Er „ausruhe" und den süßen Sabbat all Seiner Wonne
in dieser Ruhe feiern könne. Bei diesem Wunder sollte Maria
dem göttlichen Wort die menschliche Gestalt geben. Darum
mußte sie als Vermittlerin zwischen Gott und den Menschen
diese beiden Gegensätze berühren und an Würde niemand
nachstehen als Gott allein, alles aber, was nicht Gott ist, an
rein geschöpflicher Würde übertreffen. Dazu gehört auch eine
entsprechende *Wissenschaft* und *Erkenntnis* sowohl des göttlichen Wesens als auch aller Geschöpfe.

Darum setzte Gott Seine Gnadenerweise gegen die seligste
Jungfrau fort. Als die *zweite* Mitternacht gekommen war, verlieh ihr Gottes Allmacht jene Fähigkeiten, Eigenschaften und
Erleuchtungen, die sie auf eine abstrakte Vision der Gottheit
vorbereiteten. Sie erkannte, wann und wie Gott die Gewässer
voneinander schied und in der Mitte das Firmament bildete.
Sie durchschaute die Größe, die Ordnung, die Beschaffenheit,
die Bewegung und alle Verhältnisse des Himmels.

Diese Erkenntnis war in Maria sogleich tätig und fruchtbar. Sie empfing sie beinahe unmittelbar aus dem klarsten Licht der Gottheit. Darum wurde sie ganz entzündet und entflammt von Bewunderung, Lobpreis und Liebe der göttlichen Macht und Güte. Ganz umgestaltet in Gott, erweckte sie heldenmütige Akte aller Tugenden zum höchsten und vollkommensten Wohlgefallen der göttlichen Majestät. Wie der Herr am ersten Tag der seligsten Jungfrau die Teilnahme an Seiner göttlichen *Weisheit* verlieh, so am zweiten Tag eine gewisse Teilnahme an Seiner *Allmacht.* Er gab ihr Gewalt über die Einflüsse des Himmels, der Planeten und Elemente und gebot allen, ihr zu gehorchen. So erhielt diese große Königin die Herrschaft über das *Meer, die Erde, die Elemente, die Himmelskreise* und über alle Geschöpfe, die sich darin befinden.

Diese Herrschaft und Macht gehörte zur Würde der seligsten Jungfrau. Diese hehre Frau war eine bevorrechtete Königin, v*on dem allgemeinen Gesetz der Erbsünde und deren Folgen ausgenommen.* Darum durfte sie nicht in die allgemeine Masse der törichten Kinder Adams eingeschlossen sein, gegen die der Allmächtige Seine Geschöpfe wappnete, um die Ihm zugefügten Unbilden zu rächen und die Torheit der Menschen zu strafen. Wären sie ihrem Schöpfer nicht ungehorsam gewesen, so hätten die Elemente und die übrigen Geschöpfe sich nicht gegen sie empört. Da dies eine Strafe für die Sünde war, durfte sie sich nicht auf Maria, die Heilige, Unbefleckte und Unschuldige ausdehnen. Sie durfte auch nicht unter den Engeln stehen, auf die sich die Strafe der Sünde nicht erstreckt und denen die Elemente nichts anhaben können. Wohl war Maria körperlicher Natur, aber sie erhielt den Vorzug, über alle irdischen und geistigen Geschöpfe erhoben und durch ihre Verdienste die würdige Königin alles Erschaffenen zu werden. Der Königin gebührten mehr Vorrechte als den Untertanen, der Herrin mehr als den Dienern.

Maria mußte Königin aller Geschöpfe sein, weil Jesus

Christus, der Schöpfer, ihr als Seiner Mutter gehorchen sollte. Die Person Jesu folgte in ihrer Menschheit ja einer Verpflichtung und einem Gesetz der Natur, wenn sie der Mutter gehorchte. Durch ihre Herrschaft über die ganze Schöpfung erhöhte Maria auch ihre Tugenden und Verdienste; denn was bei uns unvermeidlich und gewöhnlich gegen unsern Willen ist, war bei ihr freiwillig und verdienstlich. Maria bediente sich nämlich ihrer Herrschaft nicht unterschiedslos und nicht zu ihrer eigenen Befriedigung und Erleichterung. Vielmehr gebot sie allen Geschöpfen, an ihr auszuüben, was ihr natürlicherweise lästig und peinlich sein konnte. Sie sollte auch hierin ihrem heiligsten Sohne ähnlich sein und leiden wie Er. Die Liebe und Demut Mariä hätten es nicht zugelassen, daß die Geschöpfe ihr gegenüber ihre Strenge aufgehoben und sie so der Verdienste des Leidens beraubt hätten, das sie als so kostbar in den Augen des Herrn erkannte.

Nur bei einigen Gelegenheiten, wo es sich nicht um sie, sondern um ihren Sohn und Schöpfer handelte, gebot die milde Mutter der Kraft und den Wirkungen der Elemente, so bei ihrer Reise nach Ägypten, damit die Geschöpfe ihren Schöpfer ehrten und Ihm in der Not Schutz und Dienste leisteten. Wen ergreift nicht tiefes Erstaunen? Ein Geschöpf, eine Frau ist Herrscherin über alles Geschaffene und hält sich dennoch für die Niedrigste und Unwürdigste von allen. In dieser Überzeugung gebietet sie der Wut der Winde und deren rauher Wirkung, sich gegen sie zu kehren. Und diese vollstreckten den Befehl aus Gehorsam, aber wie mit Zagen und Höflichkeit, um sich ihr unterwürfig zu zeigen und nicht um ihren Schöpfer zu rächen wie bei den übrigen Adamskindern. Angesichts einer solchen Demut müssen wir unsere grundlose Anmaßung, ja Verwegenheit eingestehen. Während wir verdienten, daß alle Elemente und alle angreifenden Kräfte des Weltalls sich gegen unsere Torheit empörten, beklagen wir uns über ihre Härte, als ob sie ein großes Unrecht täten, wenn sie uns belästigen. Wir urteilen über die strenge Kälte. Die Hitze soll uns nicht belästigen. Alles Peinliche verabscheuen wir und all unser Trachten geht dahin, diese Diener der göttlichen Gerechtigkeit zu tadeln. Wir suchen für unsere Sinne eine Freistätte der Bequemlichkeit und Vergnügungen, als ob wir eine solche ständig zu beanspruchen hätten. Würden wir nicht einer um so härteren Züchtigung unserer Sünden verfallen, wenn wir allen irdischen Leiden entflöhen?

Wenn man die Gaben der Erkenntnis und der Macht Mariä erwägt sowie die übrigen Gaben, die sie vorbereiteten, um eine würdige Mutter des Sohnes Gottes zu sein, wird man ihre Erhabenheit verstehen und eine Art *Unendlichkeit* in ihr entdecken oder eine Erkenntnis, die an der göttlichen teilnimmt und jener gleicht, die Christi Seele besaß. Sie erkannte nicht nur alle Geschöpfe in Gott, sondern sie begriff sie dermaßen, daß ihre geistige Fassungskraft sie in sich einschloß. Diese Fassungskraft hätte sich noch auf viele andere erstrekken können, wenn es noch solche zu erkennen gegeben hätte. Ihr Wissen scheint mir etwas von dem unendlichen Wissen zu haben, weil die seligste Jungfrau zugleich und ohne Zeitfolge die Zahl der Himmel schaute und erkannte, ihre Breite, Tiefe, Ordnung, ihre Bewegung und Eigenschaften, ihren Stoff und ihre Form. Dies alles erkannte sie wie mit einem Blick. Nur das nächste Ziel all dieser Gunsterweisungen war ihr unbekannt. Es blieb ihr unbekannt bis zur Stunde ihrer Einwilligung und der unaussprechlichen Barmherzigkeit Gottes. Während dieser Tage setzte sie ihre glühenden Gebete um die Ankunft des Messias fort, denn der Herr hatte ihr zu erkennen gegeben, daß der bestimmte Zeitpunkt nahe sei.

Lehre der Himmelskönigin

Meine Tochter, aus den Gnadenvorzügen, die mich zur Würde der Mutter des Allerhöchsten vorbereiteten, erkenne die wunderbare Ordnung der Weisheit Gottes in der Erschaffung des Menschen. Aus dem Nichts erschaffen, soll der Mensch nicht Diener, sondern *Herr und König aller Dinge* sein und sich ihrer als ihr Gebieter bedienen. Er soll sich aber auch als ein *Geschöpf* und als *Ebenbild seines Schöpfers* betrachten. Darum soll er diesem Schöpfer mehr untertänig und auf dessen Willen achtsamer sein, als es die übrigen Geschöpfe dem Willen des Menschen gegenüber sind. Das fordert die Ordnung der Vernunft. Damit der Mensch seinen Schöpfer leicht und sicher erkenne und dessen Willen erfahre und ausführe, hat ihm der Herr außer der Vernunft noch das *Licht des göttlichen Glaubens* gegeben. So war der Mensch wohlgeordnet, geehrt und bereichert, so daß er keine Entschuldigung hat, wenn er sich nicht ganz dem göttlichen Willen hingibt.

Die Torheit der Menschen aber verkehrt diese Ordnung und vernichtet diese göttliche Harmonie. Der geschaffen war, Herr und König zu sein, macht sich zum Knecht irdischer Dinge. So entehrt er seine Würde und bezieht die sichtbaren Dinge nicht mehr durch den Glauben zuerst auf den Schöpfer, um sich dann ihrer zu bedienen, sondern er gebraucht sie, um sofort seine Leidenschaften zu befriedigen. Darum verabscheut man alles, was kein Vergnügen bietet.

Du, meine Tochter, betrachte deinen Schöpfer und Herrn mit den Augen des Glaubens und strebe, das Bild Seiner Vollkommenheiten in deine Seele einzuprägen. Laß keines der Geschöpfe Herr über deine Freiheit werden. Du sollst über alle triumphieren. Nichts soll sich zwischen Gott und deine Seele stellen. Unterwirfst du dich den Lockungen der Geschöpfe, so wird dein Verstand verdunkelt und dein Wille geschwächt. Unterwirf dich vielmehr mit Liebe dem, was lästig, peinlich und widerwärtig ist. Ertrage es mit freudigem Willen, weil auch ich es getan habe, um meinem heiligsten Sohne nachzufolgen, obwohl es in meiner Macht stand, die Ruhe zu wählen, und ich keine Sünde abzubüßen hatte.

3. Die Gnaden des dritten Tages

n den Ozean der Gottheit versenkt, erhob sich Maria von Tag zu Tag mehr über ihr irdisches Sein und gestaltete sich in ein himmlisches Wesen um, neue Geheimnisse entdeckend, die Gott ihr offenbarte. Er, ein unendliches, ganz freies Gut, sättigt das Verlangen des Geschöpfes; allein es bleibt immer noch mehr zu wünschen und zu erkennen übrig. Kein bloßes Geschöpf ist jemals so tief in die erhabensten Geheimnisse Gottes und in das Wissen um die Geschöpfe vorgedrungen, noch wird je eins so tief eindringen wie die seligste Jungfrau. Selbst die Chöre der Engel und alle Menschen zusammen werden Maria nie erreichen, wenigstens nicht in dem, was sie erhielt, um Mutter des Schöpfers zu sein.

Am *dritten* Tag offenbarte sich die Gottheit wiederum der seligsten Jungfrau in einer abstraktiven Vision. Unsere langsame, enge Fassungskraft kann die Vermehrung der Gnaden und Gaben, die Gott in Maria vereinigte, nicht begreifen, und ich finde keine neuen Ausdrücke, um das mir Geoffenbarte zu erklären. Ich sage nur: die göttliche Weisheit und Macht hat Maria, welche die Mutter des Herrn werden sollte, entsprechend ausgerüstet, damit sie die gebührende Ähnlichkeit mit den göttlichen Personen erreiche, soweit dies einem bloßen Geschöpfe möglich ist. Wer den Abstand zwischen dem unendlichen Gott und dem beschränkten menschlichen Geschöpf tiefer ergründet, kann auch besser urteilen, was erforderlich ist, um beide zu verbinden und in das rechte Verhältnis zueinander zu bringen.

Maria wurde immer mehr der Abglanz des göttlichen Urbildes, indem die unendlichen Vollkommenheiten und Schönheiten Gottes sich Zug um Zug in ihr ausprägten. Immer höher stieg ihre Schönheit, je mehr der Pinsel der göttlichen Weisheit durch die Leuchtkraft lichter Farben Sein Werk vollendete.

Am dritten Tag schaute sie, wann und wie das Wasser auf Gottes Gebot unter dem Himmel sich an einem Ort sammelte und Er es Wasser nannte, das Trockene aber Erde. Sie schaute, wie die Erde samenbringendes Gras hervorbrachte sowie alle Gattungen von Pflanzen und Fruchtbäumen mit ihrem Samen je nach ihrer Art. Sie erkannte und durchschaute die Größe des Meeres, seine Tiefe, seine Teile und seinen Zusammenhang mit den Flüssen und Quellen, die Arten der Pflanzen, Kräuter und Blumen, der Bäume, Wurzeln, Früchte und Samen, wie sie alle dem Menschen zu etwas dienen. Maria erkannte dies alles klarer und eingehender als Adam und Salomon. Im Vergleich zu ihr sind alle Ärzte der Welt unwissend trotz langjähriger Studien und Erfahrungen. Die reinste Jungfrau lernte dieses alles, wie das Buch der Weisheit sagt, ohne Falsch und teilte es ohne Neid mit. Alle Worte Salomons über die Weisheit gingen an Maria in hohem Grade in Erfüllung.

Maria hielt diese Kenntnisse verborgen und gebrauchte sie nur einige Male, um die Liebe gegen Arme und Hilfsbedürftige zu üben. Sie besaß sie ganz zur freien Verfügung und konnte sich ihrer so leicht bedienen, wie ein tüchtiger Musiker sein Instrument spielt. Das gilt auch von allen ihren andern Kenntnissen. Alle fanden sich bei ihr in höherer Vollkommenheit als je bei einem Menschen, der eine besondere Kunst oder Wissenschaft inne hat. Sie besaß auch volle Macht über alle Kräfte, Eigenschaften, Wirkungen der Steine und Pflanzen. Was Jesus Seinen Aposteln und ersten Gläubigen versprach, daß, wenn sie sogar Gift tränken, ihnen dies nicht schaden werde, galt in so hohem Grade von Maria, daß weder Gift noch etwas anderes ihr ohne ihren Willen schaden konnte.

Diese Vorrechte und Auszeichnungen hielt Maria stets verborgen. Sie gebrauchte sie nie für sich selbst; denn sie wollte sich dem Leiden nicht entziehen, dessen Wert sie im göttlichen Lichte schaute, noch bevor sie Jesu Mutter wurde. Sie wußte auch um die Leidensfähigkeit, die das menschgewordene Wort empfangen sollte. Als sie aber Seine Mutter geworden war und ihren Sohn leiden sah, befahl sie den Geschöpfen, sie zu quälen, wie sie ihren Schöpfer quälten. Der Allerhöchste wollte jedoch nicht, daß Seine Braut immer von den Geschöpfen belästigt werde. Darum hinderte er sie mehrmals, damit Maria die Freuden des höchsten Königs genieße.

In der Vision des dritten Tages offenbarte ihr Gott auf besondere Weise, wie sehr die göttliche Liebe dazu neige, die Menschen aus all ihrem Elend zu erheben. Mit dieser Erkenntnis verlieh Er ihr zugleich eine gewisse noch höhere Teilnahme an Seinen Vollkommenheiten, damit sie als *Mutter und Fürsprecherin der Sünder* eintrete. Durch diese göttliche Einwirkung nahm Maria teil an der Liebe Gottes zu den Menschen und an Seinem Verlangen, ihnen zu helfen. Diese Teilnahme war so übermenschlich, so mächtig, daß sie den gewaltigen Liebesdrang, alle Sünder zu retten, nicht hätte ertragen können, wenn die Kraft des Herrn ihr nicht beigestanden hätte. In dieser feurigen Liebe hätte sie sich oft den Flammen, dem Schwerte, den ausgesuchtesten Qualen, ja dem Tode preisgegeben, wenn dies nötig oder zulässig gewesen wäre. Alle Martern, Ängste, Trübsale, Schmerzen und Krankheiten hätte sie für das Heil der Menschen freudig gelitten. Ja, alles,was die Menschen seit Anfang der Welt bis auf diese Stunde ertragen haben und noch bis zum Ende der Welt ertragen werden, wäre wenig gewesen für die Liebe dieser barmherzigen Mutter. Mögen darum die sündigen Menschen bedenken, was sie dieser Mutter schulden.

Von diesem Tag an war Maria aus zwei Gründen die Mutter der Güte und Barmherzigkeit. Erstens fühlte sie von da an ein starkes liebendes Verlangen, die Schätze der Gnaden, die sie erkannt und empfangen hatte, rückhaltlos mitzuteilen. Die göttliche Güte hatte ihr in dieser Vision eine so wunderbare Milde, ein so liebevolles Herz gegeben, daß sie es gern allen geschenkt und alle darin eingeschlossen hätte, um sie der göttlichen Liebe teilhaftig zu machen, die darin brannte. Zweitens war dieser Liebeseifer für das Heil der Menschen eine der wichtigsten Dispositionen, die sie würdig vorbereiteten, das ewige Wort in ihrem jungfräulichen Schoß zu empfangen. Es war höchst geziemend, daß jene ganz Barmherzigkeit, Milde und Mitleid war, die allein das ewige Wort empfangen und gebären sollte, das in seiner Barmherzigkeit, Güte und Liebe sich zu unserer Natur erniedrigen und zum Heile der Menschen leidensfähig geboren werden wollte. Man sagt, daß die Kinder ihrer Mutter gleichen, wie das Wasser die Eigenschaften der Mineralien annimmt, durch die es fließt. So hat auch der Sohn Mariä, obwohl mit der Gottheit vereinigt, die Neigungen Seiner Mutter angenommen, soweit dies möglich war. Sie wäre nicht würdig ausgestattet gewesen, um mit dem Heiligen Geiste zu dieser Empfängis mitzuwirken, der einzigen, die ohne Vater stattfand, wenn sie nicht hinsichtlich der Eigenschaften Seiner Menschheit im gebührenden Verhältnis zu Ihm gestanden hätte.

Nach der Rückkehr aus dieser Vision verbrachte Maria den übrigen Tag mit Gebetsübungen, die der Herr ihr empfohlen hatte. Ihre Inbrunst wuchs. Aber auch das Herz ihres göttlichen Bräutigams wurde mehr und mehr von Liebe zu ihr verwundet, so daß Er – menschlich gesprochen – mit Sehnsucht der Stunde entgegensah, da Er am Herzen und in den Armen Seiner lieben Mutter ruhen sollte.

Lehre der Himmelskönigin

Meine Tochter, der Allmächtige hat Großes an mir getan während der Tage vor Seiner Empfängnis. Zwar wurde mir die Gottheit nicht unmittelbar und unverhüllt geoffenbart, aber doch in erhabenster Weise und mit Wirkungen, die Seiner Weisheit vorbehalten sind. So oft ich mir das Geschaute ins Gedächtnis zurückrief und, im Geiste mich erhebend, erkannte, was Gott für die Menschen ist und was diese für die göttliche Majestät sind, da entbrannte mein Herz vor Liebe und brach vor Schmerz. Denn ich erkannte einerseits die unendliche Größe der Liebe Gottes zu den Menschen und andererseits die undankbarste Vergessenheit der Menschen für eine so unaussprechliche Güte. Hätte mich Gott nicht gestärkt, so wäre ich bei diesen Erwägungen gestorben. Die göttliche Majestät aber nahm dieses Opfer Ihrer Magd mit größerem Wohlgefallen an als alle Opfer des Alten Bundes. Der Herr sah wohlgefällig auf meine Demut. Wenn ich mich in diesen Akten übte, erwies Er mir und meinem Volk große Erbarmungen.

Meine Tochter, ich offenbare dir diese Geheimnisse, damit du mir nachfolgst. Erwäge oft im Lichte des Glaubens und der Vernunft, welchen Dank die Menschen Gott schulden für *Seine unermeßliche Güte* und für Sein *Verlangen, ihnen zu helfen*. Betrachte dann auch den *Stumpfsinn und die Herzenshärte der Adamskinder*. Dein Herz soll zerfließen in Dankbarkeit gegen den Herrn und in Mitleid gegen die Menschen. Am Tage des Gerichtes wird der gerechte Richter gerade darüber erzürnt sein, daß die undankbaren Menschen diese Wahrheit vergessen haben. Dieser Zorn wird so gewaltig sein und die Vorwürfe des Richters gegen die Menschen so beschämend, daß sie sich selbst in den Abgrund der Pein stürzen würden, wenn nicht die Diener der göttlichen Gerechtigkeit bereitständen, dies zu tun.

Willst Du einer so schrecklichen Strafe entgehen, so denke

oft an die Wohltaten, die du von dieser unendlichen Güte und Liebe empfangen hast. Sie hat dich vor vielen bevorzugt. So viele besondere Gaben und Geschenke sind nicht für dich allein. Sie sind dir auch für deine Brüder gegeben; denn die göttliche Barmherzigkeit dehnt sich auf alle aus. In erster Linie bist du dem Herrn Dank schuldig für dich selbst und in zweiter Linie für sie. Weil du jedoch arm bist, so opfere das Leben und die Verdienste meines heiligsten Sohnes auf und in Vereinigung damit alles, was ich durch die Gewalt der Liebe gelitten habe, damit du so einigen Ersatz leistest für die Undankbarkeit der Menschen. Tue dies oft und denke dabei an jene Gefühle, die mich bei diesen Übungen beseelten.

* * *

4. Die Gnaden des vierten Tages

u Beginn des *vierten* Tages wurde Maria wieder zur Anschauung Gottes erhoben, und zwar mit neuen Wirkungen und höheren Erleuchtungen ihres Geistes. Gibt es ja für die Macht Gottes und Seine Weisheit weder Schranken noch Grenzen. Nur unser Wille setzt solche durch seine Werke und seine geringe geschöpfliche Empfänglichkeit. In Maria aber fand Gottes Allmacht kein Hindernis in ihren Werken; denn sie tat alles, mit vollkommener Heiligkeit und zum vollen Wohlgefallen des Herrn. Nur darin fand Gott eine Schranke, daß Maria ein *bloßes Geschöpf* war. Doch so weit es bei einem bloßen Geschöpf möglich ist, wirkte Gott in ihr ohne Grenzen, ohne Schranken, ohne Maß, indem Er ihr die Gewässer der Gnaden so mitteilte, daß sie sie an der Quelle der Gottheit ganz rein und kristallhell trinken konnte.

In der Vision erklärte ihr der Herr das *neue Gesetz der Gnade* der Erlösung, die Sakramente, den Zweck ihrer Einsetzung, die Hilfen, Gaben und Gnaden, die er den Menschen bereitete, voll Verlangen, alle möchten selig werden und die Frucht der Erlösung sich zunutze machen. Maria erhielt in dieser Vision eine so große Weisheit, daß mit ihr mehr Bücher angefüllt werden könnten, als über alle Künste, Wissenschaften und Erfindungen in der ganzen Welt geschrieben worden sind; *denn in das Herz und in den Geist Mariä ergoß und erschöpfte sich der Ozean der Gottheit,* den die Sünde und die geringe Empfänglichkeit der Menschen aufgehalten und in sich selbst zurückgedrängt hatte. Nur eines blieb der seligsten Jungfrau bis zur gegebenen Zeit verborgen, nämlich daß sie zur Mutter des Eingeborenen des Vaters erwählt war.

Bei diesen süßen Tröstungen empfand Maria auch einen liebevollen, aber tiefen Schmerz, den eben diese Wissenschaft in ihr erneuerte. Sie erkannte nämlich die unaussprechlichen Schätze von Gnaden, die Gott für die Menschen bereithielt, und das mächtige Verlangen, daß alle Menschen selig werden möchten. Zugleich erkannte sie den üblen Zustand der Welt und ihre Verblendung, durch die die Menschen sich der Teilnahme an der Gottheit unwürdig machen. Durch diese Erkenntnis erlitt Maria eine neue Art Martyrium. Sie verrichtete inbrünstige Gebete, Aufopferungen, Selbstverdemütigungen und heldenmütige Akte der Liebe zu Gott und den Menschen, damit womöglich keiner mehr verloren gehe. Das alles geschah in dieser Gottesschau.

Der Herr offenbarte ihr auch die *Werke des vierten Schöpfungstages,* die Erschaffung der Sterne als Zeichen der Zeiten, der Sonne zur Erleuchtung des Tages, des Mondes für die Nacht. Maria sah, wie die Sterne am Himmel gebildet wurden, um durch ihr Funkeln die Nacht zu erhellen und Tag und Nacht zu regeln. Sie schaute ihre Materie, ihre Gestalt, ihre Eigenschaften, ihre Größe, ihre verschiedenen Bewegungen. Sie erkannte auch die Zahl der Sterne, alle ihre Einflüsse auf die Erde und die belebten und unbelebten Wesen auf ihr, die Wirkungen, die sie in diesen hervorbringen und in welcher Weise sie diese veränderten und bewegen. Das steht nicht im Widerspruch mit Psalm 146, 4, in dem der Prophet lehrt, daß Gott die Zahl der Sterne kennt und sie bei ihrem Namen nennt. Der Allmächtige kann aus Gnade einem Geschöpf verleihen, was Er von Natur aus hat. Da diese Kenntnisse zur größeren Auszeichnung der hehren Jungfrau beitrug, so verweigerte Gott ihr diese Gunst nicht, hatte Er ihr ja noch viel Größeres verliehen und sie zur *Königin* und *Herrin* nicht nur der Sterne, sondern auch aller andern Geschöpfe gemacht. Und allen hat Er befohlen, ihr als ihrer Königin zu gehorchen.

Durch diese Herrschaft erhielt Maria eine so große Macht, daß, wenn sie den Sternen befehlen würde, ihre Stelle am Himmel zu verlassen, sie sich augenblicklich dahin begeben würden, wohin diese Herrin sie schickte. Das gilt auch von der Sonne und den Planeten. Sie alle würden ihren Lauf und ihre Bewegung einstellen, ihre Einflüsse aufheben und ihre Wirkungen aufgeben, wenn Maria ihnen dies befehlen würde. Von dieser Herrschaft machte Maria zuweilen Gebrauch. So gab sie in dem heißen Ägypten der Sonne den Befehl, sich zu mäßigen, damit ihre Strahlen dem göttlichen Kind nicht solche Beschwerden verursachten. Die Sonne gehorchte, doch so, daß sie Maria Beschwerden verursachte, weil sie es so wollte, dagegen die „Sonne der Gerechtigkeit" auf den Armen Mariä verschonte. Ähnliches geschah auch mit andern Himmelskörpern. Zuweilen hielt sie die Sonne in ihrem Laufe auf, wie ich an der betreffenden Stelle sagen werde.

Noch *viele andere* sehr verborgene Geheimnisse offenbarte Gott Maria in dieser Vision. Mein Herz bleibt unbefriedigt über das Gesagte, weil ich nur wenig von dem Erkannten mitteilen kann. Zudem erkenne ich bei weitem nicht alles, was der Himmelskönigin zuteil geworden ist, weil wir jetzt noch nicht fähig sind, es zu fassen. Aus dieser Vision kehrte Maria neu entflammt zurück, noch mehr umgestaltet in das unendliche Gut und dessen Vollkommenheiten. Je weiter Gott in Seinen *Gnadenauszeichnungen* ging, desto weiter schritt sie in den Tugenden voran, um so mehr vervielfältigte sie ihre *Bitten*, ihre *Seufzer,* ihre *Inbrunst* und ihre *Verdienste,* durch die sie die Menschwerdung des ewigen Wortes und unser Heil beschleunigte.

Lehre der Himmelskönigin

Meine Tochter, erwäge aufmerksam und schätze hoch, was du von dem verstanden hast, was ich tat und litt, als der Herr mich Sein unendliches Verlangen erkennen ließ, die Menschen zu bereichern, und ich dann die geringe Erkenntlichkeit, ja die Undankbarkeit der Menschen sah. Als ich von der Betrachtung der freigebigsten Güte niederstieg, um die unverständliche Härte der Sünder zu erwägen, wurde mein Herz von einem tödlichen bitteren Pfeil durchbohrt, der mich mein ganzes Leben lang schmerzte. Ich will dir noch ein Geheimnis mitteilen: Um meine Traurigkeit in diesem Schmerz zu lindern, antwortete der Allerhöchste mir oftmals: „Empfange, Meine teure Braut, was die unwissende und blinde Welt verachtet, da sie unwürdig ist, es zu erkennen und zu erhalten." Bei diesen Worten ließ dann der Herr dem Strom Seiner Schätze freien Lauf. Diese trösteten meine Seele mehr, als der menschliche Verstand erfassen und eine Zunge aussprechen kann.

Nun sollst du, meine liebe Freundin, meine Genossin in diesem Schmerze sein. Um mich nachzuahmen, mußt du dir gänzlich entsagen, dich in allem vergessen und dein Herz mit Dornen und Schmerzen krönen. Weine über das, worüber die andern lachen und sich erfreuen zu ihrer Verdammnis. Das ist die gerechteste Beschäftigung der wahren Bräute meines Sohnes. Sie dürfen sich nur freuen in den Tränen, die sie über ihre und der Welt Sünden vergießen. Bereite dein Herz durch diese Gesinnung vor, damit der Herr dir Seine Schätze mitteile. Tue dies aber nicht, um reich zu werden, sondern damit die göttliche Majestät Ihre freigebige Liebe an dir erfüllen könne. Sie will dir Ihre Schätze mitteilen und die Seelen retten. Folge mir in allem nach, was ich dich lehre.

* * *

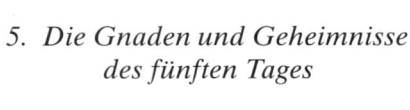

5. Die Gnaden und Geheimnisse des fünften Tages

Es feierte nun die heiligste Dreifaltigkeit in Maria, Ihrem heiligen Tempel, den *fünften Tag* der Novene zur Vorbereitung auf die Menschwerdung des ewigen Wortes im Schoße Mariä. Immer mehr lüfteten sich die Schleier der tiefen Geheimnisse der unendlichen Weisheit. Wiederum hatte sie eine abstrakte Vision der Gottheit. Die sich wiederholenden Vorbereitungen und vorausgehenden Erleuchtungen brachten eine immer größere Fülle von Licht und Gaben mit sich, die aus den Schatzkammern der unendlichen Güte über die heiligste Seele Mariä und deren Kräfte herabströmten. Durch die Wirksamkeit dieser Gnaden wurde Maria immer mehr mit der Wesenheit Gottes vereinigt, ihr gleichgestaltet und in sie umgewandelt, bis sie dahin kam, *würdige Mutter Gottes* zu sein.

Der Allerhöchste offenbarte Maria neue Geheimnisse und sprach mit unaussprechlicher Zärtlichkeit zu ihr: „Meine Braut, Meine Taube, du hast in der Verborgenheit Meines Herzens die unermeßliche Freigebigkeit Meiner Liebe zum Menschengeschlechte gesehen sowie die verborgenen Schätze, die Ich für ihre Seligkeit bereithalte. Diese Liebe ist so mächtig über Mich, daß Ich ihnen Meinen eingeborenen Sohn geben will, damit Er sie lehre und erlöse. Du hast auch gesehen, wie schlecht die Menschen Mir vergelten, wie sie Meine Güte und Liebe mit Undank und Verachtung erwidern. Ich zeigte dir einen Teil ihrer Bosheit. Nun sollst du aufs neue in Meinem Wesen schauen, wie klein die Zahl jener ist, die Mich erkennen und lieben werden als Meine Auserwählten und wie groß die Zahl der Undankbaren und Verworfenen. Die unzähligen Sünden und Greuel so vieler unreiner, verfinsterter Menschen, die Meine Allwissenheit vorausschaut, halten Meine freigebige Barmherzigkeit zurück. Sie haben die Kanäle, durch die Ich die Schätze Meiner Gottheit ergießen wollte, mit einem starken Damm verschlossen und machen die Welt unwürdig, diese Schätze zu empfangen."

Maria erkannte bei diesen Worten große Geheimnisse über die Zahl der Auserwählten und der Verworfenen. Sie sah auch, wie alle Sünden der Menschen miteinander ein Hindernis bildeten und gleichsam Widerspruch erhoben, daß das ewige Wort Mensch werde und in die Welt komme. Beim Schauen der unendlichen Güte und Gerechtigkeit des Schöpfers und auch der unermeßlichen Ungerechtigkeit und Bosheit der Menschen wurde Maria von Staunen ergriffen. Von göttlicher Liebe entflammt sprach sie:

„Unendlicher Gott, unbegreifliche Weisheit und Heiligkeit, welch Geheimnis hast Du mir geoffenbart! Die Missetaten der Menschen sind ohne Maß und Zahl. Deine Weisheit allein begreift sie. Aber können alle diese Missetaten und noch viel größere Deine Liebe und Güte auslöschen oder sich mit ihr messen? Nein, mein Herr, die Bosheit der Menschen darf Deine Barmherzigkeit nicht zurückhalten. Ich bin die Unnützeste aus dem Menschengeschlecht, aber ich stelle in seinem Namen eine Frage betreffs Deiner Treue. Unfehlbar vergehen eher Himmel und Erde als die Wahrheit Deiner Worte (Jes 51, 6). Du selbst hast Deinen heiligen Propheten und durch diese der Welt oft das Wort gegeben, ihnen ihren Erlöser und unser Heil zu senden. Wie sollten nun, mein Gott, diese Verheißungen sich nicht erfüllen? Sie können nicht irreführen; denn sie sind ja beglaubigt von Deiner göttlichen Weisheit. Sie können die Menschheit auch nicht täuschen;

denn sie sind ja beglaubigt von Deiner Güte. Von seiten der Menschen fehlt jedes Verdienst. Kein Geschöpf konnte Dich, o Herr, dazu verpflichten. Wenn man dies Gut verdienen könnte, würde deine Güte ja nicht so sehr verherrlicht werden. Nur durch Dich selbst kannst Du dazu verpflichtet werden; denn in Dir allein ruht der Grund, der Dich bewog, uns zu erschaffen und nach dem Falle uns durch die Menschwerdung zu erlösen. O mein Gott, suche keine Verdienste noch andere Gründe für die Menschwerdung als Deine Barmherzigkeit und die Erhöhung Deiner Glorie."

Der Allerhöchste antwortete: „Meine Braut! Ja, Meine unendliche Güte hat Mich bewogen, den Menschen zu versprechen, Mich mit ihrer Natur zu bekleiden und unter ihnen zu wohnen. Ein Versprechen, das niemand verdienen konnte. Aber der Mir ganz verhaßte Undank der Menschen verdient, daß die Verheißung nicht zur Ausführung kommt. Während Ich als Erwiderung Meiner Liebe nichts verlange als das Interesse für ihre eigene ewige Seligkeit, finde Ich bei ihnen nur Hartherzigkeit, womit sie die Schätze Meiner Gnade und Glorie vergeuden und verachten. Sie geben Mir Dornen anstatt der Frucht, grobe Beleidigungen für Meine Wohltaten und schändlichen Undank für Meine Erbarmungen. Das Ende ihrer Bosheiten wird der Verlust Meiner Anschauung sein und die ewigen Peinen. Meine Freundin, betrachte diese Geheimnisse, die im Innersten Meiner Weisheit geschrieben stehen; denn dir ist Mein Herz geöffnet, und du schaust darin die Gründe für das Verfahren Meiner Gerechtigkeit."

Es ist unmöglich, diese Geheimnisse zu erklären. Maria schaute in Gott alle vergangenen, gegenwärtigen und zukünftigen Geschöpfe, die Ordnung, in der alle Seelen aufeinanderfolgen, ihre guten und bösen Werke und auch das Ende, das alle nehmen werden. Wäre Maria nicht durch göttliche Kraft gestärkt worden, hätte sie durch die Wirkungen der Anschauung so tiefer Geheimnisse sterben müssen. Doch

Gott hatte bei diesen Wundern und Wohltaten erhabene Ziele im Auge. Darum war Er höchst freigebig gegen Seine auserwählte Mutter. Da sie diese Kenntnisse aus dem Herzen Gottes selbst schöpfte, empfing sie damit auch das Feuer der ewigen Liebe, das sie mit Gottes- und Nächstenliebe entflammte. Darum flehte sie weiter:

„Ewiger, unsterblicher Gott, ich bekenne Deine Gerechtigkeit, preise Deine Werke, bete Deine unendliche Größe an und verehre Deine Gerichte. Mein Herz strömt über vor Liebe, da ich Deine unbegrenzte Güte für die Menschen und ihre schwere Undankbarkeit und Gefühllosigkeit gegen Dich erkenne. Du willst, daß alle zum ewigen Leben gelangen. Wenige werden Dir für diese unendliche Wohltat danken und viele sie durch ihre Bosheit verlieren. Wenn Du, o Gott, uns zürnst, sind wir verloren! Doch wenn Deine Allwissenheit die Schuld und Bosheit der Menschen vorhersieht, so schaut dieselbe Allwissenheit auch Deinen eingeborenen, menschgewordenen Sohn und Seine unendlich wertvollen Werke, die Du schon im voraus annimmst. Diese sind doch überfließender und unvergleichlich größer als die Sünden. Durch diesen Gottmenschen muß Deine Gerechtigkeit sich befriedigen lassen. Um Seinetwillen mußt Du Ihn uns ohne Verzug geben. Um dies nochmals im Namen des Menschengeschlechtes zu erflehen, bekleide ich mich mit dem Geist des göttlichen Wortes, das in Deiner Schau bereits Mensch geworden ist, und bitte um die Ausführung dieses Geheimnisses und um das ewige Leben durch Seine Vermittlung für alle Menschen."

Bei dieser Bitte der reinsten Jungfrau stellte sich, menschlich gesprochen, der ewige Vater vor, wie Sein Eingeborener in den jungfräulichen Schoß Mariä niedersteigen werde. Ihre liebevollen, demütigen Bitten überwanden Ihn. Wenn Er sich dennoch unentschlossen zeigte, so war dies ein Kunstgriff Seiner zärtlichen Liebe, die öfter die Stimme Seiner geliebten Braut hören wollte. Ihre süßen Lippen sollten noch länger den „lieblichsten Honig träufeln", und ihre Worte „wie Früchte eines Paradiesgartens" (Hl 4, 11.13.) sein. Um diesen zärtlichen Streit zu verlängern, antwortete ihr der Herr: „Meine Braut, Meine auserwählte Taube, du verlangst viel von Mir, und die Menschen tun gar wenig Mir zuliebe. Wie soll ich den Unwürdigen eine so seltene Wohltat erweisen? Laß mich, Meine Freundin, daß Ich sie ihrem Undank entsprechend behandle."

Maria erwiderte: „Nein, mein Herr, Ich werde mit meiner Beharrlichkeit nicht von Dir lassen. Ich bitte um viel, doch ich bitte ja Dich, der Du reich bist an Erbarmungen, mächtig in Werken und wahrhaftig in Deinen Worten. Mein Vater David hat von Dir und dem ewigen Wort gesagt: ‚Der Herr hat es geschworen, und es wird Ihn nicht gereuen: Du bist Priester ewiglich nach der Ordnung des Melchisedech' (Ps 109, 4). So möge denn dieser Priester kommen, der zugleich das Opfer für unsere Erlösung sein soll. Er möge kommen! Dein Versprechen kann Dich nicht reuen; denn Du weißt ja, was Du versprichst. Meine süße Liebe, ich bin bekleidet mit der Kraft dieses Gottmenschen, und ich werde Dich nicht lassen, bis Du mich gesegnet hast wie meinen Vater Jakob!"

Wie einst der Patriarch Jakob wurde auch Maria in diesem Streit mit Gott gefragt, welches ihr Name sei. Sie antwortete: „Ich bin eine Tochter Adams, durch Deine Hand aus dem Staub der Erde gebildet." Der Herr erwiderte: „Von nun an wird dein Name sein: Auserwählte zur Mutter des Eingeborenen!" Diese letzten Worte wurden nur von den Engeln verstanden. Der seligsten Jungfrau blieben sie verborgen bis zur bestimmten Zeit, da sie den Grund der Auserwählung vernahm. Als durch diesen Wettstreit das feurige Herz der „Auserwählten" ganz entflammt war, gab die ganze heiligste Dreifaltigkeit der reinsten Jungfrau Maria Ihr königliches Wort, bald der Welt das ewige Wort zu senden, damit es

Mensch werde. Auf dieses *Fiat* („Es geschehe!") bat Maria voll Freude und Jubel um den Segen, und der Allerhöchste gab ihn ihr. So ging diese starke Frau aus dem Streit mit Gott siegreicher hervor als einst Jakob; denn sie war reich, stark und mit Beute beladen, er aber war gelähmt. Menschlich gesprochen, war Gott selbst kraftlos geworden, überwunden durch die Liebe dieser Jungfrau. Nun war Er gewillt, sich in dem Brautgemach ihres heiligen Schoßes mit der menschlichen Schwachheit zu bekleiden, unser leidensfähiges Fleisch anzunehmen und unter diesem die Stärke Seiner Gottheit zu verbergen, um als Besiegter zu siegen und uns durch Seinen Tod das Leben zu geben. Daraus mögen die Menschen erkennen, wie nächst ihrem gebenedeiten Sohn die *heiligste Jungfrau Maria die Ursache ihres Heiles* ist.

Alsdann wurden Maria in dieser Vision die *Werke des fünften Schöpfungstages* geoffenbart. Sie erkannte, wie die Kraft des göttlichen Wortes die Vögel der Luft und die Tiere der Gewässer hervorbrachte, und schaute die Verschiedenheit und Form jeder Art Vögel, deren Schmuck, Federn und Leichtigkeit; die unzähligen Fische des Meeres und der Flüsse, die großen Seetiere, ihren Bau, ihre Eigenschaften, ihren Aufenthalt und ihre Nahrung, ihren Daseinszweck und den Nutzen, den sie alle der Welt bringen. Der Herr befahl diesem ganzen Heere von Geschöpfen, Maria als ihre Herrin anzuerkennen und ihr zu gehorchen. Maria aber gab Er die Macht, allen zu befehlen und sich ihrer zu bedienen. Dann trat sie aus der Vision dieses Tages. Bis zum Abend widmete sie sich den Übungen und Gebeten, die der Herr ihr geboten hatte.

Lehre der Himmelskönigin

Meine Tochter, die vollkommene Erkenntnis der Wunderwerke, die der Allmächtige an mir getan, um mich zur Würde Seiner Mutter zu erheben, bleibt den Auserwählten vorbehalten, bis sie sie im himmlischen Jerusalem schauen werden. Dort werden sie in Gott selbst diese Werke mit besonderer Freude und Bewunderung verstehen wie die Engel, als Gott sie ihnen offenbarte und sie Ihn dafür lobten und verherrlichten. Weil aber Gott hinsichtlich dieser Gnade dich vor allen auszeichnet und du Licht über diese hohen Geheimnisse empfängst und Er dir so Seine besondere freigebige Liebe erzeigt, verlange ich von dir, meine Freundin, daß du vor allen Geschöpfen dich auszeichnest im Lobpreis Seines heiligen Namens für das, was Seine Macht an mir getan hat.

Nun mußt du mir in den Werken nachfolgen, die ich mit jenen großen Gnaden verrichtete. Flehe zum Herrn, daß deine Brüder zum ewigen Heile gelangen und der Name meines Sohnes von allen erkannt und gepriesen werde. Um dieses sollst du beharrlich bitten mit lebendigem Glauben und festem Vertrauen, aber auch mit tiefer Demut und Selbsterniedrigung, ohne dein Elend aus dem Auge zu verlieren. So vorbereitet, mußt du mit der göttlichen Liebe um das Wohl deines Volkes ringen, fest überzeugt, daß die herrlichsten Siege der Liebe Gottes darin bestehen, daß sie sich von den Demütigen besiegen läßt, die Gott mit aufrichtigem Herzen lieben. Erhebe dich über dich selbst und danke dem Herrn für die Wohltaten, die Er der ganzen Menschheit und dir im besonderen erwiesen hat. Dann wirst du für dich und deine Brüder neue Gnaden erlangen. Endlich bitte den Herrn jedesmal um Seinen Segen, so oft du dich in Seiner göttlichen Gegenwart befindest.

* * *

6. Gnaden und Geheimnisse
des sechsten Tages

ls die *sechste* Nacht anbrach, wurde Maria durch dieselbe Kraft und Stimme wie früher gerufen und im Geiste erhoben. Nachdem sie durch noch erhabenere Erleuchtungen vorbereitet war, empfing sie wieder eine abstrakte Vision, doch mit göttlicheren Wirkungen und mit einer tieferen Erkenntnis der Vollkommenheiten Gottes. In diesem Gebete verharrte sie neun Stunden, bis um die Zeit der Terz (9 Uhr). Obwohl die erhabene Schau des Wesens Gottes aufhörte, verlor Maria Gott doch nicht aus den Augen, noch unterbrach sie das Gebet. Sie blieb vielmehr in einem anderen Gebetszustand, der, wenn auch tiefer stehend als der vorhergehende, doch in sich selbst sehr erhaben war und vollkommener als das erhabenste Gebet aller Heiligen und Gerechten. Alle diese Gaben und Gnaden waren in diesen Tagen vor der Menschwerdung ganz vergöttlicht. Doch wurde U. L. Frau in den äußeren Beschäftigungen ihres Standes nicht behindert. Hier konnte Martha nicht klagen, daß Maria sie in ihren Arbeiten allein lasse.

In dieser Vision wurden der seligsten Jungfrau die *Werke des sechsten Schöpfungstages* geoffenbart. Wie wenn sie dabei gegenwärtig gewesen wäre, schaute sie, wie die Erde auf Sein göttliches Wort hin lebende Wesen nach ihrer Art hervorbrachte, wie Moses sich ausdrückt (Gen 1, 24), der damit die Tiere der Erde meint, zum Unterschied von den Vögeln der Luft und den Fischen der Gewässer. Sie erkannte und durchschaute alle Arten der Tiere, die zahmen, die den Menschen dienen und helfen, die wilden Waldtiere und die Reptilien. Sie verstand deutlich und im einzelnen ihre Eigenschaften, ihre Wildheit, ihre Kraft, ihre Tätigkeit, ihre Bestimmung und ihre ganze Lage. Über alle diese Tiere wurde Maria die Macht und Herrschaft verliehen und ihnen befohlen, ihr zu gehorchen. Sie hätte ohne Furcht Nattern und Basilisken mit Füßen treten können. Alle Tiere hätten sich ihr zu Füßen gelegt. Einige haben dies später tatsächlich getan, so bei der Geburt ihres Sohnes. Da warfen sich Ochs und Esel vor dem göttlichen Kinde nieder und erwärmten Es mit ihrem Atem, weil die göttliche Mutter es ihnen befohlen hatte.

In der Fülle dieser Wissenschaft erkannte Maria vollkommen, wie Gott alles Erschaffene auf verborgenen Wegen zum Dienste und Wohle der Menschen hinleitet, und wie sehr deshalb diese ihrem Schöpfer zum Dank verpflichtet sind. Es war gut, daß Maria diese Art von Weisheit und Erkenntnis besaß, damit sie eine entsprechende Dankesschuld abstattete, da weder Engel noch Menschen dies taten, weil sie es entweder versäumten oder es nicht gebührend konnten. Alle diese Lücken füllte die Königin aller Geschöpfe allein aus und leistete Genugtuung für uns und befriedigte dadurch sozusagen die göttliche Gerechtigkeit. So trat sie als Vermittlerin ein und war durch ihre Unschuld und Dankbarkeit Gott wohlgefälliger als alle andern Geschöpfe. Auf diese geheimnisvolle Weise bereitete sich das Kommen Gottes in der Welt immer mehr vor, da das entgegenstehende Hindernis durch die Heiligkeit Seiner künftigen Mutter entfernt wurde.

In dieser Vision sah Maria auch noch die Erschaffung des Menschen. Um der Welt ihre Vollendung zu geben, sprach die heiligste Dreifaltigkeit: „Lasset Uns den Menschen machen nach Unserm Bild und Gleichnis." Kraft dieses göttlichen Beschlusses wurde der erste Mensch aus Erde gebildet, als Stammvater der andern. Sie erkannte vollkommen die Harmonie des menschlichen Körpers, die Seele, deren Fähigkeiten, Erschaffung, Eingießung in den Leib und ihre Vereinigung mit diesem zu einem Ganzen. Sie begriff den Bau aller Teile des menschlichen Körpers, die Zahl der Knochen, der Adern und Nerven. Sie erkannte, wie durch Veränderung und Störung dieser ganzen Harmonie Krankheiten entstehen und wie man sie heilen kann. Das alles erkannte Maria ohne Irrtum, besser als alle Philosophen der Welt, ja besser als die Engel.

Der Herr offenbarte ihr auch den glücklichen Stand der *ursprünglichen Gerechtigkeit* unserer Stammeltern Adam und Eva. Sie erkannte die Eigenschaften, die Schönheit und Vollkommenheit ihrer Unschuld und Gnade und wie kurze Zeit sie darin verharrten. Sie sah die Versuchung und den arglistigen Sieg der Schlange, die Wirkungen der Sünde sowie die Wut und den Haß der bösen Geister gegen das Menschengeschlecht. Im Schauen erweckte Maria heroische, dem Herrn sehr wohlgefällige Tugendakte. Sie bekannte sich als Tochter dieser Stammeltern und als Glied des seinem Schöpfer so undankbaren Geschlechtes. Durch diese Verdemütigung verwundete sie das Herz Gottes und bewog Ihn, sie über alles Erschaffene zu erheben. Sie nahm es auf sich, diese erste Schuld samt allen ihren Folgen zu beweinen, wie wenn sie alles selbst begangen hätte. Deshalb konnte man schon damals von einer glücklichen Schuld *(felix culpa)* sprechen, die gewürdigt war, durch Tränen beweint zu werden, die dem Herrn so kostbar waren, daß sie die erste Bürgschaft und ein sicheres Unterpfand unserer Erlösung bildeten.

Maria dankte dem Herrn für das wundervolle Werk der Erschaffung der ersten Menschen. Dann betrachtete sie aufmerksam ihre Verführung, ihren Ungehorsam und die Täuschung Evas. Maria entschloß sich zu einem ewigen Gehorsam, den die ersten Eltern ihrem Herrn und Gott verweigert hatten. Das war dem Herrn so wohlgefällig, daß Er anordnete, an diesem Tage müsse sich in Gegenwart des himmlischen Hofes die Wahrheit erfüllen, die in der Geschichte des Königs Assuerus vorgebildet war, als er die Königin Vasthi wegen ihres Ungehorsams verstieß und sie der königlichen Würde beraubte, an ihrer statt aber die demütige und anmutsvolle Esther zur Königin erhob.

Diese Geheimnisse stehen in jeder Hinsicht in einem bewunderungswürdigen Zusammenhang miteinander. Auch der höchste und wahre König hatte, um die Größe Seiner Macht und die Schätze Seiner Gottheit zu zeigen, durch die Erschaffung der Welt ein großes Gastmahl veranstaltet. Die Tafel bereitete Er durch freie Darbietung aller Geschöpfe. Dann berief Er, unsere Stammeltern erschaffend, das Menschengeschlecht zum Mahle. Die ungehorsame Vasthi, unsere Mutter Eva, übertrat das göttliche Gebot. Da befahl der wahre Assuerus an jenem Tage unter der Zustimmung und dem wunderbaren Lobpreis der Engel, daß die demütigste Esther, die seligste Jungfrau Maria, voll der Gnade und Schönheit, zur Würde der Königin alles Erschaffenen erhoben werde, sie, die unter allen Adamstöchtern erwählt war, Wiederherstellerin des Menschengeschlechtes und Mutter ihres Schöpfers zu sein.

Zur vollkommenen Erfüllung des Vorbildes flößte der Herr in dieser Vision dem Herzen Mariä neuen Haß gegen Satan ein, wie Esther solchen gegen Aman hegte. Sie verdrängte ihn von seiner Stelle, d.h. beraubte ihn seiner Macht und Herrschaft in der Welt, zertrat den Kopf seines Hochmutes und führte ihn bis zum Kreuzesholze, wo er den Gottmenschen besiegen und vernichten wollte, aber selbst gezüchtigt und besiegt wurde. Bei all dem wirkte Maria mit. Die Feindschaft des großen Drachen gegen die Frau, die er im Himmel mit der Sonne bekleidet gesehen hatte und die Maria war, hatte schon im Himmel seinen Anfang genommen. Der Kampf dauerte fort, bis Satan durch Maria aus seiner tyrannischen Herrschaft verdrängt war. Wie man statt des Aman den treuen Mardochäus ehrte, so wurde auch der keuscheste und treueste Joseph erhöht, der für das Wohl unserer himmlischen Esther sorgte und sie unablässig bat, um die Befreiung ihres Volkes zu flehen. Das war nämlich der Hauptgegenstand der Gespräche zwischen dem heiligen Joseph und seiner reinsten Braut. Durch sie wurde er zu großer Heiligkeit erhoben und zu einer so ausgezeichneten Würde, daß Gott ihm einen Siegelring gab, damit er kraft dieser Vollmacht dem menschgewordenen Gott gebiete, der ihm, wie das Evangelium berichtet, untertan war. – Hierauf trat Maria aus der Vision.

Lehre der Himmelskönigin

Meine Tochter, der Allerhöchste verlieh mir am sechsten Tage die Gabe wunderbarer *Demut*. Weil Gott niemand zurückstößt, der zu Ihm ruft, und Er Seine Gunst keinem verweigert, der sich zum Empfange bereitet, will ich, daß du mir in dieser Tugend nachfolgst und meine Gefährtin seiest. Ich hatte nicht teil an Adams Ungehorsam und *Schuld,* da ich aber teilhatte an seiner *Natur* und in dieser Hinsicht, aber nur in dieser, seine Tochter war, verdemütigte ich mich bis in den Abgrund meines Nichts. Wie tief muß sich nach diesem Beispiel der verdemütigen, der nicht allein an der ersten Schuld teilhat, sondern nachher noch zahllose persönliche Sünden beging? Beweggrund und Ziel dieser demütigen Erkenntnis soll nicht so sehr sein, den Sündenstrafen zu entgehen, sondern vielmehr die Ehre wieder herzustellen und zu ersetzen, die man dem Schöpfer und Herrn aller Dinge geraubt und verweigert hat. Wenn einer deiner Brüder deinen leiblichen Vater schwer beleidigt hätte, so wärest du keine dankbare und treue Tochter noch eine wahre Schwester deines Bruders, wenn du dich über jene Beleidigung nicht betrübtest und den Fehler nicht wie deinen eigenen beweintest; denn dem Vater schuldest du alle Ehrfurcht und den Bruder mußt du lieben wie dich selbst. Erwäge nun, meine Tochter, im Lichte der Wahrheit den großen Abstand zwischen deinem leiblichen und deinem himmlischen Vater, und daß ihr alle dessen Kinder seid, vereinigt durch enge Bande als Brüder und als Diener des einen wahren Herrn. Wie du dich verdemütigen und mit Beschämung weinen würdest, wenn deine leiblichen Brüder etwas Schändliches begingen, so sollst du auch die Sünden der Menschen beklagen, wie wenn du sie selbst begangen hättest. Das tat ich, als ich den Ungehorsam Adams und Evas und dessen Folgen für das Menschengeschlecht erkannte; und der Allerhöchste hatte Wohlgefallen an meiner Dankbarkeit und Liebe. Wer jene Sünden beweint, die von dem vergessen werden, der sie begangen hat, ist Gott sehr wohlgefällig.

So groß und erhaben auch deine Gnaden sind, darfst du doch die damit verbundenen Gefahren nicht übersehen, noch die Werke der Pflicht und der Liebe vernachlässigen. Dadurch wirst du keineswegs Gott verlassen; denn Glaube und Vernunft lehren dich, Ihn zu jeder Beschäftigung und an jeden Ort mit dir zu nehmen. Nur dich selbst und deinen Willen mußt du verlassen, um den deines Herrn und Bräutigams zu erfüllen. Laß dich nicht durch den Zug deiner Neigungen, noch durch die gute Meinung oder durch inneren Trost leiten; denn sie sind oft ein Deckmantel großer Gefahren. In Zweifeln soll der *heilige Gehorsam* stets dein Schiedsrichter und Lehrmeister sein. Durch ihn triffst du stets das Rechte und bist jeder andern Untersuchung enthoben. Große Siege und Fortschritte in den Verdiensten sind an die wahre Unterwerfung unseres eigenen Urteils unter das Urteil anderer geknüpft. Niemals darfst du ein eigenmächtiges Wollen oder Nichtwollen haben. Dann wirst du von Siegen reden und deine Feinde überwinden.

7. Siebenter Tag
Eine neue Verlobung Mariä
mit dem Allerhöchsten.
Ihr Brautschmuck

Ile Werke Gottes sind voll Weisheit, Güte und Gerechtigkeit. Keines ist mangelhaft oder unnütz, keines überflüssig oder zwecklos. Alle sind auserwählt und wunderbar, so wie der Herr sie nach Seinem Wohlgefallen erschaffen und erhalten will, damit Er in ihnen erkannt und verherrlicht werde. Wenn nun auch alle Werke Gottes nach außen staunenswert sind und mehr bewundert als begriffen werden können, so sind sie doch – abgesehen von dem Geheimnis der Menschwerdung – alle zusammen nur ein kleiner Funke aus dem unermeßlichen Abgrund der Gottheit. Allein das Geheimnis, daß *Gott leidensfähiger, sterblicher Mensch wurde,* ist das große Werk der ganzen unendlichen Weisheit und Macht Gottes, ein Werk, das alle übrigen Großtaten Seiner Allmacht ohne Vergleich übertrifft. In diesem Geheimnis ist nicht nur ein Fünklein der Gottheit, sondern der ganze Vulkan jenes unendlichen Feuermeeres, das Gott ist, zur Mitteilung an die Menschen herabgekommen, indem Er sich in hypostatischer Union unauflöslich mit unserer menschlichen Natur vereinigte. [*]

---

[*] „Hypostatische Union" heißt wörtlich: Personalvereinigung, nämlich die Vereinigung zweier Naturen in einer Person, hier die Vereinigung der menschlichen Natur (erschaffene Seele, erschaffener Leib) Christi mit der zweiten Person der Gottheit, dem göttlichen Wort. Der Ausdruck besagt also, daß die geschaffene menschliche Natur (Seele und Leib) Christi keine selbständige menschliche Person ist, wie jeder andere Mensch es ist, sondern im Augenblick ihrer Erschaffung zur unaussprechlichen Höhe und Würde der göttlichen Person des Wortes Gottes erhoben und mit

Wenn nun dieses wunderbare „Geheimnis des Königs" nach Seiner Größe zu bemessen ist, so muß auch die Frau, in deren Schoß Gott Mensch werden wollte, so vollkommen und mit allen Seinen Reichtümern derart ausgerüstet sein, daß keine nur mögliche Gabe und Gnade ihr vorenthalten wurde, und alle mußten ohne Mängel sein. So entsprach es der Vernunft und Größe des Allmächtigen, und Er führt es an Maria wirklich aus, vollkommener als der König Assuerus an der anmutsvollen Esther, da er sie auf den Thron seiner Majestät erheben wollte. Die Gnadenauszeichnungen, Vorrechte und Gaben, mit der der Allerhöchste Maria überhäufte, kann sich keine geschöpfliche Phantasie vorstellen. Als Maria vor dem Hofstaat dieses großen unsterblichen Königs der Weltzeiten erschien, anerkannten alle Bewohner des Himmels die göttliche Allmacht und lobpriesen den Herrn, weil Er die Macht und Weisheit besaß, sie zu einer *würdigen* Mutter Gottes zu machen.

Es kam der *siebente Tag* der Novene. Das große Geheimnis rückte immer näher. Wieder wurde Maria zur gleichen Stunde gerufen und im Geiste entrückt, doch mit dem Unterschied, daß sie an diesem Tag auch körperlich durch die Engel in den empyreischen Himmel versetzt wurde. Im höchsten Himmel schaute sie die Gottheit in abstrakter Vision wie an den andern Tagen. Jedoch erkannte sie mit neuem, größerem Lichte immer tiefere Geheimnisse, die Gott nach Seinem Willen entweder verbirgt oder offenbart, wie Er es

---

dieser vereinigt wurde, so daß Christus (göttliches Wort, geschaffene Seele und geschaffener Leib) nur ein einziges Ich, nur eine einzige Person ist, und zwar die göttliche Person des Wortes Gottes, des Sohnes Gottes, und daß diese Person die physische Trägerin und Inhaberin beider Naturen, der göttlichen und der menschlichen, ist. Somit ist dann diese eine und dieselbe Person Christus zugleich wahrer Gott und wahrer Mensch. Diese unendlich hohe Erhebung und unaussprechlich innige Vereinigung der heiligsten Menschheit Jesu mit der zweiten Person der Gottheit ist der Kern und das eigentliche Geheimnis des ganzen Wunderwerkes der Menschwerdung.

will. Dann hörte sie eine Stimme vom Throne Gottes ausgehend: „Braut, auserwählte Taube, komm, du Schöne, du Vielgeliebte! Du hast Gnade gefunden in Unseren Augen, du aus Tausenden Auserwählte. Aufs neue nehmen Wir dich an als Unsere einzige Braut und wollen dir jenen Schmuck und jene Schönheit verleihen, die Unserem Verlangen entsprechen."

Da erniedrigte, ja vernichtete sich die Demütigste der Demütigen vor dem Allerhöchsten über alles menschliche Erfassen hinaus. Sich gänzlich dem Wohlgefallen Gottes hingebend, sagte sie mit liebenswürdiger Schüchternheit: „Siehe hier, o Herr, den Staub, ein elendes Erdenwürmlein, Deine arme Dienerin, damit Dein größeres Wohlgefallen sich an ihr erfülle. Bediene Dich, mein höchstes Gut, dieses niedrigen Werkzeuges nach Deinem Willen und leite es mit Deiner Rechten." Da befahl der Herr zwei Seraphim von ausgezeichneter Würde, die Seinem Thron am nächsten stehen, sich neben Maria zu stellen. Sie gehorchten. Andere begleiteten sie in sichtbarer Gestalt. Maria war mehr als sie alle vom Feuer der göttlichen Liebe entflammt.

Bei den Engeln erhob sich außerordentliches Erstaunen und Frohlocken, als sie in der himmlischen Wohnung, die noch nie ein Mensch betreten hatte, diese demütige Jungfrau, ein Geschöpf, doch jenes, das Gott am nächsten stand, als geweihte Königin der Engel erblickten. Auf Erden war sie unbekannt und darum geringgeschätzt, im Himmel aber hochgeehrt. Sie sahen, wie der menschlichen Natur die Unterpfänder und die ersten Anfänge der Ehre verliehen wurden, über die Chöre der Engel erhoben zu werden, und wie sie jetzt schon in ihrer Mitte stand. Welch heiligen, gerechten Wetteifer rief diese große Erdenpilgerin in den alten Bewohnern des himmlischen Jerusalem hervor! Welches Lob sangen sie dem Urheber dieses Wunders! Immer wieder erweckten sie Akte der Demut, indem sie ihren hohen Verstand dem Willen und der Anordnung Gottes unterwarfen. Sie anerkannten, daß es gerecht und gut sei, die Niedrigen zu erhöhen und die menschliche Demut der der Engel vorzuziehen.

Während der Bewunderung der Engel erwog – menschlich gesprochen – die heiligste Dreifaltigkeit in sich selbst, wie wohlgefällig Ihr Maria war, wie sie mit den ihr anvertrauten Gaben und Wohltaten so vollkommen mitgewirkt und dadurch dem Herrn eine immer größere, entsprechendere Glorie gegeben hatte, und daß in ihr weder ein Fehler noch ein Mangel sei noch ein Hindernis für die Würde der Mutter des Wortes. So beschlossen denn die drei göttlichen Personen, Maria über alle bloßen Geschöpfe zum höchsten Grade der Gnade und Gottesfreundschaft zu erheben. In diesem Augenblick verliehen Sie ihr allein mehr, als alle anderen Geschöpfe besaßen, und schauten mit Wohlgefallen auf die Heiligkeit Mariä, wie sie im Geiste Gottes von Ewigkeit her entworfen und empfangen war.

Entsprechend dieser vorhergeschauten Heiligkeit und um Sein Wohlwollen zu offenbaren, teilte der Herr Maria neue Gnadenströme aus Seiner göttlichen Natur mit und befahl, sie mit einem geheimnisvollen sichtbaren Gewande und Geschmeide auszustatten, die *Sinnbilder der inneren Gnaden und Vorrechte* waren, die Er ihr als Königin und Braut verlieh. Eine solche Ausstattung und Verlobung wurde ihr früher schon einmal zuteil, nämlich bei ihrer Darstellung im Tempel. Diesmal geschah es auf eine neue, ausgezeichnetere und wunderbarere Weise, weil sie sie unmittelbar auf das Wunder der Menschwerdung vorbereitete.

Auf Befehl des Herrn bekleideten die beiden Seraphim die seligste Jungfrau mit einem *weiten Gewand, einem Sinnbild ihrer Reinheit und Gnadenfülle.* Es war so prächtig, wunderbar weiß und von so strahlender Schönheit, daß, wenn ein einziger der Lichtstrahlen, die ohne Zahl von ihm ausgingen, in der Welt erschiene, er ihr größere Helligkeit bringen würde als alle Sterne zusammen, wären sie auch Sonnen. Alles

Licht, das wir kennen, würde, mit dem Lichte dieses einen Strahles verglichen, als Finsternis erscheinen. Währenddessen gab ihr Gott eine tiefe Erkenntnis der Verpflichtung, dem Allerhöchsten durch treueste Liebe und erhabenes, eifriges Mitwirken zu danken. Aber immer noch verbarg ihr der Herr das Geheimnis der Menschwerdung des göttlichen Wortes in ihrem jungfräulichen Schoße. Um alles andere wußte Maria. Alle Gnaden nahm sie in Demut mit unaussprechlicher Klugheit an. Auch bat sie um den göttlichen Beistand, so großen Gnaden und Auszeichnungen entsprechen zu können.

Über das Gewand legten die beiden Seraphim einen sehr kostbaren, mit Edelsteinen besetzten *Gürtel, ein Sinnbild der ihr eingeflößten heiligen Furcht.* Die Steine schimmerten im höchsten Glanze und erhöhten die Anmut und Schönheit Mariä um vieles. Zu gleicher Zeit wurde Maria von dem Quell des Lichtes, in dessen unmittelbarer Nähe sie sich befand, mit Glanz und Klarheit erfüllt, damit sie aufs tiefste die Gründe begriffe, um derentwillen Gott von jeglicher Kreatur gefürchtet werden muß. Diese Umgürtung geziemte sich für ein bloßes Geschöpf, das mit dem Schöpfer als Dessen wahre Mutter in so vertrauten Umgang treten sollte.

Dann schmückte man sie mit schönen langen, durch ein reiches *Band zusammengehaltenen Haaren,* die glänzender waren als lauteres, funkelndes Gold. Maria sah, wie ihr durch diesen Schmuck die Gnade verliehen wurde, daß ihr ganzes Leben lang alle *ihre Gedanken erhaben, himmlisch und von glühendster Liebe* entflammt seien. Das wurde durch das Gold angedeutet. Zugleich empfing sie neue eingegossene Weisheit und klarste Erkenntnis, damit diese Haare auf abwechselnde, schöne Weise zusammengehalten würden in einer unaussprechlichen Teilnahme an der Erkenntnis und Weisheit Gottes. Auch *Sandalen* wurden ihr gegeben. Sie deuten an, daß alle ihre *Schritte und Bewegungen sehr schön* und immer auf die höchste und heiligste Ehre Gottes gerichtet seien. Diese Fußbekleidung wurde geschnürt, d.h. sie empfing die Gnade ganz besonderer Aufmerksamkeit und Sorgfalt in der Übung der Gottes- und Nächstenliebe. Dies zeigte sich, als sie mit Eile Elisabeth und Johannes besuchte. Die Schritte dieser Fürstentochter waren überaus schön.

Maria empfing auch *Armringe* und dabei durch Teilnahme an der Großmut Gottes die Gnade neuer *Hochherzigkeit* zur Übernahme schwieriger Werke. Darum legte sie „ihre Hand an große Dinge" (Spr 31, 19). Ihre Finger zierten die Engel mit *Ringen,* damit sie mit neuen Gnaden des Heiligen Geistes auch die unbedeutenderen, ja, die geringsten Werke mit Auszeichnung verrichte, in edelster Weise, in bester Meinung und unter den günstigsten Umständen und so alle ihre *Werke groß und wunderbar* würden. Dazu kam noch ein *Halsband* voll unschätzbarer, funkelnder Edelsteine. Daran hing eine aus den drei kostbarsten Steinen gebildete Geheimschrift, die auf die drei *göttlichen Tugenden* des Glaubens, der Hoffnung und der Liebe deuteten und zugleich die drei göttlichen Personen versinnbildeten. Diese erhabenen Tugenden wurden in Maria erhöht, damit sie bei Vollziehung der Geheimnisse der Menschwerdung und Erlösung sie entsprechend üben könne.

Sie erhielt auch goldene *Ohrringe* mit Silber bunt besetzt, damit ihre Ohren für die *Botschaft* vorbereitet seien, die der Erzengel Gabriel ihr bald bringen sollte. Dabei erhielt sie besondere Weisheit, um jene Botschaft mit Aufmerksamkeitanhören und mit den weisesten, gottgefälligsten Worten bescheiden darauf antworten zu können. Namentlich aber sollten von jenen ersehnten, hochheiligen Worten *„Fiat mihi secundum verbum tuum* – Mir geschehe nach deinem Wort!" helle, lautere Silberklänge ihrer Unschuld im Herzen des Herrn widerhallen und dort eingeprägt bleiben.

Dann schmückten sie das Gewand der seligsten Jungfrau mit *Inschriften,* die in den feinsten, mit Gold vermischten-

Farben spielten. Einzelne lauteten: „*Maria, Mutter Gottes!"*
andere: „*Maria, Jungfrau und Mutter!"* Sie wurden Maria
nicht erklärt, wohl aber den Engeln. Die verschiedenen Farben deuteten auf die ihr im höchsten Grade eingegossenen
Tugenden samt ihren entsprechenden Akten hin. Diese über-
trafen weit die höchsten Tugendwerke aller übrigen vernunft-
begabten Geschöpfe. Zur Vollendung all dieser Schönheit
wurden ihr – gleichsam als Wasser für ihr Angesicht – viele
Erleuchtungen zuteil, die sich in unmittelbarer Nähe aus der
unendlichen Wesenheit und den Vollkommenheiten Gottes
über sie ergossen. Um das göttliche Wort wirklich und wesentlich in ihren jungfräulichen Schoß aufzunehmen, mußte
sie es zuvor durch die Gnade empfangen haben, und zwar
durch die höchstmögliche Gnade, die einem bloßen Geschöpfe mitgeteilt werden kann.

Durch diese Ausstattung war Maria so schön und anmutig
geworden, daß der höchste König nach ihr verlangen konnte.
Weil diese ganze heilige Geschichte von den Tugenden Mariä
handelt, will ich den Schmuck nicht weiter erklären. Dies alles gehört in den Bereich der göttlichen Allmacht und in das
unermeßliche Gebiet der Vollkommenheit und Heiligkeit
Gottes, wo noch unendlich viel verborgen ist, das wir nicht
begreifen können. Wenn wir vor dem grenzenlosen Gnaden-
meere Maria stehen, müssen wir immer nahe den Ufern seiner Größe bleiben. Mein Geist ist durch das Geschaute immer ganz voll von Ideen, aber ich kann sie nicht aussprechen.

Lehre der Himmelskönigin

Meine Tochter, die geheimen Werkstätten und Schatzkammern des allmächtigen Königs sind Seiner würdig. Sie bergen
die reichsten Geschmeide ohne Maß und Zahl zum Schmuck
Seiner auserwählten Bräute. Wie Er meine Seele reich ausgestattet hat, so könnte Er unzählige andere schmücken, und

immer würde Ihm unendlich viel übrig bleiben. Doch wird Er keinem Geschöpf so viel mitteilen wie mir, nicht weil Er es nicht könnte oder nicht wollte, sondern weil sich niemand so auf die Gnade vorbereitet, wie ich es getan habe. Doch gegen viele ist der Allmächtige sehr freigebig und bereichert sie in hohem Grade, weil sie Ihn wenig hindern und sich besser vorbereiten als andere.

Meine Tochter, du darfst der Liebe Gottes zu dir kein Hindernis setzen. Bereite dich, jene Gnaden zu empfangen, mit denen Er dir zuvorkommt, damit du Seines Brautgemaches würdig werdest. Alle gerechten Seelen empfangen diesen Schmuck von Ihm, aber jede in dem Grade der Freundschaft und Gnade, dessen sie sich fähig macht. Willst du zu den höchsten Graden der Vollkommenheit gelangen und der Gegenwart deines Bräutigams würdig sein, so trachte in Seiner *Liebe* zu wachsen und stark zu werden. Diese nimmt zu mit der *Selbstverleugnung* und *Abtötung*. Du mußt allem Irdischen entsagen und es vergessen, sowie alle Selbstliebe in dir vernichten. Nur in der Liebe zu Gott mußt du wachsen und fortschreiten. Wasche dich mit dem *Blut deines Erlösers Jesus Christus* und wende es dir zu durch innige Liebesreue. So wirst du Gnade finden in Seinen Augen. Er wird nach deiner Schönheit verlangen, und dein Schmuck wird ganz rein und vollkommen sein.

Wegen deiner besonderen Gnadenauszeichnungen mußt du dem Herrn dankbarer sein als viele andere und Ihn mit unaufhörlicher Liebe preisen. Undank ist immer schändlich und verwerflich. Wie groß ist deine Dankesschuld bei deinen Verpflichtungen! Täusche dich nicht durch falsche Demut. Es ist ein bedeutender Unterschied zwischen der *dankbaren Demut und der demütig scheinenden Undankbarkeit.* Oft erweist der Herr Unwürdigen hervorragende Gnaden, um Seine Güte und Größe zu offenbaren. Aber niemand soll sich deswegen überheben, sondern jeder seine Unwür-

digkeit erkennen. Dieser Gedanke muß jedem als Gegenge-
wicht und Verwahrungsmittel gegen den Stolz dienen. Damit verträgt sich die Dankbarkeit wohl, indem man erkennt,
daß „jede vollkommene Gabe vom Vater der Lichter kommt"
(Jak 1, 17) und das Geschöpf sie durch sich selbst nie verdienen kann, daß sie ihm vielmehr aus reiner Güte gegeben
wird.

* * *

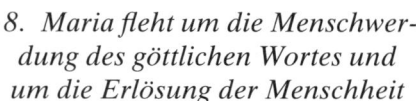

8. Maria fleht um die Menschwerdung des göttlichen Wortes und um die Erlösung der Menschheit

aria war nun voll Gnade und Schönheit und das Herz Gottes durch ihre zarten Anmutungen und Begierden so verwundet, daß diese nun das ewige Wort drängten, aus dem Schoße des ewigen Vaters in das Brautgemach ihres jungfräulichen Schoßes niederzueilen und dem mehr als fünftausendjährigen Warten ein Ende zu machen. Die Weisheit und Gerechtigkeit Gottes aber ordnete dieses Wunder so an, daß Maria nicht nur würdige Mutter des göttlichen Wortes, sondern zugleich auch *wirksame Mittlerin* Seiner Ankunft wurde, und zwar in weit höherem Grade, als Esther die Mittlerin der Befreiung ihres Volkes gewesen war. Das Herz der seligsten Jungfrau glühte von dem Feuer, das Gott selbst entzündet hatte, und sie flehte unablässig um das Heil des Menschengeschlechtes. Doch hielt die demütigste Magd des Herrn auch noch gewissermaßen zurück, weil sie wußte, daß wegen der Sünde Adams das Urteil des Todes und der ewigen Beraubung der Anschauung Gottes über die Menschen ausgesprochen war.

So stritten im reinsten Herzen Mariä Liebe und Demut, und sie betete oft: „Wer wird mächtig genug sein, das Heil für meine Brüder zu erlangen? Wer wird den Eingeborenen aus dem Schoße Seines Vaters zu uns Sterblichen herniederbringen? Wer wird Ihn bewegen, unserer Natur jenen Kuß Seines Mundes zu geben, um den die Braut des Hohenliedes Ihn bittet? Doch wie können wir Kinder dessen, der die Sün-

74

de begangen hat, dies erflehen? Wie könnten wir den zu uns herniederziehen, den unsere Väter so sehr zurückgestoßen haben? O meine Liebe, daß ich Dich doch sehen könnte an der Brust Deiner Mutter, der menschlichen Natur. Licht vom Licht, wahrer Gott vom wahren Gott, daß Du doch, Deine Himmel neigend, herabstiegest und den in der Finsternis Wohnenden Licht brächtest! Möchtest Du doch Deinen Vater besänftigen! Daß doch, o Vater, Dein göttlicher Arm, das ist Dein Eingeborener, den stolzen Aman, den Satan, unsern Feind, stürze! Wer wird die Mittlerin sein, die vom himmlischen Altar wie mit einer goldenen Zange jene glühende Kohle der Gottheit nimmt, um die Welt zu reinigen, wie der Seraph, von dem Dein Prophet spricht, das Feuer genommen hat?"

So betete Maria auch am *achten Tage.* Da wurde sie um Mitternacht in Gott erhoben und Er antwortete ihr: „Komm, Meine Braut, Meine Taube, Meine Auserwählte! Das allgemeine Gesetz gilt nicht für dich. Seit dem Augenblick deiner Empfängnis bist du ausgenommen von der Sünde und frei von ihren Folgen. Als Ich dich ins Dasein rief, habe Ich das Zepter Meiner Gerechtigkeit von dir abgewendet und das Meiner Güte auf deinen Hals gelegt, damit das Gesetz der Sünde sich nicht auf dich erstrecke. Komm und sei nicht zaghaft in deiner Demut und in der Erkenntnis deiner Natur. Ich erhebe die Demütigen. Ich überhäufe die Armen mit Reichtümern. Du hast Mich auf deiner Seite, und Meine freigebige Barmherzigkeit wird dir gewogen sein."

Maria vernahm diese Worte geistigerweise und gewahrte dann, daß sie von den Engeln körperlich in den Himmel gehoben wurde wie tags zuvor. Sie stieg zu Gott empor, so reich an Gaben und Schätzen Seiner Gnade, so herrlich und schön, daß die Engel, mehr als je von Staunen ergriffen, zum Lobe des Herrn einander zuriefen: „Wer ist diese, die aus der Wüste emporsteigt, überfließend von Wonne? Wer ist diese, die, auf ihren Geliebten gelehnt, Ihn überwindet und mit sich nimmt zur irdischen Wohnung? Wer ist die, die sich erhebt wie die Morgenröte, schöner als der Mond, auserwählt wie die Sonne? Wie strahlend steigt sie empor von der mit Finsternis bedeckten Erde! Wie stark und kräftig ist sie in einer so gebrechlichen Natur! Ist sie so mächtig, daß sie den Allmächtigen überwinden will? Wie kann einer Frau der Eintritt in den Himmel offen stehen, da er doch dem Adamsgeschlechte, dem sie angehört, verschlossen ist?"

Der Allerhöchste gewährte der seligsten Jungfrau nicht eine intuitive, sondern eine abstrakte Anschauung Seiner Gottheit. Diese war mit unaussprechlichen Gaben göttlicher Erleuchtung und Reinigung verbunden, die ihr der Herr bis auf diesen Tag vorbehalten hatte. Diese waren über alles Irdische so erhaben, daß – menschlich gesprochen – Gott selbst, der sie bewirkte, sich darüber verwunderte. Er lobte dieses Werk Seiner Allmacht und, von Liebe zu ihm hingezogen, sprach Er zu Maria: *„Revertere, revertere Sulamitis, ut intueamur te"* – „Kehre um, kehre um, Sulamith, damit Ich dich sehe und über deine Schönheit Mich erfreue (Hld 6, 12). Es gereut Mich nicht, den Menschen geschaffen zu haben, nein, es freut Mich, weil du von ihm stammst. Meine Engel sollen sehen, daß Ich dich mit Recht zu Meiner Braut und zur Königin all Meiner Geschöpfe erwählt habe! Sie sollen erkennen, daß Ich Mich mit Recht über dein Brautgemach erfreue, wo Mein eingeborener Sohn nach der Glorie, die Er in Mir findet, am meisten verherrlicht sein wird. Alle sollen sehen, daß, wenn Ich Eva, die erste Königin der Erde, wegen ihres Ungehorsams verstieß, Ich nun dich zur höchsten Würde erhebe und Mich groß und mächtig zeige gegenüber deiner reinsten Demut und Selbstverachtung!"

Dieser Tag brachte den Engeln den größten Jubel und die höchste akzidentelle Freude, die sie seit ihrer Erschaffung genossen hatten. Alle erkannten Maria als ihre Gebieterin und Königin an, sangen ihr Loblieder und priesen den Schöpfer. Maria aber war bei diesen wunderbaren Geheimnissen in den Abgrund der Gottheit und in das Licht Seiner unendlichen Vollkommenheit versenkt, so daß sie durch Gottes Fügung nicht alles beachtete, was geschah. So blieb ihr das Geheimnis ihrer Auserwählung zur Mutter des Eingeborenen bis zu dessen Verwirklichung verborgen. Nie erwies sich der Herr an einem Volk oder an einem einzelnen Geschöpf so groß und mächtig wie an diesem Tag an der seligsten Jungfrau Maria.

Der Allerhöchste sprach in äußerster Herablassung zu ihr: „Meine Braut, du hast Gnade gefunden in Meinen Augen. Verlange von Mir ohne Zagen, was du begehrst. Als treuer Gott und allmächtiger König werde Ich deine Bitte nicht verwerfen, noch dein Begehren zurück weisen." Maria demütigte sich tief. Doch auf das königliche Wort des Herrn gestützt, erhob sie sich vertrauensvoll und sprach: „Mein Gott, habe ich Gnade in Deinen Augen gefunden, so will ich, obwohl ich Staub und Asche bin, mein Herz vor Dir ergießen."

Gott forderte sie nochmals auf, alles, was sie wolle, in Gegenwart des ganzen himmlischen Hofes zu verlangen, wäre es auch ein Teil Seines Reiches. Maria antwortete: „Nicht um einen Teil Deines Reiches bitte ich Dich für mich, sondern um das ganze, und zwar für alle Menschen; denn sie sind meine Brüder. Ich bitte, sende uns nach Deiner unermeßlichen Güte Deinen eingeborenen Sohn, unsern Erlöser, damit Er genugtue für alle Sünden der Welt und Dein Volk die Freiheit erlange, nach der es sich sehnt. Verkünde den Menschen auf Erden den Frieden und eröffne ihnen freien Eintritt in den Himmel. Alles Fleisch sehe das Heil! Friede und Gerechtigkeit mögen sich küssen und wir Menschen einen Meister und Führer, ein Haupt und einen Erlöser erhalten, der mit uns lebe und verkehre. O mein Gott, daß doch jetzt der Tag Deiner Verheißung erscheine, Dein Wort sich erfülle und der Messias komme, den so viele Jahrhunderte ersehnt haben! Das begehre ich von Deiner unendlichen Güte!"

Gott hatte diese Bitten Seiner Braut mit Wohlwollen angehört und antwortete ihr: „Deine Wünsche sind Mir angenehm! Es geschehe, wie du verlangst! Ich will, was du begehrst. Ich gebe dir Mein Wort, daß Mein eingeborener Sohn bald auf die Erde herniedersteigen wird, um sich mit der menschlichen Natur zu bekleiden und zu vereinigen. So werden deine Bitten erfüllt."

Bei dieser Zusicherung fühlte Maria in ihrem Innern neues Licht und die Zuversicht, daß nun das Ende der langen Sündennacht und der alten Gesetze bevorstehe und der neue klare Tag der Erlösung nahe. Da die Strahlen der Sonne der Gerechtigkeit sich schon näherten und in großer Fülle auf sie fielen, strahlte sie wie die Morgenröte und, im Glanze der Gottheit schimmernd, war sie wie in diese umgewandelt. Sie pries in ihrem und aller Menschen Namen den Herrn voll Liebe und Dank für die nahe Erlösung. Dazu verwandte sie den ganzen Tag, nachdem die Engel sie zur Erde zurückgebracht hatten.

Meine Unwissenheit und Unfähigkeit, so erhabene Geheimnisse zu beschreiben, schmerzen mich immer. Wenn gelehrte und wissenschaftlich gebildete Männer es nicht in entsprechender Weise zu tun vermögen, wie sollte es dann mir, einer armen Jungfrau, möglich sein? Möge das Licht der christlichen Frömmigkeit meine Unwissenheit ersetzen und der Gehorsam meine Kühnheit entschuldigen!

Lehre der Himmelskönigin

Meine Tochter, wie weit sind doch die wunderbaren Werke, die der Allmächtige in den Geheimnissen der Menschwerdung des ewigen Wortes an mir vollbracht hat, von der Weisheit der Welt entfernt! Weder Fleisch noch Blut noch die Engel, selbst nicht die erhabensten Seraphim können aus sich allein diese so verborgenen und über die Gnadenordnung der übrigen Geschöpfe so weit erhabenen Geheimnisse erforschen. Du aber sollst um ihretwillen in beständiger Liebe und Dankbarkeit den Herrn lobpreisen. Sei nicht lässig in der Betrachtung der Größe Seiner Liebe und der Menge Seiner Gnaden, die Er Seinen Freunden und liebsten Kindern erzeigt, da Er sie aus dem Staub erhebt und auf verschiedene Weise bereichert. Diese Wahrheiten werden dich zur Dankbarkeit anregen und dich bewegen, als Seine treue Tochter und Braut große Dinge zu tun.

Oft sagt der Herr Seinen Auserwählten: „Kehre um, kehre um, daß Ich dich sehen kann!", weil Er so großes Wohlgefallen an ihren Werken hat. Ein Vater ergötzt sich an seinem einzigen, schönen, anmutigen Sohn und betrachtet ihn oft unter Liebkosungen. Ein Künstler freut sich am Meisterwerk seiner Hände, ein König an einer reichen eroberten Stadt, ein Freund an seinem vielgeliebten Freund. Aber unvergleichlich mehr als diese alle erfreut und ergötzt sich Gott an den Seelen, die Er zu Seiner Wonne erwählt. In demselben Maße, in dem sie sich für Seine Gnade befähigen und in der Vollkommenheit vorwärtsschreiten, vermehren sich auch Seine Gunstbeweise und Sein Wohlgefallen. Verständen die Menschen diese Wahrheit, sie würden allein schon um dieses Wohlgefallens willen nicht nur die Sünde meiden, sondern auch Großes tun und selbst in den Tod gehen, um Ihm ihren Gehorsam und ihre Liebe zu bezeigen, der so freigebig ist im Belohnen und so geneigt zum Geben und Helfen.

Als an diesem Tag der Herr zu mir sprach: „Kehre um, kehre um, daß Ich dich anschaue, daß alle Engel dich sehen", war, wie ich erkannte, Sein Wohlgefallen so groß, daß es allein alle Freude und Wonne übertraf, die alle heiligen Seelen auf dem Gipfel ihrer Heiligkeit Ihm bereitet haben. Seine Güte fand an mir größeres Wohlgefallen als an allen

Aposteln, Märtyrern, Bekennern, Jungfrauen und allen übrigen Heiligen. Aus diesem Wohlgefallen Gottes ergossen sich in meine Seele so reiche Gnaden, und ich empfing eine solche Teilnahme an der Gottheit, daß du es im sterblichen Fleische weder verstehen noch erklären kannst. Ich teile dir aber dieses große Geheimnis mit, damit du den Urheber desselben lobest und dich immer mehr befähigst, während deiner Verbannung vom Vaterlande an meiner statt und in meinem Namen deine Hand an große Werke zu legen und dem Herrn das Wohlgefallen zu bereiten, das Er von dir begehrt. Gebrauche Seine Gnaden, und erflehe sie in vollkommener Liebe nicht nur für dich, sondern auch für alle andern.

* * *

Maria, Königin des sechsten Schöpfungstages, des Weltalls

9. Letzte Vorbereitung auf die Menschwerdung

Am *neunten* und letzten dieser Tage erneuerte und vermehrte Gott Seine Wunder, indem Er alle Gnaden wiederholte, die Er bis dahin der heiligsten Jungfrau mitgeteilt hatte. Er wirkte in ihr, indem Er Altes aus Seinen unendlichen Schatzkammern nahm und immer viel Neues beifügte. Alle diese Gnadenwunder sind aber darin beschlossen, daß ein Gott sich so erniedrigt und *Mensch wird,* und daß Er eine Frau so hoch erhebt, daß sie *Seine Mutter wird.* Um Mensch zu werden, brauchte sich Gott selbst nicht zu ändern. Er hätte es auch nicht gekonnt. Er vermochte unsere Natur mit Seiner Person zu vereinigen und konnte dabei doch in sich selbst unveränderlich bleiben. Sollte aber eine Frau Mutter Gottes werden, so schien es notwendig, daß sie eine unendliche Kluft überschreite und über alle andern Geschöpfe sich in dem Maße erhebe, als sie der Gottheit sich näherte.

Nun kam der Tag, an dem Maria die letzte Stufe der Vorbereitung erreichte und in solche Nähe zu Gott trat, daß sie Seine Mutter werden konnte. Wie an den vorhergehenden Tagen wurde sie um die Stunde des größten Schweigens, um Mitternacht, von Gott dem Herrn gerufen. Maria antwortete: *„Mein Herz ist bereit, o Allerhöchster! Dein göttliches Wohlgefallen geschehe an mir!"* Dann wurde sie wie an den vorhergehenden Tagen von den Engeln mit Leib und Seele in den empyreischen Himmel getragen und vor den Thron des Allerhöchsten gestellt. Der Allmächtige erhob sie und wies ihr an Seiner Seite ihren Sitz an, den sie immer in Seiner Gegenwart einnehmen sollte. Dieser war der erhabenste und nächste bei Gott nach dem, der für die Menschheit des Wortes vorherbestimmt war. Er war über die Throne der übrigen Heiligen ohne Vergleich erhaben.

Von dort aus sah Maria die Gottheit in einer abstraktiven Vision. Der Herr offenbarte ihr so hohe und neue Geheimnisse, daß ich sie ihrer Tiefe und meiner Unwissenheit wegen nicht beschreiben kann. Ihre Würde als Mutter Gottes blieb ihr aber noch immer verborgen. Sie schaute in der Gottheit aufs neue alle erschaffenen Dinge, auch viele nur mögliche und zukünftige. Sie schaute die körperlichen durch sinnliche Erkenntnisbilder, wie wenn sie sie alle mit leiblichen Augen wahrnähme. Sie sah das ganze Gebäude des Weltalls zugleich. Bisher hatte sie nur dessen Teile geschaut. Auch die darin befindlichen Geschöpfe sah sie so deutlich, als ob sie sie in einem Gemälde vor sich gehabt hätte. Sie erkannte deren Harmonie und Ordnung, ihren gegenseitigen Zusammenhang und ihre Abhänigkeit voneinander. Sie sah, wie alles vom Willen Gottes abhängt, der jedes Geschöpf an seinem Ort und seinem Wesen entsprechend erschafft, regiert und erhält. Sie sah aufs neue alle Himmel, alle Sterne, die Elemente, deren Bewohner, das Fegfeuer, die Vorhölle und die Hölle mit allen, die in diesen Räumen leben. So wie der Ort, an dem die Königin der Geschöpfe sich befand, über alle erhaben war und nur unter Gott stand, so war auch ihre Erkenntnis erhaben, nur unter der Erkenntnis Gottes, dagegen höher als die aller bloßen Geschöpfe.

Maria war ganz versenkt in Bewunderung der Offenbarungen und erwiderte sie mit schuldigem Lobpreis. Da sprach Gott zu ihr: „Meine Auserwählte, einzig aus Liebe zu den Menschen habe Ich all diese sichtbaren Geschöpfe gebildet, und Ich bewahre sie durch Meine Vorsehung in solcher Mannigfaltigkeit und Schönheit. Aus allen Seelen aber will Ich eine Gemeinschaft von Gläubigen auswählen, damit sie abgesondert und gewaschen werden im Blute des Lammes, das die Sünden der Welt hinwegnehmen wird. Diese werden die besondere Frucht der Erlösung durch das Lamm sein und durch das neue Gesetz der Gnade sowie durch die Sakramente die Früchte der Erlösung genießen. Jene, die ausharren, werden zur Teilnahme an Meiner ewigen Glorie und Freundschaft gelangen. Für diese Auserwählten habe Ich an erster Stelle so viele Wunderwerke geschaffen. Wenn alle Mir dienen, Mich anbeten und Meinen Namen bekennen wollten, würde Ich für sie alle und für jeden einzelnen im besonderen ebenso große Schätze erschaffen und sie jedem einzelnen zum Besitze geben.

Ja, wenn Ich nur ein einziges dieser Geschöpfe, die Meiner Gnade und Glorie fähig sind, erschaffen hätte, Ich würde es allein zum Herrn der ganzen Schöpfung machen. Doch dies alles ist weniger als sie teilnehmen zu lassen an Meiner Freundschaft und ewigen Glückseligkeit. Du Meine Braut, bist Meine Auserwählte und hast Gnade gefunden in Meinem Herzen. Darum mache Ich dich zur Herrin all dieser Güter, damit, wenn du dich als treue Braut erweisest, sie an jene austeilest, die Mich durch deine Vermittlung darum bitten. Deshalb lege Ich alles in deine Hände nieder." Darauf setzte die heiligste Dreifaltigkeit Maria eine Krone aufs Haupt und weihte sie zur höchsten Königin alles Erschaffenen. Diese Krone trug die Aufschrift „Mutter Gottes". Die seligste Jungfrau verstand sie damals noch nicht, wohl aber die Engel. Sie wunderten sich, daß Gott so Großes an dieser glücklichen Jungfrau tat, der Gebenedeiten unter den Frauen. Sie bezeigten ihr Ehrfurcht und Huldigung als ihrer und der ganzen Schöpfung rechtmäßigen Königin und Herrin.

Alle diese Wunder wirkte der Allerhöchste in der Ordnung Seiner unendlichen Weisheit. Es geziemte sich, daß der ganze himmlische Hof Seine Mutter als Königin und Herrin anerkannte und ihr die schuldige Ehrfurcht erwies, bevor Er in den jungfräulichen Schoß Mariä niederstieg. Es entsprach der

Ordnung, daß Gott sie zuerst zur *Königin* und dann zur *Mutter des Fürsten der Ewigkeiten* erhob. Der Allerhöchste war es der Majestät Seiner Gottheit sozusagen schuldig, daß Er den Tabernakel, den Er sich zur Wohnung erwählte, mit aller Würde, Vollkommenheit, Größe und Herrlichkeit ausrüstete und adelte, ohne irgend etwas Mögliches zu unterlassen.

Zur letzten Vollendung dieses Wunderwerkes erneuerte der Herr selbst den Geist und die Seelenkräfte Mariä durch neue Erleuchtungen, Fähigkeiten und Vollkommenheiten, deren Größe und Beschaffenheit man durch irdische Ausdrücke nicht wiedergeben kann. Dies war sozusagen der letzte Pinselstrich an diesem lebendigen Abbilde Gottes, in dem und aus dem der Leib gebildet werden sollte, mit dem sich das *ewige Wort, das wesenhafte Abbild* des Vaters und der Abglanz Seiner Wesenheit bekleiden wollte. So ward Maria ein lebendiger Tempel, vorzüglicher als der Salomons, innen und außen mit dem reinsten Gold der Gottheit bekleidet, ohne daß man an ihr auch nur die kleinste Spur einer irdischen Tochter Adams entdecken konnte. Sie war durch Teilnahme Gott ganz ähnlich; denn das ewige Wort hatte sie so vorbereitet, daß Es in ihr die größtmögliche Ähnlichkeit zwischen Mutter und Vater vor fand.

Mir fehlen die Worte, um die unfaßbaren Wirkungen zu schildern, die alle diese Gnaden im Herzen Mariä hervorbrachten. Kraft des Lichtes, das ich darüber empfing, versetzt mich die Demut Mariä und der Wettstreit zwischen ihr und der Macht Gottes am meisten in Staunen. Welch außerordentliches Wunder der Demut! Diese zarte, heiligste Jungfrau Maria, zur höchsten Würde und Heiligkeit nach der Heiligkeit Gottes erhöht, erniedrigt und vernichtet sich im selben Augenblick bis auf die unterste Stufe aller Geschöpfe. Kraft dieser Demut steigt auch der Gedanke nicht in ihr auf, sie könne die Mutter des Messias werden. Sie dachte überhaupt nichts Großes, nichts Wunderbares von sich selbst, und je höher der Allmächtige sie erhob, desto niedriger dachte sie von sich. Wahrlich, es war gerecht, daß Gott auf ihre Demut niedersah und alle Geschlechter sie selig preisen.

Lehre der Himmelskönigin

Meine Tochter, wer eine eigennützige, knechtische Liebe hat, ist keine würdige Gottesbraut. Die Braut darf nicht lieben oder fürchten wie eine Magd, noch um Taglohn dienen. Ihre Liebe muß kindlich und edelmütig sein wegen des hohen Ranges und der unermeßlichen Güte ihres Bräutigams. Den Seelen zu lieb hat Er die sichtbaren Güter so mannigfaltig erschaffen, damit sie jenen dienen, die Ihm dienen, und zudem hält Er verborgene Schätze für jene bereit, die Ihn als Kinder fürchten. Du weißt, wie reich die Seelen sind, die das Glück haben, Seine Töchter und Lieblinge zu sein. Wenn es nötig wäre, würde Er jedem einzelnen alle seine Güter geben. Wahrlich, die Lieblosigkeit der Menschen läßt sich nicht rechtfertigen inmitten so vieler Beweggründe und Antriebe zur Liebe. Ihre Undankbarkeit findet keine Entschuldigung angesichts so maßloser Wohltaten.

Beachte, meine Tochter, daß du im Hause des Herrn, Seiner heiligen Kirche, keine Fremde bist, sondern Hausgenossin und Braut Christi unter den Heiligen, die genährt wird mit Seinen Gunstbezeigungen und Brautgeschenken. Weil nun alle Schätze und Reichtümer des Bräutigams auch der rechtmäßigen Braut gehören, so bedenke, daß Er dich daran teilnehmen läßt und dich zur Herrin über sie gesetzt hat. Benütze alle. Eifere als Tochter und Braut für Seine Ehre. Sei so dankbar für all Seine Werke und Wohltaten, als hätte Er sie für dich allein geschaffen. Liebe und ehre Ihn in deinem Namen und im Namen deiner Mitmenschen. In allem ahme mit deinen Kräften nach, was du über mein Verhalten erkannt hast. Es ist mir sehr wohlgefällig, wenn du mit großer Inbrunst dem Allmächtigen dankest und Ihn preisest, für die über alle menschlichen Vorstellungen erhabenen Gnaden und Schätze, die Er mir während dieser Novene verliehen hat.

* * *

10. Die frohe Botschaft des heiligen Erzengels Gabriel

Seit unendlichen Jahrhunderten war, im Schoße der ewigen Weisheit verborgen, die Stunde der Offenbarung des Geheimnisses der Menschwerdung festgesetzt. Jetzt kam die Fülle der Zeit, die bis dahin, obwohl voll von Weissagungen und Verheißungen, doch äußerst leer gewesen war, weil ihr die Fülle der seligsten Jungfrau Maria fehlte. Durch ihre Zustimmung sollten alle Jahrhunderte ihre Vollendung erhalten, nämlich das ewige Wort als Erlöser in leidensfähiger Menschheit. Da nun Maria auf Erden war, brauchte der Herr nicht mehr in Zelten oder fremden Hütten gleichsam mietweise zu wohnen. Jetzt konnte Er in Seinem eigenen Tempel wohnen, in Seinem eigenen Hause, das Er sich auf Seine eigenen Kosten zum voraus gebaut und ausgestattet hatte, herrlicher als Salomon auf Kosten seines Vaters David den Tempel ausstattete.

In der Fülle der Zeit wollte nun Gott der Welt Seinen eingeborenen Sohn senden. Er offenbarte dem heiligen Erzengel Gabriel Seinen Willen. In der gewöhnlichen Ordnung erleuchtet Gott zuerst die höheren Engel, diese erleuchten dann die niederen bis zum letzten, indem die einen den andern mitteilen, was Gott geoffenbart hat. Bei diesem Ereignis war es anders. Der heilige Erzengel erhielt seine Botschaft unmittelbar vom Herrn selbst.

Sogleich stand der heilige Gabriel wie an den Stufen des Thrones Gottes, aufmerksam auf das unveränderliche Wesen des Allerhöchsten. Gott selbst übergab und erklärte ihm die Botschaft und auch die Worte, mit denen er Maria begrüßen und anreden mußte. Der Allerhöchste selbst ist also ihr Urheber. Er bildete sie in Seinem göttlichen Geiste. Der Herr offenbarte in diesen Worten dem Erzengel Gabriel viele tiefe Geheimnisse über die Menschwerdung. Dann gebot ihm die heiligste Dreifaltigkeit, Maria zu verkünden, daß Gott sie zur Mutter des ewigen Wortes erwählt habe. Sie werde Es vom Heiligen Geiste in ihrem jungfräulichen Schoße empfangen und doch Jungfrau bleiben. Darauf offenbarte Gott allen übrigen Engeln, daß die Zeit der Erlösung der Menschen gekommen sei und Er Maria die höchste Würde der Gottesmutterschaft verleihen werde.

Die Engel vernahmen die Stimme ihres Schöpfers mit unaussprechlicher Wonne und innigem Dank. Sie sangen Ihm neue Loblieder, in denen sie immer den Hymnus Sions wiederholten: *„Heilig, heilig, heilig bist Du, Herr der Heerscharen! Gerecht und mächtig bist Du, Herr unser Gott, der Du in den Höhen wohnst und auf die Demütigen der Erde schauest. Wunderbar, o Allerhöchster, sind Deine Werke. Erhaben bist Du in Deinen Gedanken!"*

Gabriel, der erhabene Himmelsfürst, gehorchte mit besonderer Freude. Viele Tausende der schönsten Engel begleiteten ihn in sichtbarer Gestalt. Er selbst erschien wie ein anmutiger Jüngling von seltener Schönheit. Sein umstrahltes Antlitz leuchtete. Seine Miene war ernst und majestätisch, seine Schritte gemessen, seine Haltung würdevoll, seine Worte gewichtig und kraftvoll. Sein ganzes Wesen voll ernster Anmut repräsentierte die Gottheit in vollkommenerer Weise als irgend ein Engel, den Maria bis dahin in ähnlicher Gestalt gesehen hatte. Seine Prachtgewänder schimmerten in verschiedenen hell leuchtenden, strahlenden Farben. Er trug ein Diadem von seltenem Glanze, auf der Brust ein sehr schönes, wie in Gold eingefaßtes Kreuz, das Geheimnis der Menschwerdung andeutend. Dies alles erweckte die Aufmerksamkeit und die Gefühle der weisesten Jungfrau Maria in hohem Grade.

Der Erzengel Gabriel und seine Begleitung flogen nach Nazareth in die arme, kleine, schmucklose Kammer der seligsten Jungfrau. Maria war erst vierzehn Jahre, sechs Monate und siebzehn Tage alt. Am 8. September erreichte sie vierzehn Jahre.

Maria war wohlgebaut und größer als die Jungfrauen gewöhnlich in diesem Alter sind. Ihre Gestalt war äußerst anmutig, höchst ebenmäßig und ganz vollkommen. Ihr Angesicht war mehr lang als rund, aber schön, ihre Farbe hell, ein wenig gebräunt, die Stirne breit, jedoch mit Ebenmaß. Die Augenbrauen waren schön gewölbt, die Augen groß und ernst, von unglaublicher unaussprechlicher Schönheit und von unschuldiger Anmut. Deren Farbe spielte zwischen schwarz und dunkelgrün. Die Nase war gerade und vollkommen, der Mund klein, die Lippen rot und wohlgeformt. Ihre ganze Person, ausgestattet mit solchen Gaben der Natur, war so ebenmäßig und schön gebaut, daß kein anderer Mensch ihr je gleichkam. Ihr Anblick weckte Freude, Ehrfurcht, Liebe und heilige Scheu zugleich. Sie zog die Herzen an und hielt sie dennoch in sanfter Ehrfurcht zurück. Ihre Würde und Vollkommenheit regten zum Lobe an und zugleich zum Schweigen. In allen, die sie sahen, brachte ihr Anblick himmlische Wirkungen hervor, die sich nicht leicht beschreiben lassen, aber sie erfüllten das Herz mit himmlischen Einflüssen und Regungen, die zu Gott führten.

Ihre Kleidung war demütig, einfach, arm und reinlich, bescheiden und sittsam, dunkelsilberfarbig oder aschgrau. Als die Gesandtschaft des Himmels sich ihr nahte, war sie in höchster Beschauung über die Geheimnisse, die der Herr ihr in den vergangenen neun Tagen geoffenbart hatte. Da Maria wußte, daß der Eingeborene Gottes bald Mensch werde, war sie voll Eifer und Freude im Glauben an dieses Geheimnis. Demütig und liebeglühend sprach sie in ihrem Herzen: „Ist es möglich, daß die so glückliche Zeit nahe ist, in der das

Wort des ewigen Vaters geboren werden und mit den Menschen verkehren wird? Darf die Welt Ihn besitzen? Dürfen die Menschen Ihn mit leiblichen Augen schauen? Soll dieses unzugängliche Licht erscheinen, um jene zu erleuchten, die von Finsternissen umringt sind? Wer wird so glücklich sein, Ihn von Angesicht zu Angesicht zu schauen? Wer darf die Erde küssen, wohin Er Seinen göttlichen Fuß setzt? Es freue sich der Himmel und frohlocke die Erde! Alle mögen Ihn ewig loben und preisen; denn jetzt ist ihr ewiges Heil nahe.

O Kinder Adams, durch Schuld niedergebeugt, aber doch Geschöpfe meines einzigen Gutes, bald werdet ihr das Haupt erheben und das Joch eurer alten Feindschaft abschütteln. Es naht eure Erlösung, es kommt euer Heil! Ihr Altväter, Propheten und alle Gerechten in der Vorhölle, bald wird euer Trost kommen! Der ersehnte und verheißene Erlöser wird nicht mehr zögern! Wir alle wollen Ihn lobpreisen! Wer mag die Dienerin jener sein, die Isaias als Mutter bezeichnet hat? O Emmanuel, Gott und wahrer Mensch! O Schlüssel Davids, der den Himmel öffnen wird! O ewige Weisheit! O Gesetzgeber der neuen Kirche. Komm zu uns, o Herr! Befreie Dein Volk von der Gefangenschaft! Alles Fleisch sehe Dein Heil!"

So betete Maria, als der heilige Erzengel Gabriel ankam. Sie war makellos der Seele, vollkommen dem Leibe nach, ganz edel in ihren Gedanken, hocherhaben an Heiligkeit, voll der Gnaden und Gott so ähnlich, so wohlgefällig, daß sie Seine würdige Mutter werden konnte und ein wirksames Werkzeug, um Ihn aus dem Schoße des himmlischen Vaters in ihren jungfräulichen Schoß herabzuziehen. Sie war das mächtige Mittel unserer Erlösung. Ihr verdanken wir sie aus vielen Gründen, und darum verdient sie für ewig den Lobpreis aller Nationen und Geschlechter. Was beim Eintritt des Erzengels geschah, werde ich im folgenden Kapitel sagen.

In diesem Kapitel will ich nur noch eins bemerken, was Verwunderung erregt. Gott ließ nämlich Maria beim Empfang der Botschaft und beim Vollzug des erhabenen Geheimnisses der Menschwerdung in dem gewöhnlichen Zustand der Tugenden, den ich im ersten Teil beschrieben habe. Jenes Geheimnis mußte sich als ein Mysterium des Glaubens vollziehen, bei dem Maria die göttlichen Tugenden des Glaubens, der Hoffnung und der Liebe üben sollte.

Lehre der Himmelskönigin

Meine Tochter, ich verlange mit besonderer Zuneigung zu dir, daß du dich des innigen, *vertrauten Umganges mit Gott* würdig machst, indem du deine Sünden beweinst, auf alles Sichtbare vergißest und verzichtest und an nichts anderes mehr denkst als an Gott. Alle meine Lehren sollst du in die Tat umsetzen. Ich werde dich anleiten, wie du die Gaben Seiner Güte pflegen mußt, indem du Ihn in deinem Herzen empfängst durch den Glauben und durch das Licht und die Gnade, die ich dir geben werde. Bereitest du dich aber so nicht vor, werden deine Wünsche nicht erfüllt werden, und ich werde die Frucht meiner Lehre in dir nicht sehen.

Da du, ohne es zu verdienen, den verborgenen Schatz und die kostbare Perle meiner Unterweisung gefunden hast, so verachte alles andere, um allein dieses unschätzbare Kleinod dir zu eigen zu machen. Mit ihm wirst du immer alle Güter zugleich erhalten und dich der innigsten Freundschaft des Herrn und Seines ewigen Wohnens in deinem Herzen würdig machen. Als Gegenleistung für dieses große Glück verlange ich, daß du allem Irdischen absterbest, deinen Willen in der Glut dankbarer Liebe aufopferst und nach meinem Beispiel in der Demut so weit gehst, zu glauben und anzuerkennen, daß du nichts taugst, nichts kannst, nichts verdienst und nicht würdig bist, als Sklavin der Dienerinnen Christi angenommen zu werden.

Mir lag es fern, an die Würde der Gottesmutter, zu der der

Herr mich bestimmte, auch nur zu denken, selbst dann noch, als Er mir bereits verheißen hatte, daß Er bald in diese Welt kommen werde, und als Er mir auferlegte, Seine Ankunft mit solcher Liebesglut zu verlangen, daß ich am Tag vor diesem wunderbaren Ereignis zu sterben glaubte, da mein Herz in diesen Liebesängsten gebrochen wäre, wenn die göttliche Vorsehung mich nicht gestärkt hätte. Wohl erweiterte sich mein Herz bei der Gewißheit, daß der Eingeborene des ewigen Vaters bald vom Himmel herniedersteigen werde, anderseits aber flößte mir die Demut den Gedanken ein, ob nicht Seine Ankunft sich verzögere, weil ich auf der Welt sei. Erwäge, meine Tochter, dieses Geheimnis meines Herzens und welches Beispiel dies für dich und alle Menschen ist. Weil es jedoch schwer ist, eine so hohe Weisheit zu erreichen und niederzuschreiben, so beschaue mich in dem Herrn. Da wirst du in Seinem göttlichen Licht meine ganz vollkommenen Handlungen betrachten und verstehen. Folge mir dann und tritt in meine Fußstapfen.

* * *

Mariä Verkündigung

11. Die Menschwerdung des Sohnes Gottes

or Himmel und Erde, vor ihren Bewohnern und dem Schöpfer des Weltalls, dem ewigen Gott, bekenne ich, daß meine schwachen Kräfte schwinden, meine Zunge verstummt, meine Worte erstarren, meine Seelenkräfte machtlos werden und mein Verstand wie gehemmt und betäubt ist, wenn ich ihn auf das göttliche Licht richte, das mich leitet und unterweist, um das unergründliche Geheimnis der Menschwerdung zu beschreiben. Man erkennt in diesem Licht alles ohne Täuschung, versteht es ohne Umschweife. Ich sehe in ihm, wie unfähig ich bin, wie leer und unzulänglich die Ausdrücke sind, um den Inhalt eines Geheimnisses wiederzugeben, das Gott selbst und das größte Wunderwerk Seiner Allmacht in sich schließt. Ich sehe in diesem Geheimnis die göttliche Harmonie der Vorsehung und Weisheit, mit der Gott es von Ewigkeit her angeordnet und seit Erschaffung der Welt vorbereitet hat. Alle Seine Werke und Geschöpfe gebraucht Er als Mittel für dieses *erhabenste Ziel, daß Gott auf die Erde niedersteige und Mensch werde.*

Ich sehe, wie das ewige Wort, um vom Schoße Seines Vaters niederzusteigen, als passendste Stunde die stille Mitternacht der Unwissenheit der Menschen wählte und abwartete, als die ganze Nachkommenschaft Adams im Schlafe der Vergessenheit und Unkenntnis des wahren Gottes begraben und versunken war und niemand den Mund öffnete, um Gott zu bekennen und zu preisen, ausgenommen einige wenige Seines Volkes. In der ganzen übrigen Welt herrschte Schweigen und dichte Finsternis während einer langen Nacht von ungefähr 5 200 Jahren. Ein Jahrhundert und ein Geschlecht folgte dem andern, jedes in der Zeit, die von der ewigen Weisheit vorherbestimmt war, damit alle ihren Schöpfer erkennen und gleichsam mit Händen greifen könnten. Alle Menschen waren Ihm ja so nahe; denn „in Ihm leben wir, bewegen uns und sind wir" (Apg 7, 30). Da jedoch der Tag des unzugänglichen Lichtes noch nicht erschien, wandelten die meisten wie Blinde, sahen und fühlten zwar die Geschöpfe, fanden und erkannten die Gottheit aber nicht, sondern gaben sich den sinnlichen und verächtlichsten Dingen hin.

Endlich kam der glückliche Tag, an dem der Allerhöchste, über die tiefe Unwissenheit der Jahrhunderte hinwegsehend, sich den Menschen offenbarte und ihre Erlösung begann, indem Er im Schoße Mariä ihre Natur annahm. Um das mir geoffenbarte Geheimnis besser zu erklären, muß ich zuvor von einigen Geheimnissen sprechen. Der Glaube lehrt, daß es in Gott drei Personen gibt, die aber eins sind in Ihrem Wesen, Ihrer Natur, Ihrer Weisheit, Allmacht und in allen übrigen göttlichen Vollkommenheiten. Wie Sie so gleich sind in Ihrem Sein, so ist auch Ihr Wirken nach außen ungeteilt zwischen den drei göttlichen Personen; denn alle drei wirken, weil Sie ein und derselbe Gott sind und eine Weisheit, einen Verstand und einen Willen haben. Wie also der Sohn weiß, will und wirkt, was der Vater weiß und will, so weiß, will und wirkt auch der Heilige Geist das gleiche wie der Vater und der Sohn.

In dieser Ungeteiltheit vollführen alle drei Personen das Werk der Menschwerdung in ein und derselben Tätigkeit, obwohl nur die Person des Wortes in hypostatischer Union die menschliche Natur annahm. Darum sagen wir, daß der Sohn vom ewigen Vater, aus dessen Erkennen Er hervorgeht, gesandt worden ist; daß der Vater Ihn gesandt hat durch die

Mitwirkung des Heiligen Geistes. Als nun die Person des Sohnes auf die Welt kommen wollte, brachte Er, ehe Er vom Himmel niederstieg – ohne den Schoß Seines Vaters zu verlassen – *im Namen der Menschheit,* die Er annehmen sollte, einen Vorschlag und eine Bitte im göttlichen Rate vor. Er stellte nämlich Seine vorhergesehenen Verdienste vor und bat um das Fiat des heiligsten Willens des Vaters, damit dem ganzen Menschengeschlecht von der göttlichen Gerechtigkeit Erlösung und Verzeihung gewährt werde durch die Werke, Leiden und Geheimnisse, die Er in der neuen Kirche und dem Gesetze der Gnade vollbringen wollte.

Der ewige Vater gewährte Ihm alles und empfahl Ihm Seine Auserwählten als Sein Erbe. Darum sagt Jesus durch Johannes, daß jene, die Sein Vater Ihm gegeben habe, nicht verloren gehen werden, ausgenommen Judas, der Sohn des Verderbens. Ein anderes Mal sagt Er, daß niemand eines Seiner Schäflein Seiner Hand oder der des Vaters entreißen werde. Das würde für alle Menschen gelten, wenn sie sich bemühten, die Erlösung für sich wirksam zu machen. Niemand ist von der göttlichen Barmherzigkeit ausgeschlossen.

Dies alles ging – nach unserer Vorstellung – im Himmel auf dem Thron der heiligsten Dreifaltigkeit vor sich, ehe das Fiat der seligsten Jungfrau gesprochen wurde. Als der Eingeborene des Vaters in den jungfräulichen Schoß Mariä niederstieg, bewegten sich die Himmel und alle Geschöpfe. Wegen der untrennbaren Einheit aller drei Personen kamen der Vater und der Heilige Geist mit dem göttlichen Wort herab, das allein Fleisch annahm. Mit ihnen stiegen alle himmlischen Heerscharen nieder, voll Glanz und überwältigender Stärke. Es war nicht nötig, den Weg zu bahnen, weil die allgegenwärtige Gottheit alles erfüllt und nichts sie hemmen kann. Die materiellen Himmel huldigten ihrem Schöpfer und bewiesen Ihm Ehrfurcht. Alle elf öffneten und teilten sich mit den niederen Elementen. Die Sterne strahlten in neuem Licht.

Die Sonne, der Mond und die Planeten beschleunigten ihren Lauf im Dienste ihres Schöpfers, um bei diesem größten Wunderwerk zugegen zu sein.

Die Menschen nahmen diese ungewohnte Bewegung aller Geschöpfe nicht wahr, weil es Nacht war, aber auch, weil nur die Engel darum wissen sollten. Beim Schauen so tiefer und ehrwürdiger Geheimnisse priesen sie Gott mit neuer Bewunderung. Den Herzen einiger Gerechter flößte Gott in dieser Stunde einen außerordentlichen Jubel ein. Sie wurden dadurch zur Betrachtung angeregt, zu neuen und großen Gedanken über den Herrn. Einige vermuteten infolge göttlicher Eingebung, daß diese ungewöhnliche Empfindung durch die Ankunft des Messias verursacht sei. Alle aber schwiegen, weil durch göttliche Fügung jeder glaubte, dieses außerordentliche Erlebnis allein gehabt zu haben.

Auch die übrigen Geschöpfe erfuhren diese Erneuerung und Änderung. Die Vögel erhoben sich mit außerordentlich freudigem Gesang. Die Kräuter und Bäume dufteten süßer, ihre Früchte wurden vortrefflicher. Auch alle andern Geschöpfe empfingen in ihrer Art eine geheime Belebung. Der heilige Erzengel Michael brachte den Vätern und Heiligen in der Vorhölle die frohe Botschaft, die sie mit Trost erfüllte. Voll Jubel lobten sie den Herrn. Nur in der Hölle war neuer Schmerz und neues Weh. Als das ewige Wort aus der Höhe herniederstieg, fühlten die bösen Geister die Gewalt der göttlichen Allmacht, die gleich den Wogen des Meeres über sie hereinbrach und sie alle in die unterste Tiefe jener finsteren Abgründe warf, ohne daß sie widerstehen oder sich erheben konnten. Nachher kamen sie mit Gottes Zulassung wieder herauf auf die Welt, spähten überall umher und forschten nach dem neuen Ereignis, dem sie ihre Erschütterung zuschreiben könnten. Aber sie konnten die Ursache nicht entdecken, obschon sie einige Beratungen darüber hielten. Der Allmächtige verbarg ihnen das Geheimnis der Menschwerdung und die Weise der Empfängnis des Gottmenschen. Erst bei dessen Tod am Kreuze erfuhren sie, daß Christus wahrer Gott und wahrer Mensch sei.

Der heilige Erzengel Gabriel trat in die Kammer, wo Maria betete. Unzählige Engel begleiteten ihn in sichtbarer menschlicher Gestalt. Alle strahlten, ihrem Rang entsprechend, in wunderbarer Schönheit. Maria blickte den Engel höchst bescheiden und zurückhaltend an und nur so viel, als hinreichte, ihn als einen Engel des Herrn zu erkennen. Alsbald wollte sie sich in ihrer gewohnten Demut verneigen. Der Himmelsfürst aber ließ es nicht zu. Vielmehr verbeugte er selbst sich tief vor seiner Königin und Herrin, in der er die göttlichen Geheimnisse seines Schöpfers anbetete. Dadurch erkannte er zugleich an, daß von nun an die alte Zeit und Gewohnheit sich änderten, nach der die Menschen vor den Engeln sich neigten, wie Abraham es getan hatte. Indem die menschliche Natur durch das göttliche Wort zur Würde Gottes erhoben wurde, wurden die Menschen als Kinder Gottes und als Genossen und Brüder der Engel angenommen, wie der Engel dem heiligen Evangelisten Johannes beteuerte, als er dessen Anbetung zurückwies (Offb 19, 2).

Dann grüßte der Engel seine und unsere Königin: *„Ave, gratia plena, Dominus tecum, benedicta tu in mulieribus!* – „Gegrüßt seist du, voll der Gnade, der Herr ist mit dir, du bist gebenedeit unter den Frauen!" Bei diesem Gruß erschrak Maria, ohne jedoch verwirrt zu werden. Dieses Erschrecken hatte zwei Ursachen; zunächst ihre tiefe Demut, in der sie sich als die Geringste von allen Menschen betrachtete. Da sie sich nun als die Gebenedeite unter den Frauen begrüßen hörte, geriet sie in Erstaunen. Während sie diesen Gruß im Herzen erwog, gab ihr Gott zu erkennen, daß Er sie zu Seiner Mutter erwähle. Darüber erschrak sie noch tiefer. Darum sprach der Engel weiter: *„Fürchte dich nicht, Maria, denn du hast Gnade gefunden bei Gott. Siehe, du wirst in deinem*

Schoße einen Sohn empfangen und gebären, und du wirst Ihm den Namen Jesus geben. Er wird groß sein und der Sohn des Allerhöchsten genannt werden." Darauf folgten die übrigen Worte der Heiligen Schrift (Lk 1, 30-32).

Maria allein konnte unter allen bloßen Geschöpfen ein so großes und ganzes Geheimnis nach Gebühr würdigen und hochschätzen. Darum war sie entsprechend erstaunt und betroffen. Doch sie wandte ihr demütiges Herz zum Herrn, der ihre Bitte nicht abschlagen konnte, und flehte in ihrem Innern um neues Licht und neuen Beistand, um sich in einer so schwierigen Angelegenheit zu entscheiden; denn Gott ließ sie bei Vollziehung dieses Geheimnisses im gewöhnlichen Zustand des Glaubens, der Hoffnung und der Liebe, indem Er die andern Gaben und inneren höheren Erleuchtungen aufhob. In dieser Verfassung antwortete sie: *„Wie soll das geschehen, da ich keinen Mann erkenne?"* Zugleich stellte sie innerlich dem Herrn ihr Gelübde der Keuschheit vor und die Verlobung, die Seine Majestät mit ihr gefeiert hatte.

Der Erzengel Gabriel antwortete: „Herrin, Gottes Allmacht kann leicht bewirken, daß du Mutter wirst, ohne einen Mann zu erkennen. Der Heilige Geist wird in wunderbarer Weise mit dir sein, und die Kraft des Allerhöchsten wird dich überschatten, daß von dir der Heiligste der Heiligen geboren werde, der „Sohn Gottes" heißen wird. Auch deine Base Elisabeth hat in ihrem unfruchtbaren Alter einen Sohn empfangen, und dies ist schon der sechste Monat seit ihrer Empfängnis. Bei Gott ist kein Ding unmöglich. Der, welcher bewirkt, daß eine Unfruchtbare empfange und gebäre, kann auch bewirken, daß du, o Herrin, Seine Mutter werdest und zugleich Jungfrau bleibst, und daß deine Reinheit eine noch höhere Weihe empfange. Deinem Sohn wird Gott den Thron Davids geben, und Sein Reich wird ewig sein im Hause Jakobs. Du kennst die Weissagung des Isaias, daß eine Jungfrau empfangen und einen Sohn gebären werde, der Emmanuel, Gott mit

uns, heißen soll. Diese Weissagung ist untrüglich und sie soll sich in dir erfüllen. Auch kennst du das große Geheimnis des Dornbusches, den Moses brennen und nicht verbrennen sah. Das deutete hin auf die Vereinigung der zwei Naturen, bei der die göttliche die menschliche nicht verzehrt. Dieses Vorbild kündet auch an, daß die Mutter des Messias ohne Verletzung ihrer jungfräulichen Reinheit empfangen und gebären werde. Erinnere dich auch, o Herrin, an die Verheißung, die Gott dem Patriarchen Abraham gab, daß seine Nachkommen nach ihrer Knechtschaft in Ägypten im vierten Geschlecht in dieses Land zurückkehren würden. Das tiefe Geheimnis dieser Verheißung war, daß der menschgewordene Gott in diesem vierten Geschlecht durch deine Vermittlung das ganze Menschengeschlecht aus der Sklaverei Satans erlösen werde. *
Jene Leiter endlich, die Jakob im Schlafe sah, war ein deutliches Vorbild des königlichen Weges, den das Wort Gottes in menschlichem Fleische eröffnen wird, damit die Menschen zum Himmel empor und die Engel zur Erde herniedersteigen können, wie auch der Eingeborene des Vaters auf die Erde herabkommen soll, um mit den Menschen zu verkehren und ihnen die Schätze Seiner Gottheit mitzuteilen, indem Er sie an den Tugenden und Vollkommenheiten Seines unveränderlichen Wesens teilnehmen läßt."

So belehrte der himmlische Bote die seligste Jungfrau, damit sie durch den Glauben an die Heilige Schrift und an die unendliche Macht Gottes ihre Furcht ablege. Maria, die selbst die Engel an Weisheit, Klugheit und Heiligkeit übertraf, hielt noch mit ihrer Antwort zurück, um sie mit voller Überlegung zu geben. Maria erwog, daß von ihrer Antwort

---

* Die erwürdige Mutter Agreda schrieb auf den Rand ihrer Handschrift: Das Mysterium der vier Generationen ist folgendes: Erste Generation – Adam ohne Vater und Mutter. Zweite – Eva ohne Mutter. Dritte – die gewöhnliche Empfängnis der Adamskinder durch Vater und Mutter. Vierte – Jesus Christus, unser Herr, durch Mutter und Vater.

nichts Geringeres abhinge als das Worthalten der heiligsten Dreifaltigkeit, die Erfüllung der göttlichen Verheißungen, das wohlgefälligste und würdigste aller Opfer, das Öffnen der Pforten des Paradieses, der Sieg und der Triumph über die Hölle, die Erlösung des ganzen Menschengeschlechtes, die Genugtuung und Ersatzleistung vor der göttlichen Gerechtigkeit, die Gründung des neuen Gesetzes der Gnade, die Seligkeit der Menschen, die Freude der Engel, kurz alles das, was in dem großen Geheimnis der Menschwerdung eingeschlossen ist.

Welch großes, staunenswertes Wunder, daß der Allerhöchste diese Geheimnisse in die Hände einer demütigen Jungfrau legte und alle von ihrem „Fiat" abhängig machte. Dies alles hat der Herr mit Würde und Sicherheit der Weisheit und dem Mut dieser starken Frau überlassen können, da sie bei ihrer so hochherzigen und erhabenen Gesinnung Sein Vertrauen nicht enttäuschen konnte. An der innergöttlichen Tätigkeit können die Geschöpfe nicht teilnehmen, wohl aber an den außergöttlichen Werken, deren größtes und ausgezeichnetstes die Menschwerdung ist. Dieses wollte Gott nicht ohne die Mitwirkung und freie Zustimmung der seligsten Jungfrau vollziehen. Mit ihr und durch sie wollte Er allen Seinen Werken nach außen diese Vollendung geben, und wir sollten diese Wohltat der Mutter der Weisheit, unserer Wiederherstellerin Maria, verdanken.

Maria betrachtete und durchschaute tief das weite „Feld" (Spr 31, 16 ff.) der Würde der Gottesmutterschaft, das sie mit einem „Fiat" erkaufen sollte. Sie bekleidete sich mit übermenschlicher Stärke, fühlte und „sah, wie gut dieses Angebot und dieser Tausch" mit Gott war. Sie „achtete auf die Wege" Seiner verborgenen Wohltaten und schmückte sich „mit Kraft und Anmut". Nachdem sie so bei sich selbst und mit dem himmlischen Brautführer Gabriel die Größe dieser göttlichen Geheimnisse erwogen und das volle Verständnis der Botschaft erlangt hatte, wurde ihr reinster Geist ganz in Bewunderung, Ehrfurcht und höchste, feurigste Liebe zu Gott versenkt. Durch die Gewalt dieser hocherhabenen Anmutungen und Gemütsbewegungen wurde wie in natürlicher Folge das *reinste Herz Mariä so stark zusammengepreßt, daß drei Tropfen seines reinsten Blutes aus ihm träufelten. Aus diesen drei Tropfen wurde im reinsten Schoße Mariä der Leib unseres Herrn Jesus Christus durch die Kraft des Heiligen Geistes gebildet. So hat also das Herz der reinsten Jungfrau Maria wahrhaft und wirklich durch die Macht Seiner Liebe* die Materie dargeboten, aus dem die heiligste Menschheit des Wortes zu unserer Erlösung gebildet wurde. Zu gleicher Zeit sprach Maria mit unvergleichlicher Demut, das Haupt ein wenig geneigt und die Hände gefaltet, jene Worte, die der Anfang unserer Erlösung waren: *„Siehe, ich bin die Magd des Herrn, mir geschehe nach Deinem Wort!"* (Lk 1, 38).

Beim Aussprechen des „Fiat", für Gott so lieblich und für uns so heilbringend, geschahen in einem Augenblick vier Dinge: Erstens wurde der heilige Leib unseres Herrn Jesus Christus gebildet, zweitens Seine heiligste Seele erschaffen, und zwar wie die andern Seelen, drittens vereinigten sich Seele und Leib, um Seine vollkommenste Menschheit zu bilden. Viertens vereinigte sich die Gottheit in der Person des Wortes mit der Menschheit. Durch diese persönliche (hypostatische) Vereinigung der Menschheit mit der Gottheit vollzog sich die Menschwerdung, und so ward Jesus Christus, der wahre Gottmensch und unser Erlöser, gebildet. Dies geschah am Freitag, dem 25. März, zur nämlichen Stunde, da unser erster Vater Adam erschaffen war. Im gleichen Augenblick, als der Allmächtige die Feier der persönlichen Vereinigung des ewigen Wortes mit der menschlichen Natur im reinsten Brautgemach Mariä beging, wurde sie zur beseligenden Anschauung Gottes in einer intuitiven, klaren Vision erhoben. Sie erkannte in Gott die erhabensten Geheimnisse, von denen ich im folgenden Kapitel sprechen werde. Namentlich wurden ihr die geheimnisvollen Zeichen und Worte klar, die sie an ihrem Schmuck trug, desgleichen auch jene der Engel.

Das göttliche Kind wuchs natürlicherweise durch die Substanz und das Blut Seiner heiligsten Mutter wie andere Kinder. Doch war es frei von den Unvollkommenheiten, die die übrigen Adamskinder in jenem Zustand und an jener Stätte zu leiden haben. Maria war von den Schwächen, die nicht zum Wesen der Lebensmitteilung gehören, sondern eine Folge der Sünde sind, gänzlich frei. Wie die Menschheit unseres Erlösers auf natürliche Weise ernährt wurde, so wurde Seine Gottheit durch die heroischen Tugenden Seiner Mutter, besonders durch ihre Liebe erfreut. Während andere Mütter ihren Kindern für deren Wachstum nur unvollkommenes, unreines Blut geben können, gab Maria das reinste, wesenhafteste und zarteste, weil sie es *Kraft der Affekte der Liebe und anderer Tugenden* mitteilte. Ebenso verhielt es sich mit dem, was sie genoß. Sie wußte, daß sie Speise nahm, um Gottes und ihrem Sohn Nahrung zu geben. Darum aß sie immer unter so heroischen Akten, daß die Engel staunten, wie in so gewöhnlichen menschlichen Handlungen so große Verdienste und für den Herrn so hohes Wohlgefallen sich finden konnten.

Mit der Würde der Gottesmutterschaft erhielt Maria so große Privilegien, daß alles, was ich bisher gesagt habe oder noch sagen werde, deren Erhabenheit nicht im geringsten wiedergibt. Meine Zunge kann sie nicht aussprechen. Die gelehrtesten und weisesten Männer werden keine Worte finden, sie auszudrücken. Die Demütigen jedoch, die die Kunst verstehen, Gott zu lieben, werden dies durch das eingegossene Licht erkennen und durch den inneren Geschmack, mit dem solche Geheimnisse erfaßt werden.

Maria, der *Himmel und Tempel* der heiligsten Dreifaltigkeit, war nicht nur ganz umgestaltet und Gott ähnlich geworden durch die besondere und neue Gegenwart der Gottheit in ihrem reinsten Schoße, sondern auch ihr Haus und ihr Betkämmerchen waren zu einem neuen Heiligtum des Herrn geweiht worden. Die Engel aber, die Zeugen dieses Wunders, priesen den Allmächtigen mit neuen Lobliedern und mit unnennbarem Jubel und lobten Ihn zusammen mit der seligsten Jungfrau sowohl in ihrem eigenen Namen als auch im Namen des Menschengeschlechtes, das die größten Seiner Erbarmungen und Wohltaten noch gar nicht kannte.

Lehre der Himmelskönigin

Meine Tochter, du staunst mit Recht, da du in einem neuen Licht das Geheimnis erkannt hast, in dem die Gottheit sich so tief erniedrigte. Du sollst nun aufmerksam erwägen, wie *Gott nicht nur für mich allein sich so tief verdemütigte, sondern für dich* ebenso gut wie für mich. Seine Barmherzigkeit ist unendlich und Seine Liebe grenzenlos. Jede Seele, die Ihn aufnimmt, bewacht und beschützt Er und freut sich über sie, als ob Er sie allein erschaffen hätte und für sie allein Mensch geworden wäre. Denke, du seist allein auf der Welt, um Ihm von ganzem Herzen für Seine Ankunft zu danken, und dann wirst du Ihm auch danken, daß Er zugleich für alle anderen gekommen ist. Wenn du mit lebendigem Glauben erfassest und bekennst, daß Gott der Unendliche, Vollkommene, Ewige, Erhabene herabgekommen ist, um Mensch zu werden, daß dieser gleiche Gott dich sucht, dich ruft, dich pflegt, dich liebt und sich ganz dir hingibt, dann erwäge auch, wozu dich das verpflichtet. Gehe von dieser Bewunderung über zu lebhaften Akten des Glaubens und der Liebe. Das schuldest du einem solchen König und Herrn, der sich gewürdigt hat, zu dir zu kommen, da du Ihn nicht suchen und nicht zu Ihm gelangen konntest.

Jede Gabe aus der Hand eines so großen und erhabenen

Königs verdient, hochgeschätzt zu werden. Wenn du aber Ihn selbst mit göttlichem Lichte erkennst und bedenkst, daß Er dich befähigte, an Seiner Gottheit teilzunehmen, dann wirst du alles Erschaffene für nichts erachten, und du wirst Ruhe und Frieden nur in dem Bewußtsein finden, daß du einen so großen, so liebevollen, so liebenswürdigen, so mächtigen, milden und reichen Gott hast, einen Gott, der, obwohl so unendlich groß, sich gewürdigt hat, zu deiner Niedrigkeit herabzusteigen, um dich aus dem Staube zu erheben, deine Armut zu bereichern und sich gegen dich als Hirte, Vater, Bräutigam und treuester Freund zu erweisen.

Achte, meine Tochter in deinem Innern auf die Wirkungen dieser Wahrheit. Erwäge die zarte Liebe dieses großen Königs in Seiner beständigen Sorgfalt, Seinen Gaben, Gnaden und Liebkosungen, in den Arbeiten, die Er dir anvertraut, in dem Lichte, das Seine göttliche Weisheit in deinem Innern angezündet hat, damit du gründlich erkennst, wie unendlich groß Sein Wesen, wie wunderbar Seine Werke, wie tief Seine Geheimnisse sind, wie Er die Wahrheit ist in allem, die sichtbaren Dinge aber nichts sind. Diese Erkenntnis ist der Beginn, die Grundlage und das Fundament der Lehre, die ich dir gebe. Der Herr ist dein wahres Gut, dein Schatz, dein Licht, dein Führer. Betrachte Ihn als den unendlichen, liebevollen und furchtbaren Gott. Höre, meine Tochter, auf meine Worte, sie geben Frieden deinem Herzen und Licht deinen Augen.

* * *

12. Die ersten Akte des Erlösers

ie Vereinigung der ungeteilten Menschheit (Leib und Seele) mit der Person des Wortes ging *in einem Augenblick* vor sich, so daß Jesus Christus, unser Heiland, keinen Augenblick nur Mensch war. Er war allezeit wahrer Gott und wahrer Mensch, Gottmensch. Da aber ein Wesen, das einer Tätigkeit fähig ist, sogleich seine Kräfte wirken lassen kann, wurde die heiligste Seele Christi im Augenblick der Menschwerdung mit der beseligenden Anschauung und Liebe Gottes begabt. Und als die Substanz der Seele sich mit der Gottheit vereinigte, wurden auch ihre Kräfte durch ihre vollkommensten Akte mit dem Wesen Gottes vereinigt, so daß im Wesen und im Wirken alles vergöttlicht war.

Es ist ein erhabenes Wunder, daß die ganze Größe und Glorie der unermeßlichen Gottheit in einem so kleinen Körper enthalten war, der kaum die Größe einer kleinen Biene oder einer kleinen Mandel hatte. Dieses so kleine Wesen war zugleich im Zustand der höchsten *Glorie und der Leidensfähigkeit;* denn Seine Menschheit war zugleich im Besitz des Himmels und noch auf dem Wege zum Himmel (comprehensor et viator). Gottes Allmacht bewirkte, daß die heiligste Seele Jesu Christi im höheren Teile ihrer Tätigkeiten im Besitze der Glorie und der Anschauung Gottes war, diese dort aber zurückgehalten und ihre Wirkungen und Gaben, die sie in natürlicher Folge dem Leibe hätte mitteilen müssen, gehemmt wurden. Unser Herr wollte leidensfähig und im Stande der Pilgerschaft sein, um uns durch Sein Kreuz, Seine Leiden und Seinen Tod zu erlösen.

Im Augenblick der Empfängnis wurden der heiligsten Menschheit Jesu alle Fertigkeiten eingegossen, die ihren Fähigkeiten entsprachen und für die Tätigkeiten ihres glorreichen und ihres leidensfähigen Zustandes nötig waren. Darum empfing sie die beseligende und die eingegossene Wissenschaft, die heiligmachende Gnade und die Gaben des Heiligen Geistes, der, wie Isaias sagt, auf Christus ruhte. Sie hatte alle Tugenden, ausgenommen den Glauben und die Hoffnung, die sich mit der beseligenden Anschauung und dem Besitze Gottes nicht vertrugen. Wenn es eine andere Tugend gibt, die irgend eine Unvollkommenheit in ihrem Besitzer voraussetzt, so konnte sie in dem Heiligsten der Heiligen nicht sein, der keine Sünde begehen konnte, und in dessen Mund sich kein Trug fand.

Die Erhabenheit der Wissenschaft, der Gnade und Vollkommenheit Jesu Christi hier zu besprechen, ist nicht nötig, da genügt es zu wissen, daß alles so vollkommen war, wie Gottes Allmacht es geben konnte. Das aber übersteigt weit die menschliche Fassungskraft. Die Gottheit selbst war ja die Quelle, an der die heiligste Seele Jesu Christi ohne Grenzen und Maß trinken konnte. Darum besaß sie die Fülle aller Tugenden und Vollkommenheiten.

Vergöttlicht und mit der Gottheit und Ihren Gaben geschmückt, hielt die Seele Christi in ihrem Tun folgende Ordnung ein: Erstens sah und erkannte sie klar die Gottheit, wie Sie in sich selbst ist, und wie Sie mit Ihrer heiligsten Menschheit vereinigt ist. Zweitens liebte sie Gott mit der höchsten beseligenden Liebe. Drittens erkannte sie das Wesen der Menschheit als unter dem Wesen Gottes stehend, verdemütigte sich darauf tief und dankte dem unveränderlichen Gott, daß Er sie erschaffen und ihr die Wohltat der hypostatischen Union verliehen hatte, wodurch sie, die menschlich blieb, zum Sein Gottes erhoben wurde. Sie erkannte auch die Leidensfähigkeit der heiligsten Menschheit und das Ziel und

Ende der Erlösung. Bei dieser Erkenntnis opferte sich Jesus Christus zum wohlgefälligen Opfer auf, um der Erlöser des Menschengeschlechtes zu sein. Indem Er diese Leidensfähigkeit annahm, dankte Er dem ewigen Vater dafür in Seinem und der Menschen Namen. Er erkannte die Zusammensetzung Seiner heiligen Menschheit, ihre Materie, und daß die reinste Jungfrau Ihm diese durch die Kraft ihrer Liebe und die Übung anderer heroischer Tugenden gegeben hatte.

Dann nahm Er Besitz von diesem heiligen Tempel, an dessen vortrefflicher Schönheit Er sich freute, und Er nahm sich die Seele dieses vollkommensten und reinsten Geschöpfes auf ewig als Eigentum. Er pries den ewigen Vater, daß Er die seligste Jungfrau mit so ausgezeichnetem Glanze der Gnaden und Gaben erschaffen, und, obwohl sie eine Tochter Adams war, sie doch vom Gesetz der Sünde Adams ausgenommen habe. Dann betete Er für Seine Mutter und den heiligen Joseph und erbat für sie das ewige Heil. Alle diese Akte waren höchst erhaben, weil sie von einem Menschen ausgingen, der wahrhaft Gott war. Die Akte der beseligenden Anschauung und Liebe Gottes ausgenommen, erwarb Er mit allen und mit jedem einzelnen so große Verdienste, daß ihr Wert zur Erlösung unendlich vieler Welten hingereicht hätte.

Kraft des einen Gehorsamsaktes, mit dem Jesus einwilligte, daß Seine Menschheit leidensfähig sei und die Glorie ihrer Seele nicht auf den Leib überströme, wäre unsere Erlösung schon überfließend gewesen. Doch das sättigte Seine unermeßliche Liebe zu den Menschen noch nicht. Sie wollte uns mit wirksamem Willen bis zum Ende der Liebe lieben, das eben das Ende Seines Lebens war. Hat Er uns nun schon im ersten Augenblick Seines Eintrittes in diese Welt in solchem Grade bereichert, welch reiche Schätze von Verdiensten wird Er uns bei Seinem Scheiden aus der Welt hinterlassen haben nach dreiunddreißig Jahren so göttlicher Arbeiten und Tätigkeiten! O Liebe ohne Grenzen! O Barmherzigkeit ohne

Maß! O freigebigste Güte! Und auf seiten der Menschen? Undankbarkeit, schändliches Vergessen gegenüber einer so unerhörten, hochbedeutsamen Wohltat! Was wäre ohne diese aus uns geworden! Wie hätten wir uns gegen unsern Herrn verhalten, falls Er weniger für uns getan hätte, da unser Herz jetzt noch ungerührt und unerkenntlich bleibt, nachdem Er für uns alles getan hat, was nur möglich war? Wenn wir Ihm nicht dankbar sind als unserm Erlöser, der uns ewiges Leben und ewige Freiheit gegeben, so hören wir Ihn wenigstens als unsern Lehrer, folgen wir Ihm als unserm Haupte, Licht und Führer, der uns den Weg zur wahren Glückseligkeit lehren wird.

Jesus war nicht für sich tätig. Er verdiente den Lohn nicht für Seine heiligste Seele, noch auch die Vermehrung der Gnade, sondern alles für uns. Er selbst war einer Vermehrung der Gnade und Glorie weder fähig noch bedürftig, weil Er nicht bloß Mensch, sondern auch Eingeborener des Vaters und darum, wie der Evangelist sagt, „voll Gnade und Wahrheit war" (Joh 1, 14). Darin ist Er unvergleichlich. Alle Heiligen und bloßen Geschöpfe haben für sich selbst verdient und mit Hinsicht auf Lohn. Nur die Liebe Christi war ohne Eigennutz und ausschließlich zu unserm Vorteil. Wenn Er lernte und in der Schule der Erfahrung Fortschritte machte, so tat Er dies, um uns zu belehren und zu beglücken durch die Übung des Gehorsams, durch die unendlichen Verdienste, die Er erwarb, und durch das Beispiel, das Er uns gab, damit auch wir gelehrt und weise seien in der Kunst der Liebe. Diese kann man durch bloße Anmutungen und Begierden niemals vollkommen erlernen, wenn man sie nicht durch Werke übt.

Über die Geheimnisse des Lebens Jesu verbreite ich mich nicht, da ich dazu nicht fähig bin, sondern verweise auf die Evangelisten. Nur das werde ich herausheben, was für die heilige Geschichte Seiner Mutter nötig ist. Da das Leben des heiligsten Sohnes mit Seiner Mutter so innig verwoben ist, entnehme ich einiges aus den Evangelisten und füge anderes hinzu, was sie nicht gesagt haben, weil es für die ersten Zeiten der katholischen Kirche nicht nötig war.

Nachdem Christus im Augenblick Seiner Menschwerdung alle Seine Akte vollbracht hatte, erfolgte im nächsten Naturaugenblick die beseligende Anschauung Gottes, deren Seine heiligste Mutter gewürdigt wurde. Es können nämlich innerhalb eines Zeitaugenblickes eine Menge Naturaugenblicke stattfinden. Maria erkannte in dieser Vision klar und deutlich das Geheimnis der hypostatischen Einigung der göttlichen und menschlichen Natur in der Person des göttlichen Wortes. Die heiligste Dreifaltigkeit bestätigte Maria in dem Range, dem Namen und dem Rechte einer Mutter Gottes im strengsten Sinne des Wortes, da sie die leibliche Mutter eines Sohnes geworden war, der ebenso gewiß und wirklich ewiger Gott wie Mensch war. Wohl wirkte Maria nicht unmittelbar zur Vereinigung der Gottheit mit der Menschheit mit. Deswegen verlor sie aber keineswegs das Recht einer wahren Mutter Gottes. Sie trug zur Menschwerdung bei, indem sie die Materie darbot und mit ihren Fähigkeiten in allem mitwirkte, was sie als Mutter betraf. Ja, sie war in höherer Weise Mutter, als es sonst eine Mutter ist; denn sie trug allein, ohne Zutun eines Mannes, zu dieser Empfängnis bei. Bei jeder andern Empfängnis heißen ja auch die Mitwirkenden Vater und Mutter, obwohl sie weder zur Erschaffung der Seele, noch zu ihrer Eingießung in den Leib des Kindes unmittelbar mitwirken. Bei der Empfängnis Jesu wirkte Maria mit Ausschluß jeder andern natürlichen Ursache. So wurde Jesus Christus als Gottmensch geboren.

Die jungfräuliche Gottesmutter erkannte in derselben Vision alle künftigen Geheimnisse des Lebens und des Todes ihres süßesten Sohnes, der Erlösung des Menschengeschlechtes und des neuen Gesetzes des Evangeliums, das mit der Erlösung begründet wurde, sowie andere erhabene Geheimnisse, die keinem anderen Heiligen je geoffenbart worden sind. Als Maria sich in der klaren Gegenwart Gottes sah, mit der Fülle der ihr verliehenen Wissenschaft und Gaben, verdemütigte sie sich vor dem Thron der unermeßlichen Majestät. Ganz in Demut und Liebe versenkt, betete sie den Herrn an in Seinem unermeßlichen Wesen und dann in Seiner Vereinigung mit Seiner heiligsten Menschheit. Sie dankte Ihm für die Würde der Mutter Gottes und für alle Wohltaten, die Er dem ganzen Menschengeschlecht erwiesen hatte. Sie brachte Ihm Lobpreis dar im Namen aller Menschen. Dann bot sie sich als williges Opfer an, um ihrem süßesten Sohn zu dienen, Ihn zu pflegen und zu nähren und Ihm, soweit es ihrerseits möglich sei, im Werk der Erlösung beizustehen und mitzuwirken. Die heiligste Dreifaltigkeit nahm dies mit Wohlgefallen an und bestimmte sie zur Gehilfin Ihres Sohnes in diesem Geheimnis. Darauf bat Maria um neue Gnaden und himmlisches Licht für diese Aufgabe, damit sie ihrer Würde und ihrem Amt entspreche. Endlich opferte sie ihrem heiligsten Sohn alle künftigen Kinder Adams samt den Altvätern in der Vorhölle auf. Im Namen aller sowie in ihrem eigenen verrichtete sie viele heroische Tugendakte und eifrige Gebete.

Maria flehte besonders dringend und demütig zum Herrn, als sie Ihn um die Gnade bat, das Amt der Mutter des Eingeborenen vom Vater würdig zu bekleiden. Sie verlangte darin, vom Herrn geleitet zu werden. Der Allmächtige antwortete ihr: „Meine Taube, fürchte dich nicht! Ich werde dir beistehen, indem Ich dir alles befehle, was du für Meinen Eingeborenen tun sollst." Mit diesem Versprechen trat Maria aus der Entzückung, die unter allen bisherigen die wunderbarste war. Sie warf sich nieder und betete ihren heiligsten Sohn, den Gottmenschen, in ihrem jungfräulichen Schoße an, das erste Mal mit ihren äußeren Sinnen. Sogleich gewahrte sie in ihrer heiligsten Seele und in allen ihren innern und äußeren Fähigkeiten neue Wirkungen der göttlichen Gnade. War sie auch während ihres ganzen Lebens seelisch und leiblich in einem sehr erhabenen Zustand gewesen, so wurde sie doch seit diesem Tage durch neue, noch höhere Gnaden und durch unaussprechliche Gaben noch vergeistigter und noch gottähnlicher.

Doch denke niemand, Maria habe alle diese Gnaden erhalten, um immer in geistlicher Wonne zu leben, in Freude ohne Leid. Ihrem Sohn nach Möglichkeit nachfolgend, lebte Maria in Freude und Leid zugleich. Ihr Herz durchbohrte eine tiefe Erkenntnis aller Leiden und des Todes ihres Sohnes und das Andenken daran. Ihr Schmerz bemaß sich nach ihrer Erkenntnis und nach der Liebe einer solchen Mutter zu einem solchen Sohn. Durch die Gegenwart Jesu und den Umgang mit Ihm wurde er oft erneuert. Das ganze Leben Jesu und Seiner heiligen Mutter war ein ununterbrochenes Martyrium, ein beständiges Kreuztragen unter Peinen und Mühen ohne Ende. Sie hatte nämlich die Schmach und den Tod ihres Sohnes allzeit gegenwärtig vor sich. Mit diesem dreiunddreißig Jahre andauernden Schmerz hielt sie sozusagen Vorfeier, eine gar lange Vorfeier unserer Erlösung. Dies Geheimnis des Leidens blieb im Herzen Mariä verborgen. Kein Geschöpf teilte es mit ihr, kein Geschöpf erleichterte es.

Mit so schmerzreicher Liebe voll bitterer Süßigkeit wandte sie sich oft an ihren heiligsten Sohn. Sowohl vor als auch nach der Geburt sagte sie oft im Innersten ihres Herzens zu ihm: „Herr und Gebieter meiner Seele! Süßeste Frucht meines Leibes! Warum hast du mir verliehen, Deine Mutter zu sein mit der so schmerzvollen Bedingung, Dich wieder zu verlieren und dann wie eine Verwaiste Deines süßen Umganges beraubt zu sein? Kaum hast Du zu leben begonnen, und schon kennst du den Urteilsspruch Deines schmerzvollen Todes für die Erlösung der Menschen! Das erste Deiner Werke wäre von überfließendem Wert und gäbe vollkommene Genugtuung für alle Sünden. O möchte doch die Gerechtigkeit des Vaters dadurch befriedigt sein, und möchten Tod und Qualen sich an mir vollziehen! Von mir hast Du den Leib angenommen, ohne den Du nicht leiden könntest, da Du als Gott unfähig bist zu leiden und zu sterben. Bin ich es also, die Dir die Möglichkeit zum Leiden gegeben hat, so laß mich auch teilnehmen an Deinem Tod!

O unmenschliche Schuld, wie konntest du trotz deiner Grausamkeit, trotz der zahllosen Übel, die du brachtest, dennoch des hohen Glückes gewürdigt werden, daß der dich sühne, der das höchste Gut und darum imstande ist, dich zu einer ‚glücklichen Schuld' zu machen! O süßester Sohn, meine Liebe, wer wird Dich beschützen, Dich verteidigen gegen Deine Feinde? O wäre es doch der Wille des Vaters, daß ich Dich behüten und vor dem Tode bewahren, oder daß ich mit Dir sterben dürfte, um nie von Dir getrennt zu werden! Doch mir wird nicht gewährt, was dem Patriarchen Abraham gewährt wurde; denn was beschlossen wurde, wird vollzogen werden. Es geschehe der Wille des Herrn!"

Solche Liebesseufzer nahm der ewige Vater als liebliches Opfer wohlgefällig an. Sie bereiteten auch ihrem heiligsten Sohn innige Freude.

Lehre der Himmelskönigin

Meine Tochter, durch den Glauben und durch himmlische Erleuchtungen hast du die Größe Gottes erkannt und die Güte, mit der Er für dich und alle Menschen vom Himmel niederstieg. Laß diese Wohltaten nicht fruchtlos sein. Laß unser Beispiel dir ein Ansporn sein! Obwohl Er wahrer Gott war und ich Seine Mutter, haben wir uns doch tiefer verdemütigt und dadurch die göttliche Majestät mehr verherrlicht, als ein Geschöpf begreifen kann. Verherrliche auch du Gott immer und überall, besonders nach der heiligen Kommunion. Er kommt dann ja zu dir mit Gottheit und Menschheit. Da offenbart sich die ganze Größe Seiner Güte.

Deine Dankbarkeit muß so *demütig, ehrfürchtig und andächtig* sein, als deine Kräfte es nur immer zulassen. Immer wirst du weniger darbringen, als du schuldig bist und Gott verdient. Zum Ersatz für diese Unzulänglichkeit opfere auf, was mein heiligster Sohn und ich getan haben. Vereinige auch deinen Geist und dein Herz mit der triumphierenden und streitenden Kirche und flehe, daß alle Nationen den Gottmenschen erkennen, bekennen und anbeten. Vor allem aber, meine Tochter, verlange ich von dir, daß du trauerst und klagest über die Gefühllosigkeit, Unwissenheit und Gleichgültigkeit der Menschen und über ihre Gefahr, verloren zu gehen; über die Undankbarkeit der gläubigen Kinder der heiligen Kirche, die die Wohltaten der Menschwerdung, ja Gott selbst vergessen und sich von den Ungläubigen nur durch äußere gottesdienstliche Handlungen zu unterscheiden scheinen. Dabei beleidigen sie noch oft die göttliche Gerechtigkeit, die sie besänftigen sollten.

Es fehlt ihnen an der nötigen Vorbereitung zum Empfang der wahren Erkenntnis Gottes. Darum entfernt sich das göttliche Licht von ihnen und läßt sie in ihrer dichten Finsternis. So werden sie unwürdiger als selbst die Ungläubigen, und ihre Strafe wird ungleich größer sein als die der letzteren. Um selbst einer solchen Gefahr zu entgehen, leugne deine Gnaden und Wohltaten nicht, auch nicht unter dem Schein der Demut. Erwäge, welch weiten Weg die Gnade des Allerhöchsten gemacht hat, um dich zu rufen, wie Er dich erwartet und getröstet hat, wie Er dir in deinen Zweifeln Sicherheit, in deinen Ängsten den Frieden gegeben, wie Er deine Fehler ertragen und verziehen, und wie Er Seine Gnaden und Liebesbeweise dir vermehrt hat.

* * *

13. Die Heiligkeit Mariä
nach der Menschwerdung

e mehr ich die göttlichen Wirkungen der Empfängnis des ewigen Wortes in Maria entdecke, desto schwerer wird es mir, dieses Werk fortzusetzen. Ich bin in hohe, erhabene Geheimnisse versenkt, meine Worte aber sind unzureichend, das wiederzugeben, was ich davon verstehe. Dennoch fühlt meine Seele in dieser meiner Unfähigkeit eine solche Süßigkeit, daß ich es nicht bereuen kann, begonnen zu haben. Der Gehorsam ermutigt, ja zwingt mich und gibt mir Sicherheit und Kraft, die Hindernisse zu übersteigen, die mir unüberwindlich schienen. Das gilt besonders von diesem Kapitel, in dem ich von den Gaben der Glorie der Seligen im Himmel sprechen soll. An ihrem Beispiel werde ich erklären, was ich über den Stand der seligsten Jungfrau erkannt habe, nachdem sie Mutter Gottes geworden war.

Ich fasse für meine Zwecke zwei Seiten der Seligkeit ins Auge. Auf seiten des Herrn enthüllt sich klar und deutlich die Gottheit mit allen Ihren Vollkommenheiten. Sie ist der beseligende Gegenstand, die objektive Glorie und Seligkeit, das letzte Ziel, zu dem alle Geschöpfe hinstreben, um dort ihre Ruhe zu finden. Dem entsprechen auf seiten der Heiligen die beseligenden Tätigkeiten der Anschauung, der Liebe und andere, die aus diesen hervorgehen. Kein Auge hat sie je gesehen, kein Ohr gehört und keines Menschen Verstand kann sie erfassen. Unter den Gaben und Wirkungen dieser Glorie werden einige „Mitgift" (dotes) genannt. Wie der Braut die Mitgift, werden sie den Seligen zur geistlichen Vermählung verliehen, die sie in der Wonne der ewigen Seligkeit feiern werden. Eine irdische Braut wird Herrin und Eigentümerin der Mitgift; die Nutznießung aber steht ihr und dem Gemahl gemeinsam zu. So wird auch jene himmlische Mitgift den Heiligen als Eigentum verliehen, die Nutznießung aber ist gemeinschaftlich zwischen Gott und ihnen, sofern Er sich in Seinen Heiligen verherrlicht, und sofern alle Heiligen dieser unaussprechlichen Gaben sich erfreuen und sie genießen. Jedoch nur jene Seligen erhalten diese Mitgift, die mit ihrem Bräutigam Christus gleicher Natur sind, nämlich die Menschen, nicht die Engel. Mit diesen ist der Gottmensch jene Vermählung nicht eingegangen, die Er mit der menschlichen Natur feierte, indem er sich mit ihr in jenem Geheimnis vereinigte, das, wie der Apostel sagt, groß ist in Christus und in der Kirche. Da aber der Bräutigam Jesus Christus als Mensch Leib und Seele hat und in Seiner Gegenwart alles verklärt werden muß, kommen die Gaben der Glorie sowohl dem Leibe als der Seele zu. Drei Gaben erhält die *Seele: Anschauung, Besitz und Genuß;* vier der *Leib: Klarheit, Leidensunfähigkeit, Feinheit und Behendigkeit.* Diese vier sind Wirkungen der Glorie der Seele.

An diesen Gaben der Verklärten hatte Maria schon während dieses Lebens in gewisser Weise teil, besonders seit der Menschwerdung des göttlichen Wortes in ihrem jungfräulichen Schoß. Jene Gaben werden sonst nur jenen verliehen, die das ewige Leben schon erworben haben (comprehensores) als Unterpfand ihrer ewigen Seligkeit und zur Bekräftigung der Unveränderlichkeit ihres seligen Zustandes. Den Erdenpilgern (viatores) werden sie nicht verliehen. Maria empfing sie schon in gewisser Weise auf Erden, jedoch nicht wie eine Selige, sondern als Erdenpilgerin und darum nur zeitweilig und mit einem gewissen Unterschied, den ich näher erklären will. Als das göttliche Wort in ihrem jungfräulichen Schoß einen menschlichen Leib annahm, kam für Maria in gewisser Weise ihre geistliche Vermählung zur Vollendung, nämlich mit jener außerordentlichen und erhabenen beseligenden Anschauung, die ich oben erwähnte. Für die Gesamtheit der übrigen Gläubigen war die Menschwerdung des Wortes gleichsam erst die Verlobung, die dereinst im himmlischen Vaterland zur Vollendung gelangen wird.

Maria stand diesen Privilegien anders gegenüber als die übrigen Menschen. Sie war frei von der Erbsünde und allen persönlichen Sünden, in der Gnade befestigt und unfähig, tatsächlich zu sündigen. Deshalb konnte sie *im Namen der streitenden Kirche* jene Vermählung feiern und alle ihre Glieder darin einschließen. So brachten in dem Augenblick, da sie Mutter des Erlösers wurde, Seine vorhergesehenen Verdienste in ihr die ersten Früchte hervor. Auch wurde sie durch diese vorübergehende beseligende Anschauung der Gottheit gleichsam der Bürge dafür, daß die gleiche Belohnung auch allen übrigen Adamskindern zuteil werde, wenn sie nur mit der Gnade des Erlösers sie verdienen wollen.

Dem göttlichen Wort gefiel es, daß Seine glühendste Liebe und Seine unendlichen Verdienste sich schon jetzt an der wirksam zeigten, die zugleich Seine Mutter, Seine Braut und das Brautgemach der Gottheit war, und daß Seine Verdienste schon von der Belohnung begleitet waren, weil kein Hindernis dem entgegenstand. Durch diese Gnadenerweise befriedigte und stillte Jesus teilweise die Liebe, die Er für sie und mit ihr für alle Menschen hegte. Für die göttliche Liebe währte es zu lange, dreiunddreißig Jahre zuzuwarten, um Seiner Mutter Seine Gottheit zu offenbaren. Er hatte ihr diese Gnade wohl schon einige Male verliehen, allein jetzt geschah es unter anderen, ausgezeichneteren Umständen, ähnlich und entsprechend der Gnade, die die heiligste Seele ihres Sohnes erhielt. Diese Gnade empfing sie aber nur vorübergehend, soweit es ihr Pilgerstand zuließ.

In der Verlobung, die das göttliche Wort am Tage Seiner Menschwerdung mit unserer Natur feierte, gab uns Gott ein

Anrecht auf unsere Erlösung. Indem Er Seiner Mutter in dieser geistlichen Vermählung die Beseligung und die Gaben der Glorie verlieh, hat Er sie in der Kraft Seiner Erlöserverdienste auch uns als Lohn für unsere Verdienste versprochen. Der Herr hat aber Seine Mutter so sehr über die Glorie aller Engel und Menschen erhoben, daß diese selbst im höchsten Grade ihrer Beseligung und Liebe den der Himmelskönigin nicht erreichen können. Das galt auch von den Gaben der Beseligung ihres Leibes. Bei Maria stand alles im Verhältnis zu ihrer Unschuld, ihrer Heiligkeit und zu ihren Verdiensten. Diese letzteren aber entsprachen ihrer höchsten Würde, nämlich Mutter ihres Schöpfers zu sein.

Nun will ich von diesen *Gaben (dotes)* im einzelnen sprechen. Die erste ist die *beseligende, klare Anschauung Gottes (visio beatifica)*, die der dunklen Erkenntnis des Glaubens während der Pilgerschaft auf Erden entspricht. Ich sagte es schon und werde es in der Folge noch sagen, wann und in welchem Grad der seligsten Jungfrau diese klare Anschauung gewährt wurde. Ich berichtete auch, daß sie außer dieser noch viele abstrakte Visionen der Gottheit gehabt hat. Alle waren noch vorübergehend, doch sie ließen in ihrem Verstand, wenn auch nicht immer im gleichen Grad, doch stets so erhabene Erkenntnisbilder zurück, daß sie durch sie eine so klare Erkenntnis über die göttliche Wesenheit besaß, wie ich sie mit Worten nicht beschreiben kann. Maria war unter allen Geschöpfen einzig begnadet. Darum blieb in ihr die Wirkung jener himmlischen Gaben mit dem Stande der irdischen Pilgerschaft vereinbar. Wenn der Herr sich ihr jedoch manchmal verbarg und den Gebrauch jener Erkenntnisbilder um anderer hoher Zwecke willen aufhob, dann bediente sie sich allein des eingegossenen Glaubens, der in ihr in höchstem Grade ausgezeichnet und wirksam war. So verlor sie nie das höchste Gut aus den Augen, nie wandte sie ihre Seele auch nur einen Augenblick von Ihm ab. Während der neun

Monate, da sie das menschgewordene Wort in ihrem Schoße trug, genoß sie das Schauen und die Wonnen der Gottheit in noch weit höherem Maße.

Die zweite Gabe ist der *Besitz Gottes,* das Gewinnen oder Festhalten Gottes (comprehensio). Durch diese Gabe hat man das Ziel der Hoffnung unverlierbar erreicht. Dieser Besitz wurde Maria ihren Visionen entsprechend zuteil; denn wie sie die Gottheit schaute, besaß sie Sie auch. Im Zustand des bloßen reinen Glaubens war ihre Hoffnung zuversichtlicher und fester als je in einem andern bloßen Geschöpf, wie auch ihr Glaube größer war. Die Unverlierbarkeit dieses Besitzes gründet sich bei den Seligen großenteils auf ihre Befestigung in der Heiligkeit, in der sie nicht mehr sündigen können. In dieser Hinsicht war Maria derart bevorzugt, daß sie gewissermaßen mit der Beständigkeit und Sicherheit der Seligen des Himmels wetteiferte. In ihrer Heiligkeit besaß sie volle Sicherheit, Gott nie verlieren zu können, obwohl die Ursache dieser Sicherheit bei ihr eine andere war als bei den Seligen des Himmels. Während jener neun Monate, da sie den Sohn Gottes unter ihrem Herzen trug, erfreute sie sich des Besitzes Gottes auf vielseitige Weise durch besondere Gnaden.

Die dritte Gabe ist der *Genuß Gottes.* Er entspricht der Liebe, die in der Seligkeit ihre Vollendung findet. In unserer Pilgerschaft lieben wir Gott mit Verlangen und wir erkennen Ihn nicht, wie Er in sich selbst ist, sondern wie Er sich uns in erschaffenen Erkenntnisbildern „rätselhaft" vorstellt. Eine solche Liebe ist noch nicht vollkommen. Wir finden darin noch nicht die Ruhe und empfangen auch nicht die Fülle der Seligkeit. Bei der klaren Anschauung und im Besitze Gottes dagegen werden wir Ihn sehen, wie Er in sich selbst ist, und nicht in Rätseln, sondern durch Ihn selbst. Dann werden wir Ihn lieben, wie Er geliebt werden muß und soviel wir Ihn nach unsern Fähigkeiten lieben können. Dann werden wir in Seinem Genuß Ruhe finden, ohne daß uns noch etwas zu verlangen übrig bleibt.

Maria besaß diese Gabe in ausgezeichneter Weise. Wohl stand ihre höchst feurige Liebe in gewisser Hinsicht hinter der Liebe der Seligen zurück, wenn sie der klaren Anschauung Gottes entbehrte. Doch in manchen anderen Beziehungen war ihre Liebe ausgezeichneter und erhabener, auch dann, wenn sie sich im gewöhnlichen Zustand befand. Niemand erkannte wie sie durch den Genuß ihrer Visionen, wie Gott um Seiner selbst willen geliebt werden muß. Da die Liebe sich nach der Erkenntnis bemißt, so folgt, daß Maria die Seligen des Himmels an Liebe übertraf, und zwar in jeder Hinsicht, nur insofern nicht, als sie noch nicht am Ziel angelangt war. Wenn der Herr wegen ihrer tiefen Demut zuließ, daß sie während ihres Lebens eine ehrerbietige Furcht hegte und sich sorgsam bemühte, ihrem Geliebten nicht zu mißfallen, so war diese Furcht doch mit Liebe verbunden, im höchsten Grade vollkommen, ganz um Gottes willen und bereitete ihr eine Freude und Wonne, die unvergleichlich war wie ihre Liebe zu Gott.

Die *Gaben des Leibes* strömen von der Glorie der Seele auf jenen über und bilden einen Teil der außerwesentlichen Glorie der Seligen. Sie machen ihn der Seele ähnlich, daß er unbehindert durch seine irdische Schwere dem Willen gehorcht, der nicht mehr dem Willen Gottes widerstreben kann. Die Sinne empfangen die Gaben der Klarheit, durch die sie die Bilder der sinnlich wahrnehmbaren Dinge vollkommen aufnehmen; und die Gabe der Leidensunfähigkeit, die alle verderblichen und schädlichen Einwirkungen oder Schmerzen verhindert. Die Gabe der Behendigkeit überwindet den Widerstand und die Langsamkeit des Leibes, die Gabe der Feinheit den Widerstand der anderen Körper. Durch diese Gaben werden die Leiber der Seligen klar, unverweslich, behende und fein.

An allen diesen Gaben hatte Maria schon in diesem Leben teil. Die *Gabe der Klarheit* macht den verklärten Körper fähig, Licht zu empfangen und Licht auszustrahlen. Sie nimmt ihm die trübe, undurchsichtige Dunkelheit und macht ihn durchsichtiger als den klarsten Kristall. Erfreute sich Maria der klaren, beseligenden Anschauung Gottes, so besaß ihr jungfräulicher Leib dieses Privileg in höherem Grade, als je eines Menschen Verstand erfassen kann. Auch nach diesen Visionen blieb ihr eine Art dieser Klarheit und Reinheit, die ein außerordentliches Staunen erregt hätte, wenn sie für die Sinne wahrnehmbar gewesen wäre. Sie offenbarte sich teilweise in ihrem schönen Antlitz. Nicht alle, die mit ihr umgingen, bemerkten dies. Der Herr legte gleichsam einen Schleier darüber. Maria fühlte durch viele Wirkungen dieses Vorrecht. Die irdische Dunkelheit bereitete Maria keine Schwierigkeiten wie uns.

Die heilige Elisabeth gewahrte etwas von dieser Klarheit, als sie die seligste Jungfrau erblickte und bewundernd ausrief: „Woher geschieht es mir, daß die Mutter meines Herrn zu mir kommt?" (Lk 1, 43). Die Welt war nicht fähig, dies „Geheimnis des Königs" zu erkennen. Die Zeit seiner Offenbarung war auch noch nicht gekommen. Das Antlitz Unserer Lieben Frau war immer etwas klarer und leuchtender als das anderer Menschen. Überhaupt war ihre ganze Gestalt über alle natürliche Ordnung anderer Körper erhaben. Sie war überaus zart und vergeistigt, ihr Leib wie ein lebendiger lieblicher Kristall, der dem Tastsinn nicht die Rauheit darbot, sondern das Geschmeidige der weichsten, feinsten Seide. Ich finde keinen anderen Vergleich. Dies wird bei der Gottesmutter nicht auffallen. Sie trug ja Gott in ihrem Schoße und schaute Ihn oft von Angesicht zu Angesicht. Auch das Antlitz des Moses glänzte, nachdem Er mit Gott auf dem Berge geredet hatte. Und doch war sein Verkehr mit Gott bei weitem nicht so innig wie der Unserer Lieben Frau. Als Moses vom Berge herabstieg, glänzte sein Antlitz so sehr, daß die Israeliten den Anblick nicht ertragen konnten. Hätte der Herr die Klarheit, die Seine reinste Mutter ausströmte, nicht durch besondere Vorsehung zurückgehalten und verborgen, so würde sie mehr als tausend Sonnen die Welt erleuchtet haben. Natürlicherweise hätte kein Mensch ihren Lichtglanz ertragen können.

Die *Leidensunfähigkeit* bewirkt, daß außer Gott keine Kraft den Leib verändern oder nachteilig beeinflussen kann. Das Temperament und die Säfte des Leibes Mariä waren so wohlgeordnet, daß aus ihnen keine Krankheit noch andere Gebrechlichkeiten entstehen konnten. Sie besaß auch Gewalt und Herrschaft über alle Geschöpfe, so daß keines ohne ihre Zustimmung und Einwilligung sie belästigen konnte. Wir können noch eine dritte Teilnahme an der Leidensunfähigkeit beifügen, nämlich den Schutz der Allmacht Gottes, der ihr in einem ihrer Heiligkeit entsprechenden Grade zuteil ward. Selbst unsere Stammeltern wären, wenn sie die ursprüngliche Gerechtigkeit bewahrt hätten, nicht der Gefahr eines gewaltsamen Todes ausgesetzt gewesen, jedoch nicht durch eine innewohnende Kraft – wenn eine Lanze sie verwundet hätte, hätten sie sterben können –, sondern durch die beistehende Kraft des Herrn, die sie vor Verwundung bewahrt hätte. Dieser Schutz gebührte mit Recht der Unschuld Mariä. Sie genoß ihn als Herrin, während die ersten Eltern ihn als Diener und Untertanen erhielten und auch ihre Nachkommen ihn nur in dieser Eigenschaft erhalten hätten.

Um ihrem heiligsten Sohn nachzufolgen, um Verdienste zu sammeln und um zu unserer Erlösung mitzuwirken, machte Maria in ihrer Demut von dieser Gabe nie Gebrauch. Sie wollte leiden und hat mehr gelitten als alle Märtyrer. Niemand kann die Größe ihrer Leiden erfassen. Ich muß das meiste verschweigen, weil mir die Ausdrücke fehlen. Nur zweierlei will ich erwähnen. Das Leiden Mariä hatte keine

Beziehung zu etwaigen eigenen Sünden. Sie war ganz sündenlos. Darum litt sie ohne die Bitterkeit und den Widerwillen, die wir durch die Erinnerung an unsere persönlichen Sünden empfinden. Zweitens wurde Maria für ihre Leiden im Verhältnis zu ihrer glühenden Liebe von Gott gestärkt. Natürlicherweise hätte sie nicht so viel Leid ertragen können, wie ihre Liebe verlangte und als Gott ihr eben dieser Liebe wegen beschied.

Die *Gabe der Feinheit* bestimmt dem Leib seine Dichtigkeit und das Unvermögen, einen anderen Körper zu durchdringen und mit ihm am gleichen Ort zu sein. Der mit der Feinheit begabte Leib der Seligen ist wie vergeistigt und kann ohne Schwierigkeit einen andern stofflichen Körper durchdringen und mit ihm an demselben Ort sein, ohne ihn zu teilen oder zu entfernen. So ging der Leib unseres Herrn aus dem verschlossenen Grab hervor und trat bei den Aposteln durch verschlossene Türen ein. Maria hatte an dieser Gabe Anteil, nicht nur während ihrer beseligenden Anschauung, sondern auch nachher konnte sie sie frei benützen, was sie bei einigen Erscheinungen während ihres Lebens tat.

Durch die *Gabe der Behendigkeit* können sich die Körper der Seligen unbehindert durch irdische Schwere augenblicklich von einem Ort zum andern begeben nach Art der Geister, die körperlos sich durch ihren eigenen Willen bewegen. Maria fühlte, namentlich infolge ihrer Visionen, in ihrem Körper keine irdische Schwere wie andere Menschen. Darum kannte sie beim Gehen auch keine Hemmung, keine Müdigkeit oder Erschöpfung. Dies alles war eine natürliche Folge der Gabe der Feinheit und der edlen Bildung ihres Leibes. Während der neun Monate ihres gesegneten Zustandes fühlte sie die Schwere des Körpers noch weniger. Da sie aber leiden wollte, gab sie den Beschwerden Raum, auf sie einzuwirken und sie zu ermüden.

Der Besitz und Gebrauch all dieser Gaben war bei Maria

vollkommen und wunderbar. Was mir gezeigt wurde, geht weit über das hinaus, was ich gesagt habe und sagen kann.

O meine Herrin, du gabst mir dein Wort zum Pfande, daß du meine Führerin und Lehrerin sein willst. Darauf vertrauend erkühne ich mich, dir eine Frage vorzulegen: Meine Mutter, wie kommt es, daß deine heiligste Seele, nachdem sie Gott so oft geschaut und genossen hatte, nicht immer im Stande der Seligen verblieb, da doch keine Sünde noch ein anderes Hindernis dem entgegenstand, wie ich in dem Lichte, in dem ich deine Würde und Heiligkeit schaute, erkannte?

Antwort und Lehre der Himmelskönigin

Meine Tochter, du fragst, weil du mich liebst. Wisse, die ununterbrochene Dauer ist eine den Heiligen des Himmels vorbehaltene wesentliche Eigenschaft der ewigen Seligkeit. Nach den allgemeinen Gesetzen ist es unmöglich, daß ein Geschöpf – und wäre es auch sündenlos – zu gleicher Zeit beseligt und dem Leiden unterworfen sei. Bei Jesus fand eine Ausnahme statt, weil Er Gottmensch war. Seine heiligste, mit der Gottheit persönlich vereinigte Seele durfte der beseligenden Anschauung nicht entbehren. Als Erlöser des Menschengeschlechtes aber mußte Er leiden, um die Sündenschuld zu bezahlen. Ohne leidensfähigen Leib hätte Er es nicht gekonnt. Ich, ein bloßes Geschöpf, durfte Gott nicht beständig schauen. Darum konnte man mich auch nicht „allzeit selig" nennen. Ich war es nur vorübergehend und hatte Zeiten des Leidens und Zeiten der Freuden. Anhaltender als die Freude war aber das Leiden und Verdienen, weil ich noch Erdenpilgerin war.

Ein gerechtes Gesetz Gottes will, daß man die Freuden des ewigen Lebens nicht schon auf Erden genießt. Nur durch den leiblichen Tod, der für alle Adamskinder der Sold und die Strafe der Sünde ist, gelangt man zur Unsterblichkeit, nachdem man sich im Stande des Leidens Verdienste erworben hat. Ich hatte keinen Teil an dieser Strafe, doch der Allerhöchste verordnete, daß mein heiligster Sohn und ich durch den körperlichen Tod zur Seligkeit eingehen sollten. Darin lag nichts Ungeziemendes. Wir sollten auf diesem gemeinsamen Weg durch Leiden und Sterben reiche Verdienste und Glorie sammeln. Auch sollten alle Menschen meine und meines Sohnes menschliche Natur erkennen. Dadurch wurde unser Beispiel wirksamer und leichter nachzuahmen. Als ich das ewige Wort empfangen hatte, waren die Gunstbezeigungen größer und häufiger, weil der, von dem sie kamen, mir inniger angehörte und näher mit mir vereinigt war.

Dies ist meine Antwort. Du kannst unmöglich alles begreifen, was Gott an mir getan hat, und noch viel weniger kannst du mit menschlichen Worten ausdrücken, was du verstanden hast.

Vernimm jetzt meine Lehre. Wenn ich das Vorbild bin, nach dem du das Kommen Gottes zur Seele und in diese Welt mit der gebührenden Ehrfurcht, Andacht, Demut, Dankbarkeit und Liebe feiern sollst, so ahme mich nach. Dann wird der Allerhöchste zu dir kommen – das gilt auch von jeder andern Seele –, um in dir, ähnlich wie in mir, ganz wunderbare Gnadenwirkungen hervorzurufen. Würde das Geschöpf schon vom Erwachen der Vernunft an sich zum Herrn wenden und seine Schritte auf die geraden Wege des Heiles lenken, so würde Gott, der Seine Geschöpfe liebt, ihm entgegenkommen und ihm Seine Gnaden schon im voraus mitteilen; denn es scheint dem Herrn zu lange, das Ende der Pilgerschaft abzuwarten, um erst dann Seinen Freunden sich zu offenbaren. Daher kommt es, daß die Seelen durch den Glauben, die Hoffnung und die Liebe sowie durch den würdigen Empfang der heiligen Sakramente viele und göttliche Gnadenwirkungen empfangen, die einen nach der gewöhnlichen Ordnung der Gnade, die andern auf einem außergewöhnlichen Weg, jeder aber nach seiner besseren oder weniger guten Verfassung und nach den Absichten des Herrn, die man aber nicht sogleich erkennt. Setzten die Seelen kein Hindernis, dann wäre die Liebe Gottes gegen sie ebenso freigebig wie gegen einige, die sich dazu disponieren. Diesen gibt Gott größeres Licht und höhere Erkenntnis über Sein unveränderliches Wesen. Durch einen übernatürlichen und überaus lieblichen Gnadeneinfluß bildet Er sie in sich selbst um und teilt ihnen oft einen Vorgeschmack der Seligkeit mit. Er läßt sich festhalten und genießen durch jene geheime Umarmung der Braut, die Ihn gefunden hatte und sprach: *„Ich halte Ihn fest und werde Ihn nicht lassen"* (Hld 3, 4). Gott gibt diesen Seelen viele Beweise Seiner Gegenwart, damit sie Ihn in ruhiger Liebe besitzen, wie die Heiligen des Himmels, wenn auch nur für kurze Zeit. So freigebig belohnt unser Gott jene Liebe und die Mühen, die das Geschöpf auf sich nimmt, um Ihm zu gefallen, Ihn festzuhalten und Ihn nicht zu verlieren.

Durch *die süße Gewalt der Liebe* stirbt das Geschöpf allem Irdischen nach und nach ab. Darum heißt es: „Stark wie der Tod ist die Liebe!" (Hld 8, 6). Von diesem Tod erwacht es zu einem neuen geistlichen Leben, das es zu neuer Teilnahme an der Seligkeit und ihren Gaben befähigt. Es genießt dann häufiger den Schutz und die süßen Früchte des höchsten Gutes, dem seine Liebe gehört. Aus diesen geheimnisvollen Wirkungen strömt sogar auf den niederen, sinnlichen Teil des Menschen eine Art Klarheit über, die ihn von den Folgen der geistigen Finsternis reinigt, ihn stark und wie unempfindlich macht für das Leiden, um alles zu ertragen, was der fleischlichen Natur zuwider ist. Mit dem brennendsten Durst verlangt die Seele nach all den Mühsalen und der Gewalt, die der Kampf um das Himmelreich fordert. Sie wird behende und von der irdischen Schwere frei, so daß manchmal sogar der an sich schwerfällige Leib dieses Vorrecht fühlt und ihm die Arbeiten leicht werden, die vorher schwer waren. Meine Tochter, du kennst alle diese Wirkungen aus Erfahrung. Ich habe sie dir jetzt erklärt, damit du dich noch mehr darum bemühst und der Allerhöchste dich wohl vorbereitet findet und Ihn nichts hindere, in dir zu wirken, wie es Ihm gefällt.

* * *

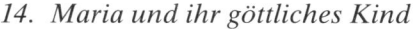

14. Maria und ihr göttliches Kind

ls Maria aus der Verzückung der Empfängnis erwachte und zu ihrer gewöhnlichen Sinnestätigkeit zurückkehrte, warf sie sich zur Erde nieder und betete das göttliche Kind in ihrem Schoße an. Diese Art der Anbetung setzte sie ihr ganzes Leben hindurch fort. Täglich begann sie um Mitternacht. Bis zur folgenden Mitternacht pflegte sie dreihundert Kniebeugen zu machen, manchmal noch mehr. Während der neun Monate, in denen sie das göttliche Kind in ihrem Schoße trug, war sie darin noch eifriger. Weil sie ihren Verpflichtungen vollkommen genügen wollte, flehte sie innig um die Gnade, den ihr anvertrauten Schatz des Himmels zu bewahren. Aufs neue weihte sie ihre heiligste Seele und alle ihre Kräfte Seinem Dienste. Ihre heldenmütigen Tugenden erregten die höchste Bewunderung der Engel. Auch alle ihre körperlichen Handlungen weihte sie dem Dienste und der Pflege des göttlichen Kindes. Wenn sie aß oder schlief, arbeitete oder ruhte, hatte sie dabei immer die Ernährung und Erhaltung ihres süßesten Sohnes im Auge. Dabei entbrannte sie in göttlicher Liebe.

Am Tag nach der Menschwerdung stellten sich ihre tausend Engel in körperlicher Gestalt vor und beteten ihren menschgewordenen König im Schoße Seiner Mutter in tiefer Demut an. Aufs neue erkannten sie Maria als ihre Königin und sprachen in Ehrfurcht: *„Jetzt bist du, o Herrin, die wahre Bundeslade, da du den Gesetzgeber selbst und das Gesetz einschließt und das himmlische Manna, unser wahres Brot, bewahrest. Empfange, o Königin, zu deiner höchsten Würde* unsere Glückwünsche. *Wir preisen den Allerhöchsten, weil Er dich zu Seiner Wohnung und zu Seiner Mutter erwählt hat. Aufs neue bieten wir dir unsere Dienste an, um dir zu gehorchen als Untertanen und Diener des höchsten, allmächtigen Königs, dessen wahre Mutter du bist."* Die Ehrfurcht der Engel erweckte in der Mutter der Weisheit unaussprechliche Demut, Dankbarkeit und Liebe zu Gott. In ihrem Herzen, wo sich das Gewicht des Heiligtums befand, um von allen den gebührenden Wert und Preis abzuschätzen, achtete sie es sehr hoch, sich von den Engeln als ihre Herrin und Königin anerkannt und verehrt zu sehen; denn ihre Würde, die Mutter des Königs und Herrn der ganzen Schöpfung zu sein, zeigte sich ihr durch die Ehrenerweise und Dienste der Engel in hellerem Lichte.

Die Engel waren die Vollzieher und Diener des Willens Gottes. War Maria allein, dienten sie ihr in körperlicher Gestalt. Verrichtete sie Handarbeiten, so reichten ihr die Engel das Nötige dar. In Abwesenheit des heiligen Joseph bedienten sie Maria bei Tisch. Immer gaben sie ihr das Ehrengeleite. Bediente sie den heiligen Joseph, so halfen sie dabei. Nie vergaß sie den Meister aller Meister für jede ihrer Handlungen um Seine Erlaubnis, Seine Leitung und Hilfe zu bitten. Alle ihre Verrichtungen waren darum so vollkommen geordnet, daß nur der Herr selbst dies zu erkennen und zu würdigen vermag.

Maria fühlte in jener Zeit die Gegenwart ihres göttlichen Kindes in ihrem Schoße auf verschiedenste allersüßeste und wunderbarste Weise. Bald offenbarte Es sich ihr durch abstrakte Visionen, bald erkannte sie Es, wie Es sich im Heiligtum ihres jungfräulichen Brautgemaches befand. Ein anderesmal zeigte sich ihr die heilige Menschheit wie in einer kristallenen Monstranz, die ihr eigener reinster Mutterschoß war. Eine solche Vision brachte ihr besonderen Trost und Jubel. Zuweilen erkannte sie, daß die Gottheit von der Glorie der heiligsten Seele des göttlichen Kindes auf Seinen Leib überströmen ließ und Ihm so von den Eigenschaften der Verklärung mitteilte, und wie durch eine unaussprechliche göttliche Wirkung vom Leibe des Sohnes Klarheit und Licht auf die Mutter überging. Eine solche Begnadung wandelte sie ganz um, entflammte ihr Herz und brachte in ihr so erhabene Wirkungen hervor, daß niemand sie beschreiben kann. Mag auch der Verstand der höchsten Seraphim all seine Kraft aufbieten, er wird von solcher Herrlichkeit erdrückt werden. Maria war ein geistiger, *lebendiger Himmel,* in dem die ganze Herrlichkeit eingeschlossen war, die selbst die weiten Räume der Himmel nicht umfassen und umschließen können.

Die Beschäftigungen Mariä waren vielseitig, geistige und körperliche, die einen zum Dienst ihres Bräutigams, die andern zum Wohl der Mitmenschen. Alle zusammen, geregelt durch die Weisheit einer zarten Jungfrau, bildeten eine wunderbare, liebliche Harmonie für den Herrn, die alle Engel bewunderten. Wenn sich Maria aber mehr in einem natürlichen Zustand befand, litt sie eine Art Todesschwäche, verursacht durch die Gewalt ihrer Liebe. Von ihr galten in Wahrheit die Worte der Braut des Hohenliedes: „Erquicket mich mit Blumen, denn ich bin krank vor Liebe!" (Hld 2, 5). Von der scharfen Durchbohrung des süßen Pfeiles der Liebe verwundet, kam sie zuweilen dem Tode nahe. Doch der Allmächtige stärkte sie auf übernatürliche Weise.

Zur Erquickung Seiner heiligsten Mutter befahl der Herr zuweilen Scharen kleiner Vögel, sie zu besuchen. Als hätten sie Verstand, grüßten sie Maria durch ihre Bewegungen, musizierten lieblich in Chören, warteten dann auf ihren Segen und schieden wieder von ihr. Dies geschah besonders nach der Menschwerdung, um der göttlichen Mutter zu ihrer Würde Glück zu wünschen, nachdem die heiligen Engel dies getan hatten. Die Herrin aller Geschöpfe sprach mit ihnen und gab den verschiedenen Arten Befehl, ihrem Herrn zu huldigen, Ihm für ihr Leben und ihre Schönheit zu danken und für ihre Erhaltung Loblieder zu singen. Sie gehorchten sogleich, ordneten sich zu Chören und sangen mit sehr feiner Harmonie. Sich bis auf den Boden neigend, bezeigten sie ihrem Schöpfer und Seiner heiligsten Mutter ihre Ehrfurcht. Andere Male brachten sie Blumen in ihren Schnäbeln, legten sie in die Hände ihrer Königin nieder und warteten, bis sie ihnen ihren Willen kundgab, sei es zum Singen, sei es zum Schweigen. Bei rauher Witterung suchten einzelne Vögel Schutz bei ihrer Herrin. Maria nahm sie auf, ernährte sie, freute sich über ihre Unschuld und pries den Schöpfer der Welt.

Solche Wunder sollen unsere kleinliche Unwissenheit nicht befremden. Handelt es sich auch um kleine Dinge, so sind doch alle Werke Gottes groß und ehrwürdig in ihrem Endziel. Auch Mariä Werke waren groß, um was immer es sich handelte. Wer ist so unwissend und verwegen, daß er nicht einsieht, daß es sich für vernünftige Geschöpfe geziemt, in allen Dingen Gottes Allmacht zu erkennen, in allen Ihn zu suchen und zu finden, Ihn zu preisen und zu verherrlichen als den wunderbaren, allmächtigen, freigebigen und heiligen Gott! So tat Seine heiligste Mutter. Kein Augenblick, kein Ort, kein sichtbares Geschöpf waren für sie wertlos. Sollte da unsere undankbare Vergeßlichkeit sich nicht schämen? Sollte unsere Härte nicht erweicht, unser laues Herz nicht entflammt werden, da selbst die vernunftlosen Geschöpfe uns belehren und zurechtweisen? Für ihr Dasein loben sie Gott und beleidigen Ihn nie. Die Menschen, die das Bild und die Ähnlichkeit Gottes in sich tragen und fähig sind, Ihn zu erkennen und ewig zu genießen, vergessen Ihn und wollen Ihn nicht kennen. Und wenn sie Ihn erkennen, loben sie Ihn nicht, und statt Ihm zu dienen, beleidigen sie Ihn. Diese haben wahrhaft kein Recht, sich höher zu stellen als die unvernünftigen Tiere, denn sie sind in der Tat schlechter als diese.

Lehre der Himmelskönigin

Meine Tochter, erlerne eifrig die göttliche Wissenschaft, damit du erkennst, mit welcher Ehrfurcht und Hochachtung du mit Gott verkehren mußt. Diese Wissenschaft ist bei den Menschen selten. Nur wenige verlangen danach. Es fehlt ihnen die rechte Hochachtung vor Seiner unendlichen Größe. Auch machen sie sich nicht los von irdischen Gechäften. Dadurch werden sie niedrig und fleischlich gesinnt, unwürdig und ungeeignet für den erhabenen Verkehr mit der Gottheit. Daraus folgt, daß sie sich im Umgang mit dem Nächsten ohne Ordnung und Schranken der Sinnlichkeit hingeben, den Gedanken an ihren Schöpfer verlieren und mit der ganzen Kraft ihrer Leidenschaften sich ins Irdische versenken.

Meine Tochter, du sollst die unveränderliche Wesenheit und die unendlichen Vollkommenheiten Gottes immer tiefer kennenlernen und dich mit dem Allerhöchsten vereinigen. Kein Geschöpf darf sich zwischen deine Seele und das wahre höchste Gut stellen. Immer und überall mußt du Gott vor Augen haben und Ihn nie aus dieser innigen Umarmung deines Herzens loslassen. Voll Hochachtung, mit gebührender Ehrfurcht und von heiliger Scheu durchdrungen, mußt du Ihn umgeben. Begibst du dich zur Betrachtung und zu den mündlichen Gebeten in Gottes Gegenwart, so lasse alle irdischen Gedanken fahren. Wohl gönne dir eine geziemende Erholung, doch so, daß du auch in ihr Gott findest, indem du Ihn lobst in der Schönheit des Himmels und der Sterne, in der Vielfalt der Pflanzen, im lieblichen Anblick der Felder, in der Kraft der Elemente, besonders aber in den Vorzügen der Engel und in der Glorie der Heiligen.

Suche in keiner Lage und in keiner Mühsal bei den Menschen Erleichterung oder Unterhaltung, am wenigsten bei Männern. Da du von Natur schwach und geneigt bist, niemand zu betrüben, kannst du die Schranken des Erlaubten und Gerechten leicht überschreiten, indem die natürliche

Freude in höherem Grade sich einschleicht, als es sich für Gottesbräute geziemt. Nachlässigkeit in dieser Sache ist bei allen Menschen gefährlich. Man achtet dann nicht mehr auf die Vernunft noch auf das wahre Licht des Geistes. Alles vergessend, folgen sie blindlings dem Drange der Leidenschaften, und diese suchen ihr Vergnügen. Zum Schutze dieser allgemeinen Gefahr wurde die Klausur, die Zurückgezogenheit der gottgeweihten Seelen angeordnet, damit gefährliche Gelegenheiten mit der Wurzel ausgerissen werden. Deine und deiner Schwestern Erholungen dürfen nicht so voll Gefahr und tödlichen Giftes sein. Suche immer jene aus, die du im Verborgenen deines Herzens und im Kämmerchen deines Bräutigams findest, der getreu ist und die Traurigen tröstet und den Betrübten beisteht.

* * *

15. Maria erhält den Befehl, Elisabeth zu besuchen

aria hatte durch den heiligen Erzengel Gabriel erfahren, daß ihre Base Elisabeth einen Sohn empfangen hatte und bereits im sechsten Monat ihrer Schwangerschaft sei. Später offenbarte ihr der Allerhöchste in einer intellektuellen Vision, daß dieses wunderbare Kind groß sein werde vor dem Herrn, ein Prophet und der Vorläufer des menschgewordenen Wortes. Auch andere große Geheimnisse über die Heiligkeit und das Amt des heiligen Johannes offenbarte ihr der Herr. Maria erkannte auch, wie es dem Herrn wohlgefalle, wenn sie ihre Base Elisabeth besuche, damit sie und ihr Kind durch die Gegenwart ihres Erlösers geheiligt würden. Er wollte die ersten Wirkungen Seiner gnadenvollen Ankunft und Seiner Verdienste Seinem Vorläufer zuwenden, damit er gleichsam die Erstlingsfrucht der Erlösung würde.

Maria dankte mit wunderbarem Geistesjubel dem Herrn für die große Gunst, die Er Seinem künftigen Vorläufer und Propheten sowie dessen Mutter Elisabeth erweisen wollte. Sie sprach: „Höchster Herr, Anfang und Ursache alles Guten, Dein Name werde ewig verherrlicht und von allen Nationen erkannt und gepriesen! Ich, das geringste aller Geschöpfe, danke Dir demütig für die Barmherzigkeit, die Du an Deiner Dienerin Elisabeth und ihrem Sohne zeigen willst. Möge es Deiner Güte gefallen, mir mitzuteilen, wie ich Dir in diesem Werke dienen soll, so bin ich bereit, o Herr, Dir sogleich zu gehorchen." Der Allerhöchste antwortete ihr: „Meine Taube,

Meine Freundin, Auserwählte unter den Geschöpfen, nach deiner Fürsprache und aus Liebe zu dir schaue Ich als Vater und freigebigster Gott auf Deine Base Elisabeth und auf ihren Sohn, den Ich zum Propheten und Vorläufer des in dir menschgewordenen Wortes erwähle. Beide sind dir eng verbunden. Darum besuche sie und erlöse das Kind aus den Banden der Erbsünde. Sein Lobpreis soll vor der sonst gewöhnlichen Zeit vor Mir erklingen. Durch die Heiligung seiner Seele will Ich Mutter und Kind die Geheimnisse der Menschwerdung und Erlösung offenbaren. Wir haben Elisabeths Sohn zu großen Dingen erwählt."

Maria erwiderte: „O Herr, all mein Verlangen ist auf Dein Wohlgefallen gerichtet, und ich will sorgfältig vollbringen, was Du Deiner kleinen Magd gebietest. Gestatte mir, daß ich meinen Bräutigam um Erlaubnis bitte, diese Reise zu machen. Leite alle meine Handlungen und lenke meine Schritte zu Deiner größeren Ehre. Ich will Dir meine Einsamkeit opfern und in die Öffentlichkeit gehen. König und Gott meiner Seele, ich möchte Dir dabei mehr als nur mein Verlangen aufopfern. Ich wünsche, Dir zuliebe alles zu leiden, was zu Deinem Dienste und größeren Wohlgefallen gereicht. Möge so die Sehnsucht meiner Seele nicht unbefriedigt bleiben."

Nach dieser Vision rief Maria ihre tausend Engel, die in körperlicher Gestalt erschienen. Sie bat sie, ihr auf der Reise beizustehen, sie zu schützen und sie sorgfältig zu unterweisen, wie sie den Auftrag des Herrn zu Seinem Wohlgefallen vollziehen könne. Wunderbar unterwürfig boten sich die Engel an, ihr zu gehorchen und zu dienen. Obwohl Maria weiser und im Handeln vollkommener und heiliger war als die Engel, rief sie diese doch, weil sie noch im Stande der Pilgerschaft und niederer Natur war, zu Rat und Hilfe, um so allen ihren Werken die höchste Vollkommenheit zu geben. Zudem standen diese allesamt unter der besonderen Leitung des Heiligen Geistes. Die Engel gehorchten ihr mit einer

Schnelligkeit und Pünktlichkeit, wie es ihrer Natur eigen ist und wie es sich ihrer Königin gegenüber gebührte. Sie hielten mit ihr liebreichste Unterhaltungen und sangen mit ihr chorweise Loblieder zur Ehre des Allerhöchsten. Zuweilen sprach Maria mit ihnen über die Geheimnisse des menschgewordenen Wortes, über die hypostatische Einigung, über die Erlösung der Menschen, über die Triumphe des Heilandes und die Früchte und Wohltaten, die Er den Menschen durch Seine Werke erlangen werde. Ich kann nicht alles niederschreiben, was mir darüber geoffenbart wurde.

Maria bat nun den heiligen Joseph um Erlaubnis, damit sie den Befehl des Herrn vollkommen erfülle. Ohne den erhaltenen Auftrag zu offenbaren, sagte sie zu ihm: „Mein Bräutigam, durch göttliche Erleuchtung erkannte ich, daß Gott sich meiner Base Elisabeth, der Frau des Zacharias, gnädig erwiesen hat und ihr, der Unfruchtbaren, den erbetenen Sohn schenkte. Ich hoffe von Gottes unermeßlicher Güte, daß diese Wohltat zu Seiner größeren Ehre gereichen werde. Mich dünkt es angebracht, Elisabeth zu besuchen zum Trost und Heil ihrer Seele. Wenn du es billigst, werde ich es tun. Ich unterwerfe mich in allem deinem Willen. Erwäge, was das Beste ist und befiel mir, was ich tun soll."

Dem Herrn gefiel dieses kluge Schweigen Mariä. Es war so demütig und zeigte, wie sehr sie geeignet und würdig war, daß Er ihrem Herzen die großen Geheimnisse anvertraute. Gott lenkte das Herz Josephs nach Seinem Willen. Das ist der Lohn des Demütigen, der um Rat bittet. Er findet ihn sicher und gewiß. So ist es auch Sache des heiligen und klugen Eifers, solchen Rat mit Umsicht denen zu erteilen, die darum bitten. Joseph antwortete: „Maria, ich verlange, dir aufmerksam zu dienen, und vertraue auf deine Tugend und daß du nur die größere Ehre Gottes anstrebst. Ich halte diese Reise für Gott wohlgefällig. Ich werde freudig mit dir gehen, um für dich zu sorgen. Bestimme nur den Tag unserer Abreise."

Maria dankte für seine sorgende Liebe. Sie beschlossen, bald abzureisen und bereiteten sofort alles Nötige vor. Sie verschafften sich einige Früchte, etwas Brot und wenige Fischlein. Joseph lieh sich ein Lasttier, damit es außer dem Reisegerät auch seine heilige Braut trage. Beim Verlassen des Häuschens warf sich Maria vor Joseph nieder und bat um den Reisesegen. Solche Demut machte ihn verlegen und er weigerte sich. Mariä sanfte und inständige Bitte überwand ihn, und er segnete sie. Bei den ersten Schritten erhob Maria die Augen zum Himmel und das Herz zu Gott. Sie weihte alles der Erfüllung des göttlichen Willens, indem sie ihren und des Vaters Eingeborenen in ihrem jungfräulichen Brautgemache trug, um Johannes im Schoße seiner Mutter zu heiligen.

Lehre der Himmelskönigin

Meine Tochter, ich offenbare dir oft die Liebe meines Herzens, weil ich verlange, daß auch dein Herz erglühe. Glücklich die Seele, der Gott Seinen heiligsten Willen offenbart. Noch glücklicher und seliger aber jene, die ihn ausführt. Gott zeigte den Weg zum ewigen Leben durch verschiedene Mittel: durch die Heilige Schrift, durch die Sakramente, die Gebote der Kirche, durch fromme Bücher und die Vorbilder der Heiligen; besonders aber durch die Lehren und Anordnungen Seiner Diener, von denen Er gesagt hat: „Wer euch hört, der hört Mich!" (Lk 10, 16). Hast du auf einem dieser Wege den Willen Gottes erkannt, so verlange ich, daß du mit den Flügeln des Gehorsams und der Demut rasch, ja mit Blitzesschnelle eilest, Gottes Willen und Wohlgefallen auszuführen.

Gott gibt manchen Seelen auch auf außergewöhnliche Weise Seinen Willen zu erkennen und offenbart ihnen manche Geheimnisse. Diese Unterweisung hat sehr verschiedene Abstufungen; denn Gott teilt Sein Licht nach Maß und Gewicht aus. Das einemal spricht Er mit gebieterischer Macht zum Herzen und zu den inneren Sinnen. Ein anderesmal weist Er zurecht, oder Er mahnt und belehrt. Bald bewegt Er das Herz des Menschen, daß es zu Ihm bete. Bald tut Er ihm klar kund, was Er verlangt. Bald zeigt Er in sich selbst wie in einem klaren Spiegel große Geheimnisse, damit der Verstand sie schaue und erkenne und der Wille sie liebe. Immer aber ist der große Gott, das höchste Gut, sehr sanft im Befehlen, mächtig, um Kraft zum Gehorsam zu verleihen, gerecht in Seinen Anordnungen, schnell, um alles so einzurichten, daß man gehorcht, und wirksam, um die Hindernisse zu überwinden, daß Sein heiligster Wille geschehe.

Meine Tochter, nimm diese göttlichen Erleuchtungen aufmerksam auf und führe sie behende und sorgfältig aus. Um den Herrn zu hören und seine sanfte geistige Stimme zu vernehmen, müssen die Seelenkräfte von allem Irdischen gereinigt sein. Das Geschöpf muß nach dem Geiste leben; denn der tierisch gesinnte Mensch versteht die erhabenen und göttlichen Dinge nicht. Achte auf Dein Inneres, vergiß alles Äußerliche und entsage allem Sichtbaren. Dann höre, meine Tochter, und neige dein Ohr. Liebe, damit du sorgfältig seist; denn die Liebe ist ein Feuer, das ohne Zögern seine Wirkungen hervorbringt, wo es einen empfänglichen Stoff findet. Auch dein Herz soll allzeit empfänglich sein. Wenn Gott dir zum Wohle des Nächsten, besonders zum Heile seiner Seele etwas befiehlt, so biete dich demütig dazu an; denn die Seelen sind durch den kostbaren Preis des Blutes des Lammes und der göttlichen Liebe erworben worden. Laß dich durch deine Niedrigkeit und Zaghaftigkeit nicht zurückhalten, besiege vielmehr deine Furcht. Taugst du auch nicht viel und bist zu allem unnütz, so ist doch Gott reich, mächtig und groß. Dein Eifer und deine Bereitwilligkeit werden des Lohnes nicht entbehren. Das Wohlgefallen des Herrn sei der einzige Grund deines Handelns.

Mariä Heimsuchung

16. Mariä Heimsuchung

ie Heilige Schrift erzählt: „In jenen Tagen machte sich Maria auf und ging
eilends über das Gebirge in eine Stadt
des Stammes Juda" (Lk 1, 39). Dieses
Sichaufmachen bedeutet nicht nur ihre Abreise von Nazareth, sondern auch die Bewegung ihres *Geistes und Willens,*
mit der sie auf Antrieb Gottes sich innerlich von jenem zu-
rückgezogenen und demütigen Platz erhob, den sie in ihrer
geringen Meinung von sich selbst eingenommen hatte. Sie
erhob sich von dort wie von den Füßen des Allerhöchsten,
auf dessen Willen und Befehl sie gewartet hatte, wie nach
den Worten Davids die Dienerin ihre Augen auf die Hände
ihrer Herrin gerichtet hält. Maria richtete allen Eifer ihres
liebevollsten Herzens darauf, unverzüglich die Heiligung des
Vorläufers zu beschleunigen, der in den Banden der Erbsünde wie eingekerkert war. Sie ging mit Eile, wie der heilige
Evangelist Lukas berichtet.

Die Heimat des Zacharias war siebenundzwanzig Stunden
von Nazareth entfernt. Der Weg dahin war, zumal für eine
zarte Jungfrau, größtenteils rauh und beschwerlich. Die einzige Bequemlichkeit bot ihnen ein kleines Lasttier. Obwohl
es nur zu ihrer Erleichterung bestimmt war, stieg doch Maria,
das demütigste und bescheidenste von allen Geschöpfen, oft
ab und bat ihren Bräutigam Joseph, er möge nicht nur die
Mühsale, sondern auch die Erleichterung mit ihr teilen und
sich des Lasttieres bedienen. Doch nahm er das Anerbieten
nie an. Um aber den Bitten Mariä in etwa zu willfahren, gab

er zu, daß sie zeitweilig mit ihm zu Fuß ging. Dann bat er sie wieder sehr bescheiden und ehrerbietig, die kleine Erleichterung nicht länger abzuweisen, und Maria legte den übrigen Weg gehorsam auf dem Lasttier zurück.

Unter so demutsvollem Wettstreit reisten sie dahin. Nicht einen Augenblick verbrachten sie unnütz. Sie reisten ganz einsam, doch die tausend Engel, die Maria, das „Ruhebett Salomons" (Hld 3, 7), bewachten, waren ihnen zur Seite. Sie dienten ihrer Königin und dem heiligsten Kinde in sichtbarer Gestalt, doch sah nur Maria sie. Auf diese Engel und ihren Gemahl achtend, setzte Maria ihren Weg fort. Sie erfüllte Berge und Täler mit dem süßesten Wohlgeruch ihrer Gegenwart und mit ihrem ununterbrochenen Lobe Gottes. Zuweilen sprach sie mit ihren Engeln und besang mit ihnen chorweise verschiedene Geheimnisse, die Vollkommenheiten Gottes, die Werke der Schöpfung und der Menschwerdung. Dadurch wurde Mariä reinstes Herz aufs neue von göttlicher Liebe entflammt. Joseph beobachtete ehrerbietiges Stillschweigen und sammelte seinen Geist in hoher Beschauung. Er beabsichtigte, seiner jungfräulichen Braut es zu ermöglichen, ein Gleiches zu tun.

Zuweilen redeten Maria und Joseph miteinander über das Heil der Seelen, über die Erbarmungen des Herrn, die Ankunft des Messias, die Weissagungen der Altväter und über andere göttliche Geheimnisse. Joseph liebte seine Braut mit einer heiligen, ganz keuschen Liebe, einer Liebe, die durch besondere Gnade Gottes und Mitteilung der göttlichen Liebe geordnet war. Er war auch von Natur aus sehr edel, höflich, freundlich und sanft und sorgte höchst liebevoll für seine heilige Braut. Dazu hatte ihn die Heiligkeit und ernste Würde Mariä gleich zu Anfang bewogen. Um ihretwillen hatte er ja auch besondere Gnade empfangen. Er fragte sie oft, ob sie müde sei, womit er ihr dienen oder Erleichterung verschaffen könne. Da Maria in ihrem jungfräulichen Schoß das göttliche Feuer, das menschgewordene Wort, trug, fühlte der heilige Joseph, ohne die Ursache zu kennen, durch die Unterredung mit seiner heiligen Braut in seiner Seele wunderbare Wirkungen, eine glühendere Liebe zu Gott und ein tieferes Verständnis jener Geheimnisse, über die sie sprachen, ein inneres Feuer und ein ungewohntes Licht, das ihn ganz verwandelte und vergeistigte. Je weiter sie wanderten, desto mehr nahmen diese Gnaden zu, und Joseph erkannte, daß die Worte seiner Braut der Kanal dieser Gnaden seien. Sie durch drangen sein Herz und entflammten seinen Willen mit göttlicher Liebe.

Joseph dachte oft darüber nach. Es wäre ihm ein Trost gewesen, wenn er die Ursache davon erfahren hätte. In seiner Bescheidenheit wagte er nicht, sie darüber zu befragen. Damals war die Zeit noch nicht gekommen, daß er das Geheimnis des Königs erfahre. Maria wußte alles, was in seinem Herzen vorging. Ihr Zustand konnte ihm auf die Dauer unmöglich verborgen bleiben. Sie wußte aber noch nicht, wann und wie er ihm bekannt werde. Sie hatte vom Herrn keine Weisung bekommen, ihr Geheimnis vor ihm zu bewahren, doch ihre Klugheit und Bedachtsamkeit sagten ihr, daß es gut sei, es noch verborgen zu halten. So sprach sie mit ihrem Bräutigam kein Wort darüber, auch später nicht, als er ihren gesegneten Zustand gewahrte und darüber in Unruhe geriet.

O wunderbare Umsicht, o übermenschliche Klugheit! Maria überließ sich ganz der göttlichen Vorsehung und wartete ab, was sie verfügen werde. Sie sah die Unruhe Josephs voraus und erwog, wie sie ihn davor bewahren könne. Sie dachte an seine große Liebe und Aufmerksamkeit, ihr zu dienen, und an ihre Pflicht, sie zu erwidern. Sie betete und stellte dem Herrn ihre Sorge vor und ihr Verlangen, das Richtige zu treffen. Sie flehte, daß Gott ihnen in allem beistehe und sie leiten wolle. In dieser Ungewißheit erweckte Maria heroische Akte des Glaubens, der Hoffnung, der Liebe, der Klugheit, der Demut, der Geduld und der Stärke. Allem, wozu sich Gelegenheit bot, gab sie die Fülle der Heiligkeit. Sie tat immer das Vollkommenste.

Diese Reise war die erste Pilgerfahrt des menschgewordenen Wortes auf Erden, vier Tage nach Seiner Empfängnis. Seine glühende Liebe konnte nicht länger zögern, das Feuer, das zu verbreiten Es gekommen war, zum ersten Male zu entzünden, indem Es die Heiligung der Menschen in Seinem Vorläufer begann. Diese Eile teilte Es auch Seiner heiligen Mutter mit. Maria diente jetzt dem wahren Salomon als „Sänfte". Sie war jedoch reicher geschmückt und leichter als die des ersten Salomon. Diese Reise war auch viel reicher an Glorie, Jubel und Pracht für den Eingeborenen des Vaters; denn Er reiste mit Ruhe im jungfräulichen Brautgemach Seiner Mutter und erfreute sich der Liebeswonne, mit der sie Ihn anbetete, verherrlichte, bewunderte, anredete, anhörte und Ihm antwortete. Sie allein, die Schatzkammer des höchsten Königs und das Heiligtum des „großen Geheimnisses", brachte in ihrem eigenen Namen und im Namen des ganzen Menschengeschlechtes Ihm weit mehr Verehrung und Dank dar, als alle Engel und Menschen zusammen.

Während dieser viertägigen Reise übten Maria und Joseph nicht nur die göttlichen Tugenden, sondern auch viele Werke der Nächstenliebe. Ihre Liebe half allen Hilfsbedürftigen. Sie fanden nicht in allen Herbergen gleiche Aufnahme. Einige Herbergsbesitzer waren roh und wiesen sie rücksichtslos ab. Andere nahmen sie, von der göttlichen Gnade bewegt, mit Liebe auf. Die Mutter der Barmherzigkeit aber verweigerte niemandem Liebesdienste, wenn es ihr möglich war. Sie besuchte Arme, Kranke und Betrübte. Sie half allen, spendete ihnen Trost oder heilte ihre Krankheiten. Ich will nur von dem Glück eines armen, schwer kranken Mädchens berichten, das Maria am ersten Reisetag in einem Dorf antraf. Als sie es erblickte, bewegte sie inniges Mitleid. Als Herrin aller

Geschöpfe gebot sie dem Fieber, das Mädchen zu verlassen, und den Säften, in ihren normalen Zustand zurückzukehren. Die Kranke wurde augenblicklich geheilt und auch an der Seele gebessert. Später gelangte sie zu einem vollkommenen und heiligen Leben. Die Erinnerung an ihre Wohltäterin blieb ihrem Geiste stets eingeprägt, und ihr Herz bewahrte eine zärtliche Liebe zu ihr, obwohl sie die heiligste Jungfrau nie mehr wiedersah und das Wunder verborgen blieb.

Maria und Joseph kamen am vierten Tag zur Stadt Juda, wo Elisabeth und Zacharias wohnten. Juda war der Eigenname dieses Ortes. So hat ihn auch der heilige Evangelist Lukas bezeichnet. Zwar meinen die meisten Schriftausleger, das sei der Name der Provinz Juda, die auch Juda und Judäa heißt. Auch das Bergland, das sich vom Osten Jerusalems gegen den Süden hinzieht, heißt das Gebirge Judäa. Es ist mir geoffenbart worden, daß die Stadt Juda hieß und zur Provinz Judäa gehörte. Einige Jahre nach dem Tode unseres Herrn Jesus Christus wurde die Stadt zerstört.

Das Haus des Zacharias war an derselben Stelle, wo die heiligen Geheimnisse der Heimsuchung jetzt von den Gläubigen verehrt werden. Obwohl die Stadt Juda zerstört wurde, ließ der Herr nicht zu, daß das Andenken an eine so verehrungswürdige Stätte verloren ging. Die alten Gläubigen, die dort Kirchen bauten und die heiligen Orte wieder herstellten, erhielten ein himmlisches Licht, um mit diesem und einigen Überlieferungen die Wahrheit darüber zu finden und das Andenken an so wunderbare Geheimnisse zu erneuern, damit die Gläubigen der Jetztzeit den katholischen Glauben an der geheiligten Stätte öffentlich bekennen können.

Zum besseren Verständnis beachte man, daß der Satan, nachdem er Jesus Christus bei Seinem Tod als Gott und als den Erlöser der Menschen erkannte, mit unglaublicher Wut darauf ausging, „Sein Andenken aus dem Land der Lebendigen zu vertilgen" (Jer 11, 19), ebenso das Seiner heiligsten

Mutter. So bewirkte er auch, daß das heilige Kreuz in die Erde vergraben wurde, dann, daß es nach Persien in die Hände der Heiden kam. In derselben Absicht veranlaßte er, daß viele heilige Orte zerstört wurden. Daher kam es auch, daß die heiligen Engel das heilige Haus nach Loreto trugen; denn der Drache, der die Himmelskönigin verfolgte, hatte die Nazarener aufgestachelt, dieses Heiligtum zu vernichten. Dieselbe Arglist des bösen Feindes war schuld, daß auch die alte Stadt Juda zerstört wurde, teils durch die Nachlässigkeit der Bewohner, die nach und nach ausstarben, teils durch Unglücksfälle. Doch das Haus des Zacharias ließ der Herr wegen der dort gefeierten Geheimnisse nicht zugrunde gehen.

Diese Stadt war etwa zwei Stunden von Jerusalem entfernt, in der Richtung nach dem Gebirge Judäa hin, wo der Fluß Sorek entspringt. Als Maria und Joseph schon nach Nazareth zurückgekehrt waren, erhielt Elisabeth die göttliche Erleuchtung, daß den Kindern von Bethlehem und der Umgebung ein großes Unglück bevorstehe. Obwohl diese Offenbarung nicht bestimmt gegeben wurde, fühlte sich Elisabeth angetrieben, sich mit ihrem Gemahl nach Hebron, etwa acht Stunden von Jerusalem entfernt, zurückzuziehen. Sie waren reich und vornehm und besaßen nicht nur in Juda und Hebron, sondern auch an andern Orten Häuser und Güter. Als Maria und Joseph auf der Flucht nach Ägypten zogen, hielten sich Zacharias und Elisabeth in Hebron auf. Zacharias starb vier Monate nach der Geburt Jesu, zehn nach der Geburt seines Sohnes Johannes.

Als Maria und Joseph in Juda beim Hause des Zacharias anlangten, ging Joseph einige Schritte voraus, um die Bewohner des Hauses vorzubereiten. Er rief ihnen den Gruß zu: „Der Herr sei mit euch und erfülle eure Seele mit Seiner göttlichen Gnade!" Elisabeth war schon vorbereitet, denn der Herr hatte ihr geoffenbart, daß Maria sie bald besuchen werde. Durch dasselbe Gesicht hatte sie auch erfahren, daß

Maria dem Herrn sehr wohlgefällig sei. Das Geheimnis ihrer Gottesmutterschaft wurde ihr erst geoffenbart, als beide sich allein begrüßten. Elisabeth ging sogleich mit einigen Personen ihrer Familie hinaus, um Maria zu empfangen. Diese kam als die Demütigere und Jüngere ihrer Base mit dem Gruß zuvor: „Der Herr sei mit dir, meine Base, meine Teuerste!" Elisabeth antwortete: „Der Herr vergelte dir, daß du gekommen bist, mir diesen Trost zu bereiten!" Unter dieser Begrüßung traten sie in das Haus.

Lehre der Himmelskönigin

Meine Tochter, wenn der Mensch den guten Werken und Befehlen, die der Herr zu Seiner Ehre ihm auferlegt, die gebührende Hochachtung entgegenbringt, so erhält er dadurch eine große Leichtigkeit, sie auszuführen, eine süße Lieblichkeit, sie zu beginnen, und sorgfältige Behendigkeit, sie fortzusetzen und zu vollenden. Diese Wirkungen bezeugen, daß die Befehle wahr und die Werke nützlich sind. Wenn die Seele aber *dem Herrn nicht ganz unterworfen ist,* kann sie diese Wirkungen nicht fühlen und diese Erfahrungen nicht machen. Sie muß ihre eigenen Neigungen und Bequemlichkeiten ganz vergessen, gleich einem treuen Diener, der nur den Willen seines Herrn erfüllen will. So treu zu gehorchen sind alle Geschöpfe schuldig, vor allem aber die Ordensleute, die es gelobt haben. Erwäge, meine Tochter, mit welcher Hochachtung David an vielen Stellen von den Geboten des Herrn redet, von den Wirkungen, die sie in ihm, dem Propheten, hervorbrachten und noch zur Stunde in den Seelen hervorbringen. Er bekennt, daß sie den Kindern Weisheit verleihen, des Menschen Herz erfreuen, die Augen der Seele erleuchten, den Füßen hell strahlendes Licht und süßer als Honig sind, feuriger zu verlangen und höher zu schätzen als Gold und Edelgestein. Diese behende Unterwürfigkeit unter den Willen Gottes machte den König David zum Manne nach dem Herzen Gottes. Solche Diener und Freunde will Seine Majestät.

Achte also, meine Tochter, auf alle Gott wohlgefälligen Werke. Schätze keines gering. Widersetze dich nicht, noch lasse ab, sie zu unternehmen, wenn auch deine Neigungen und deine Schwachheit dir große Schwierigkeiten bereiten. Vertraue, daß die Macht des Herrn alle Schwierigkeiten überwinden wird. Dann wirst du erfahren, wie leicht die Bürde und wie süß das Joch des Herrn ist, und daß Er mit diesen Worten nicht getäuscht hat, wie die Lauen und Nachlässigen meinen, die durch ihre Trägheit und ihr Mißtrauen diese Wahrheit stillschweigend leugnen. Betrachte auch, welche Güte Gott mir erwies, indem Er mir zärtlichste, mitleidvollste Liebe zu den Menschen verlieh als zu Geschöpfen, die an der Güte und dem Sein Gottes teilnehmen. In dieser Gesinnung verlangte ich alle Menschen zu trösten, zu erleichtern und zu ermutigen. Aus angeborenem Mitleid verschaffte ich ihnen jedes geistliche und leibliche Gut. Keinem Menschen, und wäre es auch der größte Sünder gewesen, habe ich je etwas Böses gewünscht, vielmehr neigte sich mein Herz gerade zu diesem mit großer Macht, um ihm das ewige Heil zu erlangen. In meinem Mitleid lag auch der Grund, daß der Schmerz meines Bräutigams bei Wahrnehmung meines gesegneten Zustandes mich schon im voraus in bange Unruhe versetzte. Gerade ihm war ich ja mehr als anderen zum Danke verpflichtet. Dieses zarte Mitleid hatte ich auch besonders für Betrübte und Kranke. Allen suchte ich irgend eine Erleichterung zu verschaffen. Folge mir in all diesem nach, so gut du es verstehst.

* * *

17. Die Heiligung
des kleinen Johannes

ls die heiligste Mutter Maria das Haus des Zacharias betrat, war der künftige Vorläufer Jesu sechs Monate im Schoß seiner Mutter Elisabeth. Sein *Körper* war in natürlicher Hinsicht vollkommener als bei andern Kindern, weil er auf wunderbare Weise von einer unfruchtbaren Mutter und von Gott auserwählt war, ein Gefäß größter Heiligkeit zu werden. In seiner *Seele* aber herrschte damals noch die Finsternis der Erbsünde. Weil nach allgemeinem Gesetz die Menschen das Licht der Gnade nicht erlangen können, ehe sie das Licht der Sonne erblickt haben, ist seit der ersten Sünde der Mutterschoß gleichsam ein Gefängnis für alle Adamskinder. Christus aber wollte Johannes das Licht der Gnade und der Rechtfertigung früher mitteilen. Seine Heiligkeit sollte eine außergewöhnliche sein, wie auch sein zukünftiges Amt als Vorläufer und Täufer ein außergewöhnliches war.

Nach dem ersten Gruß zogen sich Maria und Elisabeth zurück. Dann grüßte die Mutter der Gnade ihre Base aufs neue und sagte: „*Gott grüße dich, meine teuerste Base, und Sein göttliches Licht teile dir Gnade und Leben mit!*“ Bei diesen Worten wurde Elisabeth vom Heiligen Geist erfüllt und ihr Inneres so erleuchtet, daß sie in einem Augenblick die erhabensten Geheimnisse erkannte. Diese Wirkungen sowie diejenigen, welche zu gleicher Zeit das Kind Johannes fühlte, kamen von der Gegenwart des menschgewordenen Wortes im Schoße Mariä. Der Herr gebrauchte die Stimme Seiner Mutter als Werkzeug und begann die Macht auszuüben, die der ewige Vater Ihm gegeben hatte, die Seelen als ihr Erlöser zu rechtfertigen und selig zu machen. Als der Heiland dies als Mensch ausführte, nahm Er – o Wunder! – im jungfräulichen Schoß Seiner Mutter mit Seinem kleinen, erst vor acht Tagen empfangenen Körperchen eine demütige Haltung an, um so Seinen Vater zu bitten. Er flehte um die Rechtfertigung Seines zukünftigen Vorläufers und erlangte sie von der heiligsten Dreifaltigkeit.

Der kleine Johannes war der dritte, für den unser Erlöser im Schoße Mariä besonders betete. Maria war die erste, Joseph der zweite. Jesus nannte sie in Seinen Gebeten mit Namen. So groß war das Glück und das Vorrecht des heiligen Johannes! Jesus stellte Seinem ewigen Vater Seine zukünftigen Verdienste, Seine Leiden und Seinen Tod vor und bat dann um die Heiligung dieser Seele, damit Johannes Sein Vorläufer sei, der Welt von Seiner Ankunft Zeugnis gebe und die Herzen Seines Volkes bereite, daß es Ihn erkennen und aufnehmen möchte. Jesus bat für Johannes um alle notwendigen Gnaden, Gaben und Vorrechte. Der Vater gewährte Seinem menschgewordenen Sohne alles.

Dies ging dem Gruß der seligsten Jungfrau voraus. Als Maria dann die obigen Worte sprach, schaute Gott auf Johannes, gab ihm den vollkommenen Gebrauch der Vernunft und erleuchtete ihn mit göttlichem Lichte. Dann wurde er von der Erbsünde gereinigt und geheiligt, als Kind Gottes angenommen und vom Heiligen Geist mit überreicher Gnade und mit der Fülle der Gaben und Tugenden ausgerüstet. Alle seine Seelenkräfte wurden geheiligt und der Vernunft unterworfen. So erfüllte sich, was der heilige Erzengel Gabriel zu Zacharias gesagt hatte, sein Sohn solle im Mutterschoße vom Heiligen Geist erfüllt werden. Zu gleicher Zeit sah das glückliche Kind das menschgewordene Wort im jungfräulichen Schoße Mariä wie in reinstem Kristall. Es betete nun seinen Schöpfer auf den Knien an. Dies war die jubelnde Bewegung, die Elisabeth in ihrem Schoße wahrnahm. Der kleine Johannes erweckte beim Empfang dieser Gnaden die Tugenden des Glaubens, der Hoffnung, der Liebe der Gottesverehrung, der Dankbarkeit, der Demut, der Hingabe an Gott und alle ändern, deren Übung ihm damals möglich war. In diesem Augenblick begann er, Verdienste zu sammeln und in der Heiligkeit zu wachsen. Nie verlor er diese. Nie ließ er ab, mit der vollen Kraft der Gnade zu wirken.

Elisabeth erkannte zu gleicher Zeit das Geheimnis der Menschwerdung, die Heiligung ihres eigenen Sohnes, das Ziel und die Geheimnisse dieses neuen Wunders sowie die jungfräuliche Reinheit und Würde Mariä. Die seligste Jungfrau, ganz in die Anschauung dieser Geheimnisse und der Gottheit versenkt, war wie vergöttlicht und vom Licht und der Klarheit der Gloriengabe erfüllt. Elisabeth erblickte sie in dieser Majestät und sah auch, wie durch reinstes Glas, das menschgewordene Wort wie in einer Sänfte von feurigem, belebtem Kristall. Das Werkzeug aller dieser wunderbaren Wirkungen war die Stimme Mariä, die ebenso stark und mächtig als lieblich in den Ohren des Allerhöchsten erklang. Diese Wunderkraft strömte sozusagen aus jenem mächtigen Wort: *„Fiat mihi secundum verbum tuum!* – Mir geschehe nach Deinem Wort!"*, mit dem sie das ewige Wort aus dem Schoß des Vaters in ihren Schoß herabgezogen hatte.

Voll Staunen über das, was sie erkannte und fühlte, wurde Elisabeth vom Heiligen Geist mit Jubel erfüllt. Auf Maria blickend und auf den, den sie in ihr schaute, sprach sie mit lauter Stimme: *„Gebenedeit bist du unter den Frauen, und gebenedeit ist die Frucht deines Leibes! Woher geschieht es mir, daß die Mutter meines Herrn zu mir kommt? Denn siehe, sobald die Stimme deines Grußes an mein Ohr drang, hüpfte das Kind freudig auf in meinem Schoße. Selig, die du ge-*

glaubt hast, daß in Erfüllung geht, was dir vom Herrn gesagt ward" (Lk 1, 47 ff.). In diesen prophetischen Worten faßte Elisabeth die gegenwärtigen und zukünftigen hohen Vorzüge Mariä zusammen. Auch der kleine Johannes hörte und verstand die Worte seiner Mutter. Elisabeth aber pries die heiligste Jungfrau in ihrem und ihres Kindes Namen als das Werkzeug ihres Glückes.

Maria antwortete weise und demütig, indem sie alle Ehre auf den Urheber ihrer Gnaden zurückführte. Mit lieblichster Stimme begann sie ihren Lobgesang, das Magnifikat: *„Hoch preiset meine Seele den Herrn, und mein Geist frohlockt in Gott, meinem Heiland, weil Er die Niedrigkeit Seiner Magd angesehen hat; denn siehe, von nun an werden mich selig preisen alle Geschlechter: Denn Großes hat an mir getan, der mächtig und dessen Name heilig ist. Seine Barmherzigkeit währt von Geschlecht zu Geschlecht bei denen, die Ihn fürchten. Er hat Macht geübt mit Seinem Arme, zerstreut, die da hoffärtig sind in ihres Herzens Sinne. Er hat Gewaltige vom Throne gestürzt, und Niedrige hat Er erhöht. Hungrige hat Er mit Gütern erfüllt und die Reichen leer ausgehen lassen. Er hat sich Israels, Seines Knechtes, angenommen, eingedenk Seiner Barmherzigkeit; wie Er zu unsern Vätern gesprochen hat, zu Abraham und Seinen Nachkommen in Ewigkeit."*

Elisabeth verstand diesen Lobgesang und legte ihn mit der ihr eingegossenen Erkenntnis aus. Sie erkannte darin große Geheimnisse. Der Geist Mariä pries die wesenhafte, unendliche Erhabenheit des Herrn. Dem Anfang und dem Endziel aller seiner Werke spendete sie alle Ehre und alles Lob. Sie erkannte und bekannte, daß jedes Geschöpf in Gott allein sich rühmen und erfreuen dürfe, da Er allein sein Gut und sein Heil sei. Sie verkündete auch die Gerechtigkeit Gottes, die auf die Niedrigen schaut und ihnen Seinen Geist und Seine göttliche Liebe überfließend mitteilt, und daß sie, Maria, durch ihre Demut erlangt habe, von allen Geschöpfen seliggepriesen zu werden, und daß alle Demütigen das gleiche Glück, jeder nach seinem Grad, verdienen werden. Mit dem einzigen Wort „Großes" hat sie alle Erbarmungen, Wohltaten und Gnaden ausgesprochen, die der Allmächtige ihr verliehen hat.

Weil die Erbarmungen des Allerhöchsten aus der Fülle der allerseligsten Jungfrau auf das ganze Menschengeschlecht überströmen, und da sie die Pforte des Himmels ist, durch die alle Erbarmungen gehen, und durch die wir alle zur Teilnahme an der Gottheit eintreten müssen, bekannte sie, daß die Barmherzigkeit des Herrn sich über alle Geschlechter verbreiten werde, um sich allen mitzuteilen, die Ihn fürchten. Der mächtige Arm Seiner Gerechtigkeit zerstreut und vernichtet aber jene, die hoffärtig sind in ihres Herzens Sinne. Er wirft sie herab von ihrem Thron und erhebt darauf die Armen und Demütigen. Das zeigte sich zum ersten Mal mit erschrecklicher Herrlichkeit an Luzifer und seinen Anhängern, als Gott sie zerstreute und herabriß. – Eigentlich stürzten sie sich selbst von dem erhabenen Range der Natur und der Gnade, die der Herr ihnen im ersten Willensbeschluß Seines Geistes und Seiner Liebe angewiesen hatte. Er will ja, daß alle selig werden. Ihr Stolz, mit dem sie dahin emporsteigen wollten, wohin sie nicht gelangen konnten und nicht sollten, war ihr Sturz. An ihre Stelle wurden die Demütigen gesetzt durch Vermittlung Mariä, der Mutter und Schatzmeisterin der ewigen Erbarmungen.

Maria bekennt auch, daß Gott die Armen bereichert und sie mit den überfließenden Schätzen Seiner Gnade und Glorie erfüllt. Aber die eingebildeten, vermessenen, hochmütigen Reichen, die ihr Herz mit den falschen Glücksgütern der Welt anfüllen, weist der Allerhöchste von sich, da die Wahrheit in einem Herzen voll Lug und Trug nicht wohnen kann. Dagegen hat Er Israel, Seinen Sohn und Diener, aufgenommen, eingedenk Seiner Barmherzigkeit, um ihn zu lehren, wo man Klugheit, Wahrheit, Verstand, langes Leben, Unterhalt, Licht und Frieden findet. Diesem zeigt Er die geheimen Wege der Weisheit und Zucht, die den Fürsten der Heiden verborgen waren und unbekannt den Stolzen, Klugen und Mächtigen, die da herrschen über die Tiere der Erde, sich unterhalten und spielen mit den Vögeln des Himmels und Schätze von Silber und Gold aufhäufen. Gott verleiht aber die Weisheit den Kindern des Lichtes, die durch den Glauben, die Hoffnung und den Gehorsam Kinder Abrahams sind. Ihm und seiner geistlichen Nachkommenschaft hat Er das versprochen durch die gebenedeite Frucht des jungfräulichen Schoßes Mariä.

Alle diese tiefen Geheimnisse und noch viele andere, größere, die mein Verstand nicht erfassen kann, verstand Elisabeth, als sie die Stimme Mariä vernahm. Diese zwei heiligen Frauen erinnerten mich in ihren Gesprächen an die zwei Seraphim, die Isaias über dem Thron des Allerhöchsten sah. Sie sangen abwechselnd das göttliche, ewige neue Loblied: „Heilig, heilig, heilig ..." Mit zwei ihrer Flügel bedeckten sie ihre Füße und mit den zwei anderen schwebten sie. Sicher hat die brennende Liebe dieser heiligen Frauen die Liebe aller Seraphim übertroffen; ja, Maria allein liebte Gott mehr als diese alle. An diesem göttlichen Feuer entzündeten sie sich und breiteten die Flügel ihres Herzens aus, um es einander zu eröffnen und dann zum erhabensten Verständnis der Geheimnisse Gottes emporzufliegen. Mit zwei anderen Flügeln erhabener Weisheit bedeckten sie ihr Haupt, da sie übereinkamen, das Geheimnis des Königs ihr Leben lang für sich zu bewahren, und weil sie ihren Verstand unterwarfen und gefangengaben, indem sie ohne Stolz und Neugierde in Demut glaubten. Sie bedeckten auch die Füße des Herrn und ihre eigenen mit Seraphsflügeln, da sie beim Anblick einer so großen Majestät in Geringschätzung ihrer selbst sich verde-

154

mütigten und vernichteten. Da Maria in ihrem reinsten Schoße die Majestät Gottes einschloß, so können wir in Wahrheit sagen, daß sie den Thron bedeckte, auf dem der Herr Seinen Sitz hatte.

Elisabeth bot sich Maria als Magd an, ihre ganze Familie und ihr Haus aber stand zu ihrem Dienste. Sie bat sie, ihr eigenes Gebetszimmer für ihre Ruhe und Sammlung anzunehmen, weil es abgelegen und somit am geeignetsten sei. Maria nahm es mit demütigem Dank an. Außer ihr und Elisabeth betrat niemand das Zimmer. Dann bot Maria sich an, Elisabeth als Magd zu dienen, denn dazu sei sie gekommen. O welch liebliche, wahre, unzertrennliche Freundschaft, geschlossen durch das stärkste Band der göttlichen Liebe! Wie wunderbar ist doch der Herr, daß Er das Geheimnis der Menschwerdung vor allem andern drei Frauen offenbarte: der heiligsten Anna, der seligsten Jungfrau und der heiligen Elisabeth mit ihrem Sohne. Dieser wird, weil er noch im Schoße der Mutter war, nicht als eigene Person gerechnet. So übertrifft das Törichte, das von Gott kommt, die Weisheit der Menschen.

Erst bei Einbruch der Nacht traten Maria und Elisabeth aus ihrer Kammer. Dann besuchte Maria Zacharias, der noch stumm war. Sie bat um seinen priesterlichen Segen, und er spendete ihn ihr. Wegen seiner Stummheit blickte sie ihn mit zartem Mitleid an. Sie kannte aber das Geheimnis dieser Prüfung und wollte deshalb jetzt noch nicht abhelfen, doch betete sie für ihn. Elisabeth begrüßte und bediente Joseph mit großer Hochachtung und Ehrfurcht. Nach drei Tagen bat er seine heiligste Braut, ihm die Rückkehr nach Nazareth zu erlauben. Er versprach ihr, sie abzuholen, sobald sie ihn benachrichtige. Elisabeth bot ihm einige Geschenke an, doch nahm er nur sehr wenig und auch dieses nur auf inständige Bitten an. Joseph liebte und übte die Armut und besaß ein großmütiges, edles Herz. In Nazareth bediente ihn in Abwesenheit seiner Braut eine verwandte Nachbarin, die auch sonst zu kommen pflegte, um für die heilige Jungfrau die nötigen Besorgungen zu machen.

Lehre der Himmelskönigin

Meine Tochter, damit das brennende Verlangen nach Gottes Gnade und Freundschaft in deinem Herzen sich noch mehr entzünde, wünsche ich, daß du das Glück einer Seele in der Schönheit der Gnade erkennest. Betrachte den Herrn in dem göttlichen Lichte, das du empfängst. Dann wirst du erkennen, daß es für den Herrn weit glorreicher ist, eine einzige Seele zu rechtfertigen, als alle Kreise des Himmels und der Erde in all ihren natürlichen Vollkommenheiten erschaffen zu haben. Wenn nun die Menschen schon durch die sichtbaren Wunder die Größe und Macht Gottes zum Teil erkennen, was würden sie erst sagen, wenn sie geistig die Kostbarkeit und die *Schönheit der Gnade* sähen, und zwar in so vielen Geschöpfen, die fähig sind, sie zu empfangen.

Keine Worte vermögen das Wesen der heiligmachenden Gnade als einer *Teilnahme an der Natur und an den Vollkommenheiten Gottes* gebührend auszudrücken. Es ist wenig, wenn ich sage: sie ist reiner und weißer als der Schnee, glänzender als die Sonne, kostbarer als Gold und Edelgestein, milder, liebenswürdiger und angenehmer als alle ergötzlichen Geschenke und Liebkosungen, schöner als alles, was ein Menschenherz sich ausdenken kann. Betrachte auch die *Häßlichkeit der Sünde,* um so die Gnade durch ihren Gegensatz besser kennen zu lernen. Weder Finsternis noch Fäulnis, noch das Erschrecklichste, Fürchterlichste, Häßlichste kann mit der Sünde und ihrem üblen Geruch verglichen werden. Die Märtyrer und andere Heilige haben dies wohl erkannt. Um die Schönheit ihrer Gnade zu erhalten, haben sie nichts gefürchtet, weder Feuer noch wilde Tiere, noch

Messer, Foltern, Gefängnisse, Schmach, Schmerzen, selbst den Tod nicht, noch langwieriges Leiden. Dies alles ist für nichts zu achten, wenn man dadurch auch nur einen einzigen Grad der Gnade erlangen kann. Jede Seele aber, und wäre sie auch die verachtetste der Welt, kann sehr viele Grade erlangen. Leider wissen die Menschen das nicht. Sie schätzen und begehren nur die flüchtige, sinnfällige Schönheit der Geschöpfe. Was dieser Schönheit entbehrt, schätzen sie gering.

Erkenne aus diesem die Größe der Wohltat, die das menschgewordene Wort Seinem Vorläufer Johannes im Schoße Seiner Mutter erwies. Er hat sie erkannt und hat vor Freude gejubelt. Du siehst nun, was du tun und leiden mußt, um die Gnade zu bewahren, sie nicht durch die geringste kleinste Sünde zu beflecken oder ihre Kraft durch irgend eine Unvollkommenheit zu schwächen.

Du sollst auch mein Verhalten gegen meine Base Elisabeth nachahmen und nur mit solchen Menschen verkehren und Freundschaft schließen, mit denen du über die Werke des Allerhöchsten und über Seine Geheimnisse sprechen kannst, und die dich den wahren Weg Seines göttlichen Wohlgefallens lehren können. In wichtigen Geschäften und großen Sorgen sollst du dennoch die geistlichen Übungen und die Ordnung des vollkommenen Lebens nicht unterlassen. Man muß dieser Übung treu bleiben, nicht nur, wenn es bequem geht, sondern auch bei den größten Widersprüchen, Schwierigkeiten und Geschäften, weil die unvollkommene Natur schon bei einem geringen Anlaß erschlafft.

* * *

18. Lebensweise Mariä im Hause des Zacharias

er Hauptzweck der Heimsuchung Mariä war die Heiligung des kleinen Johannes und Gnadenvermittlung an Elisabeth. Darauf richtete Maria ihre tägliche Beschäftigung. Damit sie alles höchst vollkommen vollbringe, sammelte sie sich und bat Gott, sie zu leiten und ihr zu gebieten. Der Herr antwortete: *„Meine Braut, meine Taube, Ich werde alle deine Handlungen leiten und deine Schritte nach Meinem Wohlgefallen lenken. Ich werde dir den Tag bezeichnen, an dem du nach Nazareth zurückkehren sollst. So lange du hier bist, wirst du mit Elisabeth verkehren. Im übrigen behalte deine Gebete und Übungen bei, besonders für das Heil der Menschen. Bete, daß Ich Meine Gerechtigkeit nicht an ihnen walten lassen muß wegen der beständigen Beleidigungen, die sie immer häufiger gegen Meine Güte begehen. Opfere Mir das Lamm ohne Makel auf, das du in deinem Schoße trägst, und das die Sünden der Welt hinwegnimmt. Das sei für jetzt deine Beschäftigung."*

Maria folgte in allem dieser neuen Belehrung. Sie erhob sich immer um Mitternacht, um sich der Beschauung der göttlichen Geheimnisse hinzugeben. Wachen und Schlafen regelte sie so, wie es dem Körper am vollkommensten entsprach. Täglich erhielt sie neue Gnaden, Erleuchtungen, Freuden und Verzückungen. Während dieser drei Monate hatte sie oft Visionen der Gottheit, meistens abstrakte. Häufig schaute sie die heiligste Menschheit des Wortes in der hypostatischen Vereinigung. Ihr jungfräulicher Schoß diente ihr als ständiger Altar und als Oratorium. Sie sah, wie Sein hochheiliger Leib von Tag zu Tag wuchs. Durch dieses Schauen und durch die Geheimnisse, die ihr täglich auf den unendlichen Gefilden der Gottheit und der göttlichen Allmacht geoffenbart wurden, stieg auch ihre Seele immer höher. Oft war sie durch das Feuer ihrer Liebe und ihre glühenden Affekte nahe daran, ohnmächtig zu werden und zu sterben. Nur die Kraft des Herrn hielt sie aufrecht. Außer diesen inneren verborgenen Übungen tat sie alles zum Dienste und zum Troste ihrer Base Elisabeth, doch keinen Augenblick mehr, als die Liebe es verlangte. Schnell kehrte sie in ihre einsame Kammer zurück, wo sich ihr Geist in Gegenwart des Herrn in größerer Freiheit ergoß.

Während ihrer inneren Beschäftigung verrichtete Maria zugleich lange Zeit Handarbeiten. Johannes hatte das große Glück, daß die Mutter des Herrn mit ihren eigenen Händen seine Windeln und Binden verfertigte. Die Frömmigkeit und Sorgfalt seiner Mutter hatte ihm dieses Glück erlangt. Sie hatte mit der Demut einer Magd darum gebeten. Maria gehorchte mit unglaublicher Liebe, weil sie Elisabeth wie die geringste ihrer Mägde dienen wollte. In der *Demut* und im *Gehorsam* trug Maria immer den Sieg über alle davon. Wohl trachtete auch Elisabeth, ihr ständig zu dienen, allein Maria kam ihr in ihrer wunderbaren Klugheit und unvergleichlichen Weisheit in allem zuvor, so daß sie in der Tugend immer den Triumph errang.

Zwischen beiden herrschte ein großer und liebevoller Wettstreit, den der Herr mit höchstem Wohlgefallen, die Engel aber mit Staunen sahen. Elisabeth wachte auch, daß alle Angehörigen ihrer Familie Maria dienten. Sie aber sprach zu ihr: „Meine Base, das eben ist mein Trost, daß man mir mein ganzes Leben lang befiehlt und ich gehorche. Deine Liebe sollte mich nicht dieses Trostes berauben. Ich bin ja die Jüngere, und darum muß ich nicht allein dir wie meiner Mutter, sondern auch allen Angehörigen deines Hauses dienen. Behandle mich als deine Magd." Elisabeth antwortete: „Mir steht es zu, zu gehorchen, dir aber, zu gebieten und mich in allen Dingen zu leiten. Wenn ich dich darum bitte, so habe ich dazu weit mehr Grund als du. Wie du die Demut überall üben willst, so schulde ich ehrfurchtsvollsten Dienst meinem Herrn und Gott, den du in deinem jungfräulichen Schoße trägst. Ich kenne deine Würde." Maria erwiderte: „Mein Sohn hat mich nicht zu Seiner Mutter erwählt, daß ich während dieses Lebens als Herrin geehrt werde. Sein Reich ist nicht von dieser Welt. Er kam nicht, um bedient zu werden, sondern um zu dienen und zu leiden, die Menschen Demut und Gehorsam zu lehren und durch Sein Beispiel ihren Stolz und Prunk zu verurteilen. Wenn Er mich so lehrt, wenn Er zuläßt, daß Er selbst „der Leute Spott" wird, wie kann ich, Seine Dienerin, die der Gesellschaft der Menschen nicht wert ist, einwilligen, daß mir jene dienen, die nach Seinem Bild und Gleichnis erschaffen sind?"

„Meine Herrin", entgegnete Elisabeth, „das mag für jene gelten, die das in dir verborgene Geheimnis nicht kennen. Ich aber weiß darum ohne mein Verdienst. Darum wäre ich sehr zu tadeln, wenn ich meinem Gott und dir, Seiner Mutter, nicht jene Verehrung erweisen würde, die ich Ihm schulde." Darauf antwortete Maria: „Meine Schwester, deine Ehrfurcht gebührt dem Herrn, den ich in meinem Schoße trage. Er ist das wahre höchste Gut, unser Heiland. Mich dagegen, ein bloßes Geschöpf, mußt du als das betrachten, was ich aus mir selbst bin. Im Lichte dieser Wahrheit wirst du Gott geben, was Ihm gebührt, und mir, was mir zukommt. Das aber ist, daß ich dir diene und unter allen stehe. Um das bitte ich dich nun zu meinem Trost und um meines Sohnes willen."

In ihrer himmlischen Weisheit siegte Maria stets in der Demut und im Gehorsam. Sie verkehrte mit ihrer Base so, daß sie immer Mittel und Wege fand, um zu gehorchen und

Befehle zu erhalten. Dabei betrachteten beide in ihrer Weise das Geheimnis des Herrn mit aller Ehrfurcht. Maria war es anvertraut als Mutter und Königin der Tugenden und Gnade, Elisabeth aber als einer höchst weisen und vom Lichte des Heiligen Geistes erfüllten Frau. Sie faßte auch den Vorsatz, daß, wenn sie der Mutter Gottes etwas befehle, sie es nur tun wolle, um ihr zu gehorchen und ihrem Willen zu entsprechen. Wenn sie es tat, bat sie den Herrn um Erlaubnis und um Verzeihung. Zudem äußerte sie ihren Willen nur in bittender Form. Doch wenn es galt, Maria eine Erholung zu verschaffen, z.B. durch Speise und Trank, tat sie es mit Nachdruck. Sie bat sie auch, einige Handarbeiten für sie zu verfertigen. Maria tat es, doch brauchte Elisabeth diese nicht, sondern bewahrte sie mit Verehrung.

So übte die seligste Jungfrau in der Tat, was ihr göttlicher Sohn lehren wollte, indem Er, der Abglanz des Vaters, das Ebenbild Seines Wesens, wahrer Gott vom wahren Gott, sich so tief erniedrigte, daß Er Knechtsgestalt annahm und sich die Dienste eines Knechtes aufbürdete. Maria, die Mutter Gottes, die Königin der ganzen Schöpfung, war immer die demütige Magd des geringsten Geschöpfes. Nie nahm sie einen Dienst an, als ob man ihn ihr schuldig wäre. Nie überhob sie sich, vielmehr hegte sie stets eine geringe Meinung von sich. Was sagt dazu unser Eigendünkel und Stolz? Voll Sünden, sind wir so wahnsinnig zu glauben, wir hätten ein Recht auf den Dienst und die Verehrung der ganzen Welt. Empfangen wir sie nicht, verlieren wir schnell das bißchen Verstand, das uns die Leidenschaften noch gelassen haben. *Das Leben Mariä ist ein Musterbild der Demut und eine Verurteilung unseres Hochmutes.* Weil mir aber nicht obliegt, zu lehren und zurechtzuweisen, sondern belehrt und geleitet zu werden, bitte ich flehentlich alle gläubigen Kinder des Lichtes, daß wir alle dieses Beispiel betrachten, um uns zu verdemütigen.

Der Herr hätte Seine heiligste Mutter von dieser äußersten Demut abhalten und sie vor den Menschen mit jenen Ehrenbezeigungen erhöhen können, wie Assuerus dem Mardochäus tat. Menschlicher Verstand hätte verlangt, daß die heiligste der Frauen, die in ihrem Schoß den Schöpfer der Engel und des Himmels trug, von allen allezeit verehrt werde, und hätte es als etwas Unwürdiges angesehen, daß sie sich mit niedrigen Dienstleistungen beschäftigte und darauf verzichtete, zu gebieten und geehrt und angesehen zu sein. So weit reicht die menschliche Weisheit. Die wahre Weisheit, die Wissenschaft der Heiligen, ist einem solchen Irrtum nicht zugänglich. Sie stammt aus der unendlichen Weisheit des Schöpfers, der den Ehren ihren wahren Namen und Wert beilegt, und jedem Seiner Geschöpfe gibt, was ihm gebührt. Der Allerhöchste hätte Seiner geliebten Mutter während dieses Lebens wenig gegeben, wenn Er sie der Werke der tiefsten Demut beraubt und sie mit äußerem Beifall der Menschen erhoben hätte. Aber auch der Welt würde viel fehlen, wenn sie diese Schule und dieses Beispiel nicht hätte, um ihren Hochmut zu demütigen und zu beschämen.

Elisabeth wurde seit dem Tage der Ankunft des Herrn von Gnaden überhäuft. Durch den vertraulichen Verkehr mit der Gottesmutter wuchs sie in jeder Art von Heiligkeit; denn sie trank sie an ihrer Quelle. Zuweilen hatte sie das Glück, die seligste Jungfrau im Gebete verzückt, vom Boden erhoben und so voll Glanz und Schönheit zu sehen, daß sie ihr Antlitz nicht anschauen konnte. Nur durch die Kraft Gottes gestärkt, konnte sie dann in ihrer Gegenwart verweilen. Bei solchen Gelegenheiten warf sie sich vor Maria auf die Knie nieder, um ihr ihre Ehrfurcht zu bezeigen und das menschgewordene Wort in ihrem Schoße anzubeten. Alle Geheimnisse, deren sie inne wurde, bewahrte Elisabeth in ihrem Herzen als treueste, weiseste Hüterin des ihr Anvertrauten. Nur mit ihrem Sohn Johannes und mit Zacharias konnte sie etwas von den Geheimnissen sprechen. In jeder Hinsicht war sie eine starke, weise und sehr heilige Frau.

Lehre der Himmelskönigin

Meine Tochter, die Gaben des Allerhöchsten und die Erkenntnis Seiner Geheimnisse bringen in den aufmerksamen Seelen eine gewisse Neigung und Hochschätzung für die Demut hervor. Diese stellt die Seelen mit wirksamer und zugleich lieblicher Kraft an den ihnen gebührenden Platz. Dies bewirkt das wahre Licht, das jeden Menschen zur Erkenntnis seiner selbst bringt und die Werke der Gnade auf Gott zurückführt. Das ist die Ordnung der gesunden Vernunft, die vom falschen Eigendünkel der Menschen gestört und mit Gewalt umgestoßen wird. Darum kann ein hochmütiges Herz Verachtung nicht begehren noch annehmen und einen Vorgesetzten kaum ertragen. Selbst gegen Seinesgleichen ist es ungehalten und gewalttätig, um allein über allen zu stehen. Ein demütiges Herz aber vernichtet sich um so mehr, je größere Wohltaten es empfängt. Diese geben ihm eine Begierde, ja einen brennenden, obwohl ruhigen Durst, sich zu erniedrigen und den letzten Platz zu suchen. Es ist ihm, als tue man ihm Gewalt an, wenn es nicht unter allen steht und der Demütigung entbehrt.

Meine Tochter, du siehst an mir die vollkommene Ausführung dieser Lehre. Keine meiner Gnaden und Wohltaten waren klein. Doch nie erhob sich mein Herz in Eigendünkel. Nichts begehrte ich mehr als Erniedrigung und den letzten Platz unter allen Geschöpfen. Folge mir nach! Trachte stets, als die Geringste von allen zu gelten, Befehle zu erhalten, erniedrigt und für unnütz gehalten zu werden. Vor Gott und vor den Menschen mußt du dich für geringer achten als den Staub der Erde. Du kannst nicht leugnen, daß niemand mehr Wohltaten empfangen hat als du, obwohl niemand sie so wenig verdient wie du. Wie willst du nun diese große Schuld abtragen, wenn du dich nicht vor allen und unter alle Kinder Evas verdemütigst? Es ist gut, daß du deinen Vorgesetzten gehorchst, aber ich verlange, daß du weiter gehst und auch den Geringsten in allem, was nicht Sünde ist, gehorchst, gerade so wie du dem höchsten Obern gehorchen würdest. Sei hierin voll Eifer, wie ich es war.

Nur deinen Untergebenen gegenüber mußt du diese Unterwürfigkeit vorsichtig regeln, damit sie dir nicht etwa zumuten, zu gehorchen, wo es nicht gut ist. Du kannst jedoch viel gewinnen, ohne daß sie ihre Unterwürfigkeit verlieren, wenn du ein gutes Beispiel gibst und immer am Gehorsam festhältst, wo er gut ist, ohne deinem Ansehen als Oberin Eintrag zu tun. Betrachte jeden Verdruß und jede dir persönlich zugefügte Beleidigung als etwas sehr Kostbares, und nimm es an, ohne dich zu verteidigen oder zu beklagen. Die Fehler aber, die gegen Gott begangen werden, tadle, ohne deine Sache mit der Sache Gottes zu vermengen. Nie sollst du auf Gründe sinnen, dich zu verteidigen, immer aber, um Gottes Ehre zu wahren. In keinem Fall darfst du dich von Zorn oder Aufregung leiten lassen. Verbirg mit großer Klugheit die besonderen Gnaden des Herrn; denn man darf das Geheimnis des Königs nicht leicht offenbaren. Auch sind die fleischlich gesinnten Menschen weder fähig noch würdig, die Geheimnisse des Heiligen Geistes zu kennen. Wenn du gehorchst, wird der Allerhöchste dich stärken und in dir wirken, was Er will. Widerstehe Ihm nicht. Bereite Ihm dein Herz mit Sanftmut und Behendigkeit. Empfange die Gnade nie vergeblich. Wirke eifrig mit und sei vollkommen in allen deinen Handlungen.

* * *

19. Verkehr Mariä mit den Engeln und mit Elisabeth

egen der Fülle der Weisheit und Gnade in Maria und wegen ihrer unermeßlichen Empfänglichkeit gab es keinen Zeitpunkt, keinen Ort und keine Gelegenheit, wo sie nicht die höchste Vollkommenheit geübt hätte. Maria weilte an allen Orten der Erde als Fremdling; denn ihr Wandel war schon im Himmel. Ja, da sie selbst der glorreichste, geistige Himmel, der lebendige Tempel Gottes war, hatte sie ihr Betkämmerchen und Heiligtum immer bei sich. Darum gab es für sie keinen Unterschied zwischen ihrem eigenen Hause und dem ihrer Base Elisabeth. Sie war über alles erhaben und ließ sich ruhig von ihrer mächtigen Liebe leiten. Bei all diesem sprach und verkehrte sie mit den Menschen, soweit es nötig und geziemend war. Da Maria während der drei Monate am meisten mit ihren Schutzengeln und mit Elisabeth verkehrte, will ich einiges darüber berichten.

Ihre freie Zeit brachte Maria in Verzückungen und Visionen der Gottheit zu. Oft pflegte sie mit ihren heiligen Engeln über die Geheimnisse ihres liebeglühenden Herzens zu reden. So sagte sie kurz nach ihrer Ankunft zu ihnen: „Ihr himmlischen Geister, meine Beschützer und Begleiter, Abgesandte des Allerhöchsten und Lichtstrahlen Seiner Gottheit, kommet und stärket mein von Seiner göttlichen Liebe krankes und verwundetes Herz. Es ist betrübt wegen seiner Enge und weil es die erkannte Schuld in der Tat nicht abtragen kann, wie es doch so sehnlichst verlangt. Lobet mit mir den Namen des Herrn. Wir wollen Ihn preisen für Seine heiligen Gedanken und Werke. Helfet mir meinen Schöpfer zu preisen, der sich mitleidsvoll würdigt, meine Niedrigkeit anzuschauen. Sprechen wir von den Wundern meines Bräutigams, von der Schönheit meines Herrn und liebevollsten Sohnes. Meinem Herzen wird es leichter, wenn ich euch, meinen Freunden, mein innerstes Sehnen mitteilen kann. Ihr kennt mein Geheimnis und meinen Schatz, den Gott in den engen Raum dieses zerbrechlichen Gefäßes eingeschlossen hat. Wunderbar sind diese göttlichen Geheimnisse. Obwohl ich sie mit süßer Rührung betrachte, vernichtet mich ihre erhabene Größe. Ihre Tiefe überwältigt mich, und die Kraft meiner Liebe verzehrt und erneuert mich zugleich. Nie ist mein entflammtes Herz befriedigt. Es findet keine völlige Ruhe; denn mein Verlangen übersteigt meine Taten, und meine Verpflichtung geht über mein Verlangen. Ich beklage mich selbst, weil ich nicht alles tue, was ich verlange, und nicht alles verlange, was ich sollte. Immer sehe ich mich überwunden und zu klein in Erwiderung der Liebe! O ihr Seraphim, hört den Klageruf meiner Liebe! Öffnet mir euer Wesen, in dem die Schönheit meines Herrn widerstrahlt, damit der Abglanz Seines Lichtes und die Züge Seiner Schönheit mir das Leben erhalten, das um Seiner Liebe willen dahinschwindet."

Die Engel antworteten: „Mutter unseres Schöpfers und unsere Herrin, du besitzest wahrhaft den Allmächtigen, das höchste Gut. Da du Ihn mit so engen Banden festhältst und Seine wahre Braut und Mutter bist, so besitze und genieße Ihn auf ewig! Du bist die Mutter und Braut des Gottes der Liebe! Die einzige Ursache und Quelle des Lebens wohnt in dir, und niemand kann so innig mit ihr leben wie du, unsere Königin. Trachte nicht, Ruhe zu finden in deiner glühenden Liebe. Im Stande der Pilgerschaft kann sie ihr Ziel noch nicht erreichen. Aber du kannst noch neue Grade größerer Verdienste und höhere Glorie erwerben. Deine Verpflichtungen übersteigen ohne Vergleich die aller Menschen, und doch müssen sie sich noch immer steigern und größer werden. Nie wird deine glühende Liebe dem geliebten Gut entsprechen; denn Es ist ewig, und Seine Vollkommenheiten sind unermeßlich. Immer wirst du von Seiner Größe glücklicherweise überwunden bleiben; denn Gott erkennen und lieben, wie Er es verdient, kann nur Er allein. Immer wirst du, o Herrin, in Ihm noch mehr zu verlangen, noch mehr zu lieben finden. Das gehört zu Seiner Größe und unserer Glorie."

Durch diese Unterredungen entflammte sich das Feuer der göttlichen Liebe immer mehr im Herzen Mariä. In ihr wurde vollkommmen das Gebot des Herrn erfüllt, daß das Feuer des Brandopfers beständig in Seinem Tabernakel und auf Seinem Altare brenne und der Priester des Alten Bundes es immerfort erhalten müsse. Das vollzog sich in Wahrheit in Maria. In ihr waren der Tabernakel, der Altar und der neue Hohepriester eins: Jesus Christus, der dieses göttliche Feuer unterhielt und täglich vermehrte durch stets erneuerte Auszeichnungen, Gaben und Gnadeneinflüsse Seiner Gottheit. Aber auch Maria brachte ihrerseits Werke von unvergleichlichem Wert dar, denen wiederum neue Gaben des Herrn folgten, die ihre Heiligkeit und Größe vermehrten. Sobald Maria in diese Welt eingetreten war, hatte sich das Feuer ihrer göttlichen Liebe entzündet, um auf diesem Altar in Ewigkeit nicht mehr zu erlöschen. So beständig war und wird sein das Feuer dieses lebendigen Heiligtums.

Die Gespräche Mariä mit den Engeln bezogen sich meistens auf die Geheimnisse der Menschwerdung. Dabei redete die seligste Jungfrau mit solcher Tiefe von der Heiligen Schrift, daß die Engel staunten. So sagte sie einmal: „Mein Herz ist verwundet, von schmerzlichen Pfeilen durchbohrt, wenn ich erwäge, was die Heiligen Schriften, was besonders Isaias und Jeremias über die bittersten Schmerzen schreiben, die meinen göttlichen Sohn erwarten. Salomon sagte, daß man Ihn zum schimpflichsten Tode verurteilen wird. Die

Propheten sprechen von Seinem Leiden und Sterben immer mit Ausdrücken, die bis zum äußersten gehen, und alles muß an Ihm erfüllt werden. O wenn ich dann doch noch lebte, um mich für den Urheber meines Lebens zu überliefern. Mein Geist betrübt sich, wenn ich in meinem Herzen diese unfehlbaren Wahrheiten erwäge, daß mein höchstes Gut meinen Schoß verlassen soll, um zu leiden. Wer wird Ihn gegen Seine Feinde schützen und verteidigen? Sagt mir, Fürsten des Himmels, wie ich den ewigen Vater bewegen kann, daß Er die Strenge Seiner Gerechtigkeit gegen mich kehre, damit der Unschuldige, der keine Schuld haben kann, frei bleibe! Wohl weiß ich, daß die Werke eines menschgewordenen Gottes erfordert werden, um dem unendlichen Gott Genugtuung zu leisten. Doch mein heiligster Sohn hat durch Sein erstes Werk schon mehr verdient, als das Menschengeschlecht verlieren und verschulden konnte. Da dies also hinreichen würde, so sagt mir, wie es möglich ist, daß ich sterbe, um Seinen Tod und Seine Peinen zu verhindern. Gott wird über mein demütiges Verlangen nicht unwillig sein. Meine Ängste werden Ihm nicht mißfallen. Doch was sage ich? Wohin bringen mich der Schmerz und die Liebe? Ich will ja, daß in allem der Wille Gottes geschehe, dem ich mich demütig unterwerfe."

Die Engel antworteten auf alle ihre Besorgnisse mit großer Ehrfurcht. Sie trösteten und stärkten sie, indem sie ihr vorstellten, warum es nötig und gebührend sei, daß Christus sterbe, nämlich um das Menschengeschlecht zu erlösen, den Satan zu überwinden und seiner tyrannischen Herrschaft zu berauben, zur Glorie des ewigen Vaters und zur Erhöhung Seines heiligsten Sohnes. Keine menschliche Zunge kann diese Geheimnisse aussprechen, kein Verstand sie in diesem Leben fassen. In der Anschauung Gottes werden wir sie dereinst sehen. Jetzt ist es noch unmöglich. Doch kann unsere Frömmigkeit durch Erwägung des Wenigen, das ich sagte, zu größeren Dingen gelangen.

Auch Elisabeth war in der Heiligen Schrift sehr bewandert und erleuchtet, besonders seit der Stunde der Heimsuchung. Darum sprach Maria mit ihr über die göttlichen Geheimnisse und unterwies sie. Durch Mariä Vermittlung empfing Elisabeth große Gnaden. Oft wunderte sie sich über die tiefe Weisheit der Mutter Gottes. Sie pries sie dann aufs neue: „Gebenedeit seist du, Mutter meines Herrn, unter allen Frauen! Alle Nationen mögen deine Würde erkennen und preisen! Selig bist du um des Schatzes willen, den du in deinem jungfräulichen Schoße trägst. Ich beglückwünsche dich demütig und herzlich zu der Freude, die dein Geist empfinden wird, wenn die Sonne der Gerechtigkeit in deinen Armen ruht und du den Heiland an deiner jungfräulichen Brust nährest. Erinnere dich dann, meine Herrin, deiner Magd, und opfere mich deinem heiligen Sohne auf, damit Er mein Herz als Opfer empfange. Wer wird von der Stunde an dir dienen und beistehen dürfen? Wenn ich dieses Glückes nicht würdig bin, so trage wenigstens mein Herz in deiner Brust; denn ich fürchte, daß es breche, wenn ich mich von dir trenne."

Maria tröstete sie und Elisabeth empfand neuen Mut und neues Leben durch solche himmlischen Worte. Maria war im Hause Elisabeths ganz Demut, indem sie nicht nur Elisabeth, sondern auch den Mägden des Hauses diente. Sie kehrte das Haus ihrer Base, wusch mit den Mägden die Schüsseln und verrichtete andere niedere Arbeiten. Niemand wundere sich, daß ich diese so geringfügigen Handlungen im einzelnen erwähne; denn die Größe unserer Königin macht sie zu unserer Belehrung alle groß, damit unsere Hoffart schwinde und unser Stolz sich beuge. Wenn Elisabeth die demütigen Dienste der Mutter Gottes sah, war sie betrübt und suchte sie daran zu hindern. Deshalb verbarg sich Maria bei solchen Gelegenheiten, wenn möglich, vor ihrer Base.

O Königin des Himmels und der Erde, voll Bewunderung über deine Demut wage ich es, o Mutter, eine Frage zu stellen. Du wußtest, daß in deinem jungfräulichen Schoße der Sohn des ewigen Vaters weilte, und du verlangtest, dich als Seine Mutter zu benehmen, wie konnte deine Hoheit sich zu so niedrigen Arbeiten herablassen? Nach unserer Meinung hättest du sie aus Ehrfurcht vor deinem heiligsten Sohne unterlassen können, ohne dein demütiges Verlangen aufzugeben. Ich wünsche, dich in dieser Sache zu verstehen.

Antwort und Lehre der Himmelskönigin

Meine Tochter, in der Übung der Tugend kann keine wohlgeordnete Beschäftigung, so niedrig sie auch sein mag, hindern, dem Schöpfer aller Dinge Anbetung, Ehrfurcht und Lob darzubringen. Diese Tugenden schließen sich gegenseitig nicht aus. Das galt besonders bei mir, da ich das höchste Gut immer gegenwärtig hatte, ohne es je durch eine Beschäftigung aus dem Auge zu verlieren. Ich betete es an in allen meinen Handlungen, indem ich sie alle auf Seine größere Ehre bezog, und der Herr achtete als Schöpfer und Lenker aller Dinge keine Handlung gering. Darum verschmäht eine Seele, die Ihn wahrhaft liebt, keines dieser niedrigen Werke. Alle suchen und finden Ihn als den Ursprung und das Ende aller Geschöpfe. Solche demütigenden Handlungen sind mit der menschlichen Natur unzertrennlich verbunden und zur Erhaltung des Lebens notwendig. Wenn man darum bei ihnen den Schöpfer nicht im Auge hätte, so würde man die Tugendwerke, Verdienste und inneren Akte zu oft und zu lange unterbrechen. Das wäre aber ein Verlust und ein strafwürdiger Fehler, den die Menschen leider wenig beachten.

Du magst essen oder arbeiten, ruhen, schlafen oder wachen, *zu jeder Zeit, an jedem Ort und bei jeder Beschäftigung bete Gott an,* ehre Ihn, schaue auf Ihn, der alles erfüllt und erhält. Zur Übung der Demut drängte mich am meisten der Gedanke, daß mein Sohn in Demut gekommen ist, um diese

Tugend durch Wort und Beispiel zu lehren, um die Hoffart der Menschen zu vernichten, dieses Unkraut, das Luzifer mit der ersten Sünde unter die Menschen gesät hat. Gott gab mir eine so hohe Erkenntnis über Sein Wohlgefallen an dieser Tugend, daß ich die größten Qualen der Welt erlitten hätte, um einen einzigen dieser Akte zu verrichten, z. B. den Boden zu kehren oder einem Armen die Füße zu küssen. Du findest keine Worte, um auszudrücken, wie groß meine Liebe zu dieser Tugend war, weil so ausgezeichnet und edel die Demut ist. Im Herrn wirst du einstens erkennen, was du mit Worten nicht wiederzugeben vermagst.

Präge diese Lehre deinem Herzen ein und befolge sie. Übe dich immer in dem, was die menschliche Eitelkeit verachtet, und verachte du diese Eitelkeit als etwas, was in den Augen Gottes verabscheuungswürdig und verhaßt ist. Dabei müssen deine Gedanken immer sehr edel sein. Dein Wandel sei im Himmel. Verkehre mit den Engeln, und sie werden dir neues Licht geben über die Gottheit und über die Geheimnisse Jesu Christi. Vermeide immer mehr die Unterredung mit Menschen. Treibe sie zur Demut und Liebe Gottes an. In deinem Innern wähle den letzten Platz unter allen Geschöpfen. Dann wirst du stets zur Übung der Demut bereit sein. Wenn du dich in deiner eigenen Meinung als das geringste, schwächste und unnützeste aller Geschöpfe anerkannt hast, wirst du Herrin deiner Leidenschaften sein.

* * *

20. Gnaden, die Maria dem Hause des Zacharias vermittelte

Die Liebe ist wirksam und tätig wie das Feuer, wenn es Brennbares findet. Jenes geistige Feuer aber sucht es, wenn es keines findet, und macht dabei viele Erfindungen und Kunstgriffe, die es nie müßig sein lassen. Nur eins macht der liebenden Seele Sorge, daß nicht alle Liebhaber Jesu Christi sind. Ohne Neid und Eifersucht teilt die Liebe ihr Feuer aus. Wenn nun bei andern, trotz ihrer immerhin beschränkten Liebe zu Gott, der Seeleneifer oft so mächtig und wunderbar ist, was wird dann erst Maria zum Wohl der Mitmenschen getan haben? Sie war ja die Mutter der schönen Liebe und trug in sich selbst das lebendige und wahre Feuer, das die Welt entzünden sollte. Es wäre unmöglich, alle Wohltaten Mariä im einzelnen zu berichten. Ich will nur einige erwähnen, dann mag man auf die anderen schließen.

Elisabeth hatte eine Magd, die böswillig, unruhig, jähzornig war und gewohnheitsmäßig fluchte und lästerte und noch anderen Lastern frönte. Sie war gegen ihre Herrschaft gefügig, aber auch dem Satan derartig untertan, das dieser Tyrann sie leicht in jedes Elend und in jeden Fehler stürzte. Schon seit 14 Jahren war sie von einer Menge böser Geister besessen, die sie keinen Augenblick verließen, um sich ihre Seele als Beute zu sichern. Nur in der Gegenwart der seligsten Jungfrau zogen sich diese Feinde zurück, weil sie sich durch die Macht Mariä gequält fühlten, die ja den Gott der Stärke im Heiligtum ihres jungfräulichen Schoßes trug. Wenn die grausamen Peiniger sich entfernt hatten, fühlte die Magd ihre bösen Einwirkungen nicht. Der Anblick und Umgang Mariä brachte ihr nach und nach große Gnaden. Darum begann diese Frau, ihrer Befreierin sehr zugetan und anhänglich zu werden. Sie half ihr mit großer Liebe, bot sich zu ihren Diensten an und war am liebsten in der Nähe Mariä. Sie betrachtete sie mit Ehrfurcht. Neben ihren verkehrten Neigungen hatte sie ein gewisses natürliches Mitleid mit Hilfsbedürftigen und Armen, denen sie gern Gutes tat.

Maria sah und erkannte alle Neigungen dieser Frau, die Gefahren ihrer Seele und die Bosheit der bösen Geister gegen sie. Darum wandte sie ihr ihre mitleidsvolle, barmherzige Mutterliebe zu. Unsere Liebe Frau wußte, daß die Besessenheit eine Strafe für die Sünden dieser Frau waren. Sie betete für sie und erlangte ihr Verzeihung, Genesung und das Heil ihrer Seele. Den bösen Geistern befahl sie, dieses Geschöpf freizulassen und nicht mehr zurückzukehren. Sie flohen voll Schrecken, ohne zu wissen, warum die seligste Jungfrau solche Macht besitze. Sie beratschlagten untereinander: „Wer ist diese Frau, die eine so ungewöhnliche Macht über uns besitzt? Woher kommt ihr eine solche Gewalt, daß sie alles vollbringt, was sie nur will?" Sie entbrannten aufs neue in Zorn und Wut gegen jene, die ihnen den Kopf zerschmetterte. Die Sünderin aber war für immer aus den Klauen Satans befreit. Maria ermahnte die Frau, lehrte sie den Weg des Heiles und wandelte sie in einen ganz anderen Menschen um, so daß sie fortan sanftmütig von Herzen und frei von Launen war. Sie beharrte ihr ganzes Leben lang in diesem neuen Wandel und erkannte, daß all ihr Glück durch Mariä Hände gekommen war, obwohl sie das Geheimnis ihrer Würde nicht kannte. Sie blieb demütig und dankbar und starb eines seligen Todes.

Eine andere Frau, nicht besser gesittet als diese Magd, wohnte nahe beim Hause des Zacharias und pflegte als Nachbarin den Unterhaltungen der Hausgenossen Elisabeths beizuwohnen. Sie führte ein ausgelassenes Leben. Als sie von der Bescheidenheit und Eingezogenheit Mariä hörte, sagte sie mit neugierigem Leichtsinn: „Wer ist doch diese Fremde, die zu uns als Gast und Nachbarin gekommen ist und so heilig und zurückgezogen tut?" Aus Neugierde wollte sie Mariä Antlitz und Kleidung sehen. War die Absicht auch ungehörig, so hatte sie doch gute Folgen; denn als sie ihr Verlangen befriedigte, wurde ihr Herz so verwundet, daß sie durch den Anblick der seligsten Jungfrau ganz umgewandelt wurde. Sie änderte ihre Sitten. Sie fühlte die hier wirkende Kraft, die sie aber nicht kannte. Aus Schmerz über ihre Sünden vergoß sie Ströme von Tränen. Nur mit neugieriger Aufmerksamkeit hatte sie ihre Blicke auf die Mutter der jungfräulichen Reinheit gerichtet. Dafür erhielt sie die Tugend der Keuschheit und Befreiung von ihren sinnlichen Gewohnheiten und Neigungen. In Reue zog sie sich dann zurück, um ihr schlechtes Leben zu beweinen. Darauf bat sie, Maria besuchen und sprechen zu dürfen. Unsere Liebe Frau erhörte sie, um sie in der Gnade zu bestärken. Sie wußte, was geschehen war, trug sie ja in ihrem jungfräulichen Schoß den Urheber der Gnade, der Gerechte und Heilige bildet, und in dessen Macht sie als Fürsprecherin der Sünder tätig war. Maria empfing die Frau mit mitleidsvoller Mutterliebe, ermahnte und unterrichtete sie in der Tugend und entließ sie gebessert und zur Beharrlichkeit gestärkt.

So handelte Maria oft. Sie bewirkte in vielen Seelen wunderbare Bekehrungen, doch immer in der Stille und geheim. Ihr Umgang und ihre Unterredungen heiligten alle im Hause des Zacharias und der Elisabeth. Den schon Gerechten half sie zur Besserung und zum Fortschritt durch neue Gnaden und Gaben; die noch nicht Gerechten erleuchtete und bekehrte sie durch ihre Fürbitte. Sie flößte eine ehrfurchtsvolle Liebe ein, die ihr alle Herzen gewann, und zwar mit solcher Gewalt, daß jeder ihr um die Wette gehorchte und sie als Mutter, Zuflucht und Trost in allen Nöten betrachtete. Um das zu bewirken, genügte ihr Anblick nebst wenigen Worten. Da sie jedem ins Herz schaute und seinen Gewissenszustand kannte, wendete sie die für jeden passenden Heilmittel an. Manchmal, aber nicht immer, offenbarte ihr der Herr, ob jene, die sie sah, aus der Zahl der Auserwählten oder der Verworfenen seien. Das eine wie das andere regte ihr Herz zur Übung vollkommenster Tugenden an. Sah sie Gerechte und Auserwählte, schenkte sie ihnen reichlichen Segen – was sie jetzt auch vom Himmel aus tut – und der Herr wünscht ihr hierzu Glück. Sie bat Ihn auch, die Gerechten in Seiner Gnade und Freundschaft zu bewahren. Für sie verrichtete sie die eifrigsten Gebete. Erblickte sie Sünder, so flehte sie mit innigster Teilnahme um ihre Rechtfertigung, die sie gewöhnlich erhielt. Handelte es sich jedoch um einen Verworfenen, so weinte sie bitterlich und verdemütigte sich vor dem Allerhöchsten wegen des Verlustes dieser Seele, die ein Ebenbild Gottes und das Werk Seiner Hände war. Sie verrichtete inständige Gebete, Aufopferungen und Verdemütigungen, um zu erflehen, daß nicht noch andere verloren gingen. So war sie ganz und gar eine Flamme der göttlichen Liebe, die nie rastete noch aufhörte, Großes zu wirken.

Lehre der Himmelskönigin

Meine Tochter, alle deine Kräfte müssen sich wie um zwei Angelpunkte drehen: *erstens um die Sorge, dich selbst in der Freundschaft und Gnade Gottes zu erhalten, zweitens, dieselbe Gnade auch andern zu erlangen.* Darin muß dein ganzes Leben aufgehen, und du darfst weder Mühen noch Sorgen scheuen. Du sollst zum Herrn flehen und dich anbieten, dein ganzes Leben in Leiden hinzubringen, und dann nimm mit allen deinen Kräften alles Leidvolle hin. Außerordentliches und in die Augen Fallendes sollst du nicht ergreifen. Das geziemt sich nicht für dein Geschlecht. Mache aber alle verborgenen Mittel ausfindig und wende sie mit Klugheit an. Als meine Tochter und als Braut meines göttlichen Sohnes bedenke, daß das Besitztum unseres Hauses die Seelen sind, die der Herr um den Preis Seines Lebens und Seines Blutes als teure Beute sich erkauft hat. Durch ihren Ungehorsam waren sie Ihm verloren gegangen, die Er doch *für sich* erschaffen und *für sich* bestimmt hatte.

Wenn dir also der Herr den Zustand einer hilfsbedürftigen Seele zu erkennen gibt, so arbeite treu an ihrer Besserung. Weine und schreie zum Herrn mit innigem, feurigem Verlangen, um von Gott Abwendung so großen Verlustes und so großer Gefahr zu erlangen. Lasse kein dir zustehendes übernatürliches und natürliches Mittel unbenützt, um das Heil einer Seele zu erlangen, die dir anvertraut wird. Ermahne sie klug und mäßig. Bemühe dich, im stillen ihr Gutes zu tun. Ich will auch, daß du nötigenfalls den bösen Geistern im Namen des allmächtigen Gottes und in meinem Namen mit aller Macht befiehlst, sich von den Seelen zu entfernen, die du in deren Gewalt siehst. Weil es geheim geschieht, kannst du es ohne Furcht mit ruhigem Herzen tun. Der Herr hat dir schon Gelegenheit gegeben und wird sie dir noch geben, diese Lehre auszuüben. Vergiß sie nicht; denn der Herr hat dich als Seine Tochter verpflichtet, unermüdlich und mit aller Sorgfalt für das Gut und das Haus deines Vaters zu sorgen. Fürchte nichts! Alles wirst du vermögen in dem, der dich stärkt. Seine göttliche Allmacht wird dich stärken, um große Werke zu vollbringen.

* * *

21. Elisabeth bittet Maria, noch bei ihr zu bleiben

Schon waren mehr als zwei Monate seit der Ankunft Mariä vergangen, und Elisabeth dachte mit Schmerz an die Abreise ihrer Base. Sie fürchtete, den Besitz eines so großen Glückes zu verlieren. In ihrer Demut und Heiligkeit erwog sie ihre eigenen Fehler, voll Furcht, wegen dieser möchte Maria, der „schöne Mond", sich zugleich mit der „Sonne der Gerechtigkeit" in ihrem jungfräulichen Brautgemach entfernen. Sie weinte manchmal still, weil sie kein Mittel fand, um die Sonne aufzuhalten, die ihr einen so klaren Tag der Gnade und des Lichtes gebracht hatte. Sie flehte unter Tränen zum Herrn, er möge ihrer Base Maria den Gedanken eingeben, sie nicht so schnell allein zu lassen. Sie bediente sie mit ehrfürchtiger Sorgfalt und überlegte, was sie tun könne, um sie sich zu verpflichten. Es ist kein Wunder, wenn eine so große heilige und kluge Frau eifrigst verlangte, was selbst die Engel hätten begehren können. In großer Fülle hatte sie vom Heiligen Geist göttliches Licht empfangen, um die erhabene Heiligkeit und Würde der jungfräulichen Mutter zu erkennen. Durch den Umgang mit ihr war Elisabeths Herz so für sie eingenommen, daß sie ohne eine besondere Gnade fern von der seligsten Jungfrau nicht hätte leben können, nachdem sie sie näher kennen gelernt hatte.

Um sich zu trösten, offenbarte Elisabeth Maria ihre Sorge, die aber schon darum wußte. Elisabeth sagte demütig: „Meine Base, aus Ehrfurcht habe ich es bis jetzt noch nicht gewagt, dir mein Verlangen und meine Pein kundzutun. Erlaube mir, es nun zu tun; denn ich lebe allein durch die Hoffnung, mein Sehnen erfüllt zu sehen. Der Herr erwies mir außerordentliche Barmherzigkeit, da Er dich zu mir führte, damit ich die Geheimnisse der göttlichen Vorsehung in dir erkenne. Ewig lobe ich Unwürdige Ihn für diese Wohltat! Du bist der lebendige Tempel der Herrlichkeit des Allerhöchsten. Du bist die Bundeslade! Du bewahrst das Manna, von dem die Engel leben. Du bist die wahre Gesetzestafel, von Gott selbst geschrieben. Ich erwäge meine Niedrigkeit und den Reichtum, den Gott mir schenkte, da ich ohne mein Verdienst den Schatz des Himmels in meinem Hause finde und jene, die Er zu Seiner Mutter erwählt hat. Aber ich fürchte, durch meine Sünden Ihm und dir mißfallen zu haben, daß du mich deshalb verlassest und mich des großen Glückes beraubst, das ich nun genieße. Wenn ich dir doch mein ganzes Leben lang dienen könnte und mich nie von dir trennen müßte. Du magst in meinem Hause bleiben, deinen Bräutigam Joseph rufen und ihr beide könnt hier als Herren und Gebieter leben. Ich werde euch dann als Magd in treuer Liebe dienen. Ich bin zwar nicht würdig, aber verachte mein demütiges Verlangen nicht, da ja auch der Allerhöchte mit Seinen Gnaden mein Verdienst und mein Verlangen weit übertroffen hat."

Maria hörte lieblich die Bitte ihrer Base an und antwortete: „Du Freundin meiner Seele, deine heiligen Gefühle und dein zärtliches Verlangen sind dem Herrn angenehm. Ich danke dir für dein Anerbieten. Wir müssen jedoch achtsam *unsern Willen dem göttlichen unterordnen,* wie es aller Menschen Pflicht ist. Ich aber bin dem Herrn mehr als alle andern verpflichtet, weil Er mich aus dem Staub erhoben und erbarmungsvoll auf meine Niedrigkeit geschaut hat. Alle meine Worte und Bewegungen müssen durch den Willen meines Sohnes geleitet werden. Ich darf kein Wollen oder Nichtwollen haben außer dem, was Gott verfügt. Wir wollen Ihm deine Wünsche vortragen, und was Er als das Ihm Wohlgefälligere anordnet, wollen wir ausführen. Ich muß auch meinem Bräutigam Joseph gehorchen. Ohne seinen Willen kann ich weder die Beschäftigung wählen, noch den Wohnort und das Haus. Es ist gerecht, daß wir unseren Häuptern und Vorgesetzten gehorchen."

Elisabeth antwortete mit demütiger Ergebung: „Ich will deinem Willen gehorchen und achte deine Lehre. Aber ich stelle dir nochmals die Liebe meines Herzens vor. Kann mein Verlangen nicht erfüllt werden, so wünsche ich wenigstens, daß du bei mir bleibst, bis mein Sohn geboren ist, auf daß er der göttlichen Gegenwart und des Lichtes seines Erlösers sich eher erfreue als irgend eines anderen Geschöpfes und deinen Segen empfange. Du, o Mutter der Gnaden, wollest ihn seinem Schöpfer vorstellen und ihm die Beharrlichkeit in der Gnade erlangen, die er durch deine süße Stimme empfing, als ich sie in meinem Ohr vernahm. Ich möchte meinen Sohn auf deinen Armen sehen, in denen einst Gott ruhen wird, der Himmel und Erde erschaffen hat und durch dessen Gebot sie bestehen. Gewähre mir diesen Trost und meinem Sohn das große Glück, um das ich als Mutter für ihn flehe."

Maria wollte ihrer Base diesen letzten Wunsch nicht abschlagen und bot sich an, den Herrn um Erfüllung zu bitten. Auch sie solle es tun, um Gottes heiligsten Willen zu erkennen. Dann zogen sich beide in die Betkammer Mariä zurück. Maria hatte eine Verzückung, in der sie mit neuem Licht das Geheimnis, das Leben und die Verdienste des heiligen Vorläufers erkannte und seine Aufgabe, durch Predigen in den Herzen der Menschen die Wege zur Aufnahme ihres Erlösers zu bereiten. Von diesen Geheimnissen teilte sie Elisabeth nur das mit, was für sie passend war. Maria erkannte auch die große Heiligkeit ihrer Base sowie ihren baldigen Tod und den noch früheren des Zacharias. Voll Liebe und Mitleid empfahl Maria sie dem Herrn und bat um seinen Beistand für sie in der Todesstunde. Sie stellte dem Herrn auch

Elisabeths Wünsche betreffs der Geburt ihres Sohnes vor, aber nicht die Bitte bezüglich ihres Bleibens im Hause des Zacharias; denn sie erkannte durch himmlisches Licht, daß es nicht der Wille Gottes sei, immer im Hause Elisabeths zu leben.

Gott antwortete ihr: „Meine Braut, Meine Taube, du darfst Meiner Dienerin Elisabeth zum Trost bei der Geburt ihres Sohnes zugegen sein. Bis dahin sind nur noch acht Tage. Nach seiner Beschneidung wirst du mit deinem Bräutigam Joseph in dein Haus zurückkehren. Gleich nach seiner Geburt opfere Mir Meinen Diener Johannes auf. Er wird Mir ein angenehmes Opfer sein. Bitte Mich, Meine Freundin, beharrlich um das ewige Heil der Seelen." Zu gleicher Zeit mit Maria betete Elisabeth. Es wurden ihr Geheimnisse geoffenbart, die ihr in ihrem Kummer großen Trost und Erleichterung brachten.

Nachdem Maria aus ihrer Verzückung zurückgekehrt war, sprachen die beiden Mütter über die nahe Geburt des Johannes, und voll Verlangen fragte Elisabeth: „Meine Herrin, werde ich so glücklich sein und dich bei der Geburt meines Sohnes bei mir haben?" Maria antwortete: „Gott hat unsere Bitten erhört und sich gewürdigt, mir zu befehlen, deinen Wunsch zu erfüllen und dir zu dienen, nicht nur bis zur Geburt, sondern noch bis zur Beschneidung. Bis dahin sind noch vierzehn Tage." Da erneuerte sich der Jubel Elisabeths. Demütig dankte sie dem Herrn und Unserer Lieben Frau. Dann traf sie für die Geburt ihres Sohnes und für die Abreise ihrer Base die nötigen Vorbereitungen.

Lehre der Himmelskönigin

Meine Tochter, kommt das Verlangen einer Seele aus frommer, gottesfürchtiger Gesinnung, und ist es geraden Herzens auf gottesfürchtige Ziele gerichtet, so darf man es dem Allerhöchsten ruhig vortragen, jedoch mit *Ergebung in Seinen heiligsten Willen* und mit vollkommener Bereitwilligkeit, alles zu tun, was immer Seine göttliche Vorsehung verfügen wird. Dann sieht Er sie wie ein mitleidiger Vater an und gibt ihr immer das Rechte und verweigert nur, was ihrem wahren Heil nicht dient. Das Verlangen meiner Base, mich nie zu verlassen, war ihr nie nützlich, noch stimmte es mit dem Ratschluß des Herrn überein wegen meiner Wirksamkeit, wegen meiner Wanderungen und anderer Ereignisse, die meiner warteten. Obwohl der Herr ihr diese Bitte abschlug, war sie Ihm nicht mißfällig. Vielmehr gewährte Er ihr, was Seinem heiligsten Willen und Seiner unendlichen Weisheit entsprach und zu ihrem und ihres Sohnes Besten gereichte. Gott bereicherte Sohn und Mutter für die Liebe zu mir und durch meine Vermittlung mit großen Gnaden und Gütern. Es ist immer ein höchst wirksames Mittel, mit gutem Willen und guter Meinung *Gott durch meine Vermittlung um etwas zu bitten.*

Opfere alle deine Bitten und Gebete im Namen meines heiligsten Sohnes und in dem meinigen auf. Vertraue dann ohne Furcht, daß sie erhört werden, wenn du sie in rechter Meinung auf Gottes Wohlgefallen richtest. Betrachte mich in Liebe als deine Mutter, deinen Schutz und deine Zuflucht. Weihe dich meiner Verehrung und Liebe. Mein Verlangen nach deinem Glück bewegt mich, dich das kräftigste und wirksamste Mittel zu lehren, daß es dir mit Gottes Gnade gelingen möge, große Schätze und Wohltaten vom Herrn zu erhalten. Aber mache dich ihrer würdig und halte sie nicht durch deine Schüchternheit und Zaghaftigkeit auf. Willst du mich bewegen, dich als meine teuerste Tochter zu lieben, so ahme eifrig und sorgfältig nach, was ich dir offenbare. Sei versichert, jede Mühe, um die Frucht meiner Lehre zu erwerben, ist gut angewendet.

* * *

22. Die Geburt des heiligen Johannes

ie Stunde der Geburt des *Morgensternes,* der der *Sonne der Gerechtigkeit* vorausging und den ersehnten Tag des Gesetzes der Gnade ankündigte, brach an. Johannes, mehr als ein Prophet, sollte ans Licht treten, um die Herzen der Menschen zu bereiten und auf das Lamm hinzuweisen, das die Welt heilen und heiligen sollte. Der Herr offenbarte dem gesegneten Kind die Stunde seiner Geburt. Es hatte den vollen Gebrauch der Vernunft, der noch erhöht war durch das göttliche Licht und die eingegossene Weisheit, die es durch die Gegenwart des menschgewordenen Wortes erhalten hatte. Johannes erkannte, daß er seine Füße auf eine fluchbeladene Erde voll gefährlicher Dornen setzen sollte, in der viele Schiffbruch leiden und zugrunde gehen.

Das erhabene Kind war wie unschlüssig und wie schwankend zwischen dieser Erkenntnis und der göttlichen und natürlichen Ordnung, kraft deren es nun auf die Welt kommen sollte. Sein Körper war vollkommen gebildet, so daß er natürlicherweise getrieben wurde, den Mutterschoß zu verlassen. Zur Kraft der Natur kam noch der ausdrückliche Wille Gottes, der es ihm gebot. Andererseits wußte das Kind, wie gefährlich die Laufbahn des menschlichen Lebens sei. So zwischen Furcht und Gehorsam gestellt, zögerte es zagend und war zugleich bereit, zu gehorchen. Es sprach zu sich selbst: „Wohin gehe ich, wenn ich in den Kampf eintrete mit der Gefahr, Gott zu verlieren? Wie soll ich mit den Menschen verkehren, da so viele irregehen und den Verstand verlieren und damit auch den Weg des Lebens? Hier im Schoß meiner Mutter bin ich in der Finsternis, aber ich gehe zu einer viel gefährlicheren Finsternis über. Seitdem ich das Licht der Vernunft erhalten habe, fühle ich mich beengt, aber noch mehr betrübt mich die Ungebundenheit und Freiheit der Menschen. Doch, o Herr, nach Deinem Willen trete ich in die Welt. Ihn zu erfüllen ist mir das Beste. Kann ich mein Leben und meine Kräfte Deinem Dienste weihen, o höchster König, so wird es mir schon leichter, an das Licht zu treten und die Laufbahn zu beginnen. O Herr, gib mir Deinen Segen!" Die göttliche Majestät erhörte sein Gebet und verlieh ihm neuen Segen und neue Gnaden. Das glückliche Kind erkannte dies; denn es hatte ja Gott in seinem Geiste gegenwärtig. Auch wußte es, daß der Herr es sende, um große Dinge in Seinem Dienste zu verrichten, und daß Er ihm dazu Seine Gnade verspreche.

Nun möchte ich den Zeitpunkt seiner gnadenreichen Geburt in Übereinstimmung mit dem Text des Evangelisten angeben: Der heilige Lukas sagt, daß sich Maria „in jenen Tagen" aufmachte. Ferner sagt er, daß Maria ungefähr drei Monate im Hause der Elisabeth gewesen sei. Nach unserer Berechnung der Sonnenmonate kam Unsere Liebe Frau am Abend des zweiten April dort an. Der erste Juli war der Tag der Beschneidung und der Oktavtag der Geburt des Johannes. Am folgenden Tag reiste Maria in aller Frühe nach Nazareth zurück. Lukas erzählt zwar die Rückkehr Mariä vor der Geburt Johannes. Der heilige Text hat diese Reise nur darum früher erzählt, um alles, was sie betraf, zu vollenden und dann mit der Geschichte der Geburt des Vorläufers fortzufahren, ohne seinen Bericht nochmals zu unterbrechen. Dies wurde mir erklärt, damit ich es niederschreibe.

In der Stunde der Geburt fühlte Elisabeth eine Bewegung, als würde sich das Kind erheben. Das war die Wirkung seiner Natur und zugleich seines Gehorsams. Als sich einige mäßige Schmerzen einstellten, ließ die Mutter Maria benachrichtigen, jedoch nicht rufen; denn die Ehrfurcht, die sie der Würde Mariä und der Frucht ihres jungfräulichen Schoßes schuldig war, hielt sie ab, zu verlangen, was nicht geziemend schien. Maria schickte Windeln und Wickelzeug, das sie bereitet hatte. Kurz darauf kam das Kind zur Welt. Es gab durch die Reinheit seines Leibes die seiner Seele kund. Man wickelte es in die Windeln, die durch die seligste Jungfrau verehrungswürdige Reliquien geworden waren. Bald darauf verließ Maria auf Befehl des Herrn ihr Betkämmerchen, um Kind und Mutter zu beglückwünschen.

Maria nahm den Neugeborenen in ihre Arme und brachte ihn als Opfergabe dem ewigen Vater dar. Er nahm ihn mit großem Wohlgefallen als die Erstlingsfrucht der Werke Seines menschgewordenen Sohnes an. Das glückliche Kind, vom Heiligen Geiste erfüllt, erkannte seine rechtmäßige Königin und Herrin und bewies ihr nicht nur innerlich, sondern auch äußerlich seine Ehrfurcht durch eine leichte Verbeugung seines Hauptes. Auch dem menschgewordenen Worte Gottes im Brautgemach Seiner reinsten Mutter brachte es seine Anbetung dar; denn das göttliche Kind offenbarte sich ihm in einem wunderbaren Lichte. Johannes erkannte wohl die Gnade, die ihm vor allen Menschen zuteil geworden war. Darum erweckte er Akte der Dankbarkeit, der Liebe, der Demut und der Verehrung vor dem Gottmenschen und Seiner jungfräulichen Mutter. Maria sprach bei der Aufopferung folgendes Gebet: „Höchster Herr, unser heiliger und mächtiger Vater, nimm diese Erstlingsfrucht Deines heiligsten Sohnes zu Deinem Dienste an. Dieses Kind ist durch Deinen Eingeborenen von Gewalt und den Wirkungen Deiner alten Feinde erlöst und nun geheiligt. Nimm dieses Morgenopfer an und gieße durch Deinen heiligen Segen diesem Kind Deinen göttlichen Geist ein, damit es zu Deiner und Deines Eingeborenen Ehre den Dienst treu verwalte, zu dem

Du es bestimmt hast." Dieses Gebet war vollkommen wirksam. Maria erkannte, daß Gott das zum Vorläufer auserkorene Kind mit Gnaden bereicherte. Es selbst fühlte auch in seinem Geiste die Wirkung so wunderbarer Gaben.

Während dieser Aufopferung war Maria eine Zeitlang in einer wonnevollen Verzückung. Sie hielt das Kind an ihre Brust gelehnt, an der bald der Eingeborene des Vaters und ihr Eingeborener ruhen sollte. Für Johannes war dies ein außerordentliches Vorrecht, das er mit keinem andern Heiligen teilte. Der Engel sagte von ihm, er werde „groß sein vor dem Herrn". Vor seiner Geburt besuchte und heiligte ihn der Herr, und nach seiner Geburt wurde er auf den Thron der Gnaden erhoben, da ihn zuerst jene Arme umschlossen, in denen bald der menschgewordene Gott ruhen sollte. Er regte in Maria das Verlangen an, ihren Sohn selbst zu umfangen, ein Gedanke, der sie mit den lieblichsten Gefühlen für den neugeborenen Vorläufer erfüllte. Der Herr offenbarte Elisabeth diese göttlichen Geheimnisse, als sie ihren Sohn in den Armen jener sah, die in höherem Sinne seine Mutter war als sie selbst. Elisabeth verdankte er nur das natürliche Leben, der reinsten Jungfrau dagegen das Leben der Gnade. Dies alles bildete eine höchst liebliche Harmonie in den Herzen der beiden Mütter und des Kindes.

Auch Johannes wurde über diese verehrungswürdigen Geheimnisse erleuchtet und äußerte durch kindliche Bewegungen seiner zarten Glieder den Jubel seines Geistes. Er neigte sich zu Unserer Lieben Frau und suchte, von ihr liebkost zu werden und bei ihr zu bleiben. Maria liebkoste ihn auch, aber mit Majestät und Mäßigung. Sie küßte ihn nicht; denn sie bewahrte ihre keuschen Lippen unberührt für ihren heiligen Sohn. Sie schaute dem Kind nicht einmal aufmerksam ins Gesicht. Alle ihre Aufmerksamkeit galt der Heiligkeit seiner Seele. So groß war die Klugheit und Sittsamkeit der erhabenen Himmelskönigin.

Bald verbreitete sich, wie der heilige Lukas berichtet, die Kunde von der Geburt des Johannes. Es kamen nun die Verwandten, Bekannten und Nachbarn, um Zacharias und Elisabeth zu beglückwünschen; denn ihre Familie war reich, vornehm und in der ganzen Gegend geachtet. Durch ihre Heiligkeit hatten beide die Herzen aller gewonnen, die sie kannten. Darum und weil man sie so viele Jahre kinderlos gesehen hatte und Elisabeth im vorgerückten Alter war, herrschte bei allen um so größere Verwunderung und Freude. Sie erkannten, daß dieses Kind mehr einem Wunder als der Natur zu verdanken sei. Zacharias war noch immer durch Stummheit verhindert, seinen Jubel auszusprechen; denn seine Stunde war noch nicht gekommen. Er gab aber durch Zeichen seine innere Freude kund und brachte dem Herrn Lob und Dank dar für diese außerordentliche Wohltat.

Lehre der Himmelskönigin

Meine Tochter, wundere dich nicht, daß mein Diener Johannes sich fürchtete, in die Welt einzutreten. Die Unwissenden können die Welt in solchem Grade lieben, wie die Weisen sie verabscheuen und deren Gefahren fürchten, weil sie himmlisches Licht und Wissen besitzen. Johannes empfing es in hervorragendem Maße. Je mehr man die Welt kennt und verabscheut, um so sicherer fährt man auf ihren stürmischen Wogen und tiefen Abgründen. Johannes begann seine Laufbahn mit solchem Ekel, solcher Abneigung, solcher Abscheu vor dem Irdischen, daß er in dieser Feindschaft nie Waffenstillstand machte. Er schloß keinen Frieden mit dem Fleische und nahm dessen vergiftete Schmeicheleien nicht an. Er gab seine Sinne nicht der Eitelkeit hin, noch öffnete er seine Augen, um sie zu sehen. In dieser Verfassung gab er sein Leben für die Gerechtigkeit hin. Der Bürger des wahren Jerusalem kann keinen Frieden und kein Bündnis mit Babylon schließen. Niemand kann zwei Herren dienen, die sich feindlich gegenüberstehen. Licht und Finsternis, Christus und Belial sind unvereinbar.

Du, meine Tochter, fürchte die von der Finsternis beherrschten Liebhaber der Welt. Fürchte sie mehr als das Feuer; denn die Weisheit der Kinder dieser Welt ist fleischlich, ja teuflisch, und ihre finsteren Wege führen zum Tode. Und wenn du jemand zum wahren Leben führen mußt, so biete dein zeitliches Leben zum Opfer an, aber den Frieden des Herzens mußt du dabei immer bewahren. Bringe dein Leben in drei Wohnungen zu, die du nie freiwillig verlassen sollst. Und wenn dir der Herr befiehlt, den Mitmenschen in ihren Bedürfnissen zu helfen, so verlasse trotzdem deine Zufluchtstätte nicht. Mache es wie jemand, der auf seiner Burg rings von Feinden umgeben ist. Zu einer notwendigen Verhandlung geht er nur bis ans Tor. Dabei ist er voll Umsicht auf den Rückzug in die Verborgenheit bedacht. So mußt auch du handeln, wenn du in Sicherheit leben willst. Deine Feinde sind grausamer und giftiger als Nattern und Schlangen.

Deine drei Wohnungen seien: die Gottheit des Allerhöchsten, die Menschheit meines heiligsten Sohnes und die Verborgenheit deines Innern. Lebe in der Gottheit wie die Perle in der Muschel und wie der Fisch im Meere. In der Gottheit unermeßlichen Räumen sollst du deine Anmutungen und Wünsche entfalten. Die heiligste Menschheit meines Sohnes wird deine Schutzmauer sein, Sein geöffnetes Herz das Brautgemach, in dem du ruhst unter dem Schatten Seiner Flügel. Dein Inneres wird dir durch das Zeugnis seines Gewissens Frieden und Freude geben. Wenn du es rein bewahrst, wird es dir den vertrauten und süßen Umgang mit deinem Bräutigam erleichtern. Dazu bereite dich durch äußere und innere Zurückgezogenheit vor. Darum wünsche ich, daß du im Chor oder in deiner Zelle bleibst und sie nur dann verlassest, wenn die Macht des Gehorsams oder die Übung der Liebe dich dazu antreiben. Hierüber offenbare ich dir folgendes Geheimnis: Es gibt böse, von Luzifer ausdrücklich beauftragte Geister, die den Ordenspersonen, Männern und Frauen, auflauern, wenn sie ihre Einsamkeit verlassen, um sie dann augenblicklich anzufallen und sie mit einem Sturm von Versuchungen zu umringen und zu Fall zu bringen. Diese bösen Geister gehen nicht leicht in die Zelle hinein; denn da gibt es nicht so viele Gelegenheiten zum Mißbrauch der Sinne, wodurch sie gewöhnlich ihre Beute machen wie hungrige Wölfe. Die Zurückgezogenheit und Sittsamkeit der Ordensleute ist den bösen Geistern eine Qual und ein Schrecken, weil sie keine Hoffnung haben, sie zu überwinden, solange sie sie nicht in der Gefahr des Verkehrs mit der Welt antreffen.

Im allgemeinen haben die bösen Geister keine Macht über die Seelen, wenn diese sich ihnen nicht unterwerfen und ihnen durch eine läßliche oder eine schwere Sünde Einlaß gewähren. Die *Todsünde* gibt den bösen Geistern gewissermaßen ein ausdrückliches Recht, den Sünder zu anderem Bösen zu verleiten. Die *läßliche Sünde* schwächt die Kräfte der Seele und gibt dem Feind größere Stärke zum Versuchen. Die *Unvollkommenheiten* halten die Verdienste und den Fortschritt in der Tugend und Vollkommenheit auf und geben dem Feinde Mut. Erkennt er, daß eine Seele in ihrer Lauheit verbleibt oder sich leichtsinnig der Gefahr aussetzt, lauert die arglistige Schlange ihr auf und folgt ihr, um sie tödlich zu treffen. Wie ein argloses Vöglein treibt der böse Feind diese Seele, ohne daß sie es merkt, bis sie in eine der vielen von ihm gelegten Schlingen gerät.

Meine Tochter, staune über das, was du durch göttliches Licht jetzt erkannt hast. Beweine den Untergang so vieler Seelen. Verblendet durch ihre Leidenschaften und verdorbenen Neigungen, unbekümmert um Gefahr, gleichgültig gegen ihren Schaden, unvorsichtig in den Gelegenheiten leben sie dahin und suchen sie sogar auf. Sie folgen ihren Neigungen zum Bösen mit Ungestüm, legen ihren Leidenschaften und Wünschen keinen Zügel an und geben nicht acht, wohin sie den Fuß setzen. In jede Gefahr, in jeden Abgrund stürzen sie sich. Die Feinde aber sind ohne Zahl. Ihre Arglist ist teuflisch und unersättlich, ihre Wachsamkeit ohne Unterbrechung, ihr Zorn ist nicht zu stillen, ihre Sorgfalt läßt nie nach. Ist es da zu verwundern, daß die Menschen unersetzlichen Schaden leiden, die Toren, wie auch die Verworfenen nicht zu zählen sind und Satan sich so vieler Triumphe rühmt? Möge dich der ewige Gott vor solchem Untergang bewahren! Weine und trauere um das Unglück deiner Brüder und flehe unablässig um Hilfe.

$$* * *$$

23. Die Beschneidung des Johannes

ach der Geburt des Johannes bereitete sich Maria zur Heimkehr nach Nazareth vor. Als kluge und weise Frau unterwarf sich Elisabeth dem göttlichen Willen und mäßigte dadurch ihren Schmerz. Sie hoffte aber, vorher noch einige Belehrungen von der Mutter der Weisheit zu empfangen. Darum sprach sie zu ihr: „Mutter meines Schöpfers, nach deiner Abreise werde ich deiner liebenswürdigen Gesellschaft beraubt sein. Ich bitte dich, gib mir noch eine Lehre, nach der ich alle meine Handlungen Gott wohlgefällig machen kann. In deinem jungfräulichen Brautgemach besitzest du ja den Lehrer der Weisen, die Quelle des Lichtes selbst. Durch Ihn kannst du allen Menschen dieses Licht mitteilen. Gib auch mir einen der Strahlen, die in deinem reinsten Geiste erglänzen, damit der meine erleuchtet und auf die geraden Pfade der Gerechtigkeit geleitet werde, bis ich den Gott der Götter auf Sion schaue."

Maria empfand zärtliches Mitleid. Sie sagte ihr, daß ihr Leben bald zu Ende gehe. Der Herr aber werde für ihr Kind sorgen. Auch sie selbst wolle Gott darum bitten. Es ist unmöglich, alles zu berichten, was ich geschaut habe. Ich vermag nur einiges zu sagen. Maria sprach: „Meine Base, der Herr hat dich für Seine erhabenen Geheimnisse auserwählt und sich gewürdigt, dir große Erleuchtungen mitzuteilen. Auch wollte Er, daß ich dir mein Herz eröffne. In diesem Herzen trage ich dich eingegraben, um dich Seiner Majestät darzustellen. Nie werde ich die demütige Güte vergessen, die du mir, dem unnützesten aller Geschöpfe, erwiesen hast. Ich hoffe, daß mein heiligster Sohn dich überreich belohnen wird.

Richte deinen Geist immer zum Himmel empor. In seinem Gnadenlicht betrachte die Unveränderlichkeit des ewigen, unendlichen Gottes und die unermeßliche Güte, die Ihn bewog, die Geschöpfe aus nichts zu erschaffen, um sie zu Seiner Herrlichkeit zu erheben und mit Seinen Gaben zu bereichern. Diese Pflicht liegt allen Geschöpfen gemeinsam ob; allein uns hat sie Gottes Barmherzigkeit besonders auferlegt durch die Erleuchtungen über diese Geheimnisse. Darum sollen wir unser Herz erweitern und durch unsere Dankbarkeit Ersatz leisten für die Blindheit und Undankbarkeit der Menschen, die ihren Schöpfer nicht verherrlichen. Wir müssen unser Herz von allem losmachen, daß es frei und ungehindert sein Ziel verfolge. Hoffe auf die Zukunft des Herrn, damit, wenn Er kommt, deine Seele freudig von deinem Körper scheidet und von allem, was sie liebt. Jetzt ist es Zeit zu leiden und die Krone zu erwerben. Schreiten wir schnell vorwärts, um zur innigsten Vereinigung mit unserm wahren, höchsten Gut zu gelangen.

Gehorche unterwürfig deinem Gemahl Zacharias und liebe ihn. Opfere deinen wunderbaren Sohn allezeit deinem Schöpfer auf. Du kannst ihn in Gott und um Gottes willen als Mutter lieben. Er wird ein großer Prophet sein, mit dem Eifer des Elias die Ehre des Herrn verteidigen und für die Erhöhung Seines heiligen Namens arbeiten. Mein heiligster Sohn, der ihn zum Verkünder Seiner Ankunft und Lehre erwählt hat, wird ihn wie Seinen Vertrauten behandeln, ihn mit Seiner Gnade erfüllen, ihn groß und wunderbar machen für alle Geschlechter und Seine Größe und Heiligkeit der Welt offenbaren.

Sorge eifrig, daß der heilige Name unseres Herrn, des Gottes Abrahams, Isaaks und Jakobs in deinem Hause und in deiner Familie gefürchtet und verehrt wird. Nimm dich der Hilfsbedürftigen und Armen an. Schenke ihnen von deinen zeitlichen Gütern, die Gott dir freigebig verlieh, damit du sie mit der gleichen Freigebigkeit austeilst. Diese Güter gehören ja mehr ihnen als dir. Wir alle sind Kinder eines Vaters, der im Himmel ist, und dem alles Erschaffene gehört. Eines reichen Vaters Kind darf nicht im Überfluß leben wollen, während sein Bruder in Armut darbt. Folgst du, so wirst du dem unsterblichen Gott der Erbarmungen sehr wohlgefällig sein. Führe aus, was du dir vorgenommen hast; denn Zacharias überläßt dir alles zu deiner Verfügung. Darum darfst du freigebig sein. Durch alle Leiden sollst du in der Hoffnung bestärkt werden. Sei mit innerer Seelenfreude gütig, sanft, demütig, gefällig und sehr geduldig gegen alle. Sollten auch einzelne das Werkzeug der Prüfung für dich sein, so bereiten sie dir doch auch die Krone. Preise den Herrn für die erhabenen Geheimnisse, die Er dir offenbarte. Bitte Ihn mit unermüdlicher Liebe um das Heil der Seelen. Für mich aber bitte Gott, daß Er mich leite und regiere und das mir anvertraute Geheimnis würdig und Ihm wohlgefällig verwalte. Laß nun meinen Bräutigam holen, daß er mich begleite. Bereite auch alles für die Beschneidung deines Sohnes vor und gib ihm den Namen Johannes. Diesen hat ihm Gott in Seinem unabänderlichen Willen bestimmt."

Diese Worte Mariä bewirkten, daß Elisabeth durch die Kraft des Heiligen Geistes in Verzückung geriet, erleuchtet, belehrt und zu jenen Gesinnungen und Anmutungen emporgehoben wurde, die diesen Lehren entsprachen. Der Allerhöchste belebte und erneuerte das Herz Seiner Dienerin durch die Worte Seiner reinsten Mutter wie mittels eines lebendigen Werkzeuges. Elisabeth mäßigte ihre Tränen und sagte zu ihr: „Meine Herrin, ich bin verstummt vor Schmerz und zugleich vor Trost. Höre die innersten Worte meines Herzens, die ich aber nicht aussprechen kann. Meine Gefühle mögen dir sagen, was meine Zunge nicht auszusprechen vermag. Es vergelte der Allmächtige dir die Gnade, die du mir erwiesen hast. Er ist der Belohner dessen, was wir Arme empfangen. Weil du meine Zuflucht und die Ursache meines Heiles bist, erlange mir die Gnade und Stärke, deine Lehre auszuführen und das Entbehren deiner süßen Gegenwart zu ertragen; denn groß ist mein Schmerz."

Im Hause des Zacharias versammelten sich viele seiner Verwandten und Bekannten zur Beschneidung des Kindes. Sie beratschlagten über den Namen des Kindes. Daß Elisabeth bejahrt und unfruchtbar empfangen und geboren hatte, betrachteten alle als ein großes Geheimnis und Wunder. Weil Zacharias stumm war, führte Elisabeth den Vorsitz. Alle verehrten und achteten sie. Seitdem aber Maria sie heimgesucht und ihre Geheimnisse ihr mitgeteilt hatte, war Elisabeth in der Heiligkeit so erhöht worden, daß ihre Verwandten und Nachbarn es gewahrten. Selbst auf ihrem Antlitz spürten sie einen gewissen Glanz, den Abglanz der Strahlen der Gottheit, in deren Nähe sie lebte.

Maria war bei dieser Versammlung auch zugegen. Elisabeth hatte sie darum gebeten und durch einen sehr ehrfurchtsvollen und demütigen Befehl dazu bewogen. Maria gehorchte, hatte aber vorher den Allerhöchsten gebeten, sie nicht bekannt werden zu lassen und von Seinen verborgenen Gnaden nichts zu offenbaren, damit man sie nicht ehre und preise. Das Verlangen der Demütigsten aller Demütigen wurde erfüllt. Niemand schenkte ihr besondere Aufmerksamkeit. Nur Elisabeth betrachtete sie mit innerer und äußerer Ehrfurcht und wußte, daß von ihrer Leitung der glückliche Ausgang der Beratung abhing. Dann geschah, was im Evangelium berichtet wird, doch Elisabeth drang darauf, daß das Kind Johannes genannt werde.

Nun wollten die Verwandten erfahren, was Zacharias darüber denke. Er verlangte einen Griffel und schrieb: *„Johannes ist sein Name!"* Während dessen machte Maria von ihrer Gewalt Gebrauch. Sie gebot der Stummheit des Zacharias, ihn zu verlassen, und seiner Zunge, sich zu lösen und den Herrn zu preisen. Auf diesen Befehl hin war Zacharias befreit. Er begann zu reden. Alle Anwesenden wurden von Furcht und Verwunderung ergriffen.

Wie die Stimme Unserer Lieben Frau das Werkzeug gewesen war, durch das Johannes und seine Mutter geheiligt wurden, so waren jetzt ihr geheimer Befehl und ihr Gebet das Werkzeug, durch das die Zunge des Zacharias gelöst und er selbst mit dem Heiligen Geist und der Gabe der Weisheit erfüllt wurde. Mit dieser Gabe ausgerüstet sprach er seinen Lobgesang:

„Gepriesen sei der Herr, der Gott Israels;
denn Er hat Sein Volk heimgesucht und ihm Erlösung
bereitet.
Ein Horn des Heiles hat Er errichtet für uns im Hause Seines Knechtes David: Rettung von unsern Feinden und aus der Hand all unsrer Hasser. Wie Er verheißen von alters her durch den Mund heiliger Propheten.

So wollte Er sich unserer Väter erbarmen und gedenken Seines heiligen Bundes, des Eides, den Er geschworen Abraham, unserm Vater: Uns zu verleihen, daß wir entrissen der Feinde Hand und ohne Furcht alle Tage unseres Lebens Ihm dienen
in Heiligkeit und Gerechtigkeit.

Mein Kind, du wirst heißen Prophet des Allerhöchsten,
vorangehen wirst du dem Herrn, Ihm die Wege zu bahnen,
des Heiles Kunde seinem Volk zu bringen in der Tilgung
seiner Sünden durch unsres Gottes herzliches Erbarmen.

Hat uns doch heimgesucht der Aufgang aus der Höhe,
denen zu leuchten, die sitzen in Nacht und Todesschatten.
Um unsre Schritte zu leiten auf den Weg des Friedens.“

In diesem himmlischen Lobgesang faßte Zacharias alle Geheimnisse der Propheten über die Gottheit und Menschheit Christi sowie über die Erlösung kurz zusammen. Durch die reichen Gnaden, die seinen Geist erleuchteten und ihn mit Feuereifer in Gegenwart aller erhob, hatte er auch das Verständnis dieser hohen Geheimnisse. Ihre tiefe Bedeutung vermag ich wohl kaum zu erklären.

„Gepriesen sei der Herr, der Gott Israels." Zacharias erkannte, daß der Allerhöchste auch durch Seinen bloßen Willen oder durch Sein bloßes Wort die Erlösung und das ewige Heil Seines Volkes hätte bewirken können, daß Er aber nicht nur Seine Macht, sondern auch Seine unendliche Güte und Barmherzigkeit betätigen wollte, indem Sein ewiger Sohn hinabstieg, um Sein Volk heimzusuchen, um ihm Bruder zu werden in der menschlichen Natur, Lehrmeister durch Seine Lehre und Sein Beispiel, Erlöser aber durch Sein Leben, Leiden und Sterben. Er erkannte die Vereinigung der beiden Naturen in der Person des Wortes und sah mit übernatürlicher Klarheit dies große Geheimnis im jungfräulichen Brautgemach der heiligsten Mutter Maria vollzogen. Auch erkannte er die Erhöhung der Menschheit des Wortes und den Triumph Christi, des Gottmenschen, der nach den Verheißungen Davids der Menschheit das ewige Heil verleihen werde. Er sah, daß seit der Schöpfung Gott begonnen hatte, die Natur auf Seine Ankunft in der Welt vorzubereiten. Von Adam an hatte Er in all Seinen Werken dieses Wunder vor Augen.

Zacharias erkannte, daß wir durch dieses Mittel das Heil der Gnade und das ewige Leben erlangen sollen, das die bösen Engel durch ihren Hochmut und hartnäckigen Ungehorsam verloren haben. Er sah, wie die für sie bestimmten Sitze den gerechten Menschen zugeteilt würden. Er erkannte, wie von da an der Gotteshaß Satans sich gegen die Menschen kehrte, und daß wir damals in Gottes Geist eingeschlossen und durch Seinen heiligen und ewigen Willen erwählt wurden; daß Er unsere ersten Eltern Adam und Eva, nachdem sie seine Gnade und Freundschaft verloren hatten, in einen Stand und Ort der Hoffnung versetzt und sie nicht züchtigte wie die aufrührerischen Engel; ja daß Er, um ihren Nachkommen dieselbe Barmherzigkeit wie ihnen zuzusichern, die Prophezeiungen und Vorbilder des Alten Bundes bestimmte, die im Neuen Bund der Erlöser bestätigen und erfüllen sollte. Damit aber diese Hoffnung noch sicherer sei, versprach Er unserm Vater Abraham mit einem Eide, daß Er ihn zum Vater Seines Volkes und zum Vater des Glaubens machen werde. So sollten wir Gott dienen ohne Furcht vor unsern Feinden, die durch unseren Erlöser schon besiegt und unterworfen waren.

Zacharias sagte weiter, daß der Sohn Gottes in Gerechtigkeit und Heiligkeit die Welt erneuert und Sein neues Gesetz der Gnade gegründet habe für alle Tage des gegenwärtigen Lebens und für alle Tage jedes einzelnen Kindes der Kirche, in der ja alle in Heiligkeit und Gerechtigkeit leben würden, wenn alle, wie sie könnten, auch handeln wollten. Weil Zacharias in seinem Sohn Johannes durch das göttliche Licht den Anfang der Ausführung so vieler Geheimnisse erkannte, wandte er sich an diesen, wünschte ihm Glück und sagte ihm seine Würde, seine Heiligkeit und sein Amt vorher mit den Worten: *Und du, Kind, wirst ein Prophet des Höchsten genannt werden; denn du wirst vor Seinem Angesichte hergehen und Ihm die Wege bereiten* durch das Licht, das du Seinem Volke über die Ankunft seines Erlösers geben wirst, damit die Juden durch deine Predigt zur Erkenntnis ihres ewigen Heiles gelangen, das kein anderes ist als Christus, unser Herr, ihr verheißener Messias, damit sie sich auf seinen Empfang durch die Bußtaufe vorbereiten, und sie endlich erkennen, daß Er komme, ihre und der ganzen Welt Sünden zu vergeben. Dazu hatte Ihn Seine innigste Barmherzigkeit bewogen. Aus Güte und Barmherzigkeit, nicht wegen unserer Verdienste hat Er sich herabgelassen, uns heimzusuchen aus der Höhe, um jene zu erleuchten, die im Finstern und Todesschatten saßen und noch sitzen, und um sowohl ihre als unsere Füße zu leiten auf den Weg des Friedens.

Auch einige der Anwesenden wurden durch Strahlen himmlischen Lichtes erleuchtet und erkannten, daß die Zeit der Erfüllung der alten Verheißungen gekommen war. Staunend sagten sie: „Was wird wohl aus diesem Kinde werden, an dem die Hand des Herrn sich mächtig erwiesen hat?"

Das Kind wurde beschnitten und erhielt den Namen Johannes. Der Ruf dieser Wunder verbreitete sich in den Gebirgen von Judäa.

O Maria, Königin und Herrin alles Erschaffenen, ich staune über die Wunderwerke, die der Allmächtige durch deine Vermittlung an Elisabeth, Johannes und Zacharias vollbrachte. Für das Kind und die Mutter war dein Wort das Werkzeug. Dieses Wunder blieb verborgen. Daß aber Zacharias sprach und erleuchtet wurde, bewirkten dein Gebet und dein geheimer Befehl. Diese Wohltat wurde für die Umstehenden offenbar, und sie erkannten die Gnade, die der Herr dem heiligen Priester verliehen hatte. Den Grund des Verbergens des einen und des Offenbarens des andern Wunders verstehe ich nicht und stelle darum meine Unwissenheit deiner Güte vor, damit du mich als meine Lehrerin unterweisest.

Antwort und Lehre der Himmelskönigin

Meine Tochter, was mein göttlicher Sohn in dem heiligen Johannes und in seiner Mutter durch mich gewirkt hat, blieb verborgen, während es bei Zacharias offenbar wurde. Elisabeth verkündete laut das Lob des göttlichen Wortes in meinem Schoße sowie mein Lob. Es geziemte sich aber nicht, daß dieses Geheimnis und meine Würde allen offenbar würde. Die

Ankunft des Messias mußte sich durch andere, geeignetere Mittel kundtun. Auch waren nicht alle Herzen wie das der Elisabeth vorbereitet, um ein so kostbares und außerordentliches Samenkorn zu empfangen. Zacharias war wegen seiner Würde geeignet, kundzutun, was damals geoffenbart werden sollte. Von ihm nahm man die erste Mitteilung des Lichtes mit mehr Hochachtung auf, als wenn Elisabeth in Gegenwart ihres Mannes gesprochen hätte. Was sie sagte, wurde bis zur bestimmten Zeit aufbewahrt. Wohl tragen die Worte des Herrn ihre Kraft in sich, allein die *Vermittlung des Priesters* war für Unwissende und mit den göttlichen Geheimnissen nicht vertraute Menschen das beste und geeignetste Mittel.

Ferner mußte die *priesterliche Würde* anerkannt und geehrt werden. Gott achtet sie so hoch, daß, wenn Er in den Priestern die gebührende Verfassung vorfindet, Er sie immer auszeichnet und ihnen Seinen Geist mitteilt, damit auch die Welt sie als Seine Auserwählten und Gesalbten ehre. Überdies sind die Wunder des Herrn bei ihnen weniger der Gefahr ausgesetzt, so sehr sie sich auch in ihrer Größe offenbaren. Würden die Priester ihrer Würde entsprechen, so glichen ihre Werke denen der Seraphim, und ihre ganze Erscheinung leuchtete unter den andern Menschen hervor wie die der Engel. Ihr Antlitz würde strahlen wie das des Moses, als er von der Unterredung mit Gott zurückkam. Sie müssen mit den Menschen so verkehren, daß sie Ehrfurcht gegen Gott und danach auch gegen sich selbst einflößen. Der Allerhöchste ist über die Welt sehr erzürnt wegen der Beleidigungen, die Ihm gerade in dieser Hinsicht sowohl von den Priestern als auch von Laien zugefügt werden. Er zürnt den Priestern, weil viele ihre erhabene Würde vergessen, sich verächtlich machen, geldgierig sind und, unbekümmert um ihre Heiligung, der Welt ein böses Beispiel und Ärgernis geben. Den Laien aber zürnt Gott, weil sie gegen die Gesalbten des Herrn verwegen und vermessen sind. Sind diese auch unvollkommen und in ihrem Wandel nicht immer lobenswert, so muß man sie doch ehren und hochschätzen, weil sie die Stelle Christi vertreten.

Wegen dieser schuldigen Ehrfurcht war auch mein Verhalten gegen Zacharias verschieden von dem gegen Elisabeth. Obwohl ich nach Gottes Willen das Werkzeug sein mußte, um beiden Seinen göttlichen Geist mitzuteilen, so grüßte ich doch Elisabeth so, daß ich durch die Stimme meines Grußes eine gewisse Gewalt an den Tag legte, um der Erbsünde ihres Sohnes zu gebieten. Mittels meiner Worte wurde sie ihm damals schon vergeben, und Sohn und Mutter wurden vom Heiligen Geiste erfüllt. Wegen meiner Unbefleckten Empfängnis hatte ich Macht über die Erbsünde, und der Herr wollte, daß ich ihr als Herrin gebiete, die durch den Schutz Gottes über sie triumphiert hatte und nicht ihre Sklavin war wie die übrigen Adamskinder. Für Zacharias betete ich im Herzen und beobachtete so den Anstand und die Ehrfurcht, die seine Würde und meine Bescheidenheit verlangten. Ich gebot seiner Zunge nur geistigerweise und verborgen. Aus Ehrfurcht vor seinem Priestertum würde ich es ohne den Befehl Gottes nicht getan haben. Er gab mir zu verstehen, daß ein stummer Priester nicht wohlbestellt ist. Er muß mit allen seinen Fähigkeiten ungehindert sein für den Dienst und das Lob Gottes. Bei einer anderen Gelegenheit werde ich über die Ehrfurcht gegenüber Priester noch mehr sagen.

Meine Tochter, höre nun meine Lehre. Laß dich über den Weg der Tugend und des ewigen Lebens belehren, sei es von Vorgesetzten oder von Untergebenen. Ahme Elisabeth nach, indem du alle gebührend und klug bittest, dich zu unterweisen. Für diese Demut verleiht der Herr oft gute Leitung und sendet Sein Licht. Weise die Schmeicheleien der Geschöpfe bis aufs letzte Stäubchen von dir. Dulde es nicht. Diese Blendwerke verdunkeln und verkehren den Verstand. Der Herr ist so eifersüchtig auf die Seelen, die Er liebt, daß Er sich augenblicklich zurückzieht, wenn sie das Lob der

Menschen annehmen und an ihren Schmeicheleien Gefallen finden. Durch diese Leichtfertigkeit machen sie sich Seiner Gnade unwürdig. Die Schmeicheleien der Welt und die Tröstungen Gottes können unmöglich in einer Seele vereinigt sein. Die letzteren sind wahr, heilig, rein, beständig. Sie machen das Herz demütig und geben ihm Licht und Frieden. Die Lobhudeleien der Menschen dagegen sind eitel, unbeständig, trügerisch, unrein und lügenhaft. Lüge aber ist das Werk des bösen Feindes.

Dein Bräutigam will nicht, daß deine Ohren falsche und weltliche Plaudereien anhören, daß die Schmeicheleien der Welt sie besudeln. Darum will auch ich, daß du sie für diesen giftigen Trug geschlossen haltest und sie wohlverwahrt bewachest. Wenn der Herr Freude daran hat, Worte des ewigen Lebens zu deinem Herzen zu sprechen, so ist es recht, daß du für alles Irdische taub, gefühllos, ja abgestorben bist, und daß alles dieses für dich Qual und Tod bedeutet. Du schuldest Ihm zarte und große Liebe. Die ganze Hölle möchte die Weichheit deines Charakters benutzen, um ihn zu verderben, damit du zärtlich seiest gegen die Geschöpfe, aber undankbar gegen Gott. Wache sorgfältig, widerstehe ihr mit Kraft im Glauben an deinen geliebten Herrn und Bräutigam.

* * *

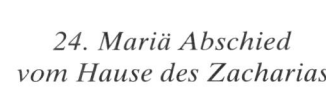

24. Mariä Abschied
vom Hause des Zacharias

ariä Aufgabe im Hause des Zacharias war erfüllt. Elisabeth hatte Joseph von Nazareth rufen lassen. Sie
und Zacharias empfingen und behandelten ihn mit unbeschreiblicher Ehrfurcht und Liebe. Zacharias hatte erfahren,
daß diesem großen Patriarchen die Geheimnisse und Schätze des Himmels anvertraut seien, obwohl er sie noch nicht
kannte. Seine Braut Maria empfing ihn mit demütiger und
sittsamer Freude. Sie kniete vor ihm nieder und bat ihn, wie
sie es gewohnt war, um seinen Segen. Auch bat sie um Verzeihung, daß sie während der Zeit ihres Weilens bei Elisabeth ihm nicht gedient habe. Freilich hatte sie dabei keine
Unvollkommenheit begangen, vielmehr den Willen Gottes
zu Seinem höchsten Wohlgefallen und im Einvernehmen mit
ihrem Bräutigam erfüllt. Durch diesen demütigen und liebevollen Akt der Höflichkeit aber wollte sie Joseph für den
Trost entschädigen, den er durch ihre Abwesenheit entbehrt
hatte. Joseph erwiderte, ihr Anblick und ihre Gegenwart gä-
ben ihm solchen Trost, daß sein Schmerz über ihre Abwesenheit nun gestillt sei. Nachdem er einige Tage ausgeruht hatte,
bestimmten sie den Tag der Abreise.

Maria nahm Abschied von dem Priester Zacharias. Da er,
durch göttliches Licht erleuchtet, die Würde der jungfräulichen Mutter erkannte, sprach er mit tiefster Ehrfurcht als
zu dem lebendigen Heiligtum der Gottheit und Menschheit
des ewigen Wortes: „O meine Herrin, lobe und preise ewig

deinen Schöpfer, der in Seiner unendlichen Barmherzigkeit sich gewürdigt hat, dich unter allen Geschöpfen zu Seiner Mutter und zur einzigen Bewahrerin all Seiner großen Güter und Geheimnisse zu erwählen. Erinnere dich auch meiner, deines Dieners, und bitte unsern Gott und Herrn, daß Er mich in Frieden aus dieser Verbannung scheiden lasse zum sicheren Besitz des wahren Gutes, das wir erwarten, damit ich so durch dich gewürdigt werde, Sein göttliches Antlitz zu schauen, das die Glorie der Heiligen ist. Gedenke auch, o Herrin, meines Hauses und meiner Familie, besonders meines Sohnes Johannes. Endlich bitte den Allerhöchsten für dein Volk."

Maria kniete demütig vor dem Priester nieder und bat um seinen Segen. Zacharias weigerte sich und bat seinerseits, sie möge ihn segnen. Doch niemand konnte die Lehrmeisterin und Mutter der Demut und aller Heiligkeit übertreffen. Durch himmlisches Licht dazu angetrieben, segnete Zacharias sie. Dabei sprach er: „Die Rechte des allmächtigen und wahren Gottes stehe dir immer bei und bewahre dich vor allem Übel. Erfreue dich Seines wirksames Schutzes. Er erfülle dich mit dem Tau des Himmels und dem Fett der Erde. Er gebe dir Überfluß an Brot und Wein. Die Völker mögen dir dienen, die Stämme dich verehren; denn du bist der Tabernakel Gottes. Du wirst die Herrin deiner Brüder sein, und die Söhne deiner Mutter werden vor dir niederknien. Wer dich preist und verherrlicht, wird erhöht und gesegnet werden. Verflucht, wer dich nicht preist und nicht lobt. Alle Völker mögen in dir Gott erkennen, und durch dich werde verherrlicht der Name des Allerhöchsten, des Gottes Jakobs!"

Zur Erwiderung küßte Maria die Hand des Priesters und bat ihn, ihr zu verzeihen, wenn sie ihn in seinem Hause belästigt und schlecht bedient habe. Der heilige Greis war tief gerührt. Die ihm geoffenbarten Geheimnisse hielt er in seinem Herzen verborgen. Nur einmal, als ihm die Priester zur

Geburt seines Sohnes und zur Befreiung von der Stummheit beglückwünschten, sagte er, durch die Kraft seines Geistes bewogen: „Ich glaube mit unfehlbarer Sicherheit, daß Gott uns heimsucht und der Welt den verheißenen Messias schon gesandt hat." Mehr sagte er nicht darüber. Der heilige Priester Simeon, der zugegen war, fühlte bei diesen Worten eine große Inbrunst in seinem Innern, die ihn zu dem Gebete bewogen: *„Herr, Gott Israels, laß nicht zu, daß Dein Diener aus diesem Tal der Tränen scheide, ehe er das Heil, den Erlöser Seines Volkes, geschaut hat!"* Von diesem Augenblick an war sein Verlangen, das menschgewordene Wort zu sehen, noch glühender.

Maria verließ den zu Tränen gerührten Zacharias, um sich von Elisabeth zu verabschieden. Als eine Frau von weicherem Herzen verlor Elisabeth fast vor Schmerz ihre Kräfte. Das Herz wollte ihr brechen; denn sie liebte Maria mehr als ihr eigenes Leben. Mit wenigen Worten nur – sie konnte sie kaum hervorbringen –, aber mit reichlichen Tränen gab sie die innigsten Gefühle ihres Herzens kund. Maria dagegen, erhaben über alle natürlichen Regungen, blieb mit anmutigem Ernst Herrin ihrer selbst und sagte: „Meine liebe Base, sei nicht so betrübt. Die Liebe zu Gott, in der ich dich wahrhaft liebe, kennt ja keine Trennung und Entfernung, weder der Zeit noch dem Orte nach. In Gott sehe ich dich. In Ihm werde ich dich gegenwärtig haben. In Ihm wirst du auch mich immer finden. Kurz ist die Zeit der leiblichen Trennung. Alle Tage des menschlichen Lebens sind ja kurz. Überwinden wir mit Gottes Gnade unsere Feinde, so werden wir uns sehr bald für ewig sehen und uns im himmlischen Jerusalem erfreuen, wo es weder Schmerz noch Tränen noch Trennung gibt. Inzwischen wirst du im Herrn alle Güter finden. In Ihm wirst du auch mich schauen und besitzen. Möge Er in deinem Herzen bleiben und dich trösten!" Maria kniete nieder und erbat sich Elisabeths Segen. Sie bat sie um Verzeihung für alles, wodurch sie sie belästigt haben könnte. Sie ließ nicht ab, bis sie den Segen erhielt. Ebenso tat Elisabeth, damit Maria auch ihr den Segen gebe. Maria entzog ihr diesen Trost nicht.

Dann nahm Maria den kleinen Johannes auf ihre Arme und gab ihm wiederholt ihren kräftigen, geheimnisvollen Segen. Durch göttliche Fügung sagte das Kind mit leiser Stimme: „Du bist die Mutter Gottes und die Königin des Weltalls, die Bewahrerin des unendlichen Himmelsschatzes, meine Zuflucht, meine Beschützerin. Gib mir, deinem Diener, deinen Segen! Möge deine gnädige Fürsprache mir nie mangeln." Dreimal küßte das Kind die Hand Mariä. Es betete das menschgewordene Wort in ihrem jungfräulichen Schoße an und bat Es um Seinen Segen und Seine Gnade. Zugleich bot es sich mit tiefster Ehrfurcht zu Seinem Dienste an. Das göttliche Kind zeigte sich freundlich und wohlwollend gegen Seinen Vorläufer. Maria, die glücklichste Mutter, wußte und schaute dies alles. In allem handelte und wirkte sie mit der Fülle göttlicher Erkenntnis und bezeigte jedem Geheimnis die gebührende Hochachtung und Ehrfurcht, denn sie besaß die Weisheit Gottes und Seiner Werke in hohem Grade.

Das ganze Haus des Zacharias war durch die Gegenwart Mariä und ihres göttlichen Kindes geheiligt worden, durch ihr Beispiel erbaut, durch ihre Unterhaltung und Belehrung unterrichtet und ihr in Liebe zugetan wegen ihrer großen Sanftmut und Sittsamkeit. Nahm sie so die Herzen dieser Familie für sich ein, so verließ sie auch alle mit himmlischen Gaben bereichert, die sie ihnen verdient und von ihrem heiligsten Sohn erlangt hatte. Auch Joseph, ihr heiliger Bräutigam, stand bei Zacharias, Elisabeth und Johannes in hoher Verehrung, da sie seine Würde kannten, noch ehe er selbst darum wußte. Er verabschiedete sich von allen. Maria bat ihren Bräutigam auf den Knien um seinen Segen. Nachdem sie ihn empfangen hatte, traten sie die Reise an. Joseph zog freudig nach Nazareth zurück.

Lehre der Himmelskönigin

Meine Tochter, eine von Gott zum vertrauten Umgang mit Ihm und zu hoher Vollkommenheit erwählte Seele muß ihr Herz immer *ruhig und für alles bereit halten,* was Er in ihr tun und verfügen will und ihrerseits alles willig ausführen. Ich folgte, als Gott mir gebot, mein Haus zu verlassen, meine teure Einsamkeit aufzugeben und zu meiner Base Elisabeth zu gehen. Wiederum gehorchte ich, als Er mir gebot, Elisabeth zu verlassen. Alles tat ich freudig und behende. Elisabeth und ihre Familie hatten mir mit Liebe viele Wohltaten erwiesen. Nachdem ich aber den Willen des Herrn erfahren hatte, setzte ich alle meine eigenen Gefühle beiseite und gestattete der Liebe und dem Mitleid nicht mehr Raum, als mit dem schnellen Gehorsam gegen Gott sich vereinigen ließ.

Mit welchem Eifer würdest du, meine Tochter, nach dieser wahren, vollkommenen Hingabe trachten, wenn du emsig erforschtest, wie kostbar sie ist, wie wohlgefällig in den Augen des Herrn und wie nützlich für die Seele. Bemühe dich, sie zu erwerben, indem du mir nachfolgst. Das größte Hindernis besteht in besonderen Neigungen und Anhänglichkeiten an irdische Dinge. Diese machen die Seele unwürdig, daß der Herr ihr Seine Wonne mitteile und Seinen Willen kundgebe. Wenn auch solche Seelen Gottes Willen erkennen, so hält sie diese niedrige Liebe zu andern Dingen zurück, und sie sind unfähig, dem Willen ihres Herrn schnell und freudig zu gehorchen. Dulde darum in deinem Herzen keine besondere Zuneigung. Sei sehr vollkommen und weise in dieser Kunst der göttlichen Liebe. Dein Gehorsam sei der eines Engels und deine Liebe die eines Seraphs. Dazu verpflichtet dich meine Liebe. Dies lehrt dich die Erkenntnis und das Licht, das du empfängst.

Du sollst nicht gefühllos sein; das wäre unmöglich. Wenn dir aber etwas Widriges begegnet, oder wenn dir etwas mangelt, was dir nützlich, notwendig und wünschenswert erscheint, dann überlaß dich mit freudigem Gleichmut dem Herrn. Bringe Ihm ein Opfer des Lobes, weil Sein heiligster Wille sich in dem erfüllt, was dich getroffen hat. Wenn du so einzig auf Gottes Wohlgefallen achtest und bedenkst, daß alles übrige vergänglich ist, wirst du schnell und leicht dich selbst überwinden und alle Gelegenheiten benützen, dich unter die mächtige Hand des Herrn zu demütigen.

Ich ermahne dich auch, mir in der Ehrfurcht gegen die Priester zu folgen. Bevor du mit ihnen sprichst oder von ihnen Abschied nimmst, bitte um ihren Segen. Dasselbe tue dem Allerhöchsten gegenüber, was immer du auch beginnen magst. Gegen deine Obern zeige dich demütig und unterwürfig. Kommen verheiratete Frauen, dich um Rat zu fragen, so ermahne sie, daß sie gegen ihre Gatten gehorsam seien, verträglich und friedfertig in ihren Familien, zurückgezogen im Hause und sorgfältig in der Erfüllung ihrer Pflichten. Sie sollen sich aber nicht gänzlich in ihre Geschäfte versenken unter dem Vorwand, dies sei notwendig; denn die Güte und Freigebigkeit Gottes muß zum Gelingen mehr beitragen als ihre Geschäftigkeit. In allem, was mir in meinem Stande begegnete, wirst du hierfür die wahre Lehre und das wahre Beispiel finden. Mein ganzes Leben wird hierzu dienen, damit die Seelen jene Vollkommenheit erwerben, die ihr Stand verlangt.

* * *

25. Rückkehr nach Nazareth

aria, die lebendige Bundeslade des lebendigen Gottes, zog auf ihrer Rückreise wieder über das Gebirge Judäa. Diese vollzog sich mit großer Schnelligkeit. Alle Wanderungen Mariä waren eine geheimnisvolle äußere Darstellung ihrer inneren geistigen Fortschritte. Sie war ja die Bundeslade des Herrn, die während der Pilgerreise ihres sterblichen Lebens nie stille stand, sondern jeden Tag von einer sehr erhabenen Stufe der Weisheit und Gnade fortschritt zu einer noch höheren. So schritt sie immer dahin; war immer einsam pilgernd auf dem Weg zum Gelobten Land. Immer trug sie den wahren Gnadenthron mit sich, von dem sie ohne Unterlaß für sich selbst die Vermehrung ihrer Gaben und Gnaden sowie auch für uns das Heil erflehte und erlangte.

Die Heimreise dauerte vier Tage. Häufig entspann sich zwischen Maria und Joseph ein Wettstreit der Demut. Maria blieb immer Siegerin, außer wenn der heilige Joseph mit einem Befehl dazwischentrat; denn gehorsam sich unterwerfen war ihr höchste Demut. Da Maria gesegneten Leibes war, reiste sie mit größerer Vorsicht und Sorge. Nicht als ob ihr Zustand ihr beschwerlich und lästig gewesen wäre. Er gereichte ihr vielmehr zur lieblichen Erquickung. Die kluge und umsichtige Mutter hatte ihren Schatz immer vor Augen und sah, wie der heilige Leib ihres Sohnes jeden Tag natürlicherweise zunahm. Dennoch ermüdete Maria manchmal durch die Beschwerden der Reise und durch die Hitze. Sie machte keinen Gebrauch von ihren Rechten als Königin und Herrin der Geschöpfe, um sich von Leiden zu befreien. Vielmehr gab sie Beschwerden und der Müdigkeit Raum, um in allem die Lehrerin der Vollkommenheit und ein einzigartiges Abbild ihres heiligsten Sohnes zu sein.

Maria erkannte, daß es unmöglich sei, ihre Mutterschaft noch lange ihrem keuschesten und treuesten Bräutigam zu verbergen. Sie betrachtete den heiligen Joseph mit größerer Zärtlichkeit und voll Mitleid wegen der Verwirrung, die ihm bevorstand. Gern hätte sie ihn davor bewahrt, wenn ihr der Wille Gottes hierin bekannt gewesen wäre. Der Herr aber antwortete ihr nicht auf diese Besorgnis. Er leitete alles durch jene Mittel, die sowohl für Seine Ehre als für das Verdienst des heiligen Joseph und Seiner jungfräulichen Mutter die besten waren. In ihrem Herzen flehte Maria zu Gott, Er möge das Herz ihres Bräutigams mit der nötigen Geduld und Weisheit ausrüsten und ihm mit Seiner Gnade beistehen, damit er nach Gottes Wohlgefallen handle. Sie war sich wohl bewußt, daß es für ihn ein großer Schmerz sein werde, wenn er sie gesegneten Leibes erblickte.

Während dieser Reise wirkte Maria einige Wunder, jedoch geheim und verborgen. An einem Ort in der Nähe von Jerusalem kehrte sie in ein Haus ein, zu dem am Abend einige Leute aus einem benachbarten Ort kamen, die eine junge kranke Frau zur heiligen Stadt bringen wollten, um dort für sie ein Heilmitel zu suchen. Sie erkannten wohl die Schwere der Krankheit, aber nicht ihre Art und Ursache. Die Frau war sehr tugendhaft gewesen. Der böse Feind aber kehrte seine Wut gegen sie und brachte sie dahin, daß sie in Sünden fiel. Um sie von einem Abgrund in einen anderen zu stürzen, versuchte er sie wegen ihrer Unehre durch falsche Vorspiegelungen zu Kleinmut und ungeordnetem Schmerz und trübte ihren Geist. So konnte der Drache in diese unglückliche

Frau eingehen und sie mit vielen andern Dämonen in Besitz nehmen. Ich sagte schon früher, daß der höllische Drache gegen alle tugendhaften Frauen einen großen Zorn faßte, als er jene mit der Sonne bekleidete Frau am Himmel sah. In diesem Zorn war Satan voll Stolz und Übermut, als er den Leib und die Seele dieser unglücklichen Frau in seiner Gewalt hatte. Er mißhandelte sie als ein grausamer Feind.

Als Maria jene kranke Frau sah, erkannte sie deren Leiden. Von mütterlichem Mitleid bewegt, bat sie ihren heiligsten Sohn, ihr die Gesundheit des Leibes und der Seele zu verleihen. Als sie erkannte, daß Gottes Wille sich zur Milde neigte, machte sie von ihrer Gewalt als Königin Gebrauch und gebot den bösen Geistern, sogleich von dieser Frau zu weichen, ihr die Freiheit zu lassen und nie mehr zurückzukehren, um sie zu quälen, sondern sich in die Abgründe zu begeben als in die ihnen gebührende Wohnung. Maria hatte diesen Befehl rein innerlich gegeben. Die unreinen Geister vernahmen ihn. Er war so wirksam und mächtig, daß Luzifer und seine Genossen die Frau sofort verließen und in die Finsternis der Hölle geschleudert wurden. Sie war befreit und staunte über dieses unerwartete Ereignis. Mit einer Bewegung des Herzens kehrte sie sich zur reinsten Jungfrau hin, betrachtete sie mit besonderer Ehrfurcht und Liebe und erhielt durch diesen Anblick noch zwei andere Gnaden. Ihr Herz wurde von innigstem Schmerz über ihre Sünden durchdrungen. Sodann schwanden die bösen Wirkungen, die jene ungerechten Besitzer in ihrem Leib zurückgelassen hatten, und an denen die Frau einige Zeit gelitten hatte. Sie erkannte, daß diese himmlische Fremde Anteil an ihrer Genesung habe. Sie sprach mit Maria. Diese redete ihr zu Herzen, ermahnte sie zur Beharrlichkeit und verdiente ihr diese Gnade für die Zukunft. Die Verwandten erkannten auch das Wunder, schrieben es aber der Erfüllung ihres Versprechens zu, sie nach Jerusalem in den Tempel zu bringen, um dort Almosen zu opfern. Das taten sie nun. Sie lobten Gott, ohne jedoch das Werkzeug dieser Wohltat zu erkennen.

Luzifer war in großer Wut und Verwirrung, da er sich durch den bloßen Befehl der heiligsten Jungfrau ausgetrieben und außer Besitz dieser Frau gesetzt sah. In rasendem Zorn rief er verwundert: „Wer ist doch dieses einfältige Weib, das uns mit solcher Kraft gebietet und unterdrückt? Wie kann mein Stolz es ertragen? Wir müssen zusammen Abhilfe schaffen und dieses Weib vernichten!" Im folgenden Kapitel werde ich mehr darüber sagen.

Maria und Joseph kamen zu einer anderen Herberge, deren Besitzer ein Mann von schlechtem Charakter und Betragen war. Gott fügte es, daß er Maria und Joseph mit Teilnahme und Wohlwollen aufnahm. Er erwies ihnen mehr Dienste und größere Höflichkeit, als er anderen Gästen zu erweisen pflegte. Um dies zu erwidern, betete Maria für ihn; denn sie erkannte seinen traurigen Gewissenszustand und schenkte ihm als Vergeltung für die Gastfreundschaft die Frucht ihres Gebetes. Dadurch wurde seine Seele gerechtfertigt und sein Leben gebessert. Sogar seine zeitlichen Güter vermehrte Gott von da an zum Lohn für die kleine Wohltat, die er seinen erhabenen Gästen erwiesen hatte.

Noch viele andere Wunder wirkte die Mutter der göttlichen Gnade auf dieser Reise; denn was von ihr ausging, war göttlich. Sie heiligte alle Seelen, in denen sie die nötige Empfänglichkeit vorfand. Endlich kamen sie nach Nazareth. Maria reinigte und ordnete das Haus. Engel halfen ihr dabei. Sie wollten mit ihrer Demut wetteifern und waren voll Verlangen, sie zu ehren und ihr zu dienen. Joseph verrichtete seine gewöhnlichen Arbeiten zum Unterhalt der Familie. Maria täuschte das Herz des Heiligen nicht in seinem Vertrauen. Sie umgürtete sich mit neuer Kraft für die Geheimnisse, die sie erwartete und legte ihre Hand an große Dinge (Spr 31, 11. 17. 19.). In ihrem Innern erfreute sie sich des beständigen Blickes auf ihren göttlichen Schatz in ihrem Schoße. Dadurch erhielt sie unvergleichliche Gnaden, Wonnen und Tröstungen. Sie erwarb erhabene Verdienste und das Wohlgefallen Gottes in unvergleichlicherem Grade.

Lehre der Himmelskönigin

Meine Tochter, die Kinder der Kirche sollen keinen Unterschied machen in Zeit, Ort und Beschäftigung, um den Glauben und die andern mit ihm eingegossenen Tugenden zu üben; denn Gott ist in allen Dingen gegenwärtig und erfüllt sie mit Seinem unendlichen Wesen. Der Glaube begleitete auch uns überall und bei jeder Gelegenheit, um Gott im Geiste und in der Wahrheit anzubeten und zu betrachten. Wie nun auf die Erschaffung der Seele die Erhaltung folgt und auf das Leben das ununterbrochene Atemholen, und wie man immer sich nährt und wächst, bis man das Ziel erreicht hat, so sollte auch das durch die Gnade wiedergeborene Geschöpf *nie das Wachstum des geistlichen Lebens unterbrechen* und zu jeder Zeit und an jedem Orte glaubend, hoffend und liebend Werke des Lebens vollbringen. Viele Kinder der Kirche vergessen und vernachlässigen das Leben des Glaubens, wie wenn sie es nicht hätten, und sie lassen es ersterben, indem sie die Liebe verlieren.

Meine Tochter, dein geistliches Leben darf nicht mehr Unterbrechungen haben als dein natürliches. Wirke mit den Geschenken der Gnade des Allerhöchsten jederzeit mit, indem du immer und überall betest, glaubst, hoffst, liebst und den Herrn im Geiste und in der Wahrheit anbetest. Er ist ja überall gegenwärtig und will, daß alle vernünftigen Geschöpfe Ihn lieben und Ihm dienen. Wenn darum Seelen zu dir kommen, die das vergessen oder mit Sünden beladen und vom bösen Geiste verfolgt sind, so sollst du für sie mit lebendigem Glauben und Vertrauen beten. Sollte der Herr auch nicht immer in der Weise wirken, wie du es wünschest und sie begehren, so wird Er es verborgenerweise tun, und du wirst Ihm Wohlgefallen, da du als Seine treue Tochter und Braut handelst. Entspricht dein Wandel in allem Seinen Wünschen, so wird Er dir als Seine Braut viele Vorrechte zum Besten der Seelen verleihen. Betrachte, mit welchem Eifer ich mich für alle Sünderseelen und für einige besonders mühte. Offenbart dir Gott den Stand einiger Seelen, oder decken sie ihn dir selbst auf, so arbeite und bete für sie, um mir nachzufolgen und mir zu gefallen. Ermahne sie mit Klugheit, Demut und Bescheidenheit. Der Allmächtige will nicht, daß du mit Geräusch wirkst, auch nicht, daß der Erfolg deiner Bemühungen offenbar werde. Er soll verborgen sein. Hierin fügt Er sich deiner natürlichen Zaghaftigkeit und deinem Verlangen und will, was für dich das Sicherste ist. Wenn du auch für alle Seelen beten sollst, so tue es mit mehr Eifer für jene, von denen du weißt, daß sie eine größere Gleichförmigkeit mit dem Willen Gottes haben.

* * *

26. Die bösen Geister halten Rat gegen Maria

Im Augenblick der Menschwerdung des göttlichen Wortes hatten Luzifer und alle bösen Geister die Kraft des allmächtigen Gottes gespürt, der sie in die tiefsten Höhlen der Hölle hinabstürzte. Sie lagen dort einige Tage machtlos niedergeworfen, bis der Herr in Seiner wunderbaren Vorsehung ihnen erlaubte, von diesem Schlag, dessen Ursache sie nicht erkannten, sich zu erheben. Der große Drache stand nun auf und begab sich auf die Welt, um überall auf Erden umherzugehen und auszuforschen, ob sich etwas Neues vorfinde, das Ursache der Wirkung sein könnte, die er und alle seine Diener an sich erfahren hatten. Der stolze Fürst der Finsternis wollte diese Untersuchung seinen Genossen nicht allein überlassen. Er selbst kam mit ihnen herauf, streifte mit höchster Arglist und Bosheit über den ganzen Erdkreis und forschte und spähte drei Monate umher. Dann kehrte er ebenso unwissend, wie er sie verlassen hatte, in die Hölle zurück. Er konnte solche göttliche Geheimnisse nicht verstehen. Seine Bosheit war ja so schwarz, daß er solche göttliche Früchte nicht genießen, noch den Schöpfer dafür verherrlichen und preisen konnte wie wir, denen die Erlösung gilt.

Der Feind Gottes wußte in seiner Verwirrung nicht, wem er sein neues Mißgeschick zuschreiben sollte. Darum berief er alle höllischen Banden zur Beratung zusammen, ohne auch nur einen einzigen bösen Geist auszunehmen. Er ließ sich auf einem erhöhten Platz nieder und hielt folgende Rede: „Ihr wißt, meine Untertanen, mit welcher Sorgfalt ich, seitdem Gott uns aus Seinem Haus verstoßen und unsere Macht gebrochen hat, auf Rache gesonnen und an der Zerstörung Seiner Macht gearbeitet habe. Freilich kann ich Ihn nicht selbst erreichen. Aber bei den Menschen, die Er liebt, habe ich weder Zeit noch Gelegenheit verloren, sie meiner Herrschaft zu unterwerfen. So habe ich durch meine Stärke mein Reich bevölkert. Zahlreich sind die Völker und Nationen, die mir folgen und gehorchen. Jeden Tag gewinne ich unzählige neue Seelen und bringe sie ab von der Erkenntnis und dem Dienste Gottes, damit sie nicht einst genießen, was wir verloren haben. Ich will sie in diese ewigen Qualen stürzen, die wir erleiden, da sie meinen Lehren und meinen Fußstapfen gefolgt sind. An ihnen werde ich den Zorn auslassen, den ich gegen ihren Schöpfer hege. Doch dies alles halte ich für gering, und ich bin immer in Schrecken wegen des ungewöhnlichen Ereignisses, das wir erlebten. Eine solche überwältigende und zermalmende Stärke erfuhren wir noch nie, seitdem wir vom Himmel gefallen sind. Ich erkenne, daß eure und meine Macht gewaltig erschüttert ist, und es bemächtigt sich meiner eine große Furcht, daß unsere Herrschaft zerstört sein möchte.

Wir brauchen jetzt außerordentliche Wachsamkeit. Ich bin voll Wut, und der Zorn meiner Rache ist nicht befriedigt. Ich durchzog den ganzen Erdkreis, beobachtete sorgfältig alle seine Bewohner, und doch habe ich nichts Außergewöhnliches gefunden. Alle tugendhaften und vollkommenen Frauen habe ich genau verfolgt, um unsere Feindin zu finden, die wir im Himmel kennengelernt haben. Keine Anzeichen künden mir, daß sie geboren ist. Keine von allen Frauen hat jene Eigenschaften, die die Mutter des Messias nach meinem Urteil haben müßte. Ein Mädchen, das ich wegen seiner hohen

Tugenden fürchtete und im Tempel verfolgte, ist bereits verheiratet. Sie kann also die Gesuchte nicht sein; denn Isaias hat gesagt, daß sie Jungfrau sein werde. Trotzdem fürchte und hasse ich sie. Da sie tugendhaft ist, könnte von ihr die Mutter des Messias oder ein großer Prophet geboren werden. Bis jetzt konnte ich sie noch nie überwinden, und ich verstehe von ihrem Leben weniger als von dem der andern. Sie hat mir immer unüberwindlichen Widerstand geleistet. Sie schwindet mir leicht aus dem Gedächtnis, und wenn ich mich ihrer erinnere, so kann ich ihr nicht recht nahe kommen. Ich weiß nicht, ob diese Vergeßlichkeit geheimnisvoll ist, oder ob sie von der Verachtung kommt, die ich gegen ein armseliges Weib hege. Ich werde darüber nachdenken. In diesen Tagen hat sie mir zweimal Befehle erteilt. Wir konnten der Gewalt der Hoheit nicht widerstehen, mit der sie uns aus jenen von uns besessenen Personen vertrieb. Das ist aller Beachtung wert, und wegen eines solchen Auftretens gegen mich verdient sie meinen Zorn. Ich beschließe also, sie zu verfolgen und zu unterwerfen. Ihr werdet mich mit allen euren Kräften und eurer ganzen Verschlagenheit unterstützen. Wer sich in diesem Kampf auszeichnet, wird von meiner großen Macht bedeutende Belohnung erhalten."

Die aufmerksamen höllischen Rotten lobten und billigten Luzifers Pläne. Sie sagten, er möge nicht fürchten, daß seine Triumphe durch jenes Weib zerstört oder vermindert würden, da seine Macht so groß und ihm beinahe die ganze Welt unterworfen sei. Sie überlegten, wie sie die heiligste Jungfrau verfolgen könnten, die sie als eine Frau von ausgezeichneter Tugend und Heiligkeit, nicht aber als die Mutter des menschgewordenen Wortes erkannten. Dann folgte für Maria ein langer Kampf mit Luzifer und seinen Dienern der Bosheit. Sie sollte oft dem höllischen Drachen den Kopf zertreten. Dieser Kampf war groß und bedeutsam, doch hatte sie nach der Himmelfahrt Christi einen noch größeren zu bestehen, wie ich später berichten werde. Der heilige Johannes spricht davon im 12. Kapitel der Geheimen Offenbarung.

In der Anordnung und Ausführung der Geheimnisse der Menschwerdung war die göttliche Vorsehung wunderbar. Sie ist es noch in der Leitung der katholischen Kirche. Die mächtige und liebliche Vorsehung mußte den bösen Geistern viele Dinge verbergen, deren Kenntnis sie nicht würdig sind. Auch will die göttliche Macht sich an diesen Feinden in höherem Maße offenbaren und sie unter sich beugen. Vor allem aber soll durch ihre Unkenntnis die Ordnung der Kirche und die Ausführung aller ihrer Geheimnisse auf lieblichere Weise verlaufen und der maßlose Zorn der Hölle gezügelt werden. Gott kann Satan immer bezwingen und niederhalten, allein Er ordnet alles in einer Weise, die seiner unendlichen Güte am besten entspricht. Darum verbarg der Herr diesen Feinden die Würde Mariä, die wunderbare Art ihrer Mutterschaft und ihre jungfräuliche Unversehrtheit vor und nach der Geburt des göttlichen Kindes. Auch erkannten die bösen Geister die Gottheit Christi vor Seinem Tod nicht mit zweifelloser Sicherheit. Erst von da an verstanden sie viele Geheimnisse der Erlösung, über die sie sich getäuscht und geirrt hatten. Hätten sie diese früher gewußt, so wären sie bemüht gewesen, Seinen Tod und die Erlösung zu verhindern, indem sie der Welt bekannt gemacht hätten, daß Christus wahrer Gott sei. Darum hat auch der Herr, als Petrus Ihn erkannte und bekannte, diesem und den übrigen Aposteln befohlen, es niemanden zu sagen. Durch die Wunder und Teufelsaustreibungen kam ihnen zwar der Verdacht, daß er der Messias sei, und sie nannten ihn Sohn Gottes. Doch der Herr wehrte ihnen, das zu sagen. Sie konnten es auch nicht mit Sicherheit behaupten. Ihre Vermutungen verschwanden wieder, als sie Christus arm und verachtet und ermüdet sahen. Sie verstanden nie das Geheimnis der Demut des Erlösers. Ihr aufgeblasener Stolz verblendete sie.

Luzifer erkannte also die Mutter-Gottes-Würde Mariä nicht, als er jene Verfolgung vorbereitete. Diese war schrecklich, wurde aber an Grausamkeit von der späteren übertroffen. Hätte er jetzt erkannt, daß sie jene Frau war, die er im Himmel mit der Sonne bekleidet gesehen hatte, und die ihm den Kopf zertreten sollte, so hätte er sich in Wut wie aufgelöst und sich in Zornesblitze verwandelt. Alle waren ja schon in solchem Zorn, weil sie Maria für eine heilige Frau hielten. Bei Erkenntnis ihrer hohen Würde hätten sie sicher die ganze Natur, soviel wie ihnen möglich, in Verwirrung gebracht, um sie zu verfolgen und aus der Welt zu schaffen. Nun aber wurden sie verwirrt und schwankten im Ungewissen und in Vermutungen hin und her und fragten einander, wer dieses Weib sein könne, gegen das sich ihre Kraft so schwach erwiesen hatte. Ob sie vielleicht jene sei, die unter den Geschöpfen die erste Stelle einnehmen sollte.

Andere meinten, sie könne unmöglich die Mutter des Messias sein, denn sie habe einen Gatten. Dieser sei wie sie sehr arm, gering und wenig geachtet. Sie seien nicht durch Wunder bekannt und suchten von den Menschen weder geehrt noch gefürchtet zu werden. Luzifer und seine Diener konnten in ihrem Stolz nicht glauben, daß so vollständige Geringschätzung seiner selbst und so seltene Demut mit der erhabenen Würde der Mutter Gottes vereinbar seien. Er urteilte: da dies alles schon ihm sehr mißfalle, obschon er nicht so hoch stehe wie der Allmächtige, so werde dieser es noch viel weniger für sich erwählen. So täuschte ihn sein Eigendünkel und sein aufgeblasener Stolz; denn diese finsteren Laster verblenden mehr als alle anderen den Verstand und stürzen den Willen ins Verderben. Darum sagt Salomon, ihre eigene Bosheit habe sie verblendet und sie die Geheimnisse Gottes nicht erkennen lassen, um die Anmaßung und den Hochmut dieser Drachen zu vernichten, deren Gedanken von den Ratschlüssen des Allerhöchsten weiter entfernt waren als der

Himmel von der Erde. Luzifer meinte, Gott werde mit großer Pracht und geräuschvollem Gepränge zum Streit gegen ihn auf die Erde niedersteigen und mit Macht die von ihm mit Hochmut erfüllten Fürsten und Herrscher demütigen. Vor der Ankunft Christi gab es viele, die durch ihren Stolz und Eigendünkel sogar die Vernunft verloren und vergessen zu haben schienen, daß sie sterblich und irdisch waren. Luzifer bemaß dies alles nach seinem Kopf und meinte, Gott werde bei Seiner Ankunft auf gleiche Weise vorgehen, wie er in seiner Wut gegen die Werke des Herrn verfahre.

Doch Gott, die unendliche Weisheit, tat gerade das Gegenteil von dem, was Luzifer dachte. Er kam, um ihn zu besiegen, nicht nur mit Seiner Allmacht, sondern auch mit Sanftmut, Demut, Gehorsam, und Armut. Das sind die Waffen Seiner Armee. Er kam nicht in der Pracht weltlicher Eitelkeit, die durch die Reichtümer der Erde genährt wird. Er kam in Verborgenheit, aller Pracht entkleidet. Er wählte eine arme Mutter und erschien, um alles mit Füßen zu treten, was die Welt hochschätzt, und um durch Wort und Beispiel die Wissenschaft des wahren Lebens zu lehren. So wurde der böse Feind gerade durch die Mittel getäuscht und überwunden, die ihn am meisten beschämen und quälen.

Weil Luzifer von all diesen Geheimnissen nichts wußte, beobachtete er einige Tage aufmerksam die natürlichen Eigenschaften der seligsten Jungfrau, ihr Temperament, ihren Körperbau, ihre Neigungen und die Ruhe ihrer gleichmäßigen und geregelten Handlungen. Da sah er, wie alles so vollkommen war, ihr Gemüt so sanft, und wie alles zusammen gegen ihn eine unüberwindliche Mauer bildete. Er beriet sich nochmals mit den bösen Geistern und stellte ihnen das Schwierige und Mühevolle vor, diese Frau zu versuchen. Alle zusammen halfen dabei mit. Über die Ausführung und den glorreichen Triumph Mariä werde ich im folgenden Kapitel berichten.

Lehre der Himmelskönigin

Meine Tochter, sei aufmerksam und vorsichtig, um nicht in Unwissenheit und Finsternis zu versinken. Beachte die Gefahren, die dir ständig von den bösen Geistern drohen. Viele Menschen schlafen ruhig dahin und vergessen sich selbst, als hätten sie keine starken und wachsamen Feinde. Diese Sorglosigkeit hat zwei Ursachen. Die Menschen hängen so am Irdischen, Natürlichen und Sinnlichen, daß sie nur für die Wunden der äußeren Sinne empfindlich sind. Schäden des inneren geistlichen Lebens achten sie nicht. Zudem sind die Fürsten der Finsternis unsichtbar. Weil die Menschen sie nicht tasten und sehen, fürchten sie diese auch nicht, und sie sollten doch gerade deswegen aufmerksamer und sorgfältiger sein. Die unsichtbaren Feinde sind verschlagener, gewandter und verräterischer. Die Gefahr ist auch um so größer, je weniger sie bemerkt wird, und die Wunden um so tödlicher, je weniger sie wahrgenommen werden.

Meine Tochter, wenn du meine Lehre vernachlässigst, werde ich nicht mehr mit dir sprechen. Wisse, daß kein Verstand und keine Zunge weder der Menschen noch der Engel den Zorn und die rasende Wut ausdrücken können, von denen Luzifer und seine bösen Geister gegen die Menschen beseelt sind, weil diese Ebenbilder Gottes fähig sind, Gott ewig zu genießen. Der Herr allein begreift ihre Bosheit. Würde er diese Feinde nicht niederhalten, so würden sie in einem Augenblick die Welt zerstören und ärger als hungrige Löwen, Drachen und andere wilde Tiere alle Menschen zerreißen. Der gütige Vater der Erbarmungen aber hemmt und zügelt diesen Zorn und behütet Seine Kindlein auf Seinen Armen, damit sie nicht der Wut dieser höllischen Wölfe anheimfallen.

Ist es nicht schmerzlich und beklagenswert, daß so viele Menschen die Gefahren nicht sehen wollen? Die einen verlassen aus Leichtfertigkeit wegen eines kurzen, augenblicklichen Vergnügens, andere aus Nachlässigkeit, noch andere durch ungeregelte Begierden, alle jedoch freiwillig den Schutz Gottes, um sich in die wütenden Hände so gottloser und grausamer Feinde zu stürzen, die dann nicht nur eine Stunde, einen Tag, einen Monat oder ein Jahr lang ihre Wut an ihnen auslassen, sondern ewig durch unsägliche Qualen. Zittere und staune, meine Tochter, über die furchtbare Torheit der unbußfertigen Menschen und daß auch die Gläubigen den Verstand verloren haben und mitten in dem Licht, das ihnen der wahre katholische Glaube spendet, so vom bösen Feind betört und verblendet sind, daß sie die Gefahr weder erkennen noch meiden wollen.

Wisse, daß dieser Drache seit der Stunde, da du erschaffen wurdest, dich kennt und ausforscht. Tag und Nacht geht er ohne Rast um dich herum und lauert auf eine Gelegenheit, dich zu seiner Beute zu machen. Er beobachtet deine natürlichen Neigungen und die Gnaden des Herrn, um mit seinen eigenen Waffen gegen dich zu streiten. Er geht mit anderen bösen Geistern über deinen Untergang zu Rate. Er verspricht jenen Belohnungen, die am meisten daran arbeiten. Darum prüfe aufmerksam alle deine Handlungen. Alle deine unsichtbaren Feinde legen dir zu jedem deiner Werke Fallstricke und bereiten dir Gefahren. Betrachte diese Wahrheiten im Herrn. Du wirst erkennen, wohin sie führen. Alle Menschen müssen wachsam sein, du aber besonders. Ich will dir die Gründe dafür jetzt mitteilen. Es genügt dir ein Blick auf dein weiches, gebrechliches Naturell, das deine Feinde gegen dich benützen werden.

* * *

27. *Der Kampf der Hölle gegen Maria*

D as ewige Wort im Schoße Seiner Mutter kannte die Pläne Luzifers nicht nur als Gott mit der unerschaffenen Weisheit, sondern auch als Mensch mit der erschaffenen Erkenntnis. Er wollte Seinen Tabernakel verteidigen, der ja kostbarer war als alle übrigen Geschöpfe. Um nun die unüberwindliche Herrin gegen die Tollkühnheit Luzifers und seiner Rotte mit neuer Stärke zu bekleiden, bewegte sich die göttliche Menschheit Jesu und stellte sich im jungfräulichen Tabernakel aufrecht in der Haltung eines Streiters, der voll Entrüstung dem Kampfe gegen die Fürsten der Finsternis entgegengeht. In dieser Stellung bat das göttliche Kind den ewigen Vater, Seine Gnaden und Gunsterweise an Seiner Mutter zu erneuern, auf daß sie gestärkt den Kopf des alten Drachen zertrete. Dieser solle, durch eine Frau gedemütigt und bezwungen, durch ihre machtvollen Anschläge zuschanden gemacht und geschwächt werden. Die Königin des Himmels solle siegreich hervorgehen und über die Hölle triumphieren zur Ehre Gottes und ihrer eigenen.

Die heiligste Dreifaltigkeit gewährte und beschloß, was Christus erbeten hatte. Auf unaussprechliche Weise offenbarte das Kind dies Seiner Mutter in einer Vision. Sie erhielt eine Fülle unbeschreiblicher Gnaden und Gaben und erkannte mit neuer Weisheit die tiefsten Geheimnisse, die ich nicht erklären kann. Namentlich wurde sie inne, daß Luzifer übermütige Pläne und große Zurüstungen gemacht habe gegen die Glorie des Herrn, und daß die Vermessenheit dieses

221

Feindes die reinen Wasser des Jordan austrinken wolle (Job 40, 18). Das Kindlein sprach zu ihr: „Meine Braut, Meine Taube, die glühende Wut des höllischen Drachen gegen Meinen heiligen Namen und gegen jene, die ihn anbeten, ist so unersättlich, daß er alle ohne Ausnahme sich unterwerfen und Meinen Namen in einer schrecklichen Verwegenheit von der Erde vertilgen will. Meine Teure, du sollst für Meine Sache einstehen und Meine Ehre verteidigen, indem du in Meinem Namen gegen diesen grausamen Feind streitest. Ich werde mit dir sein; denn Ich bin ja in deinem jungfräulichen Schoße. Ich verlange, daß du, noch ehe Ich auf die Welt komme, mit Meiner göttlichen Macht diese Feinde vernichtest und beschämst. Sie sind überzeugt, daß die Erlösung der Menschen naht und möchten noch vorher alles zugrunde richten und alle Seelen der Welt gewinnen, ohne auch nur eine einzige zu schonen. Ich erwarte diesen Sieg von deiner Treue und Liebe. Du wirst in Meinem Namen gegen die alte Schlange streiten, und Ich selbst werde in dir streiten."

Ich finde keine Ausdrücke, die Wirkungen der Worte des Herrn und der Erkenntnis so tiefer Geheimnisse im Herzen der göttlichen Mutter zu erklären. Als Maria erkannte, es sei der Wille ihres heiligen Sohnes, die Ehre des Allerhöchsten zu verteidigen, entbrannte sie so in göttlicher Liebe und bekleidete sich mit solch unüberwindlicher Stärke, daß, wäre auch jeder einzelne böse Geist eine ewige Hölle gewesen mit der Wut und Bosheit aller, sie doch gegenüber der unvergleichlichen Tugend Märiä nur wie schwache, unvermögende Ameisen gewesen wären. Sie hätte mit der geringsten ihrer Tugenden und mit ihrem Eifer für die Ehre des Herrn sie alle überwunden und vernichtet. Der göttliche Beschützer wollte Seiner heiligsten Mutter diesen glorreichen Sieg verleihen, damit der anmaßende Stolz Seiner Feinde, die sich so sehr beeilten, die Welt noch vor Seiner Ankunft zu verderben, sich nicht mehr erhebe, und damit wir Menschen nicht allein der unermeßlichen Liebe ihres heiligsten Sohnes, sondern auch Seiner und unserer Mutter zum Dank verpflichtet wären; denn sie erhob sich zum Streit gegen Luzifer, hielt ihn auf, besiegte und bezwang ihn, damit das Menschengeschlecht nicht noch unfähiger und wie in eine Unmöglichkeit versetzt werde, seinen Erlöser zu empfangen.

O Menschenkinder, trägen und harten Herzens! Warum achten wir so wunderbare Wohltaten nicht? Was ist der Mensch, daß Du ihn so schätzest und begünstigst, o allerhöchster König? Deine eigene Mutter, unsere Herrin, setztest Du dem Kampf und der Arbeit für unsere Verteidigung aus! Wer könnte eine so starke und erfinderische Liebe entdecken? Wo haben wir unsern Verstand? Wer hat uns der Vernunft beraubt? Wie groß ist unsere Hartherzigkeit! Wer hat uns zu solcher Undankbarkeit gebracht? Warum sind die ehrsüchtigen Menschen nicht beschämt, da sie eine solche Niederträchtigkeit begehen und ihrer Verpflichtung vergessen? Sie dankbar anerkennen und sie sogar mit dem Leben bezahlen, wäre edel und wahre Ehre für die Kinder Adams.

Die gehorsame Mutter bot sich zu Ehren ihres heiligsten Sohnes, ihres und unseres Gottes, zu diesem Streit gegen Luzifer an: „Mein Herr und höchstes Gut, ich bin ganz Dein, und Du hast dich gewürdigt, mein Sohn zu sein. Tue mit Deiner Dienerin, was zu Deiner größeren Ehre und zu Deinem Wohlgefallen dient. Bist Du, o Herr, in mir und ich in Dir, wer könnte dann gegen die Kraft Deines Willens mächtig sein? Ich bin das Werkzeug Deines unüberwindlichen Armes. Gib mir Deine Stärke! Komm mit mir! Wir gehen zum Kampf gegen die Hölle, gegen den Drachen und seinen Anhang!"

Während dieses Gebetes verließ Luzifer seinen Rat voll Stolz und Ingrimm gegen sie. Alle andern Seelen, nach deren Verderben er doch auch lechzte, galten ihm nichts. Könnten wir diese höllische Wut erkennen, so wie sie war, wir würden verstehen, was Gott zu Job vom Satan sagt: „Wie Stroh achtete er das Eisen und wie faules Holz das Erz!" (Job 41, 18). So groß war der Zorn des Drachen gegen die heiligste Jungfrau, und er ist noch jetzt nicht geringer gesinnt gegen die Seelen. Hat er die Heiligste, die Unüberwindlichste und Stärkste in seinem Hochmut geringgeachtet wie ein dürres Blatt, was wird er dann mit den Sündern tun, die gleich hohlem, verfaultem Rohre ihm keinen Widerstand leisten! Nur der lebendige Glaube und die Demut des Herzens sind die doppelten Waffen, mit denen man ihn glorreich überwindet und bezwingt.

Um den Streit zu beginnen, nahm Luzifer die *sieben Legionen* nebst ihren vornehmsten Fürsten mit sich, die er bei seinem Fall vom Himmel angewiesen hatte, die Menschen zu den sieben Hauptsünden zu versuchen. Jeder dieser sieben Rotten gab er den Auftrag, gegen Maria zu streiten und ihre besten Kräfte gegen sie aufzubieten. Maria war im Gebete, als mit Zulassung des Herrn die *erste Legion* eintrat, um sie zum Stolz zu versuchen. Sie wollten ihr nahen, um die Gemütsbewegungen und natürlichen Neigungen durch Einwirkung auf die körperlichen Säfte zu beeinflussen. Dies ist ihre gewöhnliche Art, Seelen zu versuchen. Sie dachten, Maria habe wie die andern Menschen infolge der Erbsünde ungeordnete Leidenschaften. Doch sie konnten ihr nicht nahen, wie sie wünschten. Sie fühlten den Wohlgeruch und die unüberwindliche Heiligkeit, die sie heftiger quälte als das höllische Feuer. Obgleich schon die äußere Gestalt Mariä ihnen durchdringende Schmerzen verursachte, war ihre Wut doch so maßlos rasend, daß sie auf diese Qual nicht achteten und hartnäckig und gewaltsam ihr näherzukommen trachteten, um ihr zu schaden und sie zu verderben.

Die Zahl der bösen Geister war groß, Maria dagegen nur eine Frau, ganz allein. Doch sie allein war ihnen so furchtbar wie viele wohlgeordnete Kriegsheere. Diese Feinde stellten ihr die verruchtesten Trugbilder vor. Doch Maria, die uns lehrt, wie man siegt, blieb ganz ruhig, ohne auch nur die Farbe und die Gesichtszüge zu verändern. Sie schenkte ihnen nicht mehr Aufmerksamkeit, als wenn sie schwache Ameisen gewesen wären, und verachtete sie mit unbesiegtem, großmütigem Herzen. Da dieser Kampf durch die Tugenden geführt wird, soll man nicht mit Lärm und Getöse, sondern mit heiterer innerer Ruhe, innerem Frieden und äußerer Bescheidenheit streiten. Auch in die Gemütsbewegungen und das Begehrungsvermögen Unserer Lieben Frau konnten die bösen Geister keine Störung bringen. Da alles in ihr der Vernunft, die Vernunft aber Gott gehorchte und die Erbsünde die Harmonie ihrer Seelenkräfte nicht gestört hatte, stand sie nicht unter dem Einfluß Satans. Darum waren die Pfeile dieser Feinde denen der kleinen Kinder gleich und ihr Rüstzeug wie Geschütze ohne Ladung. Nur gegen sich selbst waren sie stark. Ihre Schwäche war ihnen eine empfindliche Qual. Sie wußten nicht den tieferen Grund für die Wirkungslosigkeit ihrer Versuchungen. Aus der Festigkeit und Würde des äußeren Verhaltens Mariä schlossen sie, daß Maria sie verachte und von ihren Angriffen nur wenig zu leiden habe. Es war nicht nur wenig, sondern nichts. Wie der heilige Johannes in der Geheimen Offenbarung sagt (Offb 12, 16), kam die Erde der mit der Sonne bekleideten Frau zu Hilfe, als der Drache die stürmischen Wogen der Versuchung gegen sie schleuderte.

Die bösen Geister nahmen schreckliche Körpergestalten an, begannen ein schreckliches Geschrei und Gebrüll, machten Lärm und Getöse, stießen Drohungen aus, erschütterten die Erde und das Haus, das einzustürzen drohte, und führten Ungeheuerliches auf, um Maria zu verwirren, zu erschrecken oder zu erschüttern. Wäre ihnen das gelungen, oder hätten sie sie vom Gebete abbringen können, so würden sie sich als Sieger betrachtet haben. Das große, unüberwindliche Herz Mariä aber ließ sich nicht verwirren noch stören. Es blieb unveränderlich. Man muß wissen, daß der Herr Seine heiligste Mutter für diesen Streit im gewöhnlichen Zustand des Glaubens und der anderen Tugenden ließ und ihr die übrigen Gaben und Gunsterweise entzog. Dadurch sollte der Triumph Seiner Mutter glorreicher sein, abgesehen von anderen Gründen, die Gott hat, um die Seelen auf solche Weise zu behandeln. Seine Urteile und Führungen sind verborgen und unerforschlich. Maria betete inzwischen wiederholt: *„Wer ist wie der Herr unser Gott, der in der Höhe wohnt und auf das Niedrige schaut im Himmel und auf Erden"* (Ps 112, 5. 6). Mit diesen Worten schlug sie die vor ihr stehenden Rotten.

Nun vertauschten diese hungrigen Wölfe ihren Pelz und nahmen den der Schafe an. Sie legten nämlich die entsetzlichen Gestalten ab und verwandelten sich in schöne, glänzende Engel des Lichtes. So nahten sie sich Maria und sprachen: „Du hast gesiegt! Du hast gesiegt! Du bist stark! Wir kommen, dir beizustehen und deine unüberwindliche Tapferkeit zu belohnen." So trügerisch schmeichelnd, boten sie ihr ihre Dienste und ihren Schutz an. Doch Maria sammelte alle ihre Kräfte, erhob sich mittels der eingegossenen Tugenden über sich selbst und betete den Herrn im Geiste und in der Wahrheit an, verachtete die Fallstricke dieser bösen Zungen und lügnerischen Vorspiegelungen und sagte zu ihrem heiligsten Sohn: „Mein Herr und mein Gott! Meine Stärke, wahres Licht vom wahren Licht, auf Deinem Schutz ruht all mein Vertrauen und die Erhöhung Deines heiligsten Namens. Alle aber, die Ihm feind sind, verfluche, hasse und verabscheue ich!" Die Meister der Bosheit fuhren fort, der Lehrerin der Weisheit Trug und Torheit vorzutragen und jene, die sich bis unter die geringsten Geschöpfe erniedrigte, mit heuchlerischen Lobpreisungen bis über die Sterne zu erheben. Sie sagten, sie wollten sie vor allen Frauen auszeichnen, ihr eine auserlesene Gunst erweisen und sie im Namen des Herrn zur Mutter des Messias erwählen, da sie ja heiliger sei als die Patriarchen und Propheten.

Luzifer selbst war der Urheber dieses Lügengewebes. Seine Bosheit enthüllte sich, damit andere Seelen sie kennenlernen. Es war lächerlich, Maria anzubieten, was sie schon war. Die bösen Geister waren die Getäuschten und Verblendeten, nicht nur indem sie anboten, was sie nicht geben konnten, sondern auch, weil sie nichts von den Geheimnissen des himmlischen Königs wußten, die in der glücklichen Mutter, die sie verfolgten, verborgen waren. Die Bosheit des Drachen war groß; denn er wußte, daß er sein Versprechen nicht halten konnte. Aber er wollte ausforschen, ob Maria vielleicht schon die Mutter des Messias sei oder ein Anzeichen gebe, daß sie davon wisse. Maria kannte die Hinterlist Luzifers und verachtete sie mit wunderbarer Ruhe und Festigkeit. Während dieser Versuchung war das Gebet ihre einzige Beschäftigung. Niedergeworfen betete sie den Herrn an. Während sie Ihn verherrlichte, erniedrigte sie sich selbst und hielt sich für geringer als alle Geschöpfe, sogar als den Staub, den sie mit Füßen trat. Durch dieses Gebet und diese Demut vernichtete sie den vermessenen Stolz Luzifers während der ganzen Dauer dieser Versuchung. Was sonst noch dabei vorging und mir über den Scharfsinn der bösen Geister, ihre Grausamkeit und Lügenhaftigkeit geoffenbart wurde, glaube ich nicht berichten zu sollen. Das Gesagte genügt für unsere Belehrung, und man kann nicht alles der Unwissenheit irdischer, gebrechlicher Geschöpfe anvertrauen.

Nun nahte die *zweite Legion,* um die Ärmste auf Erden zur Habsucht zu verleiten. Sie boten ihr große Reichtümer an, Gold, Silber und kostbare Juwelen. Da sie wußten, daß die Sinne Gewalt haben, den Willen für einen angenehmen gegenwärtigen Gegenstand einzunehmen, legten sie ihr zum Schein viele derartige Gegenstände vor. Lügnerisch sagten sie ihr, Gott sende ihr dies alles, damit sie es an die Armen austeile. Da sie nichts annahm, verfielen die bösen Geister auf einen anderen Kunstgriff. Sie sagten ihr, sie tue Unrecht, arm zu sein; da sie so heilig sei, habe sie mehr Recht auf diese Reichtümer als die Sünder. Daß die Gerechten arm seien, während die Bösen und Gottesfeinde in Reichtum und Wohlstand lebten, widerspreche der Gerechtigkeit und Weisheit der göttlichen Vorsehung.

„Umsonst wirft man das Netz den Vögeln vor die Augen" (Spr 1, 17). Dies erfüllte sich bei allen Versuchungen Mariä. Bei der Versuchung zum Geiz aber war die Bosheit der Schlange am kopflosesten, da sie mit irdisch-verächtlichen Dingen ein Netz für den Phönix der Armut spannen wollten, der sich in seinem Fluge über die Erde und selbst über die Seraphim erhoben hatte. Maria ließ sich mit diesen Feinden in keinen Streit ein. Das sollte niemand tun. Die bösen Geister streiten gegen die offenbare Wahrheit, und wenn sie sie auch erkennen, so geben sie sich ihr doch nie gefangen. Deshalb sprach Maria mit ernster Demut einige Worte der Heiligen Schrift, so aus dem 118. Psalm: „Deine Zeugnisse habe ich zum Erbe erlangt auf immer und ewig; denn sie sind das Frohlocken meines Herzens!" Sie lobte und pries den Allerhöchsten unter Danksagung, daß Er sie erschaffen habe und sie immer noch ohne ihr Verdienst am Leben erhalte. So überwand sie die zweite Versuchung zur Qual und Beschämung der bösen Geister.

Nun nahte die *dritte Legion* mit dem Fürsten der Unlauterkeit, der die Schwachheit des Fleisches versucht. Sie machten noch größere Anstrengungen, denn sie stießen auf größere Schwierigkeiten. Sie erreichten noch weniger, wenn das Ergebnis bei der einen Versuchung überhaupt geringer sein konnte als bei einer andern. Sie versuchten ihr schändliche Gedanken und Vorstellungen beizubringen und andere Abscheulichkeiten, die man nicht aussprechen kann. Doch sie führten lauter Luftstreiche. Sobald Maria sie bemerkte, sammelte sie sich innerlich und hob allen Gebrauch ihrer Sinne auf. Daher konnte keine Einflüsterung sie berühren, kein

Bild in ihren Verstand eintreten. Nichts konnte ihre reine Seele beflecken. Sie erneuerte oft innerlich ihr Gelübde der Keuschheit und verdiente bei dieser Gelegenheit mehr als alle Jungfrauen, die je gelebt haben und noch leben werden. Gott verlieh ihr in dieser Tugend eine solche Stärke, daß das in einem Geschütz eingeschlossene Feuer die Ladung nicht mit mehr Kraft und Schnelligkeit hinausschleudert, als die bösen Feinde zurückgeworfen wurden, da sie der Reinheit der seligsten Jungfrau mit einer Versuchung nahen wollten.

Die vierte Legion wollte Maria zum Zorn reizen. Diese Versuchung war lästiger als die übrigen. Die Feinde kehrten das ganze Haus um, zerbrachen und zerschlugen, was sie nur konnten, und zwar in einer Weise, die am meisten geeignet war, die sanftmütigste Königin zum Zorn zu reizen. Ihre Engel aber machten diesen Schaden bald wieder gut. Besiegt, nahmen die bösen Geister die Gestalten einiger der seligsten Jungfrau bekannten Frauen an, beschimpften sie, als wären sie wirklich in übermäßiger Wut. Sie stießen kecke Drohungen gegen sie aus und nahmen einige der notwendigsten Dinge aus ihrem Hause weg. Doch alles war vergeblich. Maria durchschaute sie, obwohl sie sich innerlich von ihnen abwendete und sie in unveränderter Ruhe mit der Majestät einer Königin verachtete. Diese bösen Geister fürchteten, erkannt und deshalb verachtet zu werden. Darum wählten sie nun eine wirkliche Frau, die für ihre Absichten ganz paßte. Sie brachten sie mit teuflischer Arglist gegen Maria auf. Ein Dämon nahm nämlich die Gestalt einer Freundin dieser Frau an und sagte ihr, Josephs Weib Maria habe sie während ihrer Abwesenheit um ihren guten Namen gebracht und viele Fehler von ihr erzählt. Der Teufel hatte das alles erdichtet.

Also getäuscht und ohnehin zum Zorn geneigt, kam dieses Weib voll Wut zu Maria und sagte ihr abscheuliche Schmähungen und Vorwürfe ins Gesicht. Unsere Liebe Frau ließ sie ruhig ihren Zorn ausgießen und redete dann so demütig und sanftmütig zu ihr, daß sie ganz umgestimmt wurde und ihr Herz sich beruhigte. Als sie wieder zur Besinnung gekommen war, spendete Maria ihr Trost und ermahnte sie, vor dem bösen Feind auf der Hut zu sein. Sie gab ihr ein Almosen, denn sie war sehr arm, und entließ sie in Frieden. Luzifer wollte Maria auch in üblen Ruf bringen, doch Gott hatte im voraus die Ehre Seiner heiligsten Mutter durch ihre Vollkommenheit, Demut und Klugheit verteidigt, so daß der Dämon ihrem guten Namen nicht Schaden konnte. Die Engel bewunderten die Ruhe und Sanftmut ihrer Königin. Selbst die bösen Geister waren, wenn auch in anderer Weise, erstaunt, ein solches Benehmen bei einem menschlichen Geschöpf zu finden. Nie hatten sie eine solche Frau gesehen.

Die fünfte Legion kam mit Versuchungen zur Unmäßigkeit. Die bösen Geister stellten Maria köstliche Leckerbissen vor, um durch ihr lockendes Äußere den Appetit zu reizen. Sie trachteten, ihre natürlichen Säfte zu verderben und dadurch einen falschen Hunger zu erregen. Auch durch Zuflüsterungen wollten sie ihre Aufmerksamkeit auf das Angebotene lenken. Alle ihre Anstrengungen blieben ohne Erfolg. Das edle Herz Mariä war von diesen irdischen Dingen so weit entfernt wie der Himmel von der Erde. Sie brauchte ihre Sinne nicht, um die Gaumenlust zu befriedigen. Sie empfand diese fast nicht. In allem war sie bemüht, wieder gut zu machen, was unsere Mutter Eva gefehlt hat. Unvorsichtig und unbekümmert um die Gefahr, richtete Eva auf die Schönheit des Baumes der Erkenntnis und auf dessen liebliche Frucht ihre Blicke und streckte dann die Hand aus und aß. Nicht so Maria. Sie hielt ihre Sinne gesammelt und eingezogen, obwohl für sie keine Gefahr bestand wie für Eva. Diese wurde zu unserem Verderben besiegt, während Maria zu unserer Erlösung und Rettung siegte.

Nun kam die *sechste Legion* mit der Versuchung zum Neid. Sie war ganz mutlos, da sie das Mißgeschick ihrer Vorgänger gesehen hatten. Wenn die bösen Geister auch die ganze Vollkommenheit der Mutter der Heiligkeit nicht erkannten, so fühlten sie doch ihre unüberwindliche Stärke und fanden sie so unerschütterlich, daß sie die Hoffnung aufgaben, sie zur Einwilligung in einen ihrer gottlosen Pläne verleiten zu können. Dennoch wollte sich der Drache in seinem unversöhnlichen Haß und in seinem unbegreiflichen Stolz noch nicht ergeben. Nun wollten die bösen Geister Maria, die von der größten Liebe zu Gott und den Menschen beseelt war, mit neuen Vorspiegelungen reizen, andere um das zu beneiden, was sie selbst besaß, und um das, was sie als unnütz und gefahrvoll haßte. Sie stellten ihr vor, wie andere viele zeitliche Güter besaßen, während Gott sie ihr verweigert habe. Weil sie glaubten, daß für Maria die übernatürlichen Güter ein wirksamerer Antrieb zur Eifersucht seien, hielten sie ihr große Gnaden und Wohltaten vor, die Gott anderen verliehen habe und ihr nicht. Doch wie hätten solch lügnerische Vorstellungen die Mutter aller Gnaden und aller himmlischen Geschenke beirren können? Was die bösen Geister auch an Wohltaten vorbringen konnten, war geringer als die Würde der Mutter des Urhebers aller Gnaden. Gerade wegen der Gnade, die der Herr ihr verliehen hatte, und wegen des Feuers der Liebe, das in ihrem Herzen glühte, begehrte sie mit lebhaftester Sehnsucht, daß Gott alle bereichere und freigebig beschenke. Wie hätte der Neid in ihr eine Stätte finden können, wo die Liebe übergroß war?

Die grausamen Feinde aber ließen dennoch nicht ab. Sie stellten nun Maria das scheinbare Glück jener vor, die ihrer zeitlichen Güter wegen in diesem Leben als glücklich gelten und die ersten in der Welt sind. Sie bewogen auch verschiedene Personen, Maria zu besuchen und ihr zu sagen, welchen Trost es ihnen bringe, reich und begütert zu sein. Als ob dieses trügerische Glück der Menschen nicht oft in der Heiligen Schrift verurteilt würde, und als ob dies die Weisheit wäre, die Maria und ihr heiligster Sohn die Welt durch ihr Beispiel lehren wollten!

Maria ermahnte diese Besucher, ihre zeitlichen Güter gut zu gebrauchen und ihrem Schöpfer dafür zu danken. Sie selbst tat dies auch und ersetzte so, was der Undank der Menschen gewöhnlich versäumt. Maria achtete sich der geringsten Wohltat Gottes für unwürdig, doch ihre erhabene Stellung und Heiligkeit waren ein tatsächliches Bekenntnis dessen, was die Heilige Schrift ihr in den Mund legt: „Bei mir sind Reichtum und Ehre, herrliche Güter und Gerechtigkeit; denn meine Frucht ist besser als Gold und Edelgestein" (Spr 8, 18. 19). „Bei mir ist alle Gnade des Wandels und der Wahrheit, bei mir alle Hoffnung des Lebens und der Tugend" (Sirach 24, 25). So überlegen besiegte Maria ihre Feinde. Diese waren erstaunt und beschämt zu sehen, daß, je mehr sie alle ihre List und Kraft aufboten, desto geringer ihr Erfolg und desto größer ihre Niederlage war.

Trotzdem blieben die bösen Geister hartnäckig und kamen nun mit der *siebten Versuchung,* der Versuchung zur Trägheit. Sie wollten Maria hierzu verleiten, indem sie körperliches Unwohlsein, Müdigkeit, Mattigkeit und Traurigkeit in ihr zu erregen suchten. Dieser Kunstgriff Satans ist nur wenig bekannt. Durch ihn gelingt es ihm aber, daß das Laster der Trägheit in gar vielen Seelen zu großer Herrschaft gelangt und ihren Fortschritt in der Tugend hindert. Auch flüsterten sie Maria ein, wenn sie müde sei, solle sie einige geistliche Übungen aufschieben, bis sie dazu besser aufgelegt sei. So geht Satan vor, wenn er uns auf einem anderen Weg nicht hintergehen kann. Wir aber bemerken ihn gar nicht und wissen nicht, was dagegen zu tun ist. Auch wollten die bösen Geister Maria an einzelnen geistlichen Übungen hindern, indem sie einige Personen antrieben, sie zu ungelegener Zeit zu stören, damit sie die eine oder andere Übung aufschiebe; denn sie hatte für jede eine Zeit festgesetzt. Doch Maria erkannte alle diese Versuchungen und vereitelte sie durch ihre Weisheit und Pünktlichkeit. Nie gelang es dem Feind, sie zu hindern. Die bösen Geister waren wie gelähmt, und Luzifer war gegen sie wie gegen sich selbst voll Wut. Doch in ihrer rasenden Hoffart erhoben sie sich aufs neue und beschlossen, einen gemeinschaftlichen Angriff zu machen.

Lehre der Himmelskönigin

Meine Tochter, leite aus dem, was du aus dem langen schweren Kampf meiner Versuchungen und aus dem, was du sonst noch in Gott erkannt hast, die Regeln und Unterweisungen ab, die zu beobachten sind, um der Hölle zu widerstehen und sie zu besiegen. Die beste Kampfweise ist, *daß man den bösen Feind verachtet* und ihn als einen Feind Gottes ansieht, der ohne heilige Furcht und ohne Hoffnung auf irgend ein Gut an jeder Hilfe verzweifelt, jedoch in seinem Unglück hartnäckig bleibt, ohne Reue über seine Bosheit. Auf diese Wahrheit gestützt, sollst du dich ihm gegenüber überlegen, großherzig und unveränderlich zeigen und ihn als einen Verächter der Ehre und des Dienstes Gottes behandeln. Im Bewußtsein, eine so gerechte Sache Gottes zu verteidigen, darfst du keine Mutlosigkeit aufkommen lassen. Du mußt ihm vielmehr mit ganzer Kraft mutig widerstehen und dich allen seinen Plänen widersetzen, wie wenn du an der Seite deines Herrn stündest, für dessen Namen du streitest. Du befindest dich in einem Stand der Hoffnung und bist für die ewige Seligkeit bestimmt, sofern du treu und fleißig für deinen Gott und Herrn arbeitest.

Die bösen Geister tragen unversöhnlichen Haß gegen das, was du liebst und begehrst, nämlich die Ehre Gottes und deine ewige Seligkeit. Sie wollen dir rauben, was sie selbst nicht wieder erlangen können. Den Satan hat Gott verworfen, dir aber bietet Er Seine Gnade und mächtige Hilfe an, um Seinen und deinen Feind zu überwinden und das glückliche Ziel deiner ewigen Ruhe zu erreichen. Wohl ist der Hochmut des Drachen groß, aber seine Schwäche ist noch größer. Vor der Macht Gottes ist seine Kraft nur ein Sonnenstäubchen. Da er jedoch an Arglist und Bosheit den Menschen weit überlegen ist, darf sich die Seele nicht mit ihm einlassen, mag er nun sichtbar oder unsichtbar kommen. Aus seinem mächtigen Geiste gehen wie aus einem Feuerofen Finsternis und Verwirrung hervor, die das Urteil der Menschen verdunkeln. Hören sie auf ihn, erfüllt er sie mit Lüge und Finsternis, damit sie weder die Wahrheit und Schönheit der Tugend, noch die Schändlichkeit seiner giftigen Blendwerke einsehen. Dann wissen sie nicht mehr das Kostbare von dem Schlechten, das Leben vom Tode, die Wahrheit von der Lüge zu unterscheiden, und so fallen sie in die Hände dieses gottlosen, grausamen Drachen.

Es gelte dir als unverletzliche Regel, in Versuchungen auf die Vorschläge Satans nicht zu achten, noch darüber nachzudenken. Um seinem Trug Eingang zu verschaffen, trifft er immer Vorbereitungen. So pflegt er mit Traurigkeit und Niedergeschlagenheit den Anfang zu machen oder auch mit einer heftigen Aufregung, die die Seele vom Gedanken an Gott abbringt und zerstreut. Bemerkst du diese Anzeichen, so schwinge dich mit Taubenflügeln bis zum Zufluchtsort des Allerhöchsten empor. Rufe Ihn und stelle Ihm die Verdienste meines heiligsten Sohnes vor. Nimm auch zu mir, deiner Mutter und Lehrerin, deine Zuflucht. Rufe den Schutz deiner Engel und der anderen Diener des Herrn an. Schließe eilends deine Sinne, als seist du ihnen abgestorben, oder wie eine Seele aus dem andern Leben, über die Satan keine Macht besitzt. Erwecke dann mit erhöhtem Eifer dem betreffenden Laster entgegengesetzte Tugendakte, besonders des Glaubens, der Hoffnung und der Liebe. Durch sie werden Feigheit und Furchtsamkeit, die den Willen schwächen, ausgetrieben.

Die Gründe zur Überwindung Luzifers mußt du allein in Gott suchen. Gib sie deinem Feind aber nicht an, sonst nimmt er dich durch das Gewirr seiner Vorspiegelungen ein. Es ist deiner unwürdig und gefährlich, dich mit ihm einzulassen, da er dein und deines Bräutigams Feind ist. Zeige dich ihm überlegen. Sei mutvoll und biete dich an, alle Tugenden üben zu wollen, und zwar dein ganzes Leben lang. Mit diesem Schatz sei zufrieden. In ihm suche deine Zuflucht. Satan ist voll Stolz. Darum ärgert es ihn, wenn man ihn verachtet. Er will, daß man auf ihn hört. Er verläßt sich auf seine Anmaßung und Lügen. In diesem Selbstvertrauen dringt er hartnäckig darauf, daß man ihm die Hand im Spiele lasse. Auf die Macht der Wahrheit kann sich der Lügengeist nicht berufen. Er sagt sie niemals. Solange sich dieser Knecht der Bosheit nicht verachtet sieht, denkt er nicht daran, daß man ihn erkannt habe. Wie eine zudringliche Fliege kommt er zurück und gerade an die Stelle, von der er weiß, daß sie dem Verderben am nächsten ist.

Sei nicht weniger umsichtig, wenn Satan sich deiner Mitmenschen bedient, um dich zu Fall zu bringen. Er wird sie entweder zu übertriebener Zuneigung oder zum Haß verleiten. Bemerkst du ungeordnete Zuneigung, so fliehe wie vor dem bösen Feind, jedoch mit einem Unterschied: ihn sollst du verabscheuen, die Mitmenschen aber als Geschöpfe Gottes betrachten, denen du nicht versagen darfst, was du in Gott und um Gottes willen ihnen schuldest. Wenn es sich aber um Losschälung handelt, so mußt du alle zusammen als Feinde betrachten. Mit Rücksicht auf Gott und deinen Stand ist jeder ein Satan, der dich vom Herrn und deinen Verpflichtungen abwendig machen kann. Hassen und verfolgen dich aber die Menschen, so vergilt ihnen mit Liebe und Sanftmut. Bete für sie mit aller Inbrunst deines Herzens. Und solltest du den Zorn eines Menschen durch sanfte Worte brechen oder eine Täuschung zugunsten der Wahrheit aufdecken müssen, so tue es nicht, um dich reinzuwaschen, sondern zur Beruhigung und zur Wohlfahrt deiner Mitmenschen, sowie zur Wahrung des inneren und äußeren Friedens. So wirst du einen doppelten Sieg davontragen, nämlich über dich und jene, die dich hassen. Zu diesem Verhalten kannst du den Grund nur legen, wenn du die Hauptsünden mit der Wurzel ausreißest und den Regungen der Begierlichkeit abstirbst. In diesen haben die sieben Hauptsünden ihre Wurzeln. In die ungeordneten und unabgetöteten Leidenschaften und Neigungen streut Satan den Samen aller Laster aus.

* * *

28. *Sieg Mariä über die Hölle*

önnte der Fürst der Finsternis von seiner Bosheit abstehen, so wäre sein grenzenloser Hochmut durch die Siege Mariä über ihn gebrochen und vernichtet. Da er sich aber allzeit gegen Gott erhebt und seine Bosheit unersättlich ist, so war er wohl besiegt, aber dem Willen nach nicht unterworfen. In seiner Niederlage glühte er vom Feuer seiner nie erlöschenden Wut. Er, der mit seinen höllischen Knechten doch schon so viele starke Männer und großmütige Frauen sich unterworfen hatte, sah sich nun durch eine zarte, demütige Frau besiegt. Durch Gottes Fügung erfuhr er nach und nach, daß die seligste Jungfrau Mutter geworden war. Er wußte aber nur so viel, daß ihr Kind ein wirkliches Kind sei. Die Gottheit unseres Herrn sowie andere Geheimnisse blieben den bösen Geistern verborgen. Darum waren sie überzeugt, daß es nicht der Messias sei, sondern ein Kind wie die übrigen. Diese Täuschung brachte sie von dem Gedanken ab, Maria sei die Mutter des göttlichen Wortes, die sie fürchteten, weil sie mit ihrem Kind ihnen den Kopf zertreten sollte. Sie dachten sich, daß von einer so siegreichen, starken Frau ein Mann von ausgezeichneter Heiligkeit geboren werde. So faßte der große Drache schon im voraus gegen den Sohn Mariä jene Wut, von der der heilige Johannes im 12. Kapitel der Geheimen Offenbarung sagt, daß der Drache warte, um das Kind zu verschlingen, wenn sie es geboren hätte.

Luzifer fühlte, wie eine geheime Kraft ihn niederdrückte, so oft er zu dem im Schoß Seiner heiligsten Mutter eingeschlossenen Kind hinblickte. Zwar gewahrte er nur, daß er in dessen Gegenwart schwach und wie gebunden sei. Das versetzte ihn in eine solche Wut, daß er sich entschloß, alle Mittel aufzubieten, um dieses ihm so verdächtige Kind und Seine Mutter zu vernichten. Er zeigte sich der seligsten Jungfrau auf verschiedene Weise, in den sichtbaren Schreckensgestalten eines wilden Stieres, eines schrecklichen Drachen und in andern. So versuchte er, ihr zu nahen, allein er konnte es nicht. Er nahm einen Anlauf, sah sich aber zurückgehalten, ohne zu wissen, von wem und wie. Er tobte wie ein gefesseltes wildes Tier und erhob ein so schreckliches Gebrüll, das die ganze Welt in Schrecken gesetzt hätte und viele vor Angst gestorben wären, wenn Gott nicht verhindert hätte, daß man es höre. Er spie Feuer, Schwefel und giftige Gase aus. Maria sah und hörte alles, blieb aber so ruhig und unbeweglich, wie wenn sie eine Mücke gesehen hätte. Dann verursachte Luzifer Störungen in der Luft, in der Erde und in der Wohnung Mariä. Er stürzte alles um. Maria verlor ihre Ruhe und ihren inneren und äußeren Frieden in keiner Weise. Immer war sie unüberwindlich und über alles erhaben.

Als Luzifer sich so besiegt sah, öffnete er seinen schmutzigen Mund, bewegte seine gehässige, lügnerische Lästerzunge und ließ seine Bosheit wie eine den Damm durchbrechende Flut sich ergießen. In Gegenwart Mariä sprach er alle höllischen Ketzereien aus, die er mit seinem verstockten Anhang ausgesonnen hatte. Denn als die bösen Engel während ihrer Prüfung erfahren hatten, daß das göttliche Wort die menschliche Natur annehmen sollte, um das Haupt eines Volkes zu werden und es mit himmlischer Lehre und Gnade zu beschenken, faßte der Drache nach dem Sturz aus dem Himmel den Entschluß, gegen alle Wahrheiten, die er in bezug auf die Erkenntnis, die Liebe und den Dienst Gottes inne werden könnte, Irrtümer, Sekten und Ketzereien anzuzetteln und aufzubringen. Damit beschäftigten sich die bösen Geister während der Jahrtausende bis zur Ankunft Christi. Luzifer, die alte Schlange, hatte dieses Gift in seinem Innern verschlossen gehalten. Nun aber spie er alles gegen die Mutter der Wahrheit und Reinheit aus. Voll Begierde, sie anzustecken, sagte er ihr alle Irrtümer vor, die er gegen Gott und Seine Weisheit bis auf jenen Tag geschmiedet hatte.

Alle diese Ketzereien hier anzuführen, wäre nicht nur für die Schwachen gefährlich, sondern auch die Stärksten müssen den Pesthauch Luzifers fürchten. Vor Maria aber hat er ihn ganz und gar ausgegossen. Nachdem, was ich hierüber erkannt habe, bin ich ganz sicher, daß kein Irrtum, keine Abgötterei, keine Ketzerei bis auf den heutigen Tag in der Welt bekannt wurde, die der Drache der seligsten Jungfrau nicht vorgestellt hätte. Dies geschah aber, damit die heilige Kirche ihr in aller Wahrheit zu diesem Sieg Glück wünschen und von ihr singen könne, daß „sie allein alle Ketzereien in der Welt erstickt und vernichtet habe" (Offic. Eccl. B.M.V.). dies tat unsere siegreiche Sulamith, an der nichts zu sehen war als „Züge von Heerlagern" (Hld 7, 1), nämlich eine Fülle von Tugenden, die gleichsam in Scharen geordnet waren, um die Schlachtreihen der Hölle zurückzudrängen, zu verwirren und zu zerstreuen. Alle Lügen der Hölle und einer jeden im besonderen trat sie gegenüber und sprach mit unüberwindlichem Glauben ihren Abscheu und das Anathem gegen sie aus. Damit verband sie das erhabenste Bekenntnis der entgegengesetzten Wahrheiten und lobpries um ihretwillen den Herrn als den Wahrhaftigen, Gerechten und Heiligen. Auch sang sie Loblieder, in denen die Tugenden sowie die wahre, heilige, reine und preiswürdige Lehre gefeiert waren. Sie flehte inbrünstig zum Herrn, daß Er den verwegenen Stolz der bösen Geister demütigen wolle, daß sie nicht so viele giftige Lehren in der Welt verbreiten möchten und jene, die sie bereits ausgestreut hätten oder in Zukunft unter die Menschen säen wollten, nicht die Oberhand gewinnen möchten.

Um dieses Sieges und dieses Gebetes willen – so wurde mir gezeigt – hat Gott aus Gerechtigkeit den Satan gehindert, das Unkraut der Irrtümer in solcher Menge in der Welt auszustreuen, als er es gewollt und die Sünden der Menschen es verdient hätten. Wohl gab es bis jetzt schon eine große Menge Ketzereien und Sekten, allein es hätte deren weit mehr gegeben, wenn Maria durch so herrliche Siege und so inbrünstige Gebete dem Drachen nicht den Kopf zertreten hätte. In unserm herben Schmerz über die Bedrückung der heiligen Kirche durch eine solche Menge von Ungläubigen und Feinden gibt es ein großes tröstliches Geheimnis, das mir zu erkennen gegeben wurde: Gott hat nämlich der seligsten Jungfrau Maria bei diesem Sieg über Satan und bei einem späteren nach der Himmelfahrt ihres Sohnes als Belohnung für ihre Kämpfe das Vorrecht verliehen, daß *durch ihre Fürbitte und ihre Verdienste alle Ketzereien und Sekten, die in der Welt existieren, vertilgt und ausgerottet werden sollen.* Wann diese Gnaden nach dem Ratschluß Gottes gewährt werden sollen, ist mir nicht gesagt worden. Auch ist die Erfüllung dieser Verheißung an eine unbekannte, verborgene Bedingung geknüpft. Doch ich bin sicher: Würden die katholischen Fürsten samt ihren Untertanen sich um die Gunst der Königin des Himmels und der Erde bewerben, würden sie sie als ihre Patronin und Beschützerin anrufen und alle ihre Herrlichkeit und ihren Reichtum, ihre Macht und ihre Gewalt zur Erhöhung des Glaubens, zur Verherrlichung des Namens Gottes und des Namens Seiner reinsten Mutter Maria aufbieten – vielleicht ist gerade dies die genannte Bedingung, so würden sie Werkzeuge werden, durch die Gott und Seine heiligste Mutter die Ungläubigen bekämpfen und besiegen wollten. Sie würden die Sekten und Irrlehren aller Völker ausrotten und herrliche, großartige Siege über sie erringen.

240

Bevor Christus auf die Welt gekommen war, dünkte es Satan, daß die Ankunft des Erlösers um der Sünden der Welt willen verzögert werde. Um sie nun ganz zu verhindern, suchte er den Widerstand zu vergrößern und die Irrlehren und die Sünden unter den Menschen zu vervielfältigen. Doch der Herr machte diesen boshaften Hochmut durch die glorreichen Siege Seiner heiligsten Mutter zuschanden. Nachdem aber der Gottmensch geboren und für uns gestorben war, wollte der Drache die Frucht des kostbaren Blutes zerstören und die Wirkung der Erlösung vereiteln. Darum begann er, die Irrtümer zu ersinnen und auszusäen, die seit der Zeit der Apostel die heilige Kirche bedrängt haben und noch bedrängen. Auch die Besiegung dieser höllischen Bosheit hat Jesus Christus Seiner heiligsten Mutter überlassen. Sie allein hat ein solches Vorrecht, und nur sie konnte es im gewissen Sinne verdienen. Durch Maria wurde der Götzendienst mittels der Predigt des Evangeliums ausgerottet. Durch Maria gingen die alten Sekten wie die des Arius, Nestorius, Pelagius und anderer unter. Sie unterstützte auch die Bemühungen der Könige und Fürsten, der heiligen Väter und Kirchenlehrer. Wer wollte darum zweifeln, daß, wenn heutzutage die katholischen Fürsten, geistliche wie weltliche, mit Feuereifer die schuldige Sorgfalt anwendeten und die Himmelskönigin – um mich so auszudrücken – unterstützten, Maria ihnen helfen, sie in diesem und im anderen Leben glücklich machen und alle Ketzereien auf der Welt vernichten würde? Zu diesem Werk hat der Herr Seine Kirche und die katholischen Reiche mit zeitlichen Gütern so gesegnet. Sonst wäre es besser für sie gewesen, arm zu sein. Es war nicht angemessen, alles durch Wunder zu bewirken, vielmehr mußten auch die natürlichen Mittel angewendet werden und dazu gehören die Reichtümer. Ob die Fürsten nun dieser Pflicht nachkommen oder nicht, habe ich nicht zu entscheiden. Ich muß nur sagen, was der Herr mir zu erkennen gegeben hat, nämlich daß sie ungerechte Besitzer der Ehrentitel und der obersten Gewalt sind, wenn sie die Kirche nicht unterstützen und verteidigen und durch ihren Reichtum nicht dahinwirken, daß Christi Blut nicht verlorengehe. Dadurch müssen die christlichen Fürsten sich von den Ungläubigen unterscheiden.

Gottes Allwissenheit sah die Bosheit des höllischen Drachen voraus, daß er seine Wut gegen die Kirche auslassen, die ersonnenen Irrlehren verbreiten, viele Gläubige irreführen und mit seinem Schweife die Sterne des Himmels (Offb 12, 4), nämlich die Gerechten der streitenden Kirche nach sich ziehen würde. Da beschloß Gottes unermeßliche Güte, diesem drohenden Verderben vorzubeugen. Um dies höchst gerecht und zur größeren Ehre Seines heiligsten Namens auszuführen, sollte Ihn die seligste Jungfrau dazu bewegen. Sie allein war der Vorrechte, Gaben und Auszeichnungen würdig, durch die sie die Hölle überwinden sollte. Nur sie vermochte das Herz Gottes durch ihre Heiligkeit und Reinheit, durch ihre Verdienste und Gebete zu überwinden. Auch gereichte es zur größeren Verherrlichung der Allmacht Gottes, wenn es die ganze Ewigkeit hindurch offenbar würde, wie Gott Luzifer und seinen Anhang durch ein bloßes Geschöpf, und zwar durch eine Frau, überwand, so wie auch der Satan durch eine Frau das Menschengeschlecht zu Fall brachte. Zur Ausführung dieses göttlichen Ratschlusses war niemand geeigneter als die Mutter Gottes selbst. Ihr sollte die Kirche und die ganze Welt dieses Glück verdanken. Aus diesen und anderen Gründen, die wir einst in Gott schauen werden, hat der Herr das Schwert Seiner Macht in die Hand seiner siegreichen Mutter gelegt, daß sie dem höllischen Drachen das Haupt abschlage. Diese Gewalt sollte ihr für immer bleiben, damit sie die streitende Kirche in allen zukünftigen Drangsalen vom Himmel herab beschirme.

Während Luzifer mit seinen höllischen Rotten den Kampf in sichtbarer Gestalt fortsetzte, richtete Maria nie ihren

Blick oder ihre Aufmerksamkeit auf sie. Sie hörte sie nur, und das sollte so sein. Weil man das Gehör nicht abwenden oder schließen kann wie die Augen, so sorgte sie, daß von dem, was die bösen Geister sagten, keine Vorstellungen in ihre Einbildungskraft drangen. Auch sprach sie kein einziges Wort zu ihnen, außer daß sie ihnen einige Male gebot, mit ihren Gotteslästerungen aufzuhören. Dieser Befehl war so wirksam, daß er sie nötigte, den Mund an die Erde zu heften. Unterdessen sang Maria dem Allerhöchsten heilige Loblieder. Während sie betete oder die göttlichen Wahrheiten bekannte, waren die bösen Geister so gepeinigt und gequält, daß sie wie gierige Wölfe und rasende Hunde einander bissen. Jede Handlung der seligsten Jungfrau war für sie ein brennender Pfeil, jedes ihrer Worte ein Blitzstrahl, der sie viel heftiger peinigte und brannte als selbst die Hölle. Dies ist keine Übertreibung. Der Drache und seine Anhänger wollten fliehen, da die Nähe Mariä ihnen eine Beschämung und Marter war. Der Herr aber hielt sie durch eine geheime Kraft zurück, damit der Triumph Seiner Mutter und Braut um so glorreicher, der Hochmut Luzifers dagegen desto mehr zuschanden würde. Durch Gottes Fügung verdemütigten sich die bösen Geister so weit, daß sie Maria baten, sie aus ihrer Gegenwart fortzujagen, wohin es ihr gefiele. Mit einem Machtwort schickte Maria sie zur Hölle, wo sie eine Zeitlang blieben, während die große Siegerin ganz in ihre Lob- und Dankgebete versenkt war.

Sobald der Herr dem Luzifer erlaubte, sich zu erheben, kehrte er zum Kampf zurück, nahm aber zu Werkzeugen einige Nachbarn Josephs. Er säte unter sie und ihre Frauen teuflische Zwietracht wegen zeitlicher Interessen. Darauf nahm er die Gestalt einer ihnen allen bekannten Person an und sagte, sie möchten einander nicht plagen. An dem ganzen Zwist sei Maria, Josephs Frau, schuld. Die Frau, in deren Gestalt Satan erschien, hatte guten Ruf und Ansehen. Darum glaubten sie ihr leicht. Der Herr ließ aber nicht zu, daß der gute Name Seiner heiligsten Mutter in einer wichtigen Sache verletzt würde. Er gestattete jedoch zu ihrer Ehre und zur Vermehrung ihrer Verdienste, daß alle diese getäuschten Personen Mariä Tugend erprobten. Sie gingen zusammen zu ihrem Hause und warfen ihr in Gegenwart ihres Bräutigams vor, daß sie Unfrieden in ihren Häusern stiftete. Das war für die seligste Jungfrau schmerzlich, besonders wegen der Betrübnis des heiligen Joseph. Jetzt gewahrte er zum ersten Male ihren gesegneten Zustand. Maria durchschaute sein kummervolles Herz und seine beunruhigenden Gedanken. Klug und weise beruhigte sie die Nachbarn durch Geduld, Demut und lebendigen Glauben. Sie entschuldigte sich nicht und wies in keiner Weise auf ihre Unschuld hin. Vielmehr erniedrigte sie sich und bat die irregeleiteten Nachbarinnen demütig um Verzeihung, wenn sie sie etwa beleidigt hätte. Maria brachte alle zur Ruhe, indem sie ihnen zeigte, daß keine von ihnen gegen die andere gefehlt habe. Besänftigt und durch die Demut Mariä erbaut, kehrten sie in Frieden nach Hause zurück. Satan aber ergriff die Flucht, weil er eine solche Heiligkeit und himmlische Weisheit nicht ertragen konnte.

Joseph versank in traurige Gedanken. Satan, der die Hauptursache nicht kannte, wollte diese Gelegenheit benützen, Joseph zu beunruhigen. Er vermutete, die Ursache sei ein Verdruß mit seiner Gemahlin oder seine Armut. Er faßte beides ins Auge. Er flößte dem heiligen Joseph Mutlosigkeit ein. Er sollte wegen seiner Armut niedergeschlagen werden und sie mit Ungeduld oder Traurigkeit tragen. Auch stellte er ihm vor, daß Maria sich gar lange mit Gebet und geistlichen Übungen beschäftige und nicht arbeite. Das sei für arme Leute Müßiggang und große Sorglosigkeit. Joseph aber hatte ein zu gerades und edles Herz und besaß eine zu hohe Vollkommenheit, als daß er auf diese Einflüsterungen geachtet hätte. Überdies hätte die Betrübnis, die er wegen der Mutterschaft seiner Braut empfand, allein schon hingereicht, ihn alle andern Sorgen vergessen zu lassen. Wenn der Herr ihn auch kurze Zeit in diesen Sorgen ließ, so befreite Er ihn doch von der Versuchung Satans, und zwar auf die Fürbitte der seligsten Jungfrau. Maria bemerkte alles, was im Herzen ihres Bräutigams vor sich ging und bat ihren göttlichen Sohn, Er möge den Kummer Josephs über ihre Mutterschaft ein genügendes Opfer sein lassen und ihn von den übrigen Ängsten befreien.

Gott hatte in diesem langen, schweren Streit mit Luzifer gestattet, daß dieser mit allen seinen Legionen seine ganze Kraft und Bosheit erschöpfe, damit alle ganz und gar zermalmt, zertreten und überwunden würden und Maria einen Triumph über die Hölle erringe, wie kein anderes bloßes Geschöpf einen größeren je zu erringen vermöchte. Diese Scharen der Bosheit kamen nochmals insgesamt mit ihrem höllischen Aufrührer und stellte sich vor Maria. Mit unaussprechlicher Wut erneuerten sie alle Angriffe und Versuchungen, mit denen sie bisher nur der Reihe nach vorgerückt waren, auf einmal und zu gleicher Zeit. Maria blieb so unbeweglich, überlegen und ruhig, wie die ersten Chöre der Engel bleiben würden, wenn sie diese Lügen des bösen Feindes anhören müßten. Diesen Himmel, die heiligste Seele Mariä, konnte kein fremdartiger, ungehöriger Eindruck berühren oder trüben, obwohl der Drache seine ganze Bosheit gegen diese starke, unbesiegbare Frau in einem Strom von Schreckbildern, Drohungen, Schmeicheleien, Vorspiegelungen und Lügen losließ.

Am Ende dieses Kampfes erkannte Maria, daß sie nach dem Willen des Herrn von ihrer Macht und Autorität als Mutter Gottes Gebrauch machen und den Hochmut des Drachen erniedrigen und zertreten solle. Sie erhob sich also und sprach mit glühendem Eifer und sich mit unüberwindlicher

Kraft gegen die Teufel wendend: *„Wer ist wie der Herr unser Gott, der in der Höhe wohnt?"* (Ps 112, 5). Diese Worte sagte sie mehrere Male und fuhr dann fort: „Fürst der Finsternis, Urheber der Sünde und des Todes, im Namen des Allerhöchsten befehle ich dir, daß du verstummst. Samt deinen Dienern verweise ich dich in die höllischen Abgründe. Von dort sollt ihr nicht mehr herauskommen, bis der verheißene Messias euch zermalmt und überwindet oder euch herauszugehen gestattet!" Hierbei war Maria voll Licht und himmlischem Glanze. Der stolze Drache machte einen schwachen Versuch, sich zu widersetzen, allein Maria kehrte die ganze ihr verliehene Gewalt gegen ihn und überhäufte ihn mit um so größerer Schmach und Pein, als er sie vor allen andern bösen Geistern verdient hatte. Nun stürzten alle zusammen hinab und blieben im tiefsten Abgrund der Hölle gebannt. Als der Drache später zu neuem Kampfe gegen Maria zurückkehrte, wovon im 3. Teil ausführlich berichtet wird, besiegte ihn Maria so wunderbar, daß, wie ich erkannte, durch sie und ihren heiligsten Sohn der Kopf Luzifers ganz zertreten und er selbst ganz unfähig, schwach und kraftlos wurde, so daß, wenn die Menschen ihm nicht durch ihre eigene Bosheit Macht geben, sie mit Hilfe der göttlichen Gnade ihm ganz leicht widerstehen und ihn besiegen können.

Nun erschien der Herr Seiner heiligsten Mutter und verlieh ihr zum Lohn für diesen glorreichen Sieg neue Gaben und Gnaden. Auch ihre tausend Schutzengel und unzählige andere Engel erschienen ihr in körperlicher Gestalt und sangen neue Lieder zu ihrem und des Allerhöchsten Preis. In himmlischer Harmonie und mit lieblichen, vernehmbaren Stimmen sangen sie im Hinblick auf Judith, die ein Vorbild Mariä war: *„Ganz schön bist du Maria, heiligste Jungfrau und unsere Herrin. Kein Makel der Schuld ist an dir. Du bist die Herrlichkeit des himmlischen Jerusalem, du die Freude Israels, du die Ehre des Volkes des Herrn. Du verherrlichst*

Seinen heiligen Namen. Du bist die Fürsprecherin der Sün-
der und verteidigst sie gegen ihren stolzen Feind. O Maria, du
bist voll der Gnade und mit allen Vollkommenheiten ausge-
stattet!" Maria war voll Wonne und Jubel, pries den Urheber
alles Guten und schrieb alles Empfangene Gott zu. Darauf
wandte sie sich wieder der Sorge für ihren Bräutigam zu, wie
ich im vierten Buch erzählen werde.

Lehre der Himmelskönigin

Meine Tochter, die Seele darf sich nicht in eine Unterredung
mit den unsichtbaren Feinden einlassen. Wohl aber soll sie
ihnen im Namen des Allerhöchsten mit gebieterischer Kraft
befehlen, zu verstummen und beschämt von dannen zu gehen. Gegen die Bosheit des Drachen gibt es keine mächtigere
Waffe für den Menschen, als daß er ihm als Kind seines wahren Vaters im Himmel im festen Glauben seine Gewalt und
Überlegenheit zeigt. Seitdem Luzifer vom Himmel gefallen
ist, geht all sein Sinnen und Trachten dahin, die Seelen von
ihrem Schöpfer loszureißen und zwischen dem himmlichen
Vater und Seinen Adoptivkindern, zwischen dem Bräutigam
der Seelen und der Braut das Unkraut der Zwietracht zu
säen. Sieht er aber, daß eine Seele mit ihrem Schöpfer vereinigt und als ein lebendiges Glied ihres Hauptes Jesus Christus mutigen, starken Willens ist, dann bietet er alle seine
List und Bosheit auf, sie mit rasender, neidischer Wut zu verderben. Kommt er so nicht zum Ziel, und finden die Seelen
bei Gott unüberwindlichen Schutz, läßt er nach und erkennt
sich mit unvergleichlicher Qual als überwunden. Wenn die
geliebte Braut ihn mit Würde und Autorität verachtet und
wegjagt, dann ist kein Wurm, keine Ameise so schwach wie
dieser hochmütige Riese.

Ermutige und stärke dich mit dieser Wahrheit, wenn
Trübsale dich heimsuchen und schwere Versuchungen dich

wie Todesschmerzen umringen. So erprobt der Bräutigam die Treue Seiner Braut. Sie darf sich nicht mit Gefühlen begnügen. Ein Verlangen, das die Seele nichts kostet, ist kein hinreichender Beweis ihrer Liebe und Hochschätzung des Gutes, das sie zu lieben vorgibt. Dagegen sind Stärke und Standhaftigkeit im Leiden Zeichen wahrer Liebe. Willst du sie deinem Bräutigam beweisen und Ihn befriedigen, dann zeige dich um so unüberwindlicher, je mehr du betrübt und von menschlicher Hilfe verlassen bist. Vertraue auf deinen Gott und Herrn und hoffe sogar gegen die Hoffnung. Der sich Beschützer Israels nennt, schlummert und schläft nicht. Zur Zeit wird Er dem Wind und dem Meere gebieten und Ruhe schaffen.

Meine Tochter, sei sehr wachsam bei Beginn der Versuchung. Wenn sich die Seele gleich verwirren läßt und den Regungen des begehrenden oder zürnenden Seelenvermögens nachgibt, wird das Licht der Vernunft getrübt und verdunkelt, und sie kommt in Gefahr. Sobald der Satan bemerkt, welchen Staub er in den Seelen aufgewirbelt und welchen Sturm er erregt hat, erhält seine unersättliche Grausamkeit neue Nahrung. Er wird wütender und fügt Feuer zum Feuer, da er meint, die Seele habe niemanden, der sie aus seinen Händen befreie. Mit der steigenden Heftigkeit der Versuchung wächst auch die Gefahr, nicht zu widerstehen. Fürchte darum das erste Versäumnis. Darin darfst du nie sorglos sein. Bleibe bei jeder Versuchung in deinem Verhalten ruhig und setze in deinem Innern den süßen Verkehr mit Gott fort. Dem Nächsten gegenüber beobachte stets die schuldige Liebe, Milde und kluge Sanftmut. Durch Gebet und Bezähmung deiner Leidenschaften beuge der Unordnung vor, die der böse Feind in ihnen erregen möchte.

* * *

Ende des dritten Buches

Maria von Agreda

LEBEN DER
JUNGFRÄULICHEN GOTTESMUTTER MARIA

VIERTES BUCH

1. Der Kummer des heiligen Joseph

Im fünften Monat nach der Menschwerdung wurde Joseph wegen des Zustandes Mariä nachdenklich. Als sie eines Tages ihre Betkammer verließ, erlangte er größere Gewißheit. Sein Verstand konnte den Augen nicht streitig machen, was für diese offenbar war. Ein Schmerzenspfeil drang bis in sein Innerstes und verwundete sein Herz. Dem wußte er nichts entgegenzustellen. Er hegte *erstens* eine keusche, sehr aufrichtige und innige Liebe zu seiner Braut, der er von Anfang an sein Herz völlig geschenkt hatte. Ihr liebenswürdiger Verkehr und ihre unvergleichliche Heiligkeit hatten dieses Band noch fester geschlungen und ihn noch mehr an ihren Dienst gefesselt. Joseph hegte auch das natürliche Verlangen, daß Maria seine Liebe erwiderte. Der Herr fügte es so; denn Joseph sollte durch das Verlangen nach gegenseitiger Liebe desto besorgter im Dienst und in der Hochschätzung seiner Braut sein.

Dieser Pflicht entsprach er als treuester Bräutigam und als Verwalter eines Geheimnisses, das ihm selbst noch verborgen war. Je mehr seine Ehrfurcht und seine reine, heilige Liebe sich steigerte, desto mehr wuchs sein Verlangen nach Gegenliebe. Dies offenbarte er ihr aber nie aus Ehrfurcht vor ihrer demütigen Majestät und weil ihr heiliges Benehmen und ihre mehr als engelhafte Reinheit ihm die Sorge für sie nie lästig machte. – Nun aber war seine Seele von Schmerz durchbohrt. Obwohl er der Sache ganz sicher war, glaubte er doch in seinem Urteil nicht mehr, als was er seinen Augen nicht ableugnen konnte. Als heiliger und gerechter Mann hielt er sein Urteil zurück. Hätte er sich von einer Schuld seiner Braut überzeugen können, so wäre er wohl vor Schmerz gestorben.

Die Gewißheit, daß er an der Mutterschaft seiner Braut keinen Anteil habe, und daß deshalb die Schande unvermeidlich sein werde, war der *zweite* Grund für seinen Schmerz. Diese Besorgnis war für Joseph um so drückender, je edler und großmütiger sein Herz war und je besser er bei seiner Klugheit bemessen konnte, wie groß seine und seiner Braut Schande sein werde. Die *dritte* und peinlichste Ursache seines Schmerzes war die Gefahr, seine Braut ausliefern zu müssen, damit sie dem Gesetze gemäß gesteinigt werde. Dies war die Strafe für Ehebrecherinnen. Diese Erwägung waren seinem Herzen wie schmerzliche Dolchstiche, ohne daß er ein anderes Beruhigungsmittel fand als seine feste Überzeugung von der Unschuld seiner Braut. Da er keinen Ausweg finden konnte, auch nicht wagte, seinen Kummer jemanden zu eröffnen, war er wie von Todesschmerzen umringt.

Der Schmerz lähmte seine Seelenkräfte. Wollte sich sein Verstand Vermutungen hingeben, so schwanden sie wie das Eis vor der Sonne oder wie der Rauch im Winde, sobald er sich der erprobten Sittsamkeit seiner heiligen, klugen Braut erinnerte. Wollte er dem Gefühle seiner keuschen Liebe zu ihr Einhalt tun, so konnte er es nicht; denn er fand sie immer seiner Liebe würdig, und die ihm verborgene Wahrheit hatte mehr Kraft, ihn anzuziehen, als der täuschende Schein der Untreue, ihn abzustoßen. So konnte dieses Band, für dessen Festigkeit die Wahrheit, Vernunft und Gerechtigkeit als ebenso viele verlässige Bürgen einstanden, nicht zerreißen. Joseph hielt es nicht für schicklich, sich Maria gegenüber auszusprechen. Ihr ernster, himmlisch demütiger Gleichmut gestattete es ihm nicht. Ihr reines, heiliges Leben stimmte nicht überein mit dem, was er dem Scheine nach vermuten konnte. Solche Schuld war unvereinbar mit so großer Reinheit, Heiligkeit und vornehmer Zurückhaltung sowie mit allen Gnaden, an denen Maria jeden Tag sichtlich zunahm.

Joseph wandte sich betend an den Herrn: „Höchster Herr und Gott, meine Seufzer sind Dir nicht verborgen. Heftige Stürme bedrängen mich. Durch meine Sinne sind sie in mein Herz gedrungen und haben es verwundet. Ruhig habe ich dieses Herz meiner Braut geschenkt, die Du mir gegeben hast. Ich verließ mich auf ihre große Heiligkeit. Was ich aber an ihr sehe, erregt in mir peinliche Fragen und die Furcht, in meinen Erwartungen getäuscht zu sein. Niemand kann ihre hohe Tugend und Sittsamkeit in Zweifel ziehen. Doch kann ich auch nicht leugnen, daß sie Mutter ist. Urteilen, daß sie untreu war und Dich beleidigt habe, wäre angesichts so hoher Reinheit eine Vermessenheit. Leugnen, was die Augen mir bezeugen, ist unmöglich. Dagegen ist es wohl möglich, daß ich, falls hier nicht ein mir unbekanntes Geheimnis zugrunde liegt, vor Schmerz sterbe. Meine Vernunft spricht sie frei; mein Auge verurteilt sie. Sie selbst verbirgt mir die Ursache ihrer Mutterschaft, ich aber sehe sie. Was muß ich tun? Wir haben mit beiderseitiger Zustimmung Dir zu Ehren das Gelübde der Keuschheit abgelegt. Wäre es möglich, daß sie Dir und mir die Treue gebrochen, so wollte ich Deine Ehre verteidigen und Dir zuliebe auf die meinige verzichten. Aber wie kann sie so große Reinheit und Heiligkeit in allem bewahren, falls sie ein so großes Verbrechen begangen hätte? Warum verheimlicht sie mir die Sache, da sie doch so heilig und weise ist? Ich halte mein Urteil zurück und warte zu. Ich gieße aber mein betrübtes Herz vor Dir aus, o Gott Abrahams, Isaaks und Jakobs! Nimm meine Tränen als wohlgefälliges Opfer an. Haben meine Sünden Deinen Zorn verdient, so laß Dich, o Herr, durch Deine Milde und Güte bewegen und schaue auf meine Pein! Ich urteile nicht, daß Maria Dich beleidigt hat. Aber ebensowenig kann ich, da ich ihr Bräutigam bin, ein Geheimnis vermuten, dessen ich nicht würdig sein kann. Leite meinen Verstand und mein

Herz durch Dein göttliches Licht, damit ich erkenne und ausführe, was Dir am wohlgefälligsten ist."

In solchen Anmutungen und Bitten verharrte Joseph lange Zeit. Wenn er sich auch vorstellte, daß der Mutterschaft Mariä ein ihm unbekanntes Geheimnis zugrunde liege, so konnte er sich dessen doch nicht versichern. Daß sie die Mutter des Messias sein könnte, kam dem Heiligen nicht in den Sinn. Er wurde ruhelos von stürmischen Wogen hin- und hergetrieben. Dann fiel er vor Kummer und Mattigkeit in eine peinvolle Stille, und er konnte sich für keine Ansicht entscheiden, die ihm Sicherheit für sein Verhalten geboten hätte. Die Pein Josephs wurde so groß, daß sie ihm das Glück verdienen konnte, von Gott zu der ihm bestimmten ganz einzigen Bevorzugung befähigt zu werden. Seine unvergleichliche Klugheit und Heiligkeit hatten sich bewährt.

Im Lichte ihrer himmlischen Erkenntnis sah Maria alles, was im Herzen Josephs vorging. Sie war voll des zärtlichsten Mitleides. Dennoch sprach sie kein Wort über die Sache mit ihm. Aber sie diente ihm mit höchster Unterwürfigkeit und Sorgfalt. Joseph betrachtete sie, ohne etwas merken zu lassen, mit wachsender Besorgnis. Wenn nun Maria ihn bei Tisch und anderen häuslichen Beschäftigungen bediente, und dabei ihr Zustand deutlicher sichtbar werden mußte, überzeugte er sich mit stets wachsendem Schmerz von der Tatsache ihrer Mutterschaft. Seit seiner Vermählung hatte er sich von Maria ehren und bedienen lassen und in allem sein Ansehen als Gatte und Haupt gewahrt, doch mit größter Demut und Klugheit. Er glaubte nach dem Beispiel der Patriarchen, von dem man nicht abweichen dürfe, sich immer als Vorgesetzter zeigen zu müssen, damit die Frauen ihren Gatten untertänig und gehorsam blieben. Er hätte recht gehabt, wenn Maria eine Frau wie andere gewesen wäre. Aber trotz des Abstandes zwischen ihr und anderen war nie eine Frau so gehorsam, demütig und unterwürfig gegen ihren Gatten wie sie. Sie diente ihm mit

unvergleichlicher Ehrfurcht und Willigkeit. Obwohl sie wußte, daß er ihre Mutterschaft bemerkte und darüber bekümmert war, entzog sie sich doch keinem ihrer Geschäfte. Auch
bemühte sie sich nicht, ihre natürliche Mutterschaft zu verbergen; denn Umschweife, Verstellung oder Doppelsinnigkeit
vertrugen sich nicht mit ihrer Aufrichtigkeit und Wahrheits-
liebe noch mit der Großmut ihres edelsten Herzens.

Maria hätte zu ihrer Verteidigung das Zeugnis ihrer Base
Elisabeth und des Zacharias anführen und sich rechtfertigen
können, um Joseph von seinem Kummer zu befreien, ohne
ihm das Geheimnis in seiner ganzen Tiefe zu offenbaren.
Doch die Lehrerin der Demut und Klugheit tat nichts der-
gleichen, weil es diesen Tugenden widerstreitet, sich auf sich
selbst zu berufen und die Überzeugung von einer so geheimnisvollen Wahrheit auf eigenes Zeugnis zu stützen. Sie überließ alles der göttlichen Vorsehung. Aus Mitleid und Liebe
wünschte sie, ihren Bräutigam zu trösten und von seiner Pein
zu erlösen. Sie tat dies nicht durch Verheimlichung ihrer Mutterschaft noch durch Rechtfertigung ihrer selbst, sondern
durch größere Beweise ihrer Liebe und Unterwürfigkeit. Oft
diente sie ihm sogar auf den Knien. Solche Liebesbeweise
trösteten Joseph einigermaßen. Zugleich gaben sie auch Anlaß zu neuem Schmerz; denn sie waren ihm Ursache, Maria
hochzuschätzen und zu lieben, von der er nicht wußte, ob sie
gegen ihn gefehlt habe. Maria betete ständig für ihn und flehte, der Herr möge ihn gnädig anblicken und ihn trösten. Sich
selbst aber überließ sie ganz dem Willen Gottes.

Joseph konnte seine Pein nicht ganz verbergen. Manchmal
war er nachdenklich, traurig und unschlüssig und sprach in
seinem Schmerz mit Maria in einem etwas strengeren Ton.
Das rührte keineswegs von Unwillen oder Rachsucht her.
Solche Gefühle kamen nie in sein Herz. Maria aber veränderte ihre Mienen nicht und zeigte nie die geringste Verletzt-
heit darüber. Im Gegenteil, sie war nur umso mehr besorgt,

ihren Bräutigam zu trösten. Sie diente ihm bei Tisch, reichte ihm Speise und Trank, und nachdem sie dies mit unvergleichlicher Liebenswürdigkeit getan, befahl er ihr, sich zu setzen, und von Stunde zu Stunde konnte er sich von der Wahrheit ihrer Mutterschaft mehr überzeugen. Dieser ganze Vorgang war nicht nur für Joseph, sondern auch für Maria eine der schwersten Prüfungen, die beide zu bestehen hatten.

Der Herr gebot der seligsten Jungfrau nicht, das Geheimnis ihrer Mutterschaft zu verbergen. Er offenbarte ihr nicht einmal ausdrücklich Seinen Willen. Es scheint, daß Er alles der Weisheit und den erhabenen Tugenden Seiner auserwählten Braut überließ und anvertraute, indem Er sie in ihrem Handeln einzig auf ihre Tugend anwies, ohne ihr eine besondere Erleuchtung oder außergewöhnliche Gnade mitzuteilen. Die göttliche Vorsehung gab beiden nach Verhältnis Gelegenheit, die Tugenden und Gnaden, die sie ihnen verliehen hatte, durch heldenmütige Akte auszuüben. Gott hatte, menschlich gesprochen, Seine Freude an dem Glauben, der Hoffnung und der Liebe, der Demut und ruhigen Zuversicht, die diese unschuldigen Herzen inmitten solch schmerzlicher Prüfungen an den Tag legten. Um Seine Glorie zu vermehren, um der Welt dieses Beispiel von Heiligkeit und Klugheit zu geben, und um das Ihm so liebliche und wohlgefällige Flehen der heiligsten Mutter und ihres keuschen Bräutigams zu hören, stellte Er sich gleichsam taub, damit sie ihre Gebete wiederholten, und schob die Antwort auf, bis die rechte Zeit dazu gekommen war.

Lehre der Himmelskönigin

Meine Tochter, die Gedanken und Absichten des Herrn sind hoch und erhaben. Seine Vorsehung für die Seelen ist stark und lieblich und wunderbar in der Leitung aller, besonders Seiner Freunde und Auserwählten. Wenn die Menschen begreifen würden, mit welch liebevoller Sorgfalt der Vater der Erbarmungen sie lenkt und leitet, wären sie nicht so sehr um sich selbst bekümmert. Sie würden sich nicht so lästigen, unnützen, ja gefährlichen Sorgen hingeben, mit denen sie sich plagen, und an andere Geschöpfe hängen. Sie würden sich ruhig der unendlichen Weisheit und Liebe Gottes überlassen, der mit väterlicher Milde und Güte für alle ihre Gedanken, Worte und Werke und für alles, was ihnen zum Heile dient, Sorge trägt. Du mußt wohl verstehen: Von Ewigkeit her hat der Herr die Auserwählten aller Zeiten und Weltalter in Seinem göttlichen Geiste gegenwärtig. Mit der unüberwindlichen Macht Seiner unendlichen Weisheit und Güte bereitet und ordnet Er alle Heilsgüter für sie, damit sie zu dem von Ihm bestimmten Ziel gelangen.

Darum ist es so wichtig, sich von der Hand Gottes leiten zu lassen und sich ganz Seinen göttlichen Anordnungen zu fügen. Die Menschen kennen weder ihre Wege noch ihr Ziel, zu dem Er sie führt. In ihrer Unwissenheit sind sie unfähig, eine selbständige Wahl zu treffen. Überlassen sie sich aber ganz der göttlichen Vorsehung, erkennen sie Gott als ihren Vater und sich selbst als Seine Kinder und Geschöpfe an, dann ist Er ihr Beschützer, ihr Helfer und Lenker, und zwar mit solcher Liebe, daß Er dem Himmel und der Erde zeigen will, es sei Sein Amt und Seine Sache, die Seinigen zu leiten und alle zu lenken. Wäre Gott fähig, Schmerz und Eifersucht zu fühlen wie wir Menschen, so würde Er sie darüber empfinden, daß ein Geschöpf die Sorge für die Seelen mit Ihm teilen will, und daß die Seelen etwas ihnen Nötiges irgendwo anders suchen als bei Ihm. Was tut nicht ein Vater für seine Kinder, ein Bräutigam für seine Braut, ein Freund für den andern, ein Fürst für einen Günstling, den er liebt und ehren will. Das alles ist nichts im Vergleich zu der Liebe, die Gott für die Seinigen hegt, und zu dem, was Er für sie tun will und tun kann.

Im allgemeinen glauben die Menschen an diese Wahrheit,

aber niemand kann vollkommen begreifen, wie groß die Liebe Gottes ist und wie mächtig ihre besonderen Wirkungen in den Seelen sind, die sich ganz Seinem Willen übergeben. Es ist dir nicht möglich und auch nicht passend, meine Tochter, zu offenbaren, was du darüber weißt. Habe es aber stets vor Augen im Herrn. Er selbst sagt, daß Seinen Auserwählten kein Haar verloren gehe, weil Er sie alle gezählt habe. Er lenkt ihre Schritte zum Leben und hält sie ab von den Wegen des Todes. Er achtet auf ihre Werke, verbessert liebevoll ihre Fehler, kommt ihren Wünschen zuvor, denkt im voraus an ihre Sorgen, verteidigt sie in der Gefahr, erfreut sie in der Ruhe, stärkt sie im Streite, steht ihnen bei in der Trübsal. Durch Seine Weisheit bewahrt Er sie vor Täuschung, heiligt sie durch Seine Güte und stärkt sie in Seiner Macht. Als unendlicher Gott, dem niemand widerstehen und dessen Willen niemand hindern kann, führt Er aus, was Er kann, und Er kann alles, was Er will. Er will sich aber ganz dem Gerechten hingeben, der Seine Gnade besitzt und auf Ihn allein vertraut. Wer kann also erfassen, wie viele und wie große Güter Gott in ein Herz ausgießen wird, das auf ihren Empfang vorbereitet ist!

Verlangst du, meine Tochter, dieses hohe Glück zu erreichen, so folge mir nach. Bemühe dich sorgfältig, eine wahre Hingabe an die göttliche Vorsehung zu erlangen. Schickt sie dir Trübsal, Peinen und Mühen, so nimm sie an, ja umfange sie mit gleichmütigem Herzen, mit Seelenruhe, mit Geduld, mit lebendigem Glauben und mit Vertrauen auf die Güte des Herrn. Er wird dir immer geben, was das Sicherste und Geeignetste für dein ewiges Heil ist. Treffe in keiner Sache eine eigene Wahl, denn Gott weiß und kennt deine Wege. Verlasse dich auf deinen himmlischen Vater und Bräutigam, der dich mit treuester Liebe beschirmt. Achte auf meine Werke. Wisse: Nächst den Schmerzen, die ich um meinen göttlichen Sohn litt, habe ich in meinem ganzen Leben kein größeres Leid erduldet als das wegen der Trübsal meines Bräutigams.

2. Joseph will Maria verlassen

n seinem gewaltigen Kummer suchte Joseph zuweilen Beruhigung und Erleichterung, indem er sich selbst zu überreden trachtete, die Mutterschaft seiner Braut sei doch noch zweifelhaft. Doch diese Täuschung wurde immer unmöglicher. Einen anderen Beruhigungsgrund konnte er nicht entdecken. So hielt sein Zweifel nicht mehr stand. Er machte der Gewißheit Platz. Maria zeigte sich stets liebenswürdig und frei von jedem Unwohlsein. Ihre Schönheit, Gesundheit, Behendigkeit steigerten sich in jeder Beziehung; lauter Gründe zu erhöhter Unruhe für Joseph, neue Bande für seine keusche Liebe und für seinen Schmerz. Die peinigenden Gefühle bemeisterten ihn, und er gelangte zur vollen Überzeugung. Wohl war sein Geist dem Willen Gottes gleichförmig, aber das schwache Fleisch fühlte so heftigen Seelenschmerz, daß er gegen seine Traurigkeit keine Hilfe mehr fand. Seine Körperkräfte schwanden, obwohl es nicht zu einer eigentlichen Krankheit kam. Er wurde immer schwächer und magerte ab. Der Kummer seines Herzens zeichnete sich in seinem Antlitz. Da er alles für sich allein trug und auf keine Weise der Bedrängnis seines Herzens Luft machte, um Erleichterung zu finden, wurde sein Schmerz um so unheilbarer, je heftiger er wurde.

Nicht geringer war der Schmerz Mariä. Er war sehr groß. Aber auch die Großmut ihres edelsten Herzens war im Verhältnis noch größer als die Josephs. Darum verbarg sie ihre eigenen Peinen und zeigte nur die Sorgen, die ihr das Leid ihres Bräutigams bereiteten. Eifriger denn je diente sie ihm und pflegte seine Gesundheit. Doch war es ein unverletzliches Gesetz der Weisheit Mariä, alles mit größter Vollkommenheit zu verrichten. Da sie keine Weisung erhalten hatte, es zu offenbaren, verbarg sie ihr Geheimnis. Sie hätte ihren Bräutigam beruhigen können. Aber sie achtete und bewahrte das Geheimnis des himmlischen Königs. Sie sprach mit Joseph von seiner Gesundheit und fragte ihn, was sie für ihn tun solle. Sie bat ihn, er möge sich Ruhe und Erquickung gönnen. Es sei ratsam, die geschwächten Körperkräfte wieder herzustellen, um dann für den Herrn zu arbeiten. Joseph achtete auf alles, was Maria tat. Er fühlte die heiligen Wirkungen ihrer Worte und ihrer Gegenwart und sagte zu sich selbst: „Kann eine tugendhafte Frau, in der die Gnade des Herrn sich so deutlich kundgibt, mir eine solche Trübsal verursachen? Wenn ich sie entlasse oder selbst weggehe, verliere ich ihre teure Gesellschaft, all meinen Trost, mein Heim und meine Ruhe. Welches Gut könnte ich fern von ihr finden, das ihr gleich käme, welchen Trost, wenn sie ihn mir nicht bringt? Doch all dieses ist geringer zu werten als die Schande und die Nachrede, daß ich der Mitschuldige an einem Verbrechen gewesen sei. Die Zeit wird alles offenbaren, wenn ich auch jetzt die Augen verschließe und schweige. Sagen, ich sei der Vater, ist eine Lüge, die mein Gewissen und meinen guten Namen verletzte. Was soll ich tun? Das kleinere Übel wird sein, daß ich weggehe und vor der Geburt mein Haus verlasse; denn was sollte ich tun, wenn ich in meinem Hause ein Kind sähe, das nicht mein ist?"

Maria schaute mit großem Schmerz Josephs Entschluß, sie zu verlassen. Sie sagte darum ihren heiligen Engeln: „Selige Geister, Diener Gottes, der euch zu eurer Glückseligkeit erhoben hat, und durch dessen Güte ihr mich als Seine treuen Diener begleitet, ich bitte euch, stellt dem Herrn die Peinen meines Bräutigams vor. Bittet, daß Er ihn tröstet und ihn als wahrer Gott und Vater anblicke. Durch den Unendlichen, der

in meinem Schoße Mensch geworden ist, bitte und beschwö-
re ich euch, befreiet ihn ohne Verzug von seinen Peinen und
nehmet seinem Geiste den Entschluß, mich zu verlassen." Die Engel gehorchten alsbald und flößten dem Herzen Josephs viele heilige Gedanken ein. Sie überzeugten ihn aufs
neue von der Heiligkeit seiner Braut, daß Gott unbegreiflich
in Seinen Werken, geheimnisvoll in Seinen gerechten Urteilen, aber immer unendlich getreu gegen jene ist, die auf Ihn
vertrauen, und daß Er niemanden in der Trübsal verachtet
und verläßt.

Josephs verwirrtes Herz beruhigte sich. Doch der Gegenstand seiner Traurigkeit blieb unverändert, und er fiel bald
wieder in sie zurück und dachte aufs neue daran, seine Braut
zu verlassen. Maria glaubte, nun sei es notwendig, den Herrn
dringender um Hilfe zu bitten. Sie sprach zu ihrem göttlichen Sohne: „Herr, höchstes Gut meiner Seele, wenn Du es
mir erlaubst, will ich, obwohl ich Staub und Asche bin, in
Deiner königlichen Gegenwart sprechen und meine Seufzer
kundgeben, die Dir nicht verborgen sein können. Ich darf,
o mein Herr, in meiner Sorge um meinen Bräutigam nicht
nachlässig sein. Wie betrübt ist er durch die Fügung Deiner
Vorsehung! Es wäre herzlos, ihn in dieser Trübsal zu lassen.
Wenn ich Gnade in Deinen Augen finde, so flehe ich Dich an
durch die Liebe, die Dich bewog, zur Erlösung der Menschen
in den Schoß Deiner Magd zu kommen, tröste doch Deinen
Diener Joseph und bereite ihn, daß er zur Erfüllung Deiner
großen Werke beitrage. Deine Dienerin könnte ja wohl nicht
ohne Bräutigam sein, der sie beschützt. Laß nicht zu, mein
Herr und mein Gott, daß er seinen Entschluß ausführe und
mich verlasse."

Der Allerhöchste antwortete ihr: „Meine Taube, Meine
Freundin, bald werde ich Meinem Diener Joseph Trost brin-
gen und ihm durch einen Engel das Geheimnis kundtun.
Dann kannst du über alles, was Ich an dir getan, offen mit

ihm sprechen. Ich werde ihn mit Meinem Geiste erfüllen und ihn befähigen, dir in allem beizustehen." Maria war durch dieses Versprechen des Herrn gestärkt und getröstet. In tiefer Demut dankte sie Ihm, daß Er alles so weise geordnet habe. Sie erkannte auch den Segen dieser Trübsal für Joseph. Seine Seele war dadurch erprobt und für seine große Aufgabe erweitert und vorbereitet worden.

Schon zwei Monate hatte Joseph in dieser Trübsal zugebracht. Von Schwierigkeiten überwunden, sagte er sich: „Für meinen Schmerz gibt es kein Mittel, als daß ich fortgehe. Alles, was ich an meiner Braut sehe, bekundet ihre Heiligkeit, doch ist sie Mutter, und dieses Geheimnis verstehe ich nicht. Ich will ihrer Tugend kein Unrecht tun, indem ich sie zur Vollziehung des Gesetzes ausliefere. Ebensowenig kann ich die Geburt des Kindes abwarten. Ich will abreisen und mich der Vorsehung des Herrn überlassen." Er beschloß sein Fortgehen für die kommende Mitternacht und packte ein Kleid und etwas Wäsche zu einem Bündelchen zusammen. Er hatte auch ein wenig Geld erhalten, das man ihm für eine Arbeit schuldig war. Dann betete er zum Herrn: „Ewiger Gott unserer Väter Abraham, Isaak und Jakob, wahrer und einziger Schutz der Armen und Betrübten, Du kennst die Not meines Herzens. Auch weißt Du, daß ich an der Ursache dieser Pein keine Schuld habe, und welche Unehre und Gefahr mir droht wegen des Zustandes meiner Braut. Ich halte sie nicht für eine Ehebrecherin, doch ist sie Mutter. Woher und wie dies gekommen ist, weiß ich nicht. Darum kann ich mich nicht beruhigen, und ich bin entschlossen, dorthin zu gehen, wo mich niemand kennt. Deiner Vorsehung mich überlassend, will ich mein Leben in einer Wüste beschließen. Mein Herr und Gott, verlaß mich nicht; denn ich verlange nichts, als Dir zu Deiner Ehre zu dienen!"

Joseph warf sich zur Erde nieder und machte das Gelübde, einen Teil seines wenigen Reisegeldes im Tempel zu Jerusalem zu opfern, damit Gott Seine Braut Maria gegen die Verleumdungen der Menschen beschütze und vor allem Übel bewahre. So groß war die Rechtschaffenheit dieses Mannes Gottes, so groß seine Hochachtung vor Maria. Nach diesem Gebet wollte er ein wenig schlafen und dann gegen Mitternacht ohne Wissen seiner Braut sich entfernen. Im Traume geschah dann, was ich im folgenden Kapitel erzählen werde. Ruhig auf das Wort Gottes vertrauend, schaute Maria von ihrem Kämmerlein aus alles, was Joseph tat. Der Allmächtige zeigte es ihr. Als sie das Gelübde erkannte und das geringe Reisegeld und das ärmliche Päckchen sah, betete sie voll Mitleid aufs neue für ihn. Sie dankte Gott und pries seine Werke und die Weisheit Seiner Anordnungen, die hoch erhaben sind über die Gedanken der Menschen.

Der Herr hatte diesen bittersten Seelenschmerz Mariä und Josephs zugelassen wegen der Verdienste, die sie durch dieses lange Martyrium erwarben. Auch sollte die Wohltat des göttlichen Trostes nachher um so wunderbarer und köstlicher werden. War Maria auch unerschütterlich fest im Glauben und Vertrauen, daß Gott zur rechten Zeit in allem helfen werde, so wurde sie doch durch Josephs Entschluß aufs äußerste betrübt, da sie an die vielen Schwierigkeiten dachte, die nach dem natürlichen Gang der Dinge für sie erfolgen mußten, wenn sie allein und ohne Begleiter sein würde; denn man darf nicht alles auf wunderbarem, übernatürlichem Wege suchen. Alle diese beängstigenden Gedanken konnten Maria nicht hindern, die erhabensten Tugenden zu üben. Sie übte Großmut, indem sie die Trübsal, den Argwohn und den Entschluß Josephs ertrug. Sie übte Klugheit, indem sie das große Geheimnis nicht aus eigenem Antrieb offenbarte. Sie war verschwiegen, hielt sich als „starke Frau" zurück, obschon viele menschliche Gründe sie zum Reden hätten bewegen können. Sie übte Geduld, indem sie litt, Demut, indem sie den Argwohn Josephs ertrug. Noch viele andere Tugenden übte sie bei dieser Heimsuchung und lehrte uns, auch in den größten Trübsalen vom Allerhöchsten Hilfe zu erwarten.

Lehre der Himmelskönigin

Meine Tochter, nimm das Beispiel meines Schweigens zur Richtschnur deines Verhaltens bei außergewöhnlichen und geheimnisvollen Begnadungen des Herrn. Bewahre sie im Verborgenen deines Herzens. Scheint es dir auch zum Troste einer Seele nützlich, sie zu offenbaren, so entscheide nie darüber, ohne zuvor mit Gott und dann mit deinen Obern dich beraten zu haben. In diesen göttlichen Dingen darf man nicht nach menschlichen Gefühlen handeln. Die Leidenschaften und bösen Neigungen beeinflussen das Urteil des Menschen so stark, daß er als vorteilhaft betrachtet, was verderblich ist, und meint, er diene Gott, während er Ihn beleidigt. Die Augen von Fleisch und Blut sind nicht fähig zu unterscheiden, ob die inneren Regungen göttlich sind, d. h. von der Gnade kommen, oder menschlich, d. h. aus ungeordneten Neigungen entspringen. Wenn der Mensch nicht sehr erleuchtet und seinen Leidenschaften nicht abgestorben ist, kann er den Unterschied nicht erkennen und das Kostbare nicht vom Gemeinen sondern. Wenn ein zeitlicher, menschlicher Beweggrund mit unterläuft, schleicht sich gar oft die natürliche Eigenliebe ein, und die führt zu vielfachen Übereilungen.

Es gelte dir als allgemeine Regel, daß du außer deinem Seelenführer niemandem etwas offenbarst, wenn ich es dir nicht befehle. Da ich es auf mich genommen habe, deine Lehrerin zu sein, werde ich dir in allem Weisung und Rat erteilen, damit du nicht vom Willen meines heiligsten Sohnes abweichest. Behandle deine Gnaden mit Ehrfurcht. Benütze sie dankbar. Mich hat die Ehrfurcht vor dem mir anvertrauten Schatze zum Schweigen bewogen. Ich schwieg, obwohl ich meinem Bräutigam natürlicherweise verpflichtet war, ihn liebte und ihn von seiner Betrübnis zu befreien wünschte. Ich stellte den Willen des Herrn über alles und überließ Ihm diese Angelegenheit, die Er sich allein vorbehielt.

Lerne auch aus meinem Verhalten, dich nie zu entschuldigen, auch wenn du noch so unschuldig bist. Vertraue alles der Liebe des Herrn an. Laß Ihm die Sorge für deinen guten Namen. Versuche unterdessen jene, die dir Unrecht tun, durch Geduld, Demut, Liebeswerke und sanfte Worte zu überwinden. Urteile nie böse über andere, wenn auch der Augenschein dich dazu bewegen möchte. Die vollkommene aufrichtige Nächstenliebe lehrt dich, in vernünftiger Weise alles gut auszulegen und die Fehler anderer zu entschuldigen. In dieser Hinsicht hat Gott meinen Bräutigam als Muster aufgestellt. Niemand hatte mehr Anzeichen für einen Verdacht als er, und doch war niemand weiser im Zurückhalten seines Urteils. Nach den Gesetzen der umsichtigen heiligen Liebe ist es Klugheit, nicht aber Verwegenheit, da, wo die Schuld nicht sicher ist, sich eher auf höhere, unbekannte Gründe zu berufen, als den Nächsten zu beschuldigen. Ich gebe dir jetzt keine besonderen Lehren für die Verheirateten. Diese finden sich im ganzen Laufe meines Lebens. Aus obiger Lehre können alle Seelen Nutzen ziehen, obwohl ich zunächst deinen Nutzen im Auge habe, den ich mit besonderer Liebe verlange. Meine Tochter, führe meine Ratschläge und meine Worte des Lebens aus.

* * *

3. Ein Engel offenbart Joseph das Geheimnis der Menschwerdung

ifersucht ist ein so wachsamer Wecker, daß sie gar nicht zur Ruhe kommen läßt und den von ihr Erfüllten des Schlafes beraubt. Diese Qual empfand auch der heilige Joseph. Er erkannte die Heiligkeit und die unvergleichlichen Vorzüge seiner Braut vollkommen. Dem aber stellten sich Gründe gegenüber, die ihn zu nötigen schienen, auf den Besitz eines so großen Gutes zu verzichten. Sein Schmerz war größer als alles, was je ein Mensch in ähnlicher Lage erlitten hat; denn keiner konnte eine so klare Vorstellung von einem ihm drohenden Verlust haben wie er. Doch zwischen der Eifersucht und Angst dieses treuen Dieners Gottes und jener, die bei anderen Menschen vorkommt, besteht ein großer Unterschied. Die Eifersucht schließt außer der heftigen, feurigen Liebe auch eine große schmerzliche Sorge ein, das geliebte Gut nicht zu verlieren, sondern es zu bewahren. In leidenschaftlichen, unabgetöteten Personen bewirkt dieser Schmerz Zorn, Ingrimm, Neid, entweder gegen die geliebte Person oder gegen den Nebenbuhler. Es erheben sich Stürme der Einbildungen und des unbegründeten Verdachtes. Man wünscht und verabscheut, liebt und bereut. Zürnen und Begehren streiten beständig miteinander, ohne sich von der Vernunft oder der Klugheit leiten zu lassen. Diese Seelenpein verfinstert den Verstand, verkehrt die Vernunft und bannt die Klugheit.

In Josephs Seele fanden sich solche ungeordnete, sündhafte Neigungen nicht. Wegen seiner eigenen außerordentlichen Heiligkeit und wegen der Heiligkeit seiner Braut konnten sie in ihm nicht aufkommen. Ihm kam nie der Gedanke, sie

266

habe ihre Liebe einem andern geschenkt, den er beneiden oder mit Zorn hätte zurückweisen können. Die Eifersucht Josephs bestand nur in seiner großen Liebe, in einem bedingten Zweifel, ob seine keusche Braut seine Liebe erwidere. Bei einem solchen Eigentum, wie die Braut es ist, duldet man mit Recht keinen Teilhaber. Ruht die Liebe so auf gerechten Gründen, dann sind ihre Bande kräftig und stark, besonders wenn keine Unvollkommenheiten vorhanden sind, um die Bande zu brechen. Maria aber hatte in natürlicher und übernatürlicher Hinsicht nichts, was die Liebe ihres Bräutigams vermindert hätte. Vielmehr trug alles in ihr dazu bei, seine Liebe zu vermehren.

Nach dem Gebet war Joseph in Kummer eingeschlummert. Er hoffte, gegen Mitternacht zu erwachen. Maria flehte unterdessen um Hilfe. Sie wußte, daß nun im höchsten Schmerz die Zeit der Barmherzigkeit und des Trostes für Josephs betrübtes Herz nahe. Der Allerhöchste sandte den heiligen Erzengel Gabriel. Er redete zu Joseph im Schlafe, wie der Evangelist Matthäus sagt, und erklärte ihm das Geheimnis der Menschwerdung und Erlösung. Es ist mir aufgefallen, daß der Engel zu Joseph im Schlafe und nicht im wachen Zustande sprach, war doch das Geheimnis so erhaben und nicht leicht zu verstehen, zumal im Zustand der Traurigkeit.

Der *tiefste Grund* bei solchen Gnadeneinwirkungen des Herrn ist immer Sein göttlicher Wille, der in allem gerecht, heilig und vollkommen ist. Ich will auch noch einige besondere Gründe zur Belehrung anführen, wie sie mir mitgeteilt worden sind. Der *erste Grund:* Joseph besaß eine solche Fülle himmlischen Lichtes und hegte eine so hohe Meinung von Maria, daß keine stärkeren Mittel nötig waren, ihn von ihrer Würde und den Geheimnissen der Menschwerdung zu überzeugen. In wohlvorbereiteten Herzen bringen die göttlichen Einsprechungen leicht ihre Frucht hervor. Der *zweite Grund:* Josephs Verwirrung hatte durch Vermittlung der Sinne angefangen, als er die Mutterschaft seiner Braut gewahrte. Nachdem so die Sinne Anlaß zur Täuschung und zum Verdacht gegeben hatten, war es recht, daß sie dafür abgetötet und des Anblickes des Engels beraubt wurden und die Erkenntnis der Wahrheit nicht vermitteln durften. Der *dritte Grund:* Obwohl Joseph keinen Fehler begangen hatte, war er doch in Verwirrung. Infolgedessen waren seine Sinne wie gelähmt und für den Anblick und die sinnfällige Mitteilung des Engels wenig geeignet. Darum war es geziemend, daß ihm die Botschaft verkündigt wurde, während die Sinne, die vorher geärgert wurden, in ihrer Tätigkeit gehindert waren. Nach dem Erwachen reinigte und bereitete er sich durch zahlreiche Akte, um den Einfluß des Heiligen Geistes zu empfangen, den die Verwirrung verhindert hätte.

Daraus kann man auch erkennen, warum Gott zu den Altvätern öfter im Schlafe sprach als jetzt zu den gläubigen Kindern des Neuen Bundes. Jetzt offenbaren sich die Engel gewöhnlich sichtbar und sinnfällig. Ich erfuhr davon den tieferen Grund: Das größte Hindernis für den vertrauten Verkehr der Seele mit Gott und den Engeln sind die Sünden, auch die läßlichen, ja sogar die Unvollkommenheiten. Als aber das göttliche Wort Mensch wurde und mit den Menschen verkehrte, wurden ihre Sinne gereinigt. Unsere Seelenkräfte werden noch täglich gereinigt und geheiligt durch den würdigen Empfang der heiligen Sakramente, die ja sinnlich wahrnehmbar sind. Sie erhöhen und verfeinern gewissermaßen unsere Sinne und befähigen ihre Tätigkeit zur Aufnahme der göttlichen Gnadeneinflüsse. Dieses Vorrecht vor den Gläubigen des Alten Bundes verdanken wir dem Blute unseres Herrn Jesus Christus. Seine Kraft heiligt uns in den Sakramenten, und durch diese empfangen wir die Wirkungen ganz besonderer Gnaden. Einzelne vermitteln auch ein unauslöschliches Merkmal, das ihre Träger von andern unterscheidet und zu den erhabensten Bestimmungen befähigt.

Wenn aber der Herr manchmal im Schlafe gesprochen hat und jetzt noch spricht, so schließt Er dabei die Tätigkeit der Sinne aus und bezeichnet sie damit als unfähig und untauglich, zur geistlichen Hochzeit einzugehen, d. h. zur Mitteilung Seiner Gnadeneinflüsse.

Soll eine Seele fähig sein, die verborgenen Gnadenwirkungen des Herzens zu empfangen, *so muß sie nicht nur rein von Sünden und mit Verdiensten und Gnaden geziert sein, sondern sich auch in Ruhe und ungestörtem inneren Frieden befinden.* Ist die Harmonie der Seelenvermögen gestört wie beim heiligen Joseph, dann sind sie für die zarten göttlichen Einwirkungen der Heimsuchungen und Tröstungen des Herrn nicht empfänglich. Daneben aber bleibt bestehen, daß die Seele im Zustand der Pein und Trübsal sich große Verdienste erwerben kann. Im Leiden findet ein mühevoller Kampf mit der Finsternis statt. Im Zustand des Trostes dagegen ruht man friedlich im Besitz des Lichtes. Mit diesem verträgt sich der Anblick der Finsternis nicht, wäre es auch nur, um diese zu verscheuchen. Doch auch mitten im Kampf der Versuchungen, der dem Schlafe oder der Nacht gleicht, pflegt man die Stimme des Herrn zu vernehmen, wenn Er durch die Engel redet.

Joseph hörte und verstand alles, was der Erzengel Gabriel ihm sagte. Er solle sich nicht fürchten, bei Maria zu bleiben; denn was in ihr erzeugt worden, sei vom Heiligen Geiste. Sie werde einen Sohn gebären, dem solle er den Namen Jesus geben. Dieser werde Sein Volk erlösen. Er werde die Prophezeiung des Isaias erfüllen: „Eine Jungfrau wird empfangen und einen Sohn gebären, und Sein Name wird sein Emmanuel, Gott mit uns!" Joseph sah den Engel nicht in sinnfälliger Gestalt. Er hörte nur die innere Stimme und verstand das Geheimnis. Aus den Worten des Engels geht auch hervor, daß Joseph dem Entschlusse nach Maria schon verlassen hatte, weil der Engel ihm gebot, Maria zu sich zu nehmen.

Als Joseph erwachte, besaß er die vollkommene Erkenntnis des ihm geoffenbarten Geheimnisses. Er wußte jetzt, daß seine Braut in Wahrheit Mutter Gottes sei. Schwankend zwischen der Freude über sein unerwartetes Glück und dem neuen Schmerz wegen seines Verhaltens, warf er sich zur Erde nieder. In Verwirrung erweckte er heldenmütige Akte der Demut und Hingabe. Er dankte dem Herrn, daß Er ihn zum Bräutigam der Gottesmutter erhoben habe, da er doch nicht würdig sei, ihr Diener zu sein. Durch diese Tugendakte wurde der Geist Josephs wieder klar, ruhig und für die Mitteilungen des Heiligen Geistes empfänglich. Die überstandenen Zweifel aber hatten in ihm tiefe Fundamente der Demut gelegt, deren er für die Ausführung seiner Aufgabe bedurfte. Die Erinnerung an dieses Ereignis diente ihm sein ganzes Leben lang zur Belehrung.

Nachdem Joseph sein Gebet verrichtet hatte, machte er sich selbst Vorwürfe und sprach: „O meine himmlische Braut, vom Allerhöchsten zu Seiner Wohnung auserwählt, zu Seiner Mutter! Wie habe ich unwürdiger Diener mich erkühnt, deine Treue in Zweifel zu ziehen? Wie konnte ich mich von der Königin des Himmels bedienen lassen? Warum habe ich nicht den Boden geküßt, den deine Füße berührten? Warum habe ich dir nicht auf den Knien gedient? Wie darf ich es wagen, meine Augen zu dir zu erheben, in deiner Gesellschaft zu sein, mit dir zu sprechen? Ewiger Herr und Gott, gib mir Gnade und Stärke, sie um Verzeihung zu bitten. Bewege ihr Herz, daß sie mich nicht verachtet, wie ich es verdiene. Jetzt erkenne ich meine Schuld! Wehe mir! Maria ist voll des Lichtes und der Gnade. Sie trägt in sich den Urheber des Lichtes. Alle meine Gedanken werden ihr also offenbar sein. Da ich sie verlassen wollte, so ist es wohl Verwegenheit, ihr unter die Augen zu kommen. Ich erkenne meinen schweren Irrtum, da ich unwürdige Gedanken hegte und an ihrer treuesten Gegenliebe zweifelte. Wie groß wäre nun mein Unglück, wenn ich meinen Entschluß ausgeführt hätte! Ich gehe jetzt zu meiner Herrin und Braut, auf ihre sanfte Milde vertrauend. Ich werde sie auf den Knien um Verzeihung bitten, damit Du, mein Herr und Gott, ihretwegen mich als Vater ansiehst und mir meinen großen Fehler verzeihst."

Joseph trat ganz verändert, überaus glücklich und doch voller Erwartung aus seinem Gemach. Da Maria noch in ihrem Kämmerlein weilte, wollte er sie von ihrer geistigen Beschauung nicht aufwecken, bis sie es selbst wollte. Unterdessen band er sein Bündelchen auf und vergoß dabei viele Tränen. Er begann aus Ehrfurcht gegen seine Braut den Boden des ganzen Hauses zu reinigen, den ihre heiligsten Füße betreten sollten. Dann verrichtete er noch andere kleine Arbeiten, die er Maria überlassen hatte, als er ihre Würde noch nicht kannte. Er beschloß, ihr Diener zu sein und ihr die Stellung der Herrin anzuweisen. So fand seit diesem Tage zwischen beiden ein wunderbarer Wettstreit statt, wer dienen und sich mehr erniedrigen dürfe. Maria sah alles, was mit Joseph vorging. Kein Gedanke, keine Bewegung blieb verborgen. Als es Zeit war, ging Joseph zum Kämmerlein Mariä. Sie erwartete ihn mit Sanftmut, Freundlichkeit und Anmut.

Lehre der Himmelskönigin

Meine Tochter, lobe den Herrn, da du die wunderbare Ordnung Seiner Weisheit erkannt hast, in der Er Seinen Dienern und Auserwählten Trost und Trübsal sendet. Immer handelt Er weise und gütig und in der Absicht, sie zu größerem Verdienst und höherer Glorie zu führen. Noch eins sollst du lernen: *Bewahre immer die Ruhe und den Frieden deines Herzens.* Durch keine Verwirrung darfst du sie dir rauben oder stören lassen, was immer dir auch begegnen mag. Joseph, mein Bräutigam, soll dir als Beispiel dienen. Gott will nicht, daß die Seele durch Trübsal verwirrt werde, sondern daß sie Verdienste erwerbe. Er will nicht, daß sie niederge-schlagen werde, sondern daß sie durch Erfahrung lerne, wie-viel sie mit der Gnade vermag. Zwar pflegen die Sturmwinde der Versuchungen das Schifflein der Seele zum Hafen grö-ßeren Friedens und höherer Erkenntnis Gottes hinzutreiben. Die Verwirrung kann ihr zu besserer Selbsterkenntnis und größerer Demut verhelfen. Wenn die Seele aber nicht zur in-nersten Ruhe zurückkehrt, so ist sie nicht fähig, daß der Herr sie besuche, sie rufe und zu Seinen Tröstungen erhebe. Er kommt nicht im Sturmwind, und die Seele kann die Strahlen dieser erhabenen Sonne der Gerechtigkeit nicht aufnehmen, solange sie nicht ruhig und klar ist.

Ist nun schon der Mangel an Ruhe ein so großes Hindernis für den innigen Verkehr mit Gott, so sind es die Sünden noch weit mehr. Du darfst von deinen Seelenkräften keinen Ge-brauch machen, der diesen Lehren widerstreitet. Weil du den Herrn so oft beleidigt hast, rufe zu Seiner Barmherzigkeit. Wasche dich mehr und mehr in deinen Tränen, eingedenk, daß du verpflichtet bist, deine Seele als eine ewige Wohnung des Allerhöchsten in Reinheit und Ruhe zu erhalten. Deine Seele und deine Sinne sollen einem gut gestimmten Musik-instrument ähnlich sein und eine liebliche, angenehme Me-lodie bilden. Je vollkommener nun der Einklang ist, desto größer ist auch die Gefahr, daß er gestört werde. Schon die verdorbene Luft der irdischen Dinge reicht hin, die Seelen-kräfte zu verstimmen, zu verwirren und anzustecken. Wache beständig über dich selbst und beherrsche deine Seelenkräf-te und ihre Tätigkeiten. Sollten manchmal Mißtöne die Har-monie verderben, so suche das göttliche Licht wiederzufin-den. Nimm es ohne Furcht und Schwanken auf, und, von ihm geleitet, tue, was das Vollkommenste und Reinste ist. Dafür gebe ich dir meinen heiligen Bräutigam Joseph zum Vorbild. Er hat ohne Zögern und Mißtrauen dem Engel geglaubt und mit bedingungslosem Gehorsam seinen Befehl ausgeführt.

Dadurch verdiente er große Belohnungen und zu hoher Würde erhoben zu werden. Wenn er sich so tief verdemütigte, obwohl er nicht sündigte, sondern sich nur durch scheinbare Gründe hatte verwirren lassen, wieviel mehr mußt du, ein armes Würmchen, in dich gehen, bis zum Staube dich erniedrigen und deine Nachlässigkeiten und Sünden beweinen, bis der Allerhöchste dich wieder als Vater und Bräutigam ansieht!

* * *

4. Maria tröstet ihren Bräutigam

Joseph wartete, bis Maria ihre Betrachtung beendet hatte. Dann öffnete er die Tür ihres Gemaches, warf sich ihr zu Füßen und sagte in tiefer, ehrfürchtiger Demut: „Meine Herrin und Braut, Mutter des ewigen Wortes, sieh mich hier zu deinen Füßen! Verzeihe mir meine Verwegenheit aus Liebe zu Gott, unserm Herrn, den du in deinem jungfräulichen Schoße trägst. Ich weiß, daß keiner meiner Gedanken vor deiner Weisheit und himmlischen Erleuchtung verborgen ist. Ich war verwegen, als ich mich entschloß, dich zu verlassen. Bis jetzt habe ich dich als meine Untergebene behandelt, anstatt dir als Mutter meines Herrn und Gottes zu dienen. Du weißt, daß es aus Unwissenheit geschah, da ich das Geheimnis des Königs und deine hohe Würde nicht kannte, obwohl ich in dir andere Gaben des Allerhöchsten verehrte. Ich bin in mich gegangen und biete Herz und Leben deinem Dienste an. Ich werde mich nicht erheben, bis ich weiß, daß du mir verziehen hast und du mir dein Wohlwollen und deinen Segen wieder zuwendest."

Maria freute sich herzlich im Herrn, daß Joseph nun die Geheimnisse der Menschwerdung erkannt hatte und sie mit so lebendigem Glauben, so tiefer Demut bekannte und verehrte. Anderseits war sie betrübt wegen seines Entschlusses, sie in Zukunft mit jener Ehrfurcht und Unterwürfigkeit zu behandeln, zu der er sich anbot; Maria glaubte, Gelegenheiten zum Gehorsam und demütigen Dienen zu verlieren. Sie betrübte sich wie jemand, der sich plötzlich außer Besitz eines Edelsteines oder eines hochgeschätzten Kleinodes sieht. Sie ließ ihren Bräutigam aufstehen. Sie selbst warf sich ihm zu Füßen, was er verhindern wollte, aber nicht konnte, da Maria in ihrer Demut unbesiegbar war. Sie sprach: „Mein Bräutigam, ich bitte um Verzeihung! Vergib mir die bitteren Peinen, die du meinetwegen gelitten hast. Vergiß diesen Kummer, da der Allerhöchste deine sehnlichen Wünsche und deine Peinen gnädig angenommen hat."

Um Joseph zu trösten, nicht aber um sich zu entschuldigen, fügte Maria hinzu: „Das Geheimnis der Menschwerdung in mir konnte ich, obwohl ich es gern getan hätte, nicht auf mein eigenes Urteil hin mitteilen. Als Dienerin des Allerhöchsten mußte ich Seinen vollkommenen, heiligen Willen abwarten. Ich habe geschwiegen, nicht weil ich dich etwa nicht als meinen Herrn und Bräutigam hochachtete. Ich bin und werde immer deine treue Dienerin sein. Aber ich bitte dich um des Herrn willen, den ich in meinem Schoße trage, ändere doch nicht dein bisheriges Verhalten gegen mich. Der Herr erhob mich nicht zu Seiner Mutter, damit ich bedient werde und Herrin sei in diesem Leben, sondern damit ich allen diene und auch dir als Dienerin gehorche. Das ist meine Aufgabe. Ohne sie würde ich in Betrübnis und Trostlosigkeit leben. Die Gerechtigkeit verlangt, daß du mir diesen Trost gibst. Gott hat es so angeordnet. Er verlieh mir deinen Schutz und deine Fürsorge, damit ich mit deiner Hilfe meinen Gott und Herrn ernähren könne." So tröstete und beruhigte Maria ihren Bräutigam. Dann stand sie vom Boden auf.

Da Maria nicht nur voll des Heiligen Geistes war, sondern auch als Mutter das ewige Wort in sich trug, von dem der Heilige Geist ausgeht wie vom Vater, so erleuchteten ihre Worte Joseph außerordentlich. Daher sprach er im Geiste erneuert und von Eifer erglüht: „Gebenedeit bist du, o Herrin, unter allen Frauen, glückselig unter allen Nationen und Geschlechtern. Der Schöpfer Himmels und der Erde sei mit ewigem Lobe gepriesen, weil Er von der Höhe Seines königlichen Thrones herab dich angesehen und zu Seiner Wohnung erwählt hat. In dir allein hat Er die alten Verheißungen erfüllt, die Er unsern Vätern und den Propheten gegeben hat. Alle Geschlechter mögen dich preisen, weil Er an niemandem Seine Größe so gezeigt hat wie an dir, Seiner demütigen Dienerin, und weil Er mich, den geringsten der Sterblichen, in Seiner Güte zu deinem Diener erwählt hat." Joseph war vom Heiligen Geiste erleuchtet wie Elisabeth, da sie auf den Gruß Mariä antwortete. Nur war die Erkenntnis Josephs noch wunderbarer, wie es sich für sein Amt und seine Würde geziemte. Maria antwortete mit ihrem Magnifikat und fügte einiges hinzu. Dabei wurde sie ganz entflammt und in eine sehr hohe Entzückung versetzt. Von einer strahlenden Lichtkugel umgeben, schwebte sie ganz verklärt über die Erde, wie wenn sie mit den Gaben der Glorie ausgerüstet gewesen wäre.

Joseph geriet in Verwunderung und war voll unaussprechlicher Freude. Noch nie hatte er seine gebenedeite Braut in solch strahlender Herrlichkeit gesehen. Nun war ihm auf einmal die unversehrte Reinheit Mariä sowie das Geheimnis ihrer Würde noch klarer geoffenbart. Er schaute in ihrem jungfräulichen Schoße die heiligste Menschheit des göttlichen Kindes und die Vereinigung der beiden Naturen in der Person des Wortes. Mit demütiger Ehrfurcht betete er das Kind an, bekannte es als seinen Erlöser und opferte sich ihm mit heroischen Liebesakten auf. Der Herr aber sah Joseph mit Güte und Milde an und verlieh ihm das Amt und den Titel eines Nährvaters. Dazu spendete er ihm eine Fülle von Weisheit und himmlischen Gaben. Ich will nichts weiteres darüber mitteilen, weil der Zweck dieser Geschichte es nicht erfordert.

Es war ein Beweis von Seelengröße und erhabener Heiligkeit, daß Joseph in jenem Kummer nicht unterlag und nicht

starb. Noch wunderbarer aber ist es, daß die ihn nun über-
strömende Freude ihn nicht überwältigte. Er erhielt einen
solchen Zuwachs an Gnadengaben, daß er ihn nicht hätte
erleben können, wenn Gott sein Herz nicht erweitert hätte.
Damit er seine Verpflichtungen im Dienste Mariä vollständig erfasse, wurde ihm zu erkennen gegeben, daß ihm all
diese Gaben und Wohltaten Gottes durch Maria und wegen
Maria zukamen. Er erkannte die unvergleichliche Klugheit,
mit der Maria ihn behandelt hatte. Mit unverletzlichem Gehorsam und tiefer Demut hatte sie ihm gedient, ihn in seiner
Trübsal getröstet und für ihn um den Beistand des Heiligen
Geistes gefleht und ihn auf Seine Mitteilungen vorbereitet.
Wie Maria das Werkzeug bei der Heiligung des Vorläufers
und dessen Mutter gewesen war, so war sie es auch für die
noch größeren Gnadenfülle des heiligen Joseph. Dies alles
erkannte er und er entsprach dieser Erkenntnis vollkommen.

Diese und viele andere große Geheimnisse haben die
Evangelisten nicht erwähnt, weil Maria und Joseph sie niemandem offenbarten, teils weil die heiligen Schreiber die
Aufgabe hatten, das Leben Christi zu berichten und die Erwähnung dieser Gnadenwunder nicht notwendig war. Die
neue Kirche und das Gesetz der Gnade sollten sich durch
den Glauben an Christus verbreiten. Mit Rücksicht auf die
Heiden war die Erwähnung jener Wunder wahrscheinlich
nicht ratsam. Die wunderbare Vorsehung Gottes hatte sich
diese Geheimnisse vorbehalten, um Neues und Altes aus ihrem Schatze hervorzubringen zu einer Zeit, die die göttliche
Weisheit als die gelegenste vorhersah. Dann sollten die Gläubigen in neuem Lichte erkennen, welch liebevolle Mutter und
mächtige Fürsprecherin sie im Himmel haben. Ob diese betrübten Zeiten für die Kirche gekommen sind, mögen uns
ihre Tränen und Trübsale sagen. Diese waren nie größer als
jetzt, da ihre eigenen Kinder, die sie an der Brust genährt hat,
sie betrüben, sie verwüsten und die Schätze des Blutes ihres

Bräutigams mit größerer Grausamkeit verschleudern als die geschworenen Feinde. Während aber diese Not der Kirche um Hilfe ruft, während das Blut ihrer Kinder, das vergossen wird, und noch mehr das Blut unseres Hohenpriesters Jesus Christus, das unter dem Vorwand der Gerechtigkeit vielfach entweiht und mit Füßen getreten wird, zum Himmel schreit, was tun da die gläubigen, bestkatholischen, standhaftesten Kinder dieser betrübten Mutter? Warum schweigen sie so lange? Warum rufen sie nicht zu Maria, um ihre Gnade zu erwerben? Was Wunder, wenn die Gnade ausbleibt, da wir sie nicht suchen, wenn wir Maria nicht als die wahre Mutter Gottes anerkennen. Ich bekenne es, große Geheimnisse sind in dieser „Stadt Gottes" enthalten, und wir verkündigen sie mit lebendigem Glauben. Sie sind so groß, daß deren vollständiges Verständnis erst nach der allgemeinen Auferstehung stattfindet. Die Heiligen werden sie in Gott schauen. Unterdessen mögen die frommen und gläubigen Herzen die Güte Mariä beachten, die einige dieser Geheimnisse durch ein höchst geringes Werkzeug enthüllt, das in seiner Schwäche und Verzagtheit nur durch den wiederholt kundgegebenen Willen und Befehl der gütigsten Mutter ermutigt wird.

Lehre der Himmelskönigin

Meine Tochter, mein Leben soll dir als Spiegel für das deine dienen. Meine Werke seien deine unverletzliche Richtschnur. Darum erkläre ich dir nicht nur die Geheimnisse, die du niederschreiben sollst, sondern noch viele andere, die du nicht veröffentlichen kannst, weil sie in deinem Herzen verborgen bleiben müssen. Als gehorsame, sorgfältige Schülerin vollbringe eifrig das Befohlene. Zum Muster diene dir die demütige Sorgfalt meines Bräutigams sowie seine Unterwürfigkeit und Hochachtung gegen die göttlichen Erleuchtungen. Um sein Herz zum schnellen Vollbringen des göttlichen Willens bereit zu finden, hat ihn der Allerhöchste durch eine Gnadenfülle vollkommen umgewandelt und erneuert. So muß bei dir die Erkenntnis deiner Fehler bewirken, daß du demütig und unterwürfig werdest, nicht aber, daß du unter dem Vorwand der Unwürdigkeit den Herrn hinderst, sich deiner nach Seinem Wohlgefallen zu bedienen.

Nun höre, worüber der Allerhöchste gerechte Klage führt, und warum Er über die Menschen sehr erzürnt ist. Du wirst dies im göttlichen Lichte besser verstehen, wenn du dabei die Demut und Sanftmut ins Auge fassest, die ich meinem Bräutigam gegenüber geübt habe. Der Herr klagt und auch ich klage über die *unmenschliche Härte, die die Menschen durch ihr liebloses, hochfahrendes Wesen gegeneinander zeigen.* Darin sind dreierlei Versündigungen inbegriffen: *Erstens* die Menschen wissen, daß sie alle Kinder eines Vaters sind, der im Himmel ist. Sie wissen, daß sie die Werke Seiner Hände sind, die Er von einer und derselben Natur gebildet, freigebig ernährt und an einer Tafel mit den göttlichen Geheimnissen und Sakramenten, besonders mit Seinem eigenen heiligen Fleische und Blute, gespeist hat. Aber alles dieses vergessen sie, sobald es sich um einen elenden irdischen Vorteil handelt. Wie Menschen ohne Vernunft geraten sie in Aufregung und Zorn, gehen über zu Streit und Zwist, zu heimtückischem Verrat und übler Nachrede, manchmal sogar zu gottloser, unmenschlicher Rache und zu tödlichem Haß gegeneinander. *Zweitens:* Wenn sie aus menschlicher Schwachheit und Mangel an Abtötung oder, durch die Versuchung des Teufels verwirrt, in einen dieser Fehler gefallen sind, dann trachten sie nicht, ihn alsbald wieder gut zu machen und sich miteinander zu versöhnen als Brüder, die vor den Augen des gerechten Richters stehen. Sie wollen Ihn nicht als barmherzigen Vater haben, sondern fordern Ihn heraus als strengen Richter ihrer Sünden. Keine Sünde reizt Gottes Gerechtigkeit mehr als Haß und Rache. *Drittens:* Wenn manchmal einer sich mit seinem Bruder versöhnen möchte, so nimmt der andere die Versöhnung nicht an und verlangt für sich größere Genugtuung als jene ist, mit der Gott sich zufrieden gibt und mit der Er selbst die göttliche Majestät versöhnen will. Alle wollen, wenn sie reuevoll sich verdemütigen, daß Gott sie gnädig aufnehme und ihnen verzeihe. Sie selbst aber wollen sich an ihrem Bruder rächen und geben sich nicht mit dem zufrieden, was doch dem Allerhöchsten genügt, um ihnen zu verzeihen.

Daß die genannten Sünden in den Augen Gottes die abscheulichsten sind, zeigt dir der Nachdruck, mit dem Er das *Gebot der Feindesliebe* gegeben hat. Wir sollen unserem Bruder siebzigmal siebenmal verzeihen, d. h. unzählige Male. Denen, die es nicht tun, droht der Herr mit furchtbaren Strafen. „Wehe dem Menschen, durch den Ärgernis kommt. Es wäre ihm besser, daß er mit einem Mühlstein in die Tiefe des Meeres versenkt würde." Ein anderes Gebot meines heiligsten Sohnes sagt, daß man sich eher die Augen ausreißen und die Hände abhauen solle, als daß man Ärgernis gebe.

Meine Tochter, mit heißen Tränen solltest du die verderblichen Wirkungen dieser Sünde beweinen, die den Heiligen Geist betrübt, dem Satan stolze Triumphe verschafft, vernunftbegabte Menschen in Ungeheuer verwandelt und das Ebenbild ihres himmlischen Vaters in ihnen vernichtet. Du, meine Tochter, bewahre dein Herz vor dieser Pest. Denke nie, es sei ein unbedeutender Fehler, den Nächsten zu beleidigen und zu ärgern. Gottes Augen wiegen solche Fehler gar schwer. Lege deinem Mund Schweigen auf und setze eine starke Wache an alle deine Fähigkeiten und Sinne, um die Liebe gegen die Geschöpfe Gottes aufs strengste zu beobachten. Mache mir diese Freude, denn ich will, daß du in dieser Tugend ganz vollkommen seist. Nie darfst du etwas denken, reden oder tun, was eine Beleidigung deines Nächsten einschließt. Auch bei deinen Untergebenen darfst du sie nicht zulassen, noch bei andern deiner Umgebung. Als wirksames

Mittel und aufmunterndes Beispiel diene dir meine Demut und Sanftmut, die Frucht der aufrichtigen Liebe, mit der ich nicht nur meinen Bräutigam, sondern alle Kinder meines himmlischen Herrn und Vaters liebte. Ich betrachtete und schätzte sie als solche, die um einen hohen Preis erkauft sind. Belehre deine Schwestern, daß Gott zwar von allen schwer beleidigt wird, die dieses Gebot, das mein Sohn „Sein Gebot" und „ein neues Gebot" nennt, nicht erfüllen, daß aber Sein Zorn ohne Vergleich größer ist gegen die Ordensleute, die Er hierin schuldig findet. Trotzdem gibt es viele, die die Liebe ebenso zerstören wie die Weltleute und darum Gott verhaßter sind als diese.

* * *

5. Mariä und Josephs Demut

eitdem Joseph die Würde seiner heiligsten Braut und das Geheimnis der Menschwerdung in ihr erkannt hatte, war er ein ganz anderer Mann geworden, obwohl er immer sehr heilig und vollkommen gewesen war. Er beschloß, sich Maria gegenüber mit größter Ehrfurcht zu benehmen. Das entsprach der Weisheit des Heiligen und auch der Würde seiner Braut. Er war ihr Diener, sie aber die Königin des Himmels und der Erde. Durch himmlisches Licht erleuchtet, wußte er das wohl. Um die Mutter Gottes zu ehren, beugte er, so oft er mit ihr allein war, ehrfürchtig die Knie. Auch wollte er nicht mehr zulassen, daß sie ihn bediene und niedrige Arbeiten verrichte. Das alles wollte er selbst tun, um nicht gegen die Würde der Himmelskönigin zu verstoßen.

Maria aber, die Demütigste unter den Demütigen, konnte von niemandem an Demut übertroffen werden. Darum blieb die Palme der Demut in ihren Händen. Sie bat Joseph, die Knie nicht vor ihr zu beugen. Wenn diese Verehrung auch dem Herrn in ihrem Schoße gebühre, so könne man doch Seine Person noch nicht von der ihrigen unterscheiden, solange Er noch im Mutterschoße verborgen sei. Joseph fügte sich dem Verlangen seiner Braut. Nur wenn sie es nicht bemerkte, erwies er jene Ehre dem Herrn, auch ihr als Seiner Mutter, so wie es beiden gebührte. Auch wegen der Arbeiten entstand oft ein demütiger Wettstreit. Joseph konnte es nicht über sich bringen, sie Maria verrichten zu lassen. Er trachtete, ihr zuvorzukommen. Maria tat ihrerseits dasselbe. Doch während sie einsam dem Gebete oblag, fand Joseph Gelegenheit, manche dieser Arbeiten zu verrichten. So täuschte er ihr beständiges Verlangen, Dienerin zu sein. Maria wandte sich nun mit demütigen Klagen an den Herrn und bat ihn, Er möge ihren Bräutigam bewegen, sie nicht an der Übung der Demut zu hindern. Diese Tugend ist so überaus mächtig vor dem Throne Gottes, daß sie freien Zutritt hat. Eine Bitte, von ihr begleitet, ist nie gering. Sie macht alles groß und neigt den unveränderlichen Gott zur Güte. Er erhörte also die Bitte Mariä und verfügte, daß der Schutzengel Josephs innerlich zu ihm sprach: „Vereitle nicht die demütigen Wünsche jener, die über alle Geschöpfe Himmels und der Erde erhaben ist. In äußeren Dingen laß sie dir dienen. Im Innern jedoch hege die tiefste Ehrfurcht gegen sie. Bei jeder Gelegenheit verehre den menschgewordenen Sohn Gottes, der wie Seine Mutter kommen will um zu dienen, nicht um bedient zu werden, damit Er so der Welt die Wissenschaft des Lebens und die Erhabenheit der Demut lehre. Du kannst sie wohl in einigen Arbeiten unterstützen. Ehre in ihr immer den Herrn der Welt."

Nun überließ Joseph die demütigenden Beschäftigungen Maria. So hatten beide Gelegenheit, dem Herrn das Opfer ihres Willens darzubringen: Maria, indem sie in tiefster Demut gegen ihren Bräutigam Gehorsam übte; Joseph, indem er dem Allerhöchsten gehorchte mit kluger und heiliger Beschämung darüber, daß er von der Herrin des Weltalls und der Mutter Gottes bedient wurde. So ersetzte er die Übungen der Demut, die er seiner Braut überlassen mußte. Dies war ihm Ansporn, seine innere Ehrfurcht zu verdoppeln und in seiner Meinung sich noch tiefer zu erniedrigen. In Ehrfurcht betrachtete er Maria und in ihrem reinsten Schoße den Herrn, dem er Anbetung und Lobpreis darbrachte. Manchmal offenbarte sich ihm das göttliche Kind, um seine Heiligkeit und Ehrfurcht zu belohnen, oder um beides zu vermehren. Er sah Es dann im Schoße Seiner Mutter wie in einer kristallenen Monstranz. Seitdem Joseph über die erhabenen Geheimnisse der Menschwerdung erleuchtet war, sprach Maria mit ihm vertraulich darüber und war darin nicht mehr so zurückhaltend.

Keine menschliche Zunge vermag diese himmlischen Unterredungen wiederzugeben. Einiges will ich davon mitteilen. Wer wird die Gefühle erklären können, die in Joseph der Gedanke wecken mußte, daß er nicht nur Bräutigam der Mutter des Schöpfers sei, sondern daß sie ihm auch wie eine niedrige Magd diente, da er doch wußte, daß sie an Heiligkeit und Würde die höchsten Seraphim überragte und nur unter Gott stehe. Das Haus und die Person des Obededom hat Gott reichlich gesegnet, weil er die Lade des Bundes einige Monate bei sich aufgenommen hatte. Welche Segensfülle aber wird er dem heiligen Joseph verliehen haben, dem Er die wahre Bundeslade anvertraut hatte; ja, den Gesetzgeber selbst, der in ihr eingeschlossen war! Unvergleichlich war das Glück und die Seligkeit Josephs, weil er in seinem Haus die Arche des Neuen Bundes, den Altar, das Opfer und den Tempel würdig bewahrte als „treuer, kluger Diener, den der Herr über Seine Familie gesetzt hat". Alle Nationen, alle Geschlechter mögen ihn erkennen; denn an keinem hat der Allerhöchste getan, was Er an Joseph getan hat.

Das arme aber glückliche Haus Josephs hatte drei Gemächer. In dem einen schlief Joseph, in dem andern arbeitete er. Im dritten weilte Maria. Darin stand eine von Josephs Hand gezimmerte Bettstelle. Ehe Joseph die Würde seiner Braut erkannt hatte, trat er selten in ihr Gemach. Während sie in ihrem Kämmerchen allein war, blieb er bei seinen Arbeiten, außer wenn er sie bei seinen Geschäften um Rat fragte. Seitdem er aber das große Geheimnis kannte, war er aufmerksamer und fand seinen Trost darin, Maria oft zu besuchen und sie zu fragen, was sie begehre. Er nahte immer mit außerordentlicher Demut und Ehrfurcht. Oft fand er sie in Verzükkung über der Erde schwebend, von hellstem Lichtglanz umgeben, zuweilen in Gesellschaft ihrer heiligen Engel, dann wieder in Kreuzesform hingestreckt betend. So hatte Joseph teil an allen diesen Gnaden. Wenn er Maria in erhöhtem Zustand fand, wagte er nur, sie mit tiefer Ehrfurcht zu betrachten. Manchmal hatte er die Freude, die himmlische Musik der Engel zu hören und einen wunderbar süßen Wohlgeruch zu empfinden, der ihn stärkte und ganz mit geistlicher Freude erfüllte.

Maria und Joseph lebten allein in ihrem Hause ohne Dienstboten, wegen ihrer tiefen Demut, aber auch, weil es sich nicht geziemte, daß jemand Zeuge so großer Wunder sei. Maria verließ das Haus nur, wenn der Dienst Gottes oder das Wohl des Nächsten es forderte. Was für den Haushalt notwendig war, holte jene Nachbarin, die Joseph bedient hatte, als Maria bei Elisabeth weilte. Dieser Dienst wurde ihr so gut vergolten, daß sie zur Vollkommenheit und Heiligkeit gelangte und ihre ganze Familie durch den Schutz unserer Lieben Frau beglückt wurde. Maria war für diese Frau sehr besorgt. Sie pflegte sie in Krankheiten und überhäufte sie und ihre Familie mit himmlischen Segnungen.

Joseph sah seine heilige Braut nie schlafen. Er wußte nicht einmal aus Erfahrung, ob sie je schlief, obwohl er zuweilen bat, sie möge sich etwas Ruhe gönnen, besonders während ihrer heiligen Mutterschaft. Auf ihrer Bettstelle lagen zwei Decken, in die sie sich zu einem kurzen, heiligen Schlaf hüllte. Ihr Unterkleid war eine Tunika oder ein Hemd von einem Stoff wie Baumwolle, feiner als das gewöhnliche Tuch. Dieses Unterkleid legte sie nie ab, seitdem sie den Tempel verlassen hatte. Es nützte sich nicht ab und blieb stets ganz rein. Ihr Oberkleid war von grauer Farbe. Sie wechselte es nur dann und wann wie auch den Schleier. Maria wollte nicht merken lassen, daß sie immer im gleichen Stande blieben. Alles, was

Maria an ihrem jungfräulichen Leibe trug, blieb immer ganz rein. Sie schwitzte nicht und war von allen körperlichen Gebrechen der sündigen Adamskinder frei. Auch ihre Handarbeiten trugen den Stempel der Reinheit. Sie besorgte die Kleidung Josephs und was ihm sonst noch nötig war. Ihre Nahrung war sehr spärlich und einfach. Fleisch genoß sie nie. Für Joseph bereitete sie es. Ihre Speise waren Früchte, Fische, gewöhnliches Brot und gekochte Kräuter. Sie nahm von allem nur so viel, als für die Erhaltung des Lebens notwendig war. Ebenso hielt sie es mit den Getränken. Bezüglich der Menge der Speisen hielt sie immer dieselbe Ordnung ein.

Maria war in jeder Hinsicht von vollendeter Vollkommenheit. Keine Gnade mangelte ihr. Alle natürlichen und übernatürlichen Vorzüge besaß sie in höchster Vollendung. Es fehlen mir aber die Ausdrücke, dies zu beschreiben. Ich bleibe immer hinter dem zurück, was ich erkenne, und noch viel mehr hinter dem, was ein so erhabener Gegenstand in sich schließt. Ich bin immer in Sorge wegen meiner Unfähigkeit und fürchte, allzu verwegen zu sein, wenn ich fortsetze, was meine Kräfte so weit übersteigt. Doch der Gehorsam tut mir, ich weiß nicht welche, süße Gewalt an. Er lehrt mich, die Zaghaftigkeit zu überwinden, die mich ergreift, wenn ich die Größe des Werkes und die Armseligkeit meiner Sprache im rechten Licht betrachte. Ich arbeite im Gehorsam. Durch ihn strömen mir so viele Güter zu. Ihm wird es gelingen, mich zu rechtfertigen.

Lehre der Himmelskönigin

Meine Tochter, *strebe eifrig und sorgsam nach Demut.* Das sei dein erstes und letztes, wenn du dich auf die süßen Tröstungen des Herrn vorbereiten, Seiner Gnaden dich versichern und die Schätze Seines Lichtes genießen willst, das den Stolzen verborgen ist. Ohne die zuverlässige Bürgschaft der Demut können sie niemand anvertraut werden. Denke, wie du handelst, und handle, wie du denkst. Allen, die den Herrn zum Vater und Bräutigam haben, muß es zur Lehre dienen, daß Stolz und Eigendünkel bei den Kindern der Welt mehr vermögen als Demut und wahre Selbsterkenntnis bei den Kindern des Lichtes. Schaue auf die angestrengten Übungen, den unermüdlichen Fleiß hoffärtiger, anmaßender Menschen, wie sie miteinander wetteifern, wer in der Welt am meisten gelte, wie sie nie befriedigt sind mit ihren eitlen Ansprüchen, wie sie in Übereinstimmung mit der falschen Meinung handeln, die sie von sich selbst haben. Wie sie sich einbilden, was sie nicht sind. Obwohl sie es nicht sind, oder weil sie es nicht sind, arbeiten sie, um Güter zu erwerben, die zwar nur irdisch sind, die sie aber dennoch nicht verdienen. Für die Auserwählten aber ist es höchst beschämend, daß die Täuschung bei den Kindern des Verderbens mehr Macht hat als die Wahrheit; daß in der Welt so wenige im Dienste Gottes wetteifern mit jenen, die der Eitelkeit dienen, kurz, daß alle berufen, wenige aber auserwählt sind.

Bemühe dich, meine Tochter, in dieser Wissenschaft vor den Kindern der Finsternis die Palme zu erlangen. Beachte, was ich tat, um den Hochmut der Welt durch Demut zu überwinden. Versäume nie eine Gelegenheit zur Demut. Laß nicht zu, daß man sie dir entreißt. Fehlen aber die Gelegenheiten, so suche sie und erbitte sie dir von Gott. Er sieht mit Wohlgefallen auf solchen Eifer. Schon deswegen solltest du dich mühen, bist du ja Sein Kind, Seine Braut! Wie plagt sich eine Hausfrau, ihr Vermögen zu vermehren. Nichts ist ihr zu viel. Der kleinste Verlust geht ihr zu Herzen. Das lehrt die irdische Habsucht. Es ist nicht recht, daß die himmliche Weisheit unfruchtbarer sei. Benütze also jede Gelegenheit zur Demut, damit du Gnade findest, wie du es verlangst.

* * *

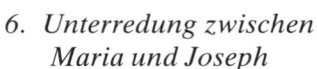

6. Unterredung zwischen Maria und Joseph

evor Joseph das Geheimnis der Menschwerdung erkannte, pflegte Maria ihm aus der Heiligen Schrift vorzulesen, besonders die Psalmen und die Propheten. Sie legte sie ihm aus. Joseph stellte manchmal Fragen. Die weisen Antworten seiner Braut erfüllten sein Herz mit Bewunderung und Trost und beide priesen abwechselnd den Herrn. Seitdem Joseph aber das Geheimnis der Menschwerdung kannte, sprach Maria mit ihm als dem auserwählten Gehilfen in den wunderbaren Geheimnissen unserer Erlösung. Mit größerer Deutlichkeit besprachen sie alle Prophezeiungen über die Empfängnis des ewigen Wortes durch eine jungfräuliche Mutter, über Seine Geburt, Seine Erziehung und Sein heiliges Leben. Unsere Liebe Frau sagte, was sie zu tun hätten. Nur über das Leiden und den Tod unseres Herrn und die Vorhersagungen des Isaias und Jeremias sprach sie weniger. Sie fand es nicht gut, ihren Bräutigam, der ein so weiches, zartfühlendes Herz hatte, schon im voraus durch diese Geheimnisse zu betrüben und ihm mehr darüber mitzuteilen, als er durch die Heilige Schrift darüber wissen konnte. Maria wollte warten, bis der Herr selbst dies Seinem Diener offenbarte oder ihr Seinen göttlichen Willen zu erkennen gebe.

Durch solche Unterredungen wurde Joseph von Liebe ganz entflammt. Unter Freudentränen sagte er: „Ist es möglich, Maria, daß ich in deinen keuschen Armen meinen Gott und Erlöser sehen und anbeten soll? Daß meine Augen Sein göttliches Antlitz erblicken werden und der Schweiß meines Angesichtes zu Seinem Unterhalt vergossen werden soll? Daß wir an Seinem Tische speisen und wir mit Ihm sprechen werden? Woher kommt mir dieses große Glück? Wie leid tut es mir, so arm zu sein! Hätte ich doch Paläste, Ihn darin aufzunehmen, und viele Schätze, sie Ihm anzubieten!" Maria antwortete ihm: „Es ist recht, daß sich deine liebevolle Sorge auf alles nur Mögliche zum Dienste unseres Schöpfers erstreckt. Doch dieser große Gott will nicht mit Reichtum, irdischer Pracht und Herrlichkeit in die Welt kommen. Er bedarf all dieser Dinge nicht und würde ihretwegen nicht vom Himmel auf die Erde niedersteigen. Er kommt nur, um die Welt zu retten und die Menschen auf die geraden Wege des ewigen Lebens zu leiten. Das geschieht durch Demut und Armut. Darum will Er in Demut und Armut geboren werden, leben und sterben, um aus den Herzen der Menschen die unheilvolle Hoffart und Habsucht zu verbannen. Deshalb hat Er unser armes Häuschen erwählt. Er will nicht, daß wir reich seien an scheinbaren, trügerischen, vergänglichen Gütern. Sie verfinstern den Verstand und hindern ihn, das Licht zu schauen."

Manchmal stellte Joseph an Maria die Bitte, ihn über die Tugenden, besonders über die Liebe zu Gott zu unterrichten. Sie entsprach seinen Bitten, beobachtete dabei aber stets eine so große Umsicht, daß sie nicht die Lehrerin zu sein schien. Sie gab diese Lehren in Form von Unterredungen oder in Gebeten zum Herrn, oder auch indem sie Fragen stellte. Diese Unterredungen sowie auch das Lesen der Heiligen Schrift waren von Handarbeiten begleitet. Wenn Maria Joseph durch Arbeit ermüdet sah, bezeigte sie ihm in Klugheit ihr Mitleid. Dann sprach sie zu ihm von dem *überreichen Segen der Arbeit*. Wenn Maria daran dachte, daß Joseph sie durch seiner Hände Arbeit ernährte, erachtete sie sich dessen nicht für würdig. Sie sah sich als seine Schuldnerin an, die verpflichtet sei, ihm für seiner Hände Arbeit zu danken. Sie konnte ihm zwar in seinem Handwerk nicht helfen. Allein in allen anderen Dingen diente sie ihm wie eine demütige Magd.

Als Maria ihr göttliches Kind noch unter dem Herzen trug, ereignete sich eines Tages folgendes. Eine Schar Vögel verschiedener Gattungen kam dahergeflogen, um der Königin und Herrin der Schöpfung ihre Huldigung darzubringen. Gleichsam einen Chor bildend, umgaben sie Maria und sangen ihr zu Ehren ihre Lieder. Dies war öfters geschehen, aber Joseph sah dies Wunder noch nie. Staunend fragte er: „Ist es möglich, daß die einfältigen Vögel, vernunftlose Geschöpfe, ihrer Pflicht besser nachkommen als ich? Wenn sie dich erkennen und verehren, so viel ihnen möglich ist, dann wird es billig sein, daß du auch mir gestattest zu tun, wozu die Gerechtigkeit mich verpflichtet." Maria antwortete: „Durch das, was die Vögelein des Himmels tun, spornt ihr Schöpfer uns an, unsere Kräfte und unseren Geist zu Seinem Lobe würdig zu gebrauchen, wie diese Tierchen es für ihren Gott in meinem Schoße tun. Ich aber bin nur ein Geschöpf. Darum gebührt nicht mir die Ehre. Ich darf sie nicht für mich annehmen. Ich muß jedoch sorgen, daß alle Gott loben, weil Er auf Seine Dienerin gesehen und mich mit den Schätzen Seiner Gottheit bereichert hat."

Nicht selten kam es vor, daß Maria und Joseph am nötigen Unterhalt Mangel litten. Mit dem Wenigen, das sie besaßen, waren sie gegen die Armen höchst freigebig. Nie sorgten sie mit ängstlicher Berechnung für Nahrung und Kleidung wie die Kinder dieser Welt. Der Herr fügte es so, damit der Glaube und die Geduld Seiner heiligsten Mutter und des heiligen Joseph nicht untätig blieben. Maria brachten solche Entbehrungen unvergleichlichen Trost, nicht nur wegen ihrer Liebe zur Armut, sondern auch wegen ihrer wunderbaren Demut, in der sie sich des notwendigen Lebensunterhaltes unwürdig erachtete und es als gerecht ansah, ihn zu entbehren. Dies bekennend, pries sie den Herrn in ihrer Armut. Nur für Joseph bat sie den Allerhöchsten, daß Er Hilfe sende, sie erachtete ihn dessen würdig. Doch Gott vergaß Seiner Armen nicht. Gab Er ihnen Gelegenheit zu Verdiensten und zur Übung der Tugend, so spendete Er ihnen auch Nahrung zur rechten Zeit. Bald bewegte der Herr das Herz der Nachbarn und Bekannten, durch eine freiwillige Gabe oder durch Abtragung einer Schuld zu helfen. Gewöhnlich unterstützte sie auch Elisabeth. Sie sandte ihnen von Zeit zu Zeit Geschenke, die Maria mit einer von ihr verfertigten Handarbeit vergalt. Bei passenden Gelegenheiten machte Unsere Liebe Frau zur größeren Ehre Gottes von ihrer Macht als Königin aller Geschöpfe Gebrauch und befahl den Vögeln, ihr Meerfische oder Feldfrüchte zu bringen. Das taten sie unverzüglich. Zuweilen brachten sie ihr auch Brot in ihren Schnäbeln. Joseph war oft Zeuge solcher Wunder.

Manchmal kamen ihnen auch die heiligen Engel wunderbar zu Hilfe. Ich will eines dieser Wunder erzählen. Man muß dabei voraussetzen, daß der Glaube, die Großmut und die Freigebigkeit Josephs so groß waren, daß nie eine Spur von Habsucht oder ängstlicher Sorge in seinem Herzen erwachte. Er und auch Maria arbeiteten. Sie forderten aber nie Lohn für ihre Arbeit. Sie sagten nie: „Dies kostet so viel" oder: „Das bist du mir schuldig"; denn sie arbeiteten nicht aus Eigennutz, sondern aus Gehorsam und Liebe für jene, die es verlangten, und überließen es ihnen, die Arbeit zu vergelten. Was man gab, nahmen sie nicht als Lohn und Zahlung an, sondern als freiwilliges Almosen. Diese Vollkommenheit und Heiligkeit hatte Joseph in der Schule des Himmels gelernt, die in seinem Hause war. Manchmal erhielten sie nichts für ihre Arbeiten und waren ohne Einkommen, bis der Herr dafür sorgte. Eines Tages war die gewöhnliche Zeit zum Mahle vorüber, und sie hatten noch nichts zu essen. Da blieben sie bis spät in den Abend im Gebet, um dem Herrn für diese Prüfung zu danken; voll Vertrauen, daß Er Seine allmächtige Hand öffnen werde. Unterdessen bereiteten ihnen die Engel das Essen, deckten den Tisch und setzten Fische, Früchte und sehr weißes Brot und noch ein wunderbar liebliches, stärkendes Gericht darauf. Dann riefen sie Maria und Joseph. Diese verließen ihre Kammern, und als sie die Himmelsgaben sahen, dankten sie dem Herrn unter Tränen. Nach der Mahlzeit brachten sie Ihm herrliche Lobgesänge dar.

Ähnliche Fälle waren häufig. Da Maria und Joseph ohne Zeugen waren, vor denen diese Wunder hätten verborgen bleiben müssen, war der Herr für sie, die Er zu Verwaltern des größten Wunders Seiner Allmacht gemacht hatte, in solchen wunderbaren Fügungen durchaus nicht karg. – Wenn ich sage, Maria habe allein oder mit dem heiligen Joseph oder mit den Engeln Loblieder gesungen, so waren es immer neue Lieder. Wären sie niedergeschrieben worden, so würden sie einen großen Band ausmachen und ein Gegenstand unaussprechlicher Bewunderung für die ganze Welt sein.

Lehre der Himmelskönigin

Meine Tochter, ich will, daß die Wissenschaft des Herrn oft in dir erneuert werde, daß sie durch dich beredten Ausdruck finde, damit du und alle Menschen zur Einsicht kommen, welch gefährlicher Täuschung und welch verkehrtem Urteil sie sich hingeben, wenn sie die Eitelkeit dieser Welt lieben. Wer unter den Menschen ist dieser zauberischen Verblendung durch Habsucht nicht verfallen? Alle setzen im allgemeinen ihr Vertrauen auf Gold und zeitliche Güter. Um sie zu vermehren, bieten sie alle ihre Kräfte, ihr Leben und ihre Zeit auf, die ihnen gegeben sind, um die ewige Ruhe und Seligkeit zu verdienen. So sehr verlieren sie sich in diesem

Labyrinth von Peinen und Sorgen. Sie denken nicht an die göttliche Vorsehung. So verlieren sie alles, weil sie sich auf ihre Sorgfalt, auf Lüge und Täuschung verlassen und davon die Verwirklichung ihrer irdischen Wünsche erwarten. Diese blinde Habsucht ist Wurzel aller Übel. Die sich ihrer Sklaverei hingeben, verläßt der Herr. Ihr Verstand wird verblendet, ihr Wille verhärtet. Da sie in den Augen Gottes ein Abscheu geworden sind, entzieht Er ihnen Seinen väterlichen Schutz. Damit ist das Maß des Elends im menschlichen Leben voll.

Wohl kann sich niemand vor den Augen des Herrn verbergen. Wenn aber die Übertreter Seines Gesetzes Ihn erbittern, so wendet Er Seinen liebevollen Blick und die Wachsamkeit Seiner Vorsehung von ihnen ab. Dann sind sie ihrem eigenen Begehren überlassen und haben keinen Anteil mehr an der väterlichen Sorge, die Gott für alle trägt, die auf ihn vertrauen. Wer auf sein eigenes Mühen und auf Geld baut, wird zwar die Frucht, die er davon erwartet, ernten. Aber so groß der Abstand ist zwischen Gott und Seiner unendlichen Macht und zwischen der Niedrigkeit und Beschränktheit des Menschen, so groß ist auch der Unterschied zwischen dem Erfolg menschlicher Habgier und dem der göttlichen Vorsehung. Gott macht sich zum Beschützer der Demütigen. An ihnen hat Er Seine Freude. Sie trägt Er an Seiner Brust und achtet auf alle ihre Wünsche und Anliegen. Mein Bräutigam und ich waren arm und litten große Not. Doch nie kam die Pest der Habsucht und des Geizes in unser Herz. Wir waren nur um die Ehre des Allerhöchsten besorgt und überließen uns Seiner treuen und liebevollen Fürsorge. Dadurch wurde Er bewogen, so viel für uns zu tun.

Die Menschen sollen sich aber nicht dem Müßiggang und der Nachlässigkeit hingeben. Nicht arbeiten ist auch ein verwerfliches Laster. Aber weder die Muße noch die Sorge dürfen übertrieben sein. Das Vertrauen auf eigenes Bemühen darf die Liebe zu Gott nicht schwächen oder gar ersticken.

Der Mensch soll nicht mehr verlangen als was genügt, ummäßig leben zu können. Er darf nicht glauben, daß ihm Gottes Vorsehung mangle. Wenn sie auch lange auszubleiben scheint, so darf man doch nicht traurig und mißtrauisch werden. Wer anderseits Überfluß hat, soll nicht auf ihn vertrauen. Er darf sich nicht dem Müßiggang hingeben und vergessen, daß er ein Mensch ist, der zu den Beschwerden der Arbeit verurteilt ist. Man muß sowohl den Überfluß als auch die Armut Gott zuschreiben und beides auf heilige, geordnete Weise zur Ehre Gottes benützen. Würden die Menschen die Lehre befolgen, so wäre dem Armen seine Not und dem Reichen sein Wohlergehen kein Anlaß zur Sünde. Obwohl ich diese Lehre allen Menschen gebe, so sollst du, meine Tochter, sie auch selbst üben und sie deinen Untergebenen verkünden, damit sie nicht übermäßig besorgt seien für Nahrung und Kleidung, sondern sich Gottes Vorsehung überlassen. Wenn sie Seine Liebe erwidern, wird ihnen das Nötige nie fehlen. Ermahne sie auch, daß sie bei ihren Unterhaltungen von heiligen Dingen reden und dabei Gott lobpreisen nach der Lehre ihrer Meister, der Heiligen Schrift und anderer heiliger Bücher. *Ihr Wandel sei im Himmel,* und ihr Verkehr sei mit Gott, mit mir, ihrer Mutter und Oberin, sowie mit den Engeln, um diesen in der Liebe zu gleichen.

* * *

7. Vorbereitung Mariä auf die Geburt Jesu

Die Geburt des göttlichen Kindes nahte. Damit Maria in allem den Pflichten einer gehorsamen und treuen Dienerin nachkomme, wollte sie ohne den Befehl des Herrn sowie ihres Bräutigams nichts zur Bereitung der Windeln und anderer Dinge beginnen. Sie hätte aus eigenem Ermessen tun können, was einzig ihr Amt als Mutter und als jungfräuliche Mutter ihres Sohnes betraf. Aber sie tat es nicht, sondern sagte ihrem Bräutigam: „Es ist jetzt Zeit, daß wir für die Geburt meines heiligen Sohnes die nötigen Gegenstände bereiten. Er will wie andere Kinder behandelt werden. Wir aber müssen durch unseren Dienst beweisen, daß wir Ihn als unseren wahren Gott, als unseren König und Herrn anerkennen. Wenn du es erlaubst, werde ich die Windeln und das Linnenzeug bereiten. Ich habe schon ein Stück Leinwand dafür selbst gesponnen. Sorge du für ein Stück weicher, feiner Wolle von gewöhnlicher Farbe. Ich will daraus Bettücher bereiten. Später werde ich Ihm ein ungenähtes, gewobenes und Ihm passendes Unterkleid machen. Zuvor wollen wir nun zu Gott beten, daß Er uns lenke und Seinen heiligsten Willen kundgebe und wir zu Seinem Wohlgefallen handeln."

Joseph erwiderte: „Könnte ich mit meinem Herzblut meinem Herrn und Gott dienen und vollbringen, was du befiehlst! Ich würde mich glücklich schätzen, es unter den heftigsten Schmerzen zu vergießen. Da dies aber nicht möglich ist, möchte ich wenigstens reiche Schätze und Goldstoffe haben, um Ihm damit zu dienen. Ordne an, was geziemend ist. Ich werde als Dein Diener in allem gehorchen." Dann beteten sie, und der Allerhöchste antwortete jedem im besonderen, doch mit den gleichen Worten: „Ich bin vom Himmel auf die Erde gekommen, um die Demut zu erhöhen und den Hochmut zu erniedrigen, um die Armut zu ehren und den Reichtum zu verachten, um den Trug zu vernichten und die Wahrheit zu gründen und den Leiden die gebührende Hochachtung zu verschaffen. Darum will ich, daß ihr Mich Meiner Menschheit nach äußerlich behandelt, wie wenn Ich euer beider Kind wäre. Im Innern werdet ihr Mich als den Sohn Meines ewigen Vaters und als wahren Gott anerkennen mit der Ehrfurcht und Liebe, die Mir als Gottmensch gebührt."

Durch diese göttliche Stimme wurden beide in der Weisheit zur Pflege des göttlichen Kindes bestärkt. Sie berieten nun, wie sie es behandeln sollten. Sie erkannten es als ihre Pflicht, alles zu tun, was innerhalb der Grenzen ihres armen Standes nur möglich sei. Darauf kaufte Joseph zwei Stück Wollstoff. Das eine war weiß, das andere bräunlichgrau. Daraus verfertigte Maria Wickelzeug. Von der selbst gesponnenen und gewebten Leinwand verfertigte sie Hemdlein und Windeln. Von solchen Händen verfertigt, war die Leinwand sehr fein. Damals, als sie mit Joseph ihr Haus bezog, hatte sie die Leinwand mit der Absicht begonnen, sie im Tempel aufzuopfern. Diese Bestimmung wurde nun in eine bessere umgeändert. Was nach der Ausstattung des göttlichen Kindes noch übrig blieb, brachte sie im Tempel zu Jerusalem als Opfer dar. Maria verfertigte die ganze Ausstattung eigenhändig, und zwar kniend und unter Tränen unvergleichlicher Andacht. Joseph suchte Blumen, Kräuter und andere wohlriechende Dinge. Aus diesem bereitete Maria ein wohlriechendes Wasser, mit dem sie das dem künftigen Opfer geweihte Wickelzeug besprengte. Dann legte sie alles zusammen in ein Kästchen, das sie später mit nach Bethlehem nahm.

Diese Arbeiten Mariä darf man nicht nur als äußere betrachten, als nackte und seelenlose. Sie waren vielmehr mit Schönheit bekleidet, mit einer Fülle von Heiligkeit und Seelengröße gefertigt, mit höchsten, alle menschlichen Vorstellungen übersteigenden Vollkommenheit bereitet. Maria tat dies alles als die Mutter der Weisheit und die Königin aller Tugenden. Sie brachte das Opfer der Einweihung des neuen Tempels des lebendigen Gottes in der heiligen Menschwerdung ihres Sohnes dar. Besser als alle übrigen Geschöpfe erkannte sie die Hoheit dieses Geheimnisses. Darum wiederholte sie oft, nicht als ob sie zweifelte, sondern aus Verwunderung, mit glühender Liebe und tiefster Ehrfurcht die Worte, die Salomon nach dem Tempelbau sprach: „Ist es möglich, daß Gott mit den Menschen auf Erden wohne? Wenn der Himmel und die Himmel der Himmel Ihn nicht zu fassen vermögen, wieviel weniger dieses Haus der Menschheit, das in meinem Schoße errichtet ist?"

Wenn jener Tempel, der nur bestimmt war, daß der Herr die darin verrichteten Gebete anhöre, mit solcher Pracht, mit solchem Aufwand von Gold und Silber, von Schätzen und Opfern gebaut und eingeweiht wurde, was wird erst die Mutter des wahren Salomon bei der Errichtung und Weihe des lebendigen Tempels getan haben, in dem die ganze Fülle der Gottheit wohnt? Alles, was in den Schätzen und Opfern jenes vorbildlichen Tempels wie im Schatten vorgestellt war, hat Maria verwirklicht. Nicht durch Aufwand von Gold und Silber und reichen Stoffen, – solche Gaben verlangte Gott damals nicht, – sondern durch die heldenmütigen Tugenden und durch die Reichtümer der himmlischen Gaben und Gnaden, mit denen sie ihre Lobgesänge darbrachte. Sie weihte dem Herrn die Opfer ihres liebeglühenden Herzens. Die ganze Heilige Schrift überschauend, wandte sie die Psalmen und Lobgesänge auf diese Geheimnisse an und fügte noch vieles hinzu. So erfüllte sie die alten Vorbilder durch Übung innerer und äußerer Tugenden. Sie lud auch alle Geschöpfe ein, Gott zu loben und Seine Ankunft zu erwarten, um dadurch geheiligt zu werden. An vielen dieser heiligen Werke nahm Joseph teil.

Wenn schon der geringste Grad der Gnade, den man durch einen Tugendakt erwirbt, mehr wert ist als die ganze Welt, welchen Wert muß dann die Gnade bei Maria erreicht haben, die nicht nur alle Opfer und Gaben und alle Verdienste der Menschen, sondern sogar die der höchsten Seraphim weit übertroffen hat! Die Liebesglut Mariä, mit der sie ihren Sohn und wahren Gott erwartete, um Ihn zu pflegen, zu ernähren und Ihn anzubeten, erreichte derart den äußersten Höhepunkt, daß ihr Leben von diesem süßesten Feuer verzehrt worden wäre, wenn Gott sie nicht gestärkt und vor dem Tode bewahrt hätte. Fast immer schaute sie ihr Kind in ihrem reinsten Schoße. Mit himmlischer Klarheit sah sie dessen Menschheit mit der Gottheit vereinigt, sowie alle Akte Seiner Seele, die Haltung Seines Körpers und die Gebete, die es für sie, den heiligen Joseph, für das ganze Menschengeschlecht und besonders für die Auserwählten verrichtete. Diese Geheimnisse schauend, entbrannte sie ganz in Nachahmung und Lobpreisung. Sie trug ja in ihrem Herzen das Feuer, das leuchtet, aber nicht verzehrt.

Von diesem göttlichen Feuer durchglüht, sagte sie manchmal zu ihrem heiligsten Sohn: „Meine süßeste Liebe, Schöpfer des Weltalls, wann werden meine Augen sich am Glanze Deines göttlichen Antlitzes erfreuen? Wann werden meine Arme zum lebendigen Altar des Opfers geweiht, das Dein ewiger Vater erwartet? Wann werde ich als Deine Dienerin den Boden küssen, den Deine Füße berühren? Wann werde ich als Mutter zu dem Kusse zugelassen werden, den meine Seele ersehnt, damit ich mit Deinem göttlichen Atem auch an Deinem Geiste teilnehme? Wann wirst Du, das unzugängliche Licht, wahrer Gott vom wahren Gott, Licht vom Lichte, den Menschen erscheinen, nachdem so viele Jahrhunderte Dich unserem Blick verborgen hatten? Wann werden die in den Banden der Sünde schmachtenden Kinder Adams ihren Erlöser schauen, wann ihr Heil sehen, wann ihren Lehrer, Bruder und wahren Vater in ihrer Mitte finden? O Licht meiner Seele, meine Stärke, mein Geliebter, für den ich sterbend lebe! O Kind meines Schoßes, wie soll ich das Amt einer Mutter an Dir erfüllen, da ich nicht einmal verstehe, Dir Sklavin zu sein? Selbst diesen Titel verdiene ich nicht! Wie werde ich es wagen, in Deiner Gegenwart zu sprechen, in Deiner Nähe zu verbleiben? Herr meines ganzen Wesens, leite meine Handlungen, lenke mein Verlangen und entflamme meine Gefühle, damit es mir gelinge, Dir in allem wohlzugefallen! Was soll ich tun, wenn Du die Welt betrittst, um Schmach zu leiden und für das Menschengeschlecht zu sterben? Was soll ich tun, wenn ich nicht mit Dir sterben darf? Mögen die Ursachen, die Dein Leben zerstören sollen, auch das meinige zerstören, da ja beide so innig vereinigt sind! Viel weniger als Dein Tod würde genügen, um die Welt und Tausende von Welten zu erlösen. Laß also mich für die Welt sterben und Deine Schmach leiden, Du aber heilige die Welt und erleuchte die Finsternis der Menschen durch Dein Licht und Deine Liebe! Kann aber der Ratschluß des ewigen Vaters nicht zurückgenommen werden, damit die Erlösung überreich sei und Deine unendliche Liebe befriedigt werde, so nimm wenigstens meine Wünsche gnädig an und laß mich teilnehmen an allen Mühsalen Deines Lebens, weil Du mein Sohn und Herr bist."

Solche Liebesanmutungen verliehen der Seele Mariä höchste Schönheit. Sie entsprachen immer den Handlungen der Menschheit ihres göttlichen Kindes, die sie immer schaute, um sie nachzuahmen. Zuweilen kniete das Kind im Heiligtum des Mutterschoßes nieder, um zu Seinem Vater zu beten. Manchmal spannte es in Kreuzesform die Arme aus, als wolle es sich schon für das Kreuz einüben. Wie der menschgewordene Gottessohn jetzt vom Himmelsthron aus alles sieht, so schaute und kannte Er schon im Mutterschoß kraft der Weisheit Seiner heiligen Gottheit alles. Er sah alle Menschen der Vergangenheit, Gegenwart und Zukunft samt allen ihren Gedanken und Werken. Kein einziger war Ihm verborgen, und alle betrachtete Er als ihr Lehrer und Erlöser. Alle diese Geheimnisse waren auch Seiner heiligsten Mutter offenbar. Da sie mit Gaben und Gnaden erfüllt war, um dieser Erkenntnis entsprechend zu handeln, tat sie alles in so erhabener Vollkommenheit, daß der menschliche Verstand keine Worte findet, es auszudrücken. Wenn jedoch unser Verstand nicht geblendet, unser Herz nicht gefühllos und hart wie ein Stein ist, so müssen wir beim Schauen, ich möchte sagen, beim Fühlen so wunderbarer, heilbringender Werke notwendig von liebevollem Schmerz und demutsvoller Dankbarkeit durchdrungen werden.

Lehre der Himmelskönigin

Meine Tochter, lerne, mit *welcher Ehrfurcht alle Gegenstände, die zum Gottesdienst geweiht und geheiligt sind, behandelt werden müssen.* Ich tadle die Unehrerbietigkeit und Nachlässigkeit, durch die selbst die Diener des Herrn Gott hierin beleidigen. Sie mögen ja nicht gering anschlagen und vergessen, daß die göttliche Majestät gegen sie erzürnt ist wegen der Unanständigkeit und Undankbarkeit, mit der sie die Ornamente und geweihten Gegenstände ohne Aufmerksamkeit und Ehrfurcht behandeln. Viel größer noch ist der Zorn des Allerhöchsten gegen jene, die die Früchte und Einkünfte aus Seinem kostbaren Blute zu Eitelkeiten, zu weltlichen, ja ungeziemenden Dingen verwenden. Für ihre Vergnügungen und ihre Bequemlichkeit suchen sie das Kostbarste und Wertvollste, für den Dienst und die Ehre Gottes aber verwenden sie das Gröbste, Gemeinste und Verächtlichste. Wenn jemandso handelt, namentlich betreffs der Leinwand, die, wie die Korporalien und Purifikatorien, mit dem Fleische und Blute meines heiligsten Sohnes in Berührung kommen, dann sind die bei der heiligen Messe gegenwärtigen Engel ganz entrüstet. Sie wenden ihre Blicke von solchen Dienern ab und bestaunen die Langmut des Allmächtigen. Nur wenige zeichnen sich durch Eifer und Sorgfalt für den göttlichen Kult aus und behandeln die geweihten Gegenstände mit der rechten Ehrfurcht. Doch selbst von diesen wenigen tun es nicht alle mit der rechten Absicht und aus schuldiger innerer Ehrfurcht, sondern aus Eitelkeit und anderen irdischen Beweggründen.

Erwäge, meine Tochter, was wir, die wir die Anschauung der unfaßbaren Wesenheit Gottes genießen, denken, wenn wir die Undankbarkeit der Menschen sehen, die mit den Gütern, die sie von Gottes Freigebigkeit empfangen haben, karg und geizig umgehen, wo immer es sich darum handelt, Ihn zu ehren. Für Ihn wählen sie das Elendeste aus, für ihre Eitelkeit aber das Kostbarste und Wertvollste. Du sollst solches sündhafte Benehmen nicht nur mit wahren Schmerzen beweinen, sondern auch, so lange du Oberin bist, nach Kräften gut machen. Gib dem Herrn das Beste, und schärfe deinen Schwestern ein, daß sie sich lauteren, frommen Herzens mit der Anfertigung und Reinigung der geweihten Gegenstände beschäftigen, nicht nur für ihr Kloster, sondern auch für arme Kirchen. Sie mögen vertrauen, daß der Herr ihnen diesen gerechten Eifer für Seinen heiligen Kult vergilt, ihrer Armut zu Hilfe kommt und als Vater für die Bedürfnisse des Klosters sorgt. Es wird deswegen nie ärmer werden. Diese Arbeiten sind die geeignetsten und geziemendsten für Bräute Christi. Wenn alle Klosterfrauen sich diesen so ehrenvollen Beschäftigungen eifrig hingäben, würde ihnen der nötige Lebensunterhalt nie mangeln. Sie würden auf Erden einen engelhaften, himmlischen Stand bilden. Dagegen werden viele, weil sie diesen Dienst des Herrn vernachlässigen, von Ihm verlassen, und dann wenden sie sich gefährlichen Zerstreuungen und Leichtfertigkeiten zu. Diese sind mir ein Greuel, und du sollst sie nicht beschreiben, ja nicht einmal daran denken, es sei denn, um sie zu beweinen und Gott um Abhilfe für diese Sünden zu bitten.

Da mein Herz den Schwestern deines Klosters in Liebe zugetan ist, sollst du sie in meinem Namen und Auftrag ermahnen, immer zurückgezogen zu leben, tot für die Welt, und alles auf ewig vergessend, was in der Welt ist. Sie sollen einen himmlischen Wandel miteinander führen, über göttliche Dinge sich unterhalten und mehr als alles andere den Frieden und die Liebe unversehrt bewahren. Gehorchen sie mir hierin, so sichere ich ihnen meinen ewigen Segen zu. Ich bin dann ihre Mutter, Beschützerin und Verteidigerin wie ich die deine bin. Auch verspreche ich ihnen meine beständige, wirksame Fürbitte bei meinem heiligen Sohne. Empfiehl ihnen unablässig eine besondere Andacht und Liebe zu mir. Durch Treue von ihrer Seite werden sie alles erlangen, was du ihnen wünschest, ja, ich werde noch mehr für sie tun.

* * *

 8. Kaiser Augustus läßt das Volk zählen

Durch Gottes unveränderlichen Willen war Bethlehem zur Geburtsstadt des Messias bestimmt. Die Propheten des Alten Bundes hatten dies schon lange vorausgesagt. Gottes Wille ist immer unfehlbar. Eher würden Himmel und Erde vergehen, als daß Seine Erfüllung unterbliebe. Niemand kann Ihm widerstehen. Zur Ausführung bediente sich Gott eines Befehls des Kaisers Augustus. Das Römische Reich erstreckte sich damals über den größten Teil der bekannten Welt. Alle mußten sich als Untertanen des Kaisers einschreiben lassen und Steuern bezahlen. Jeder ging in seine Vaterstadt. Joseph hörte von dem Befehl, als er vom Hause abwesend war. Bekümmert kehrte er heim und erzählte es seiner Braut. Maria antwortete: „Diese Verordnung des irdischen Kaisers soll dich nicht beunruhigen. Der Herr des Himmels fügt alles, was uns begegnet. Seine Vorsehung wird uns in jeder Lage beistehen und leiten. Überlassen wir uns Ihm voll Vertrauen, wir werden nicht getäuscht werden."

Maria wußte, daß ihr und des Vaters Eingeborener als armer Fremdling in Bethlehem geboren werden sollte. Sie offenbarte dies dem heiligen Joseph nicht, da sie ohne Befehl des Herrn ihr Geheimnis nicht mitteilen wollte. Was Er ihr nicht zu sagen befahl, darüber schwieg sie mit wunderbarer Klugheit trotz des Verlangens, ihren teuersten Bräutigam zu trösten. Sie überlegten miteinander. Joseph sagte: „Wenn du keine andere Weisung von Gott erhalten hast, so müssen wir der Verordnung des Kaisers folgen. Es würde genügen, daß ich allein reise; denn der Befehl ist an die Familienhäupter gerichtet. Doch ich wage es nicht, dich allein zu lassen. Auch könnte ich ohne deine Gegenwart nicht leben. Ich würde keinen Augenblick Ruhe finden, und mein Herz hätte keinen Frieden. Wegen der bevorstehenden Geburt scheint es mir aber unmöglich zu sein, daß du mit mir nach Bethlehem reisest. Mein Schmerz wäre unaussprechlich, wenn sie unterwegs stattfände. Ich bitte dich, stelle dem Herrn mein Verlangen vor, mich nicht von dir zu trennen."

Maria kannte den Willen Gottes; dennoch erfüllte sie aus Gehorsam Josephs Wunsch. Der Herr antwortete ihr: „Meine Freundin, Meine Taube, begleite Joseph auf der Reise. Ich werde dir mit väterlicher Liebe beistehen und dich in allen Mühen und Trübsalen beschützen. Sie werden groß sein, doch Ich werde dich glorreich durch alle hindurchführen. Deine Schritte werden schön sein in Meinen Augen. Sei ohne Furcht, die Reise ist nach Meinem Willen." Dann gab der Herr den heiligen Schutzengeln den erneuten Befehl, ihr auf dieser Reise mit besonderer Sorgfalt beizustehen. Außer den gewöhnlichen tausend Schutzengeln bestimmte der Herr noch neuntausend andere Engel, ihre Königin zu begleiten und ihr zu dienen. Maria selbst wurde durch neues göttliches Licht vorbereitet und gestärkt. Sie erhielt neue Aufschlüsse über die Leiden, die nach der Geburt ihres göttlichen Kindes ihrer warteten, z. B. über die Verfolgung des Herodes und andere Trübsale. Zu allen diesen Leiden bot sie ihr unüberwindliches Herz unerschrocken an und dankte dem Allerhöchsten für alles, was Er an ihr tat und verfügte.

Maria brachte Joseph die Antwort des Herrn. Hocherfreut und getröstet dankte er Ihm durch Akte der Demut und Ehrfurcht. Zu Maria sagte er: „Maria, Ursache meiner Freude und meines Glückes, ich bedaure nur, daß du so viele Mühsale ertragen mußt, da ich nicht die Mittel habe, dir Bequemlichkeiten zu verschaffen, wie ich es gern möchte. Doch zu Bethlehem werden wir Verwandte und Freunde treffen, die uns mit Liebe aufnehmen. Dort kannst du dann ausruhen, wenn der Herr diesen Wunsch deines Dieners erfüllt." So rechnete Josephs liebevolles Herz im voraus, doch der Herr hatte es anders bestimmt. Als daher seine Erwartung fehlschlug, war sein Schmerz um so größer. Maria sah in Gott voraus, was geschehen würde, doch teilte sie es Joseph nicht mit. Um ihm Mut einzuflößen, sprach sie: „Freudig gehe ich mit dir nach Bethlehem. Wir werden im Namen des Herrn als Arme reisen. Der Herr verachtet die Armut nicht. Er sucht sie mit großer Liebe. Sein Schutz ist uns in jeder Not zugesichert. Wir wollen auf Ihn vertrauen. Wirf alle deine Sorgen auf Ihn!"

Sie bestimmten den Tag ihrer Abreise. Joseph suchte nach einem Lasttier. Da so viele Leute reisten, war es nicht leicht. Endlich fand er ein unansehnliches, doch es durfte nicht nur die Königin der Welt und mit ihr den König der Könige, den Herrn der Welt, tragen, sondern auch bei der Geburt des göttlichen Kindes zugegen sein und Ihm die Huldigung leisten, die Ihm die Menschen verweigerten, wie ich später noch melden werde. Maria und Joseph richteten alles für die fünftägige Reise her. Ihr Speisevorrat bestand aus Brot, Früchten und einigen Fischen. Da Maria durch übernatürliche Erleuchtung wußte, daß sie erst nach langer Zeit zurückkehren würden, ordnete sie alles so an, wie es den Absichten des Herrn entsprach. Sie gab auch jemand den Auftrag, für ihr Haus zu sorgen.

Joseph sorgte für alles, was Maria angenehm sein konnte. Er bat sie inständig, es ihm immer zu sagen, wenn sie etwas zu ihrer Erleichterung, Ruhe und Pflege wünsche. Maria dankte ihm herzlich. Sie gab ihm die Versicherung, daß Gott wohlgefällig auf alle seine Sorgen blicke. Sie wollten nun alle Leiden, die ihnen als Arme auf der Reise zustoßen würden, gleichmütig und freudig annehmen. Dann bat Maria Joseph um den Reisesegen. Er zögerte aus Ehrfurcht, die Demut

Marias aber trug den Sieg davon. Sie reisten mitten im Winter, was die Mühsal des Weges noch vermehrte. Doch Maria, die das Leben in ihrem Schoße trug, achtete vor allem auf die heiligen Unterredungen, die sie mit ihrem göttlichen Kinde führte. Sie betrachtete Es allezeit und machte ihre Anmutungen den Seinen ähnlich und bereitete Ihm größeres Wohlgefallen und höhere Ehre als alle übrigen Geschöpfe zusammen.

Lehre der Himmelskönigin

Meine Tochter, erkenne aus meinem Leben die wunderbare Vorsehung und die Liebe des Allerhöchsten zu mir, Seiner niedrigen Magd. Der menschliche Verstand kann die Größe und Erhabenheit dieser Geheimnisse nicht fassen, wohl aber sie nach seinen Kräften verehren und sich bereiten, mir nachzufolgen und so an meinen Gnaden teilzunehmen. Wenn eine Seele, ja wenn alle Seelen sich der Leitung des Herrn ganz überließen, so würden sie auch dieselbe Treue, Aufmerksamkeit und liebliche Kraft erfahren, mit der Gott alles, was Seine Ehre und Seinen Dienst betraf, ordnete. Verhältnismäßig würden auch sie eine Überfülle Seiner Gnaden empfangen, die in Seiner Gottheit wie in einem unermeßlichen Meer zurückgehalten werden. Gleichwie die Wassermassen des Meeres, falls man ihnen einen Kanal öffnete, sich mit unwiderstehlicher Wucht in diesen ergössen, so würden sich auch die Gaben und Gnaden des Herrn über die vernünftigen Geschöpfe ergießen, wenn sie ihr Herz öffneten und deren Lauf nicht hemmten. Leider wissen die Menschen nicht um diese Wahrheit, weil sie sich keine Zeit nehmen, über die Werke des Allerhöchsten nachzudenken.

Du aber sollst diese Wissenschaft deinem Herzen einprägen. Nach meinem Beispiel sollst du dein Inneres geheimhalten, dich allem willig unterwerfen und die Meinung anderer deiner eigenen vorziehen. Um deinen Obern und geistlichen Vätern zu gehorchen, mußt du die Augen schließen, selbst wenn du weißt, daß das Gegenteil von dem eintreffen wird, was sie vermuten. So wußte auch ich, daß das, was der heilige Joseph sich für seine Reise nach Bethlehem versprach, nicht in Erfüllung gehen werde. Gibt dir ein Untergebener oder ein Gleichgestellter eine solche Weisung, so befolge auch sie schweigend, soweit dies ohne Unvollkommenheit geschehen kann. *Höre alle mit Stillschweigen und Aufmerksamkeit an, um zu lernen. Sei sparsam und zurückhaltend in deinen Worten, das verlangen Klugheit und Umsicht.* Für alles, was du tust, bitte den Herrn um Seinen Segen, ebenso auch deinen geistlichen Führer, damit deinen Werken das Verdienst und die Vollkommenheit der Unterwerfung nicht abgehe und du mir jenes Wohlgefallen bereitest, das ich von dir erwarte.

* * *

Engel bei der Geburt Christi

9. Die Reise nach Bethlehem

ls Maria und Joseph nach Bethlehem reisten, waren sie in den Augen der Menschen wie arme Wanderer. Sie wurden eingeschätzt, wie die Welt Armut und Demut achtet. Doch, o Wunder der Geheimnisse des Allerhöchsten, verborgen für Stolze und unerforschlich für die Klugen des Fleisches! Nicht verlassen, nicht arm, nicht verachtet wanderten sie dahin, sondern beglückt, überreich und hochgeehrt. Sie waren ja der teuerste und würdigste Gegenstand der unermeßlichen Liebe des ewigen Vaters. Der Schatz des Himmels war bei ihnen, der Schatz der Gottheit. Der ganze himmlische Hof verehrte sie. Sogar alle leblosen Geschöpfe bezeigten der wahren, lebendigen Arche des Bundes ihre Verehrung, und zwar vollkommener als einstens die Wasser des Jordans, die sich vor dem Vorbild, dem Schattenbild, teilten, um der Bundeslade und allen, die ihr folgten, freien Durchzug zu gestatten. Zehntausend Engel begleiteten sie in menschlicher Gestalt. Sie waren glänzender als die Sonne. Maria sah sie und ging mitten unter ihnen einher, besser behütet und verteidigt als Salomons Brautbett, das die sechzig Tapfersten Israels mit Schwertern umgürtet umstanden. Außer diesen zehntausend Engeln sandte der himmlische Vater Seinem eingeborenen Sohn und dessen Mutter noch viele andere, die mit Aufträgen und Botschaften auf- und niederstiegen.

Maria und Joseph gingen mit diesem den Menschen unsichtbaren Gepränge ihres Weges in festem Vertrauen auf Gottes Schutz. Die Engel dienten ihrer Königin als Untertanen und waren voll Bewunderung, Lob und Freude, weil sie in einem bloßen Geschöpf so viele Geheimnisse, so große Vollkommenheiten und Würden, ja die Schätze der Gottheit so geziemend vereinigt sahen, daß ihr Engelverstand es nicht zu fassen vermochte. Sie sangen dem König der Glorie neue Loblieder. Die Gottesmutter aber betrachteten sie bald als „die lebendige Sänfte aus unverweslichem Holz" (Hld 3, 9), bald als die „fruchtbare Ähre" des Gelobten Landes (Lev 23, 10), die das lebendige Weizenkorn in sich barg, bald als das „reiche Kaufmannsschiff" (Spr 31, 14), das dieses Weizenkorn brachte, damit es zu Bethlehem, d. h. *im Hause des Brotes,* zur Welt komme, um dann später in der Erde sterbend im Himmel viel Frucht zu bringen (Joh 12, 24). Es gab für Maria und Joseph keine Nacht; denn wenn sie manchmal während der Nachtstunden weiterzogen, verbreiteten die Engel so großen Glanz, wie wenn alle Gestirne des Himmels zugleich bei klarstem, heiterstem Mittag mit ihrer größten Kraft leuchteten. In diesen Nachtstunden erfreute sich auch Joseph des Anblickes der Engel. Alle zusammen bildeten einen himmlischen Chor, in dem Maria und Joseph mit den erhabenen Geistern abwechselnd wunderbare Lieder sangen, so daß sich die Gefilde in neue Himmel verwandelten. Maria erfreute sich auf der ganzen Reise der lieblichen Unterhaltungen mit ihren Engeln.

Unter diesen Gaben und Gnaden mischte der Herr auch Leiden und Beschwerden. Wegen der kaiserlichen Volkszählung entstand in den Herbergen ein großes Gedränge, das der sittsamen, eingezogenen jungfräulichen Mutter und dem heiligen Joseph sehr lästig und peinlich war. Wegen ihrer Armut wurden sie nicht gut aufgenommen. Oft mußten sie rauhe Worte hören; dann wieder wies man sie ab. Manchmal drängte man die Königin des Himmels und der Erde in einen Winkel des Hofraumes. Zuweilen duldete man sie dort nicht einmal. Sie zog sich dann mit Joseph an noch weniger geziemende Orte zurück. Aber an jedem, auch dem verächtlichsten Ort standen die himmlischen Geister ihrem König und ihrer Königin als Ehrenwache zur Seite. Im Kreise stellten sie sich um Maria, sie wie mit einer undurchdringlichen Mauer umgebend, so daß das Brautgemach Salomons behütet und gegen die Schrecknisse der Nacht gesichert war (Hld 3, 8). Wenn Joseph die Himmelskönigin von den Heerscharen der Engel so wohlbewacht sah, schlief er ruhig ein. Maria wünschte, daß er sich von den Beschwerden der Reise ausruhe. Sie aber verweilte in himmlischen Gesprächen mit ihren Engeln.

Im dritten Buche des Hohenliedes spricht Salomon deutlich in Bildern und Gleichnissen von den Geheimnissen dieser Reise. Welcher Mensch wäre so hartherzig, daß er sich durch sie nicht erweichen ließe? Wer so stolz, daß er sich nicht beschämt fühlte? Wer so zerstreut, daß er nicht staunte beim Anblick eines Wunders, in dem die äußeren Gegensätze vereinigt sind? Der unendliche Gott weilt wahrhaft verborgen in dem reinen Schoße einer zarten Jungfrau, die schön und gnadenvoll, unschuldig und rein, sanft, mild und liebenswürdig vor Gott und den Menschen ist. Und diese Königin, die den Schatz der Gottheit in sich trägt, wird von der blinden Unwissenheit und Hoffart der Welt gering geschätzt, betrübt, verachtet und abgewiesen! Doch überall wird sie auch von der heiligsten Dreifaltigkeit hochgeschätzt, geliebt und mit süßen Tröstungen erfüllt. O ihr Menschenkinder, wie trügerisch ist eure Waage, wie verkehrt euer Urteil! Ihr schätzt die Reichen und verachtet die Armen, erhöht die Stolzen und erniedrigt die Demütigen, ihr weiset die Gerechten ab und nehmt die Eitlen mit Beifall auf! Ihr werdet in euren Erwartungen getäuscht! O ihr Hoffärtigen, die ihr Schätze sucht, aber arm bleibt, und nur Dunst erhaschet, hättet ihr die wahre Arche Gottes aufgenommen, dann wäre euch reicher Gottessegen zugeflossen. Weil ihr sie aber verachtet habt,

ist es vielen ergangen wie Oza: ihr seid gezüchtigt worden
(2 Kön 6, 7, 11).

Bei all diesem sah Maria den mannigfachen Seelenzustand jener, die ab- und zugingen. Sie durchschaute ihre
geheimsten Gedanken und auf welcher Stufe des Gnaden-
standes oder der Sünde jeder einzelne sich befand. Bei vielen erkannte sie, ob sie vorherbestimmt oder als Verworfene
vorhergesehen waren, ob sie beharrlich bleiben, fallen und
wieder auferstehen würden.* Dies veranlaßte sie, viele heldenmütige Tugendakte zu verrichten. Vielen erlangte sie die
Beharrlichkeit, ändern kräftige Hilfe zur Bekehrung. Sie
weinte und flehte mit großer Inbrunst zum Herrn. Für die als
Verworfene Vorgesehenen konnte dies nicht in solch wirksamer Weise geschehen, aber sie empfand den durchdringend-
sten Schmerz wegen ihres Verderbens. Mehr durch diese Peinen als durch die Beschwerden der Reise erschöpft, fühlte sie
manchmal ihre Körperkräfte schwinden. Die heiligen Engel
stärkten sie, und sie fand Ruhe und Erleichterung. Kranke,
Betrübte und Notleidende tröstete Maria während der Reise,
doch nur, indem sie ihren heiligsten Sohn um Hilfe für deren
Leiden und Nöte bat. So erwiderte die Mutter der Barmherzigkeit die schlechte Aufnahme, die sie bei den Menschen
fand.

Zuweilen langten Maria und Joseph, von Kälte und Regen

---

* „Gott will, daß alle Menschen selig werden und zur Erkenntnis der
Wahrheit gelangen" (Tim 2, 4). „Also hat Gott die Welt geliebt, daß Er
Seinen eingeborenen Sohn hingab, damit alle, die an Ihn glauben, nicht
verloren gehen, sondern das ewige Leben haben" (Joh 3, 16). Gott, der
allen Menschen hinreichende Gnade gibt, daß sie selig werden können,
weiß in Seiner unfehlbaren Allwissenheit von Ewigkeit her, wer durch
guten Gebrauch der hinreichenden Gnade das ewige Heil erlangt und
wer nicht. An diesem Wissen konnte er Maria, die Mittlerin aller Gnaden,
die Miterlöserin der Menschheit nach Seinem Willen und Wohlgefallen
teilnehmen lassen. Die Theologie nennt jene, die selig werden,
Vorherbestimmte, die nicht selig werden, Vorhergesehene. Sankt Paulus
mahnt: „Wirket euer Heil mit Furcht und Zittern" (Phil 2, 12).

erstarrt, bei einer Herberge an. Der Herr wollte sie dieses Ungemaches nicht entheben. Wenn sie dann bei den Tieren lagern mußten, bewiesen diese ihnen jene höfliche Freundlichkeit, die den Menschen mangelte, und machten ihrem Schöpfer und dessen Mutter Platz. Zwar hätte die Herrin aller Geschöpfe den Winden und dem Frost befehlen können, sie nicht zu belästigen, doch sie tat es nicht, um ihrem göttlichen Kinde schon vor Seiner Geburt im Leiden ähnlich zu werden. Joseph suchte Maria sorgsam zu schützen, mehr noch die heiligen Engel, vor allem ihr Fürst, der heilige Erzengel Michael, der immer zu ihrer Rechten war und sie keinen Augenblick verließ. War sie müde, führte er sie, und wenn der Herr es gestattete, schützte er Maria vor den Unbilden der Witterung.

An einem Samstagabend bei Sonnenuntergang kamen Maria und Joseph in Bethlehem an. Nicht nur in öffentlichen Gasthäusern, sondern auch bei ihren Verwandten und Bekannten suchten sie ein Unterkommen, doch nahm sie niemand auf. Viele schickten sie unhöflich und mit Verachtung fort. Die bescheidene Königin des Himmels folgte ihrem Bräutigam von Tür zu Tür. Sie wußte gar wohl, daß die Herzen der Menschen wie ihre Häuser ihnen verschlossen seien, doch um dem heiligen Joseph zu gehorchen, wollte sie diese Mühe und Beschämung erdulden, die ihr wegen ihres damaligen Zustandes und ihres zarten Alters noch peinlicher war als der Mangel eines Unterkommens. Auf ihrem Weg kamen sie zu dem Hause, wo die Volkszählung stattfand. Sie ließen sich gleich einschreiben und zahlten die Steuern. Dann setzten sie ihr Suchen fort, wurden aber in mehr als fünfzig Häusern abgewiesen. Die heiligen Engel bewunderten die erhabenen Geheimnisse des Herrn, die Geduld und Sanftmut Seiner heiligsten Mutter und staunten über die herzlose Härte der Menschen. Sie priesen den Allerhöchsten in Seinen geheimnisvollen Werken, weil Er von diesem Tage an die von den Menschen verachtete Demut und Armut zu so großer Herrlichkeit erheben wollte.

Abends um neun Uhr sagte Joseph voll bitteren Seelenschmerzes zu Maria: „Mein Herz bricht vor Leid, weil ich keine Zufluchtstätte für dich finde, wie du es verdienst und meine Liebe es verlangt. Ohne Zweifel liegt dieser Zulassung des Himmels ein Geheimnis zugrunde. Außerhalb der Stadt liegt eine Hirtenhöhle. Dahin wollen wir gehen. Dort wird dir der Himmel den Zufluchtsort gewähren, den die Erde uns verweigert." Maria antwortete: „Dein mitleidsvolles Herz betrübe sich nicht, daß dein liebreiches Verlangen nicht verwirklicht wird. Um meines Kindes willen bitte ich dich, Ihm mit mir zu danken, daß Er es so gefügt hat. Die Hirtenhöhle wird meinen Wünschen ganz entsprechen. Frohlocke, weil du die Armut liebst und besitzest. Sie ist das reiche, unschätzbare Kleinod meines heiligsten Sohnes. Um diesen Ort zu suchen, kam Er vom Himmel herab. Bereiten wir ihn also freudigen Herzens. Mein Herz kennt keinen andern Trost. Wir wollen zufrieden dahin gehen, wohin der Herr uns führt." Die heiligen Engel geleiteten sie dorthin und dienten ihnen als strahlende Leuchten. Sie fanden die Höhle unbesetzt. Voll himmlischen Trostes lobten sie den Herrn für diese Wohltat.

Lehre der Himmelskönigin

Meine Tochter, wenn du gelehrig bist, werden diese göttlichen Geheimnisse dich mächtig zur Liebe gegen den Urheber so großer Wunder anregen. Lege Wert darauf, daß *die Welt dich geringschätzt und verachtet.* Zum Lohn für freudig ertragene Schmähung wendet Gott dir seine süßeste Liebe in ihrer ganzen Stärke zu. Warum wolltest du dir nicht erwerben, was unendlichen Wert hat? Was bieten dir die Menschen, wenn sie dich feiern und hochschätzen? Was verlierst du, wenn du nicht auf sie achtest? Ist nicht alles ein flüchtiger Schatten, der in den Händen jener verschwindet, die danach greifen? Und wenn du alle Achtung und Ehre besäßest und gäbest sie ganz umsonst dahin, was wäre das Großes? Wie wenig tust du, wenn du dieses alles verschmähst, um die Liebe Gottes und meine und der Engel Liebe zu gewinnen! Verzichte auf alles! Verachtet dich die Welt aber nicht so sehr, wie du es verlangen sollst, so verachte du sie und bleibe frei, losgeschält und einsam, damit das höchste Gut bei dir bleibe und du die seligen Wirkungen Seiner Liebe in ihrer Fülle empfangen und sie mit heiliger Freiheit erwidern könnest.

Mein göttlicher Sohn ist ein so treuer Liebhaber der Seelen, daß Er mich als Lehrerin und Vorbild aufgestellt hat, um sie *Liebe zur Demut und tatkräftige Verachtung der Eitelkeit* zu lehren. Wir sollten kein Obdach bei den Menschen finden, damit liebeentflammte, gottinnige Seelen späterer Zeiten durch unsere Verlassenheit bewogen würden, sich selbst Ihm anzubieten, daß Er Wohnung in ihnen nehme. Er suchte die Demut und Einsamkeit nicht, als hätte Er ihrer bedurft, um vollkommenste Tugend zu üben, sondern um die Menschen den kürzesten und sichersten Weg zu einer hohen Stufe der göttlichen Liebe und der Vereinigung mit Gott zu lehren.

Du weißt, wie das himmlische Licht dich ständig belehrt und ermahnt, das Irdische zu vergessen, mit Stärke dich zu umgürten, mir nachzufolgen und nach besten Kräften meine Tugendakte in dir nachzubilden, wie ich die Handlungen meines geliebten Sohnes nachahmte. Die Furcht, dieser Befehl übersteige deine Kräfte, sollst du mäßigen und dich durch das Wort meines Sohnes ermutigen: *„Seid vollkommen, wie euer Vater im Himmel vollkommen ist!"* (Mt 5, 48). Das ist für die Kinder der Kirche nichts Unmögliches. Wenn sie tun, was sie können, wird der Vater keinem von ihnen die Gnade verweigern, zur Ähnlichkeit mit Ihm zu gelangen. Mein heiligster Sohn hat ihnen das Glück ja verdient. Der furchtbare *Undank, mit dem die Menschen ihre Erlösung vergessen und verachten, ist allein schuld, daß die Frucht der Erlösung in ihnen nicht wirksam wird.*

Von dir aber verlange ich in besonderer Weise diese Vollkommenheit und lade dich durch das sanfte Gesetz der Liebe dazu ein. Komme dieser Verpflichtung klug nach, laß dich durch keine Schwierigkeit bewegen, eine wenn auch noch so schwere Übung der Tugend zu unterlassen. Begnüge dich aber nicht damit, nur für dich die Freundschaft Gottes zu erwerben. Wenn du mir vollkommen nachfolgen und das Evangelium erfüllen willst, so mußt du auch für das Heil anderer Seelen und für die Erhöhung des heiligen Namens meines Sohnes sorgen. In Seiner allmächtigen Hand mußt du ein Werkzeug sein, um das zu vollbringen, was Sein größeres Wohlgefallen und Seine größere Ehre bewirkt.

* * *

10. Christi Geburt

ie arme, elende Höhle, in die Maria und Joseph sich zurückgezogen hatten, war der Palast, den der König der Könige, der Herr der Heerscharen bereitet hatte, um Seinen ewigen, menschgewordenen Sohn in der Welt zu beherbergen. Dieser Platz war so verächtlich, daß trotz der Überfüllung in Bethlehem niemand sich herbeigelassen hätte, dorthin zu gehen. Den Meistern der Demut und der Armut: Christus, unserm Herrn, und Seiner reinsten Mutter genügte er. Darum hat die Weisheit des ewigen Vaters ihnen diese Höhle vorbehalten und sie durch den Schmuck der Einsamkeit, Armut und Entblößung zum ersten Tempel des Lichtes eingeweiht, zum Haus der wahren Sonne der Gerechtigkeit, die aus Maria, der strahlenden Morgenröte aufgehen sollte mitten in der nächtlichen Finsternis, dem Sinnbild der Sünde, in die die ganze Welt eingehüllt lag.

Im Licht der sie begleitenden Engel sahen Maria und Joseph zu ihrem Trost und unter Freudentränen, daß die Höhle verlassen war. Sie knieten nieder, lobten Gott und dankten Ihm. Sie wußten, daß sie ihnen durch die geheimen Ratschlüsse der ewigen Weisheit gewährt worden war. Maria hatte eine besonders tiefe Erkenntnis dieses Geheimnisses. Als sie den Fuß in die Höhle setzte und diese dadurch heiligte, überströmte sie eine innere Wonne, die ihr ganzes Wesen hob und belebte. Sie bat den Herrn, Er möge freigebig alle Bewohner Bethlehems segnen, die sie von ihren Häusern weggewiesen und ihnen dadurch zu dem großen Glück, das ihrer in der Höhle wartete, verholfen hätten. Die Höhle be-

317

stand aus natürlichen, unbehauenen Felsen, so daß sie sich nur für die Tiere eignete. Der ewige Vater aber hatte sie zur Wohnung Seines eigenen Sohnes bestimmt.

Die heiligen Engel stellten sich nun wie die Leibwache im Palaste eines Königs in geordneten Reihen auf. Sie zeigten sich auch dem heiligen Joseph in menschlicher Gestalt. Zur Erleichterung seines Kummers war es geziemend, daß er die arme Höhle mit den Reichtümern des Himmels so herrlich geziert sah. Sein Herz wurde gestärkt, ermutigt und auf die Ereignisse vorbereitet, die jene Nacht bringen sollte. Maria schickte sich an, die Höhle, die ein Königsthron und heiliger Gnadenort sein sollte, mit eigenen Händen zu reinigen. Sie selbst wollte keine Übung der Demut unterlassen, und ihrem göttlichen Sohn sollten diese Akte der Verehrung und Huldigung nicht entgehen.

Wegen ihrer erhabenen Würde bat Joseph dringend, ihm die Arbeit zu überlassen. Er begann, den Fußboden und die Winkel der Höhle zu reinigen. Maria ließ es sich indes nicht nehmen, die Arbeit mit ihm zu teilen. Die Engel waren wie beschämt. Sie säuberten in kürzester Zeit die Höhle und erfüllten sie mit Wohlgeruch. Dann zündete Joseph ein Feuer an, wozu er das Erforderliche mitgebracht hatte. Da es sehr kalt war, wärmten sich Maria und Joseph ein wenig. Dann genossen sie in unaussprechlichen Freuden von ihren armen Speisen. Wegen der nahen Geburt des göttlichen Kindes war Maria so in dieses Geheimnis versenkt, daß sie nur aus Gehorsam gegen ihren Bräutigam etwas genoß.

Nach dem Dankgebet erkannte Maria, daß ihre Stunde nahe. Sie bat Joseph, sich zurückzuziehen und etwas auszuruhen; denn es war schon spät in der Nacht. Er gehorchte seiner Braut und bat sie, ein Gleiches zu tun. Während Maria auf einer von Joseph bereiteten Lagerstätte Ruhe suchte, zog sich Joseph in eine Ecke des Einganges zum Gebet zurück. Dort wurde er vom Geiste Gottes heimgesucht. Eine liebliche Kraft versetzte ihn in Verzückung. Darin wurde ihm alles Geschehen während der Nacht geoffenbart. Dieser Schlaf war seliger als der Schlaf Adams im Paradies.

Zu gleicher Zeit rief eine mächtige Stimme des Allerhöchsten die Königin der Schöpfung. Eine süße, sie innerlich umgestaltende Kraft erhob sie über alles Erschaffene empor. Sie empfand ungewohnte Wirkungen der Allmacht Gottes. Diese Ekstase war eine der merkwürdigsten und wunderbarsten ihres heiligen Lebens. Gott verlieh ihr immer höhere Erleuchtungen und Gnaden, um sie zur klaren Anschauung Gottes zu führen. Dann lüftete sich der Schleier: Maria sah Gott in klarer, unverhüllter Schau. Sie erblickte Ihn in solcher Herrlichkeit und mit solcher Fülle der Erkenntnis, daß weder ein Engel noch ein Mensch es erklären oder vollkommen erfassen könnte. Sie erhielt eine tiefere Schau in die Geheimnisse der Gottheit und Menschheit ihres göttlichen Sohnes sowie in den unerschöpflichen Lichtquell Seines heiligsten Herzens. Mir fehlen die Ausdrücke, um zu sagen, was ich über diese Geheimnisse im göttlichen Lichte geschaut habe. Der Reichtum und die Überfülle machen mich arm an Worten.

Maria erkannte in dieser Vision die Gründe und erhabenen Ziele dieser geheimnisvollen Geburt im Hinblick auf Gott und auf die Geschöpfe. Maria warf sich zur Erde nieder und brachte dem Herrn in ihrem und aller Geschöpfe Namen die schuldige Ehre, Danksagung und Lobpreisung dar für das unaussprechliche Erbarmen und Herablassen Seiner göttlichen Liebe. Sie erkannte sehr wohl, welch erhabenes, bisher nie gesehenes Amt es sei, den Gottmenschen zu nähren und als Mutter zu pflegen. Sie achtete sich dieses Amtes für unwürdig. Weil sie sich so vor dem Allerhöchsten demütigte und sich ganz vernichtete, erhöhte sie der Herr und übertrug ihr aufs neue den Titel „Mutter Gottes" mit dem Auftrag, ihr Kind als den Sohn des ewigen Vaters und zugleich als den Sohn ihres eigenen Mutterschoßes zu behandeln.

Maria weilte über eine Stunde in dieser Verzückung und klaren Anschauung Gottes. Sie war dem Leibe nach so vergeistigt, so schön, so glänzend, daß sie keinem irdischen Geschöpf mehr glich. Ihr Antlitz strömte einer Sonne gleich Lichtstrahlen aus. Ihre Züge waren sehr ernst, voll wunderbarer Majestät, ihr Herz ganz in Liebesglut entzündet. Sie kniete neben der Krippe, die Augen zum Himmel erhoben, die Hände auf der Brust gefaltet. Ihr Geist war in Gott entzückt, ihr ganzes Wesen in Gott umgestaltet. Am Schluß dieser Verzückung schenkte Maria der Welt den Eingeborenen des Vaters, ihren eigenen Eingeborenen, unseren Erlöser, Jesus, der wahrer Gott und wahrer Mensch ist. Es war um Mitternacht an einem Sonntag in dem Jahr, das die römische Kirche und mit ihr das Morgen- und Abendland das Jahr 1 nennt.

Da über die Umstände bei der Geburt Christi Meinungsverschiedenheiten herrschen, der Gegenstand selbst aber sehr erhaben und ehrwürdig ist, habe ich meine Erkenntnisse darüber meinen Obern und Gewissensführern dargelegt. Sie befahlen mir im Gehorsam, diese Geheimnisse noch einmal im himmlischen Lichte zu erforschen und Maria, meine Mutter und Lehrerin, sowie auch die heiligen Engel zu befragen. Alsbald erkannte ich nochmals das nämliche, und es wurde mir erklärt, daß die Geburt folgenderweise stattgefunden habe.

Am Ende der vorhin erwähnten Entzückung gebar Maria, die *Sonne der Gerechtigkeit, den Sohn des ewigen Vaters* und ihren Sohn ganz makellos, schön, strahlend und ohne Schmerzen. Dabei wurde ihre jungfräuliche Unversehrtheit und Reinheit noch mehr geheiligt und vergöttlicht. Er ging aus ihr hervor wie die Strahlen der Sonne, die ein Kelchglas durchdringen, ohne es zu zerbrechen. Sie erhöhen vielmehr seine Schönheit und seinen Glanz. Bei der Empfängnis und Geburt des menschgewordenen Wortes leistete die Natur alles, was wesentlich und notwendig war, damit man von Christus wahrhaft sagen könne, Er sei empfangen und aus der Substanz Seiner jungfräulichen Mutter als Sohn erzeugt und geboren worden. Alles andere aber muß von der Empfängnis und Geburt Christi ausgeschlossen werden.

Das göttliche Kind kam in glorreicher Verklärung zur Welt. Gottes unendliche Weisheit hatte angeordnet, daß im Augenblick der Geburt die Glorie der Seele auf den Leib des Kindes überströme und ihm die Gaben der Verklärung mitteile, wie dies später auf dem Tabor geschah. Dieses Wunder war nicht notwendig, um Marias unversehrte Jungfräulichkeit zu wahren, Gott hätte das auch durch andere Wunder bewirken können. Er wollte aber, daß Maria ihr göttliches Kind beim ersten Anblick in Verklärung schaue, damit sie von tiefer Ehrfurcht durchdrungen würde und auf dem Wege der Erfahrung neue Erkenntnisgnaden erhalte über die Erhabenheit und Größe ihres Sohnes. Ferner wollte Gott durch die Verklärung des Kindes Marias Treue und Heiligkeit übervoll belohnen, mit der sie ihre keuschen Augen ihrem heiligsten Sohne zulieb für alles Irdische geschlossen hatte.

Der Evangelist Lukas berichtet, Maria habe ihr Kind in Windeln gewickelt und in eine Krippe gelegt. Wer Es in ihre Arme legte, sagte er nicht, weil es nicht zu seinem Plane gehört. Die Himmelsfürsten Michael und Gabriel waren in menschlicher Gestalt zugegen. Mit unaussprechlicher Ehrfurcht nahmen sie das Kind auf ihre Hände. Wie der Priester die heilige Hostie dem Volke zur Anbetung zeigt, so hielten sie der göttlichen Mutter ihr in Glorie strahlendes Kind vor Augen. Mutter und Sohn schauten einander an. Die Mutter verwundete Sein Herz mit Liebe und geriet in Verzückung. Noch auf den Händen der Engel sprach das Kind: „Mutter werde mir ähnlich! Für das menschliche Leben, das du mir gabst, will ich dir ein neues erhabenes Leben der Gnade verleihen, ein Leben, das zwar das eines bloßen Geschöpfes bleibt, allein dem Meinigen, der Ich Gott und Mensch bin, durch vollkommene Nachahmung ähnlich sein soll." Maria antwortete: „Ziehe mich, so wollen wir Dir nacheilen, dem Geruche Deiner Salben nach!" (Hld 1,3).

Nun gingen viele Geheimnisse des Hohenliedes in Erfüllung. Zwischen dem göttlichen Kinde und Seiner jungfräulichen Mutter fanden die dort berichteten Zwiegespräche statt: „Mein Geliebter ist mein, und ich bin Sein, und sein Verlangen geht nach mir. Siehe, du bist schön, Meine Freundin, und deine Augen sind Taubenaugen. Siehe, Du bist schön, mein Geliebter!" (ebd. 2, 16. 7, 10. 1, 14, 15). Noch viele andere geheimnisvolle Dinge geschahen damals, die ich aber übergehe.

Bei den Worten des göttlichen Kindes sah Maria die inneren Akte Seiner mit der Gottheit vereinigten Seele, damit sie sie nachahme. Das war eine der größten Gnadenauszeichnungen, die Jesus Seiner Mutter verlieh. Er war ständig ihr lebendiges Vorbild, das sie in sich einprägte, und zwar mit aller Ähnlichkeit, die zwischen ihr, einem bloßen Geschöpf, und Jesus Christus, dem wahren Gottmenschen möglich war. Maria erkannte und fühlte auch die Gegenwart der heiligsten Dreifaltigkeit und hörte den Vater sagen: *„Dieser ist Mein geliebter Sohn, an dem Ich Mein Wohlgefallen habe!"* Inmitten so erhabener Geheimnisse antwortete Maria: „Ewiger Vater, gib mir aufs neue die Erlaubnis und Deinen Segen, um den Ersehnten der Völker in meine Arme zu nehmen, und lehre mich, als Mutter und treue Magd Deinen göttlichen Willen zu erfüllen." Darauf hörte sie eine Stimme sagen: „Nimm deinen Eingeborenen in deine Arme, pflege ihn und wisse, daß du Ihn Mir opfern mußt, wenn Ich es von dir verlange. Nähre Ihn als Mutter, und ehre Ihn als wahren Gott." Darauf erwiderte sie: „Siehe hier das Werk Deiner Hände. Schmücke mich mit Deiner Gnade, damit Dein Sohn, mein Gott, mich als Seine Magd annehme und ich Ihm würdig diene."

Jetzt hob das göttliche Kind das Wunder der Verklärung auf oder vielmehr, Es setzte jenes Wunder fort, das die Gaben der Glorie Seinem heiligsten Leibe vorläufig noch entzogen und sie in Seiner Seele zurückhielt. Nun sah Maria das göttliche Kind in Seinem natürlichen, leidensfähigen Zustand. Sie betete es in tiefer Ehrfurcht und Demut an und empfing es aus den Händen der heiligen Engel. Sie sprach zu Ihm: „Meine süßeste Liebe, Licht meiner Augen, Leben meiner Seele! Sei willkommen in dieser Welt, Du Sonne der Gerechtigkeit, und verbanne die Finsternis der Sünde und des Todes. Wahrer Gott vom wahren Gott, erlöse Deine Diener. Alles Fleisch möge Dein Heil schauen! Nimm mich an und ersetze meine Unfähigkeit, Dir zu dienen!" Nun opferte die Gottesmutter ihren Sohn dem ewigen Vater auf: „Schöpfer des Weltalls, sieh hier den Altar und das Deinen Augen wohlgefällige Opfer! Schaue barmherzig auf das Menschengeschlecht! Verdienen wir auch Deinen Zorn, so möge nun die Gerechtigkeit ruhen und die Barmherzigkeit ihre Größe offenbaren! Deswegen ist das göttliche Wort ja der Bruder der sündigen Menschen geworden. Auf diesen Titel hin erkenne ich sie als meine Kinder und bitte für sie aus dem tiefsten Grunde meines Herzens. Allmächtiger, Du hast mich ohne mein Verdienst zur Mutter Deines Eingeborenen gemacht; denn diese Würde überragt alle Verdienste der Geschöpfe. Aber ich verdanke sie zum Teil auch den Menschen, weil sie die Veranlassung meines unaussprechlichen Glückes geworden sind. Um ihretwillen bin ich ja Mutter des Wortes, das leidensfähiger Mensch und Erlöser aller geworden ist. Ewiger Vater, nimm meine Bitten an!"

Die Mutter der Barmherzigkeit sprach nun zu allen Menschen: „Nun mögen die Betrübten sich trösten, die Traurigen sich freuen, die Niedergeschlagenen Mut fassen, die Verwirrten sich beruhigen, die Toten auferstehen, die Gerechten sich freuen, die Heiligen jubeln, die himmlischen Geister neue

Wonnen empfinden, die Propheten und Patriarchen in der Vorhölle sich trösten! Alle Geschlechter mögen den Herrn lobpreisen, der Seine Wunder erneuert hat! Kommt, kommt, ihr Armen! Nahet euch, ihr Kleinen! Fürchtet euch nicht, denn ich halte als sanftes Lamm den in meinen Händen, der Löwe genannt wird, den Allmächtigen, der schwach geworden, den Unüberwindlichen, der überwunden ist! Kommet zum Leben! Nahet euch eurem Heile! Eilet zur ewigen Ruhe; denn ich habe dies alles für alle in Händen! Umsonst werdet ihr es empfangen, ohne Neid teilet es aus! Seid nicht träge, seid nicht schweren Herzens, o Menschenkinder! – Du aber, liebstes Gut meiner Seele, erlaube mir, von Dir den Kuß zu empfangen, nach dem alle Geschöpfe sich sehnen!" Bei diesen Worten küßte die glückliche Mutter mit ihren heiligen, keuschesten Lippen ihr göttliches Kind mit zartester Liebe. Das Kind auf ihren Armen haltend, war Maria gleichsam der *Altar oder Tabernakel,* vor dem ihre zehntausend Engel in menschlicher Gestalt ihren menschgewordenen Schöpfer anbeteten. Da auch die heiligste Dreifaltigkeit in besonderer Weise gegenwärtig war, war der Himmel sozusagen entvölkert; denn der ganze himmlische Hof hatte sich in die Krippenhöhle begeben, um den Schöpfer in Seinem neuen, fremden Gewande anzubeten. Dann stimmten die Engel jenen neuen Lobgesang an: *"Ehre sei Gott in der Höhe und Friede auf Erden den Menschen, die guten Willens sind!"* Sie wiederholten ihn voll Staunen über die großen Wunder, die sie sahen, sowie über die unaussprechliche Weisheit, Gnade, Demut und Schönheit einer zarten Jungfrau von fünfzehn Jahren, die sie als die würdige Hüterin und Dienerin so erhabener Geheimnisse erkannten.

Nun rief Maria ihren treuen Bräutigam Joseph. Ihm waren in hoher Verzückung alle Geheimnisse der hochheiligen Geburt geoffenbart worden. Jetzt sollte er mit seinen Sinnen das menschgewordene Wort vor allen andern Sterblichen sehen, berühren und anbeten, war er ja zum treuen Verwalter dieses erhabenen Geheimnisses auserwählt. Er trat aus der Ekstase und erblickte das göttliche Kind in den Armen Seiner jungfräulichen Mutter. In tiefster Demut betete er es unter Tränen an. Er küßte Seine Füßchen mit so großer Freude und Bewunderung, daß er das Leben darob verloren hätte, wenn Gottes Allmacht es ihm nicht erhalten hätte. Nach der Anbetung Josephs bat Maria das göttliche Kind, sich setzen zu dürfen; bis jetzt hatte sie gekniet. Joseph reichte ihr die mitgebrachten Windeln. Mit unaussprechlicher Ehrfurcht, Andacht und Sorgfalt wickelte sie das Kind darein. Dann legte sie Es auf göttliche Eingebung in die Krippe. Sie hatte vorher ein wenig Heu und Stroh hineingelegt. Auf göttliche Fügung eilte raschen Laufes ein Ochs von den naheliegenden Gefilden herbei. Er stellte sich in der Höhle neben den Esel, der der Himmelskönigin als Lasttier gedient hatte. Maria befahl den Tieren, ihrem Schöpfer Huldigung darzubringen. Gehorsam warfen sie sich vor dem Kinde nieder, erwärmten Es mit ihrem Hauche und dienten Ihm statt der herzlosen Menschen. So erfüllte sich die Prophezeiung: „Es kennt der Ochs seinen Eigentümer und der Esel die Krippe seines Herrn; Israel aber hat Ihn nicht erkannt" (Is 1,3).

Lehre der Himmelskönigin

Meine Tochter, wenn die Menschen ein losgelöstes Herz und einen gesunden Verstand hätten, um das Geheimnis der Menschwerdung Christi würdig zu erwägen, so würde es sie mit Macht auf den Weg des Lebens zurückbringen und mit Liebe zu ihrem Schöpfer und Erlöser entzünden. Wer wäre dann so hart, so gefühllos, daß er nicht gerührt würde beim Anblick seines menschgewordenen Gottes, den niemand pflegte als Seine Mutter, die selbst arm und von der hoffärtigen Welt verstoßen war? Wer könnte sich angesichts einer so erhabenen, geheimnisvollen Weisheit noch erkühnen, die Eitelkeit und den Stolz zu lieben, die der Schöpfer des Himmels und der Erde so haßt und durch Sein Beispiel verurteilt? Wer könnte die Demut, Armut und Entbehrung verabscheuen, die der Herr liebte und für sich wählte, und die Er uns als wahre Mittel zum ewigen Leben darstellte? Nur wenige nehmen sich Zeit, diese Wahrheit eingehend zu erwägen. Darum erlangen auch nur wenige die Frucht dieser großen Geheimnisse.

Dir, meine Tochter, hat mein heiligster Sohn hohe Erkenntnis über diese Gnaden verliehen. Handle nun entsprechend. Vergiß alles Irdische und verlange nichts von der Welt. Verbirg dich vor ihr, damit dein Herz wohlvorbereitet sei, die Geheimnisse der Armut, der Demut und der Liebe deines menschgewordenen Gottes zu feiern. Lerne durch mein Beispiel in tiefer Demut mit dem Herrn umgehen, wenn du Ihn in der heiligen Kommunion in dein Herz aufnimmst. Du hast Ihn dann ganz nahe bei dir und in dir.

Wenn Jesus in der heiligen Kommunion bei dir ist, spricht Er auch zu dir: *„Werde mir ähnlich!"* Deine hohe Erkenntnis und dein tiefes Verständnis dieser Geheimnisse müssen dir eine lebendige Stimme sein, die du mit größter Aufmerksamkeit anhören und dir einprägen sollst. Diese Gnaden sind dir und allen Menschen verliehen. Verstehe wohl: Jesus verlangt von dir, daß du diese Wohltaten mit solcher Dankbarkeit aufnimmst, wie wenn Er für dich allein vom Himmel herabgekommen wäre, wie wenn Er dich allein erlöst und für dich allein alle Wunder gewirkt und Seine Lehre verkündet hätte, die Er Seiner heiligen Kirche hinterließ.

* * *

11. Die heiligen Engel verkünden die Geburt Christi

ls die himmlischen Heerscharen in der Höhle die Geburt ihres Gottes, unseres Erlösers, gefeiert hatten, sandte der Herr einige von ihnen zu verschiedenen Orten, um die glückselige Botschaft jenen zu künden, die dem Willen Gottes gemäß darauf vorbereitet waren. Der heilige Erzengel Michael begab sich zu den heiligen Vätern in der Vorhölle und verkündete ihnen, daß der Eingeborene des Vaters in die Welt gekommen sei, daß Er in einer Krippe zwischen Tieren liege, demütig und sanftmütig, wie sie es vorhergesagt hätten. Er sprach im Namen der seligsten Mutter, weil diese es ihm aufgetragen hatte, mit ihren heiligen Eltern Joachim und Anna. Er wünschte ihnen Glück, daß ihre heiligste Tochter die Erwartung der Völker in ihren Armen halte. Dies war der trostvollste, freudenvollste Tag, den diese große Versammlung der Gerechten und Heiligen während ihrer langen Verbannung jemals erlebt hatten. Alle anerkannten den neugeborenen Gottessohn als den Urheber ihres ewigen Heiles, sangen Ihm neue Loblieder, beteten Ihn an und huldigten Ihm. Joachim und Anna baten durch den Erzengel Michael ihre heiligste Tochter Maria, das göttliche Kind auch in ihrem Namen anzubeten. Maria erfüllte alsbald diese Bitte und hörte mit höchster Wonne an, was ihr der Himmelsfürst über die Väter der Vorhölle berichtete.

Ein anderer von den Schutzengeln der Gottesmutter wurde zu Elisabeth und ihrem Sohne Johannes gesandt. Als er ihnen die Geburt des Erlösers ankündigte, warf sich Elisabeth mit ihrem noch ganz zarten Kinde zur Erde nieder, und beide beteten ihren menschgewordenen Gott im Geiste und in der Wahrheit an. Das zum Vorläufer des Herrn geheiligte Kind wurde innerlich erneuert und mit einem noch feurigeren Geist erfüllt, als der Geist des Elias war. Über diese Geheimnisse staunten selbst die Engel und lobten Gott. Johannes und seine Mutter ließen durch die Engel unsere Königin bitten, in ihrem Namen ihren heiligsten Sohn anzubeten und sie aufs neue Seinem Dienste aufzuopfern. Maria erfüllte sogleich diese Bitte.

Elisabeth sandte alsbald einen eigenen Boten mit Geld, Linnen und anderen Geschenken nach Bethlehem, um dem göttlichen Kinde, Seiner armen Mutter und dem heiligen Joseph zu helfen. Der Bote sollte sich erkundigen, was sie nötig hätten. Von den großen Geheimnissen hatte dieser Mann keine Ahnung. Er kehrte jedoch erstaunt und von einer göttlichen Kraft gerührt, innerlich ganz umgewandelt zurück. Mit unaussprechlicher Freude erzählte er Elisabeth von der Armut und der Güte ihre Base, des Kindes und des heiligen Joseph sowie von den Wirkungen, die ihr bloßer Anblick bei ihm bewirkt habe. Dieser einfache Bericht machte auf Elisabeth einen tiefen Eindruck. Sie hätte es sich nicht versagen können, die jungfräuliche Mutter und ihr göttliches Kind zu besuchen, wenn der Wille Gottes sie nicht zurückgehalten hätte. Dieser verlangte, daß das Geheimnis verborgen bleibe. Maria behielt einige der ihr gesandten Geschenke, um ihrer Armut abzuhelfen. Das Übrige verteilte sie unter die Armen, deren Gesellschaft sie auch in der Grotte von Bethlehem nicht entbehren wollte.

Andere Engel brachten die Frohbotschaft dem Zacharias, dem Simeon, der Prophetin Anna und einigen anderen Gerechten, denen das Geheimnis anvertraut werden konnte. Der Herr fand sie würdig vorbereitet, es mit Lobpreis sowie mit Frucht für sich selbst aufzunehmen. Nicht alle Gerechten erkannten es, in allen aber brachte es in der Stunde der Geburt des Welterlösers himmlische Wirkungen hervor. Alle, die im Stande der Gnade waren, fühlten eine außergewöhnliche, innere, übernatürliche Freude, obwohl sie deren Ursache nicht erkannten. Selbst bei den leblosen Geschöpfen fanden Veränderungen statt; denn alle Einflüsse der Planeten wurden erneuert und vervollkommnet. Die Sonne beschleunigte ihren Lauf, die Sterne erstrahlten heller. Für die Heiligen Drei Könige wurde in dieser Nacht der wunderbare Stern gebildet, der sie nach Bethlehem führte. Viele Bäume brachten Blüten, andere Früchte hervor. Mehrere Götzentempel stürzten ein, Götzenbilder fielen um, und die bösen Geister zogen aus ihnen fort. Diese und andere Wunder schrieben die Menschen verschiedenen Ursachen zu, ohne die wahren zu erraten. Nur unter den Gerechten glaubten viele, daß Gott in die Welt gekommen sei. Doch mit Sicherheit wußten das nur jene, denen der Herr es selbst geoffenbart hatte. Maria sandte aus ihrer Ehrenwache zu den drei Königen je einen besonderen Engel, der ihnen durch innere Ansprachen offenbarte, daß der Erlöser des Menschengeschlechtes in Armut geboren sei. Die Könige sehnten sich danach, das Kind zu suchen und es anzubeten. Bald darauf sahen sie jenen wunderbaren Stern.

Die glücklichsten von allen waren die bei ihren Herden wachenden Hirten der Umgegend. Sie wurden vor allen bevorzugt, weil sie die Beschwerden ihres Standes Gott zulieb ertrugen, arm, demütig, von der Welt verachtet, gerecht und aufrichtigen Herzens waren und zu jenen gehörten, die inbrünstig nach der Ankunft des Messias verlangten und oft von Ihm sprachen. Je mehr sie der Pracht und Hoffart der Welt und ihrer teuflischen Arglist fern waren, um so ähnlicher waren sie dem Urheber des Lebens. Sie vertraten würdig das Amt, das der „Gute Hirte" ausüben wollte, der Seine Schafe kennt und von diesen erkannt wird. Der heilige Erzengel Gabriel erschien ihnen in menschlicher Gestalt, strahlend in hellstem Lichtglanze.

Die Hirten sahen sich plötzlich von himmlischem Glanze umleuchtet und umflossen. Große Furcht befiel sie. Der Engel aber sprach zu ihnen: *„Fürchtet euch nicht! Sehet, ich verkündige euch eine große Freude; heute ist euch in der Stadt Davids der Heiland geboren, welcher ist Christus der Herr. Und das soll euch zum Zeichen sein: ihr werdet ein Kind finden, in Windeln gewickelt und in einer Krippe liegend."* Plötzlich kam noch eine Menge himmlischer Heerscharen, die Gott lobten und sangen: „Ehre sei Gott in der Höhe und Frieden auf Erden den Menschen, die guten Willens sind!" Den Lobgesang wiederholend verschwanden sie. Dies alles geschah in der vierten Nachtwache. Die demütigen Hirten waren durch die Erscheinung der Engel von himmlischem Lichte erfüllt worden. Voll Andacht und Inbrunst verlangten sie, ihr Glück zu genießen und das erhabene Geheimnis zu schauen.

Die ärmlichen Windeln und die Krippe wären für die Hirten nicht beweiskräftig gewesen, wenn das himmlische Licht sie nicht erleuchtet und belehrt hätte, die Majestät des Königs zu erkennen. Sie beschlossen, eilends nach Bethlehem zu gehen und das Wunder zu sehen, das der Herr ihnen verkündet hatte. Sogleich machten sie sich auf und fanden Maria und Joseph und das Kind, das in der Krippe lag. Beim Anblick des menschgewordenen Wortes erhielten sie eine innere Erleuchtung. Das Kind schaute sie an. Sein Antlitz strahlte in hellem Glanze, der die aufrichtigen Herzen dieser armen, aber glücklichen Menschen verwundete. Durch göttliche Kraft wurden sie zu einem neuen Leben der Gnade und Heiligkeit umgewandelt und erhöht und zugleich mit übernatürlicher Erkenntnis der erhabensten Geheimnisse der Erlösung des Menschengeschlechtes erfüllt.

Sie warfen sich zur Erde nieder und beteten den Sohn Gottes an. Nicht mehr als unwissende Hirten, sondern als weise, verständige Männer lobpriesen und verherrlichten sie Ihn als wahren Gott und wahren Menschen und als ihren Erlöser. Maria merkte auf alles, was die Hirten sagten und äußerlich und innerlich taten; denn sie durchschaute ihre Herzen bis auf den Grund. Sie überlegte und bewahrte alles mit höchster Weisheit und Klugheit in ihrem Herzen und verglich es mit den Prophezeiungen der Heiligen Schrift. Weil sie damals das Werkzeug des göttlichen Kindes und die Zunge des Heiligen Geistes war, gab sie den Hirten Unterweisungen und ermahnte sie zur Beharrlichkeit in der Liebe und im Dienste Gottes. Hirten stellten auf ihre Art Fragen an sie und erzählten ihr vieles über die Geheimnisse, die sie erkannt hatten. Sie blieben bis nach Mittag in der Höhle. Maria gab ihnen Speise und entließ sie mit Gnaden und himmlischem Troste erfüllt.

Die Hirten besuchten Maria, das Kind und Joseph mehrere Male und brachten ihnen Geschenke. Der Evangelist Lukas berichtet, daß die Hirten über das Geschehene zu andern sprachen und alle sich verwunderten. Dies geschah aber erst, als die heilige Familie Bethlehem verlassen hatte. Das fügte die göttliche Weisheit, damit alles verborgen blieb. Nicht alle glaubten den Hirten. Diese aber waren heilig, voll himmlischer Weisheit und blieben es bis zu ihrem Tode. Unter denen, die glaubten, war Herodes. Doch ihn leiteten nicht heiliger Glaube und Frömmigkeit, sondern weltliche, höchst verwerfliche Furcht, sein Reich zu verlieren. Unter den Knäblein, die Herodes ermorden ließ, waren auch einige Kinder dieser heiligen Hirten. Es war ein großes Glück für diese Kinder, und ihre Väter opferten sie mit Freuden zum Leiden und Martertode dem Herrn auf, für den sie selbst gern gestorben wären.

Lehre der Himmelskönigin

Meine Tochter, die Menschen *vergessen und verachten oft die gnadenvollen Werke ihres Erlösers.* Dank dem dir verliehenen Licht bist du erwählt, einer solchen Gefühllosigkeit nicht zu verfallen. Betrachte darum die glühende Liebe meines heiligsten Sohnes, mit der Er sich gleich nach Seiner Geburt den Menschen mitteilte, damit sie sofort an den Früchten Seiner Ankunft Anteil hätten. Der Herr hätte allen oder doch vielen das gleiche Licht geschenkt wie den Hirten und den drei Königen, wenn ihr Seelenzustand sie dessen nicht unwürdig gemacht hätte.

Erwäge nun die schlechte Verfassung der Menschen im jetzigen Jahrhundert. Das Licht des Evangeliums leuchtet so hell und ist durch Wunder bestätigt. Dennoch ist die Zahl der Vollkommenen sehr klein, und nur wenige machen sich einer reicheren Teilnahme an den Früchten der Erlösung würdig. Manche meinen, es gäbe noch viele Vollkommene, aber ihrer sind bei weitem weniger, als es zu einer Zeit sein sollte, da Gott von den Ungläubigen so schwer beleidigt wird. Um der Verdienste Seines eingeborenen Sohnes willen verlangt Gott doch so sehr, Seine Gnadenschätze der heiligen Kirche mitzuteilen.

Du, meine Tochter, sei aufmerksam, wachsam und eifrig im Dank gegen Gott, der dich durch so große Wohltaten verpflichtet. Tue immer und überall, was du als das Vollkommenste erkennst; denn mit Wenigerem wirst du deiner Pflicht nicht genügen.

* * *

12. Luzifers Unwissenheit. Marias Ehrfurcht vor ihrem göttlichen Kinde

Das göttliche Wort brachte allen, die in Finsternis und Todesschatten saßen, Leben und Licht. Für alle Menschen war Sein Kommen glückselig und gnadenreich. Wenn aber Seelen an diesem Eckstein zugrunde gehen, weil sie Verderben suchen, wo sie die Auferstehung und ewiges Leben finden könnten und sollten, so ist das nicht die Schuld des Steines, sondern jener, die ihn zum Stein des Anstoßes gemacht haben. Nur für die Hölle war die Geburt des göttlichen Kindes schrecklich; denn der Unüberwindliche wollte dem mit der Lüge bewaffneten Starken seine tyrannische Herrschaft entreißen. Mit Recht blieb das Geheimnis der Ankunft des Heilandes sowie viele andere Seines Lebens dem Luzifer verborgen. Zudem ließ die göttliche Vorsehung diesen bösen Feind durch seine eigene Bosheit verblendet werden, weil er aus Tücke den Trug und die Verblendung der Sünde in die Welt eingeführt hat.

Hätte Satan mit Sicherheit gewußt, daß Christus wahrer Gott war, so hätte er Seinen Tod nicht veranlaßt, sondern verhindert. Bei der Geburt Christi merkte er nur, daß die heiligste Mutter kein Obdach gefunden und in einer verlassenen Höhle einen Sohn in Armut geboren hatte. Auch sah er die Beschneidung des Kindes und anderes, was ihm bei seinem Stolz die Wahrheit mehr verhüllte als aufdeckte. Ihm war auch verborgen, daß Maria als Mutter Jungfrau blieb, ferner die Botschaft der Engel an die Gerechten, die Unterredung des Engels mit den Hirten und deren Anbetung des Kindes. Er sah auch den Wunderstern nicht und wußte nicht, warum die Könige kamen. Er dachte, ihre Reise gelte weltlichen Zwecken. Die bösen Geister entdeckten auch nicht die Ursachen der Veränderung in den Elementen und in den Sternen, obwohl sie sie gewahrten. Auch die Unterredung der Weisen mit Herodes blieb ihnen unbekannt, ebenso ihr Besuch in der Höhle, ihre Anbetung des Kindes und die Darbringung ihrer Opfergaben. Zwar bemerkten sie die Wut des Herodes gegen die Kinder und schürten sie. Seine bösen Absichten kannten sie damals nicht. Darum nährten sie seine Grausamkeit. Luzifer vermutete wohl, daß Herodes den Messias suche. Das schien ihm jedoch eine Torheit zu sein und er spottete über Herodes. In seinem Stolz dachte er, es sei Wahnsinn zu meinen, Gottes Sohn werde in Demut und Verborgenheit in die Welt kommen, um sich zu ihrem Herrn zu machen. Er glaubte, Er werde mit Macht und prunkvoller Majestät erscheinen.

So täuschte sich Luzifer. Doch hatte er einige außerordentliche Begebenheiten bei der Geburt unseres Herrn bemerkt. Er versammelte seine Diener in der Hölle und sprach zu ihnen: „Meine Beobachtungen in der Welt geben mir keinen Grund zur Furcht. Das Weib, das wir so heftig verfolgten, hat zwar einen Sohn geboren. Er ist aber so arm und unbekannt, daß Er noch nicht einmal ein Obdach in einer Herberge finden konnte. So etwas ist der Macht und Größe Gottes fremd. Soll dieses Kind gegen uns streiten, wie es uns gezeigt worden ist, so reichen Seine Kräfte nicht aus, um unserer Macht zu widerstehen. Es ist also nicht zu fürchten, daß Es der Messias sei. Man spricht auch davon, das Kind beschneiden zu lassen. Es muß also von Sünde befreit werden. Das ist mit dem Erlöser der Welt unvereinbar. Alle diese Anzeichen sprechen dagegen, daß Gott auf die Welt gekommen ist. Mich dünkt, wir können einstweilen sicher sein, daß Er noch nicht gekommen ist." Alle Teufel stimmten der Meinung ihres verdammten Hauptes bei. Wie sie Luzifers Bosheit teilten, so auch seine Verblendung. Satans unversöhnlicher Hochmut dachte nicht daran, daß die Herrlichkeit und Majestät Gottes sich verdemütigen werde. Er selbst trachtete nur nach Beifall, Ehre und Ruhm. Er würde, wenn es möglich wäre, alle Geschöpfe zwingen, ihn anzubeten. Darum kam es ihm nicht in den Sinn, daß der allmächtige Gott, der in Herrlichkeit erscheinen konnte, sich herablasse und der Erniedrigung sich unterwerfe, die ihm verhaßt war.

O Kinder der Eitelkeit, welche Beispiele habt ihr hier vor Augen! Mächtig muß uns die *Demut Christi* anziehen und anspornen. Wenn sie uns aber nicht rührt, so sollte uns *Luzifers Hochmut* Schrecken einflößen. O Laster, einen Engel voll Weisheit hast du derart verblendet, daß er sich von Gottes unendlicher Güte nur nach sich selbst und seiner eigenen Bosheit eine Meinung bilden konnte. Wie sollte es den unwissenden Menschen anders ergehen, wenn sich Hochmut und Sünde in ihnen vereinigen? O törichter Luzifer, wie hast du so falsch geurteilt über ein Geheimnis, das voll Weisheit und Schönheit ist! Oder was gibt es Liebenswürdigeres als Demut und Sanftmut, vereinigt mit Majestät und Macht? Weißt du nicht, elendes Geschöpf, daß es Verstandesschwäche ist und von niedriger Gesinnung zeugt, wenn man sich nicht verdemütigen kann? Luzifer, du bist blind für die Wahrheit und ein blinder Führer der Blinden, der du nicht begreifen konntest, daß Gottes Liebe und Güte sich in ihrer ganzen Größe durch Demut und Gehorsam bis zum Tode am Kreuze offenbarte.

Maria die Mutter der Weisheit, sah alle diese Täuschungen und Albernheiten Luzifers und seiner Diener. Sie aber pries den Herrn, daß Er diese erhabenen Geheimnisse den Stolzen verborgen, den Demütigen und Armen aber geoffenbart und dadurch begonnen hatte, die Tyrannei Satans zu überwinden. Sie betete inbrünstig für alle Menschen, die wegen ihrer Sünden unwürdig waren, das Licht des Heiles zu erkennen. Mit unaussprechlicher Liebe empfahl sie diese alle ihrem göttlichen Sohne. Die Höhle war sehr unbequem und den Unbilden der Witterung ausgesetzt. Maria schützte ihr zartes Kind sorgfältig dagegen und bedeckte Es mit einem Mäntelchen. Sie trug das Kindlein beständig in dem heiligen Tabernakel ihrer Hände, außer wenn sie es Joseph übergab. Um sein Glück zu erhöhen, wollte sie, daß er Ihm die Dienste eines Vaters leistete.

Als Maria ihm das göttliche Kind zum ersten Male reichte, sagte sie zu ihm: „Mein Bräutigam, nimm den Schöpfer des Himmels und der Erde in deine Arme. Genieße Seine liebenswürdige Gesellschaft und laß Ihn an deinem Dienste Seine Freude finden. Empfange den Schatz des ewigen Vaters!" Innerlich sprach sie zu ihrem Kinde: „Süßeste Liebe meiner Seele, Licht meiner Augen, ruhe in den Armen Deines Dieners, meines Bräutigams. Erfreue Dich mit ihm und vergiß um seinetwillen meine Nachlässigkeiten. Wohl empfinde ich es schmerzlich, auch nur einen Augenblick ohne Dich zu sein. Doch dem, der dessen würdig ist, will ich das höchste Gut ohne Neid mitteilen." Joseph verbeugte sich voll Dankbarkeit bis zur Erde und sprach: „Meine Braut, wie soll ich Unwürdiger mich erkühnen, Gott, vor dem die Säulen des Himmels erzittern, in meinen Armen zu tragen? Wie soll ich den Mut haben, so außerordentliche Gnaden anzunehmen? Ich bin Staub und Asche! Du aber, o Herrin, ergänze meine Niedrigkeit und bitte den Allerhöchsten, daß Er mich milde und gnädig anschaue."

Zwischen Verlangen und Ehrfurcht schwankend, erweckte Joseph heldenmütige Akte des Glaubens, der Liebe, der Demut und tiefer Verehrung. Zitternd vor heiliger Freude empfing er dann kniend das Kind. Es blickte ihn liebreich an und erneuerte ihn innerlich durch Gnaden, deren Größe auszudrücken nicht möglich ist. Süßes Glück durchdrang seine Seele. Dann gab er das Kind der lieben Mutter zurück. Beide knieten: Joseph, um es hinzugeben, Maria, um es zu empfan-gen. Das war ihre ehrfurchtsvolle Gewohnheit. Ehe sie sich aber dem menschgewordenen Gott nahten, machten sie drei Kniebeugen und küßten die Erde in Demut, Anbetung und Ehrfurcht. Dann erst nahmen sie das Kind auf ihre Arme.

Wenn Maria dem Kind die mütterliche Nahrung reichen wollte, bat sie Es vorher ehrfürchtig um Erlaubnis dazu. Sie wußte um den Abstand zwischen dem unendlichen Gott und ihr, einem bloßen Geschöpf. Diese Erkenntnis war bei Maria ununterbrochen und frei von jeder, auch der geringsten Unachtsamkeit. Immer dachte sie an alles und vollbrachte in allem das Erhabenste und Vollkommenste. So nährte, bediente und bewachte sie auch das Kind, aber nie mit unruhiger Sorge. Alle diese lieblichen und wunderbaren Geheimnisse sind unserer Aufmerksamkeit und unserer Betrachtung so würdig! Sie zu vergessen ist Undank. Wir sind uns selbst Feind, wenn wir uns dieses Gedenkens und damit der wunderbaren Wirkungen berauben, die es in treuen, dankbaren Kindern hervorruft.

Die Ehrfurcht Mariä, Josephs und der Engel würde Stoff zu einem langen Bericht bieten. Ich will aber nur bekennen, daß ich mitten in diesem Lichte bestürzt und beschämt bin, wenn ich an die geringe Ehrfurcht denke, mit der ich bisher mit Gott umzugehen wagte. Meine vielen Fehler dabei sind mir jetzt ganz klar geworden.

Mariä Sorgfalt für das göttliche Kind war so beständig, daß sie Es nur dann aus den Händen ließ, wenn sie Speise zu sich nehmen mußte. Sie gab Es dann entweder dem heiligen Joseph oder den Himmelsfürsten Michael und Gabriel. Diese beiden Erzengel hatten sie darum gebeten. So erfüllte sich auf wunderbare Weise Davids Wort: „Auf den Händen werden sie dich tragen!" (Ps 90, 12). Aus Aufmerksamkeit gegen das göttliche Kind schlief Maria abends nicht eher ein, bis Es selbst sie ermahnte, sich Schlaf und Ruhe zu gönnen. Dann verlieh ihr der Herr eine neue, wunderbare Art des Schlafens, in dem sie fortwährend das Kind und himmlische Dinge schaute. Wenn Maria schlief, wahrte der Herr die Kraft ihrer Arme, um das Kind zu halten, wie wenn sie wach wäre. Durch dieses Wunder erfüllte sich das Wort des Hohenliedes: „Ich schlafe, aber mein Herz wacht" (Hld 5, 2).

Meine schwachen Worte vermögen die häufigen Loblieder nicht wiederzugeben, die Maria zu Ehren des göttlichen Kindes mit den Engeln und Joseph abwechselnd sang. Ihre Erkenntnis ist den Auserwählten zu ihrer besonderen Freude vorbehalten. Joseph hörte sie oft und stimmte in sie ein. Er erfreute sich auch anderer, überaus kostbarer und tröstlicher Gunstbezeigungen. Oft gebrauchte Maria im Gespräch mit ihm den Ausdruck „unser Sohn". Nicht als ob Jesus der leibliche Sohn Josephs gewesen wäre, sondern weil er vor den Menschen als Sohn Josephs galt. Dieses Vorrecht bereitete ihm außerordentliche Freude. Darum erneuerte Maria ihm diesen Trost oft.

Lehre der Himmelskönigin

Meine Tochter, ich sehe deine heilige Eifersucht wegen des Glückes, das wir in der Gesellschaft meines heiligen Kindes genossen. Ich will dich darum trösten und dir zeigen, wie du unser Glück teilen kannst. Du findest den Herrn beständig an der Türe deines Herzens. Er ruft dich und wartet dort. Er will dein Herz durch Gnaden und erhabenste Lehren wecken und dich zur innigsten Liebesvereinigung und zum vertrautesten Verkehr mit Ihm führen. Nun strebe nach der großen Herzensreinheit, die dieser Beruf erfordert.

Der Herr ist durch die Wesenheit und Macht Seiner Gottheit allgegenwärtig, und deine Gedanken und Wünsche, nichts ausgenommen, liegen offen vor Ihm. Bewahrst du nun als treue Dienerin alle Gnaden, besonders die der heiligen Sakramente, so wird Er noch auf eine andere, besondere

Weise bei dir sein. Er wird dich als Seine treue Braut lieben und behandeln. Wenn du dieses alles weißt und verstehst, was bleibt dir da noch eifersüchtig zu begehren übrig? Nur das eine verlange ich von dir: du sollst mit heiliger Eifersucht, soweit es möglich ist, mein Leben in dem deinigen abbilden und so eine würdige Wohnung des Allerhöchsten werden. Dann kannst du sicher sein, daß ich deine Lehrerin und Beschützerin bin und Er selbst unzweifelhaft in deiner Seele wohnt: In dieser Gewißheit kannst du mit Ihm sprechen und Ihm die Zärtlichkeiten deiner Liebe beweisen, wie wenn du Ihn auf den Armen hieltest. Wenn du Ihn aber als Kind betrachtest, sollst du doch immer den großen unendlichen Gott in Ihm sehen, damit die Vertraulichkeit mit Ehrerbietung und die Liebe mit heiliger Furcht gepaart sei. Das eine ist man Ihm schuldig, zu dem andern läßt Er sich aus unendlicher Güte und Barmherzigkeit herab.

Gott lieben und loben muß deine eigentliche und ständige Beschäftigung sein. Alles übrige sollst du wie im Vorbeigehen abmachen. Lebe für Gott allein und sei für alles andere tot. Wohl aber sollst du nach der Ordnung der vollkommenen Liebe deine Gaben und Gnaden zum Besten des Nächsten mitteilen und verwenden. Das schwächt deine Liebe nicht, sondern vermehrt sie.

* * *

Der Wächterengel

13. Vorbereitung auf die Beschneidung

leich nach der Empfängnis des ewigen Wortes hatte Maria mit unaussprechlichem Mitgefühl begonnen, die zukünftigen Leiden ihres Sohnes zur Erlösung der Menschen zu betrachten. Dieses klare, schmerzvolle Vorherwissen war für die zarte Mutter des Lammes, das geschlachtet werden sollte, ein langdauerndes Martyrium. Bezüglich der Beschneidung hatte Maria noch keinen Befehl vom himmlischen Vater erhalten. Sie erwog in ihrer Klugheit, daß ihr heiligster Sohn gekommen sei, Sein Gesetz zu ehren, zu bekräftigen und zu vollenden, indem Er selbst es erfüllte. Sie erwog auch, daß Er gekommen sei, für die Menschen zu leiden, und daß Seine glühende Liebe die Schmerzen der Beschneidung nicht zurückweise.

Anderseits hätte sie ihrem Kinde diesen Schmerz aus mütterlicher Liebe und aus Mitleid gern erspart. Zudem reinigte das Geheimnis der Beschneidung von der Erbsünde, die das göttliche Kind gar nicht haben konnte. Zwischen der Liebe zu ihrem heiligsten Sohn und dem Gehorsam gegen das Gesetz schwankend, verrichtete sie viele heldenmütige Tugendakte zum unaussprechlichen Wohlgefallen der göttlichen Majestät. Sie hätte den Herrn fragen können, doch sie tat es nicht, weil sie ebenso *demütig* wie weise war. Sie fragte auch ihre Engel nicht, weil sie immer den von der göttlichen Vorsehung bestimmten Zeitpunkt abwartete und nie aus Unruhe oder Neugier etwas auf außerordentlichem, übernatürlichem Wege voreilig erforschen wollte; am wenigsten dann, wenn sie dadurch Erleichterung gefunden hätte. Handelte es sich aber um eine wichtige Sache, in der Gott beleidigt werden könnte, oder um einen dringenden Fall zum Wohle des Nächsten, dann bat sie den Herrn zuerst um Erlaubnis, Ihn um Kundgabe Seines Willens anflehen zu dürfen.

Dabei begehrte sie nicht eine außergewöhnliche Offenbarung. Darin war sie äußerst zurückhaltend und vorsichtig. Sie wandte sich an das *habituelle, übernatürliche Licht des Heiligen Geistes,* das sie bei allen ihren Handlungen leitete und regierte. In ihm erkannte sie stets, was das Vollkommenste und Heiligste sei. An ihr gingen Davids Worte buchstäblich in Erfüllung: *„Wie die Augen der Magd auf die Hände ihrer Gebieterin, so schauen unsere Augen auf den Herrn, bis Er sich unser erbarmt"* (Ps 122, 2). Indes war bei Maria das natürliche Licht größer als bei allen anderen Menschen zusammen. In diesem Lichte erforschte sie den göttlichen Willen.

Über die Beschneidung erwartete Maria eine besondere Erleuchtung vom Herrn. Sie erwog in ihrem Herzen: „O gottgegebenes Gesetz, du bist gerecht und heilig, aber sehr hart für mein Herz, wenn du den verwundest, der dein Leben und dein wahrer Herr ist! Du darfst wohl streng und gerecht sein, um Sünder zu reinigen. Daß du aber deine Macht an einem Unschuldigen ausübst, scheint mir übermäßig streng zu sein, falls Seine Liebe dir nicht das Recht dazu gibt. Doch mein Sohn ist gekommen, Leiden zu suchen, das Kreuz zu umarmen und das Gesetz zu erfüllen: Willst Du, mein Sohn, so bald Dein Blut vergießen, das kostbarer ist als Himmel und Erde? Ich möchte Deinen Schmerz verhüten. Doch Dein Verlangen, das Gesetz zu erfüllen, bestimmt mich, Dich seiner Strenge zu überlassen. Ich sehe, Du bist der Lehrer und Erlöser der Menschen, und Du willst Deine Lehre durch Dein Beispiel bekräftigen und hierin nichts unterlassen. O ewiger Vater, wenn doch das Messer seine Schärfe verlöre und das Fleisch seine Empfindsamkeit! Dein eingeborener Sohn möge das Gesetz erfüllen, aber ich allein den Schmerz empfinden! O Kinder Adams, verabscheut und fürchtet doch die Sünde, zu deren Sühne Gott der Herr bluten und leiden muß!"

Dieser Schmerz mischte sich in Marias Freude. Ihr keuscher Bräutigam Joseph teilte ihn bis zum Tage der Beschneidung. Nur mit ihm sprach sie über dies Geheimnis. Beide wurden zu Tränen gerührt. Bevor die acht Tage verflossen waren, wandte sich Maria in ihrem Zweifel an den Herrn: „Vater meines Herrn, siehe das wahre Opfer in den Händen Deiner Magd. Gib mir Deinen göttlichen Willen kund. Kann ich mein liebes Kind, meinen wahren Gott, vor dem Weh bewahren, indem ich selbst alle Seine und noch größere Schmerzen leide, so bin ich dazu bereit. Ist es aber Dein Wille, daß Dein Sohn beschnitten werde, so will ich Ihn davon nicht befreien."

Der Allerhöchste antwortete ihr: „Meine Tochter, sei nicht betrübt, weil du deinen Sohn den Schmerzen der Beschneidung hingeben sollst; denn Ich habe Ihn in die Welt gesandt, damit Er ein Beispiel gebe und das Gesetz des Moses zu Ende führe, indem Er in der *Natur, Majestät und Herrlichkeit Mir gleich* ist, so überliefere Ich Ihn dennoch dem Gesetz und dem Sakrament, das die Sünde hinwegnimmt, ohne den Menschen zu offenbaren, daß Er keine Sünde auf sich haben kann. Laß Ihn also Sein Blut vergießen und Mir die Erstlinge des ewigen Heiles der Menschen bringen."

Als Miterlöserin unterwarf sich Maria dieser Entscheidung mit unaussprechlicher Heiligkeit und flehte: „Höchster Herr und Gott, ich opfere Dir von ganzem Herzen das Dir wohlgefällige Schlachtopfer auf, obwohl schmerzliches Mitleid mich durchdringt. Auf ewig lobe ich Dich, weil Du mit unendlicher Liebe um der Menschen willen Deines eingeborenen Sohnes nicht schonst. Ich opfere Dir das sanftmütige Lamm, das durch Seine Unschuld die Sünden der Welt hinwegnehmenwill. Willst Du aber die Schärfe des Messers an meinem Kinde mildern und den Schmerz in meinem Herzen dafür vermehren, so bist Du mächtig genug, diesen Tausch zu vollziehen."

Ohne Joseph diese Weisung zu offenbaren, bat Maria ihn mit Klugheit und Liebe, die Beschneidung des göttlichen Kindes vorzubereiten. Sie sagte nur, es scheine notwendig, das Gesetz zu erfüllen, da sie keinen gegenteiligen Befehl erhalten hätte. Joseph fragte demütig, wie die Beschneidung vollzogen werden solle. Maria sagte, das Gesetz müsse wie bei andern Kindern erfüllt werden. Sie dürfe aber das göttliche Kind keinem andern übergeben und werde es selbst in ihren Armen halten. Dann bat sie Joseph, er möge sich ein Fläschchen von Kristall oder Glas verschaffen, um die heilige Reliquie darin aufzunehmen. Unterdessen bereitete sie einige Tücher, um das erste Blut, das als Preis unserer Erlösung vergossen werden sollte, aufzufangen. Als alles bereit war, beauftragte sie Joseph, den Priester zu bitten, in die Grotte zu kommen und die Beschneidung vorzunehmen. Joseph sagte zu Maria: „Als der Engel des Herrn mir das große Geheimnis offenbarte, befahl er mir, deinem heiligen Sohn den Namen *Jesus* zu geben." Maria antwortete: „Diesen Namen gab auch mir der Engel an, als der Sohn Gottes in meinem Schoße Mensch wurde. Wir wollen ihn auch dem Priester sagen, damit er nach der Beschneidung diesen göttlichen Namen in das Register der Kinder eintrage."

Während dieser Gespräche stiegen unzählige Engel in menschlicher Gestalt vom Himmel hernieder in weißen, glänzenden Gewändern mit roten Verzierungen von wunderbarer Schönheit. Sie trugen Palmen in den Händen und Kronen auf den Häuptern, die größeren Glanz verbreiteten als viele Sonnen. Neben diesen Himmelsfürsten erscheint alle Schönheit der Natur als häßlich. Besonders leuchtete der süße Name *Jesus* hervor, den jeder in einem schildförmigen Kristall auf der Brust trug. Sein Lichtglanz übertraf das Leuchten aller Engel zusammen. Die Schönheit und Vielfalt dieser zahlreichen Engelschar kann sich keine Einbildungskraft vorstellen. Die heiligen Engel bildeten zwei Chöre. Alle schauten auf ihren König in den jungfräulichen Armen Seiner Mutter. Ihre Anführer waren Michael und Gabriel. Sie überstrahlten alle übrigen und trugen in ihrer Hand auf größeren Schilden, mit größeren Buchstaben den heiligsten Namen Jesus in unaussprechlicher Schönheit.

Diese beiden Himmelsfürsten sagten zu ihrer Königin: „Herrin, dieser Name deines Sohnes steht von Ewigkeit her im Geist Gottes. Die heiligste Dreifaltigkeit gab ihn deinem Sohn mit der Macht, das Menschengeschlecht zu erlösen. Er wird auf dem Throne Davids herrschen, Seine Feinde züchtigen, besiegen und demütigen, bis Er sie zum Schemel Seiner Füße gelegt haben wird. Er wird mit Gerechtigkeit richten, Seine Freunde erhöhen und sie in der Glorie zu Seiner Rechten stellen. Das geschieht aber nur um den Preis von Leiden und Blut. Jetzt schon wird Er Sein Blut vergießen; denn Er heißt ja Heiland und Erlöser. Seine Schmerzen werden die Erstlinge sein von dem, was Er aus Gehorsam gegen Seinen ewigen Vater zu leiden hat. Wir alle sind von der heiligsten Dreifaltigkeit gesandt, bei allen Geheimnissen des Gesetzes der Gnade deinem Sohne zu dienen, bis Er triumphierend zum himmlischen Jerusalem emporsteigt, um dessen Pforten dem Menschengeschlecht zu öffnen. Dort werden wir in Ihm eine besondere, außerwesentliche Glorie genießen, welche die übrigen, die diesen beglückenden Auftrag nicht erhielten, auch nicht empfangen."

Maria durchschaute die tiefsten Geheimnisse der Erlösung. Der heilige Joseph erkannte viele. Beide waren voll Freude und Bewunderung und priesen den Herrn mit neuen Lobgesängen.

Lehre der Himmelskönigin

Meine Tochter, ich will dich nochmals lehren, mit deinem Herrn und Bräutigam umzugehen. *Demut* und *Ehrfurcht* müssen in dem Maße zunehmen, als die Seelen besondere Gnaden empfangen. Viele verstehen das nicht und machen sich großer Gnaden unwürdig und unfähig. Andere, die sie empfangen, überlassen sich gefährlicher Anmaßung. Wegen der sanften, liebevollen Milde des gütigen Gottes werden sie keck, vermessen und leichtfertig, und sie wahren vor der unendlichen Majestät nicht die schuldige Ehrfurcht. Auf außerordentlichen Wegen möchten sie erforschen, was über ihren Verstand geht und was sie nicht wissen sollen. Sie meinen, der Mensch dürfe mit Gott umgehen wie mit seinesgleichen.

Die Seele täuscht sich da gar sehr. Die Liebe zu Gott darf nie die unaussprechliche Hoheit des unendlichen Gutes aus den Augen verlieren. Und wenn die Liebe auch kein Maß und keine Schranken kennt, so schaut doch die Ehrfurcht auf die göttliche Majestät. *Ehrfurcht* und *Liebe* dürfen im Menschen nicht getrennt sein. Der Glaube muß dem Liebenden zeigen, wer der Geliebte ist und dieser Glaube die Ehrfurcht wecken und nähren. Wer die heilige Ehrfurcht vor Gott beobachtet, vergißt nicht die schuldige Ehrerbietigkeit, wenn er auch häufige und große Gnaden erhält. Mit solchen Seelen verkehrt der Herr wie mit einem Freunde.

Meine Tochter, folge meiner Mahnung, dann wirst du deine Gnadengaben besser würdigen und nie vermessen sein wie jene, die in jedem wichtigen oder unwichtigen Anliegen die Geheimnisse des Herrn erforschen wollen und verlangen, daß Seine weise Vorsehung ihre eitle Neugierde befriedige. Solche treibt ungeordnete Leidenschaft. Beachte, wie zurückhaltend ich verfuhr. Nie wagte ich, den Herrn zu bitten, mir auf außerordentlichem Wege etwas zu erkennen zu geben. Weder Wißbegierde noch das Verlangen, mir einen Schmerz zu erleichtern, noch irgend eine andere menschliche

Absicht konnte mich dazu bewegen. War es aber notwendig für die Ehre des Herrn, dann bat ich Seine Majestät erst um Erlaubnis, mein Verlangen vorzutragen. Dann verdemütigte ich mich vor Ihm bis in den Staub und bat Ihn nur, mir kundzutun, was Ihm am wohlgefälligsten sei.

Meine Tochter, auf ein neugieriges, unverständiges Verlangen antwortet der Herr nicht. Aber Satan achtet sehr auf diesen Fehler und weckt arglistig diese Neugierde und antwortet als Engel des Lichtes ebenso arglistig darauf. So täuscht er die Unvollkommenen und Unvorsichtigen. Auch aus *natürlicher Neigung* darf man nicht auf solche Fragen eingehen, noch soll man göttliche Offenbarungen suchen, um sich von Peinen und Mühen zu befreien. Bräute Christi und wahre Diener des Herrn sollen das Kreuz nicht fliehen, sondern es mit dem Herrn tragen und sich Seiner göttlichen Führung ganz überlassen.

Verrichte all deine Werke aus *Liebe;* denn sie ist der *vollkommenste aller Beweggründe.* Liebe Gott ohne Maß, aber fürchte Ihn mit Maß, soweit es nötig ist, Seine Gebote nicht zu übertreten.

* * *

14. Die Beschneidung des göttlichen Kindes

ie in anderen Städten Israels war auch in Bethlehem eine Synagoge. Dort versammelte sich das Volk, um zu beten und das *Gesetz des Moses* zu hören. In der Synagoge wurden keine Opfer dargebracht. Das geschah nur im Tempel zu Jerusalem, falls der Herr nicht anders verfügte. Der priesterliche Gesetzeslehrer pflegte auch die Beschneidung vorzunehmen. Darüber bestand kein Gebot. Jeder konnte sie vornehmen. Wegen der Würde des göttlichen Kindes wünschte Maria, daß der *Priester* von Bethlehem die Beschneidung vollziehe.

Er kam mit zwei Dienern zur Grotte, wo ihn der menschgewordene Sohn Gottes und dessen Mutter erwarteten. Das Abschreckende der Höhle versetzte ihn in Verwunderung und Mißstimmung. Doch Maria begrüßte ihn mit solcher Bescheidenheit und Freundlichkeit, daß sein Unwille sich schnell in fromme Bewunderung der hoheitsvollen Haltung dieser Mutter verwandelte. Ohne zu wissen warum, wurde er von tiefer Ehrfurcht gegen sie erfüllt. Als er den mit der Gottheit vereinigten Leib des Kindes berührte, empfand er eine andächtige Rührung. Eine geheime Kraft erneuerte, vervollkommnete und heiligte ihn. Er wurde infolge dieser Gnade dem Allmächtigen sehr wohlgefällig und ein Heiliger.

Joseph zündete ehrfurchtsvoll zwei Wachskerzen an. Dann sagte der Priester zu Maria, sie möge sich ein wenig entfernen und das Kind den Dienern übergeben, damit der Anblick des Opfers sie nicht betrübe. Aus Unterwürfigkeit hätte sie gern dem Priester gehorcht, aber Liebe und Ehrfurcht gegen das göttliche Kind hielten sie zurück. Sie bat den Priester demütig, bleiben zu dürfen. Sie hege große Ehrfurcht gegen das Geheimnis der Beschneidung und habe auch Mut genug, das Kind in ihren Händen zu halten. Sie bat ihn, möglichst schonend vorzugehen, weil das Kind so zart sei. Der Priester versprach es und erlaubte ihr, das Kind zu halten. So war Maria der *heilige Altar,* auf dem die durch die alten Opfer vorgebildeten Wahrheiten sich zu verwirklichen begannen. Sie brachte eigenhändig dies neue Morgenopfer dar, damit es dem ewigen Vater in jeder Hinsicht wohlgefalle.

Die Gottesmutter nahm die Wickeltücher weg und zog aus ihrem Busen ein Linnentüchlein hervor, das sie wegen der strengen Kälte gewärmt hatte. Mit diesem hielt sie nun das Kind so, daß die Reliquie und das Blut der Beschneidung darauf fallen konnte. Der Priester waltete nun seines Amtes. Das Kind brachte dem ewigen Vater drei so kostbare Opfer dar, daß jedes für sich allein genügt hätte, tausend Welten zu erlösen. Obwohl unschuldig und Sohn des lebendigen Gottes, empfing Es erstens in der *Gestalt eines Sünders* das Sakrament, das von der Erbsünde reinigte, und Es unterwarf sich einem Gesetz, das Es nicht verpflichtete. Das zweite Opfer war der *Schmerz,* den Es als wahrer, vollkommener Mensch empfand, das dritte die *glühende Liebe,* mit der Es zum ersten Mal Sein Blut als Lösepreis für das Menschengeschlecht vergoß. Auch dankte Es dem himmlischen Vater für Seinen menschlichen Leib, in dem Es für Seine Verherrlichung leiden könne.

Der ewige Vater nahm das Gebet und Opfer Jesu Christi wohlgefällig an und begann, nach unserer Weise zu sprechen, die Schuld des Menschengeschlechtes als abgetragen zu betrachten. Diese ersten Tropfen Blut waren ein *Unterpfand,* daß Jesus dereinst alles Blut zur Vollendung der Erlösung der Adamskinder hingeben würde. Die heiligste Mutter schaute alle innerlichen Akte ihres göttlichen Kindes und schloß sich ihnen nach ihrer Art mit vollkommenem Verständnis an. Das war ihre Aufgabe. *Das göttliche Kind weinte,* weil das steinerne Messer große Pein verursachte. Vor allem aber weinte Es über die Menschen; denn Es schaute, wie sie, härter als Stein, Seiner süßen Liebe und dem Feuer, das Es in der Welt und in den Herzen der Menschen entzünden wollte, widerstehen würden. Auch Maria weinte. Das Kind schmiegte sich an die Mutter, und diese drückte Es liebkosend an ihre jungfräuliche Brust. Das Tuch mit der Reliquie und dem vergossenen Blut gab sie dem heiligen Joseph, damit sie selbst das göttliche Kind wickeln konnte. Der Priester wunderte sich über die Tränen Mariä. Er kannte das Geheimnis nicht und dachte, die Schönheit des Kindes bewege das Herz der Mutter zu so großer Liebe und zu solch bitterem Schmerz.

Die Engelchöre staunten über die Umsicht und Großherzigkeit Mariä. Gott der Herr schaute mit höchstem Wohlgefallen auf sie. Aus all ihrem Tun leuchtete die göttliche Weisheit, die sie leitete, hervor. Sie war *unüberwindlich stark,* um das Kind bei der Beschneidung zu halten; *sorgfältig,* um die Reliquie aufzunehmen; *mitleidsvoll,* um mit dem Kind zu weinen und Seinen Schmerz zu teilen; *liebevoll,* Es zu liebkosen; *aufmerksam,* Ihm Freude zu machen; *eifrig,* Sein Verhalten nachzuahmen; *allezeit bestrebt,* Es mit höchster Ehrfurcht zu behandeln. Wunderbares Schauspiel der fünfzehnjährigen Jungfrau-Mutter, das selbst den Engeln gewissermaßen zur Lehre diente und ihre höchste Bewunderung erregte.

Der Priester fragte nach dem Namen des Kindes. Maria wollte Joseph ehren und bat ihn, den Namen zu sagen. Joseph aber meinte, ein so heiliger Name müsse von ihren reinen Lippen kommen. Durch göttliche Fügung sagten nun beide zugleich: „*Jesus ist sein Name!*" Der Priester antwortete: „Die Eltern sind vollkommen miteinander einverstanden. Dieser Name ist groß." Dann schrieb er ihn in das allgemeine Register. Dabei empfand er eine innere Rührung, so daß er

Tränen vergoß. Über diese ihm unerklärlichen Gefühle verwundert, sagte er: „Ich bin gewiß, daß dieses Kind ein großer Prophet des Herrn sein wird. Erzieht es sorgfältig und sagt mir, wodurch ich eurer Not abhelfen kann." Maria und Joseph dankten ihm demütig und verabschiedeten sich von ihm, nachdem sie ihm die Kerzen und einige andere Gegenstände geschenkt hatten.

Als sie allein waren, feierten sie aufs neue das Fest und sangen zu Ehren des süßen Namens Jesus Loblieder, deren Offenbarung für den Himmel vorbehalten ist zur Vermehrung der akzidentellen Glorie der Heiligen. Maria heilte die Wunde mit den üblichen Mitteln. Weder bei Tag noch bei Nacht ließ sie das Kind aus ihren Armen, so lange der Schmerz anhielt. Niemand kann die besorgte Liebe der Gottesmutter erfassen und aussprechen. Ihre natürliche Liebe zu ihrem Sohn war größer als die aller andern Mütter zu ihren Kindern. An übernatürlicher Liebe aber übertraf sie alle Engel und Heiligen zusammen. Auch ihre Ehrfurcht war über allen Vergleich erhaben. Dies war jene *Wonne,* die der menschgewordene Sohn Gottes bei den Menschenkindern suchte und fand (Spr 8, 31). In Seinen Schmerzen fand das göttliche Kind Seine Freude an der erhabenen Heiligkeit Seiner jungfräulichen Mutter. Sie bemühte sich, Seine Schmerzen möglichst zu lindern und bat die heiligen Engel, ihr zu helfen und vor ihrem Gott, der ein leidendes Kind sei, zu musizieren. Sie gehorchten und sangen mit vernehmbarer Stimme Loblieder, die Maria und Joseph zu Ehren des süßen Namens Jesus verfaßt hatten.

Das Kind freute sich über die Musik, die sehr lieblich war. Weit mehr aber freute Es sich über die Harmonie der heroischen Tugenden Seiner Mutter, die in ihrer heiligen Seele „Chöre von Heerlagern" bildeten, wie der göttliche Bräutigam im Hohenlied selbst bezeugt. O wie hart und schwerfällig ist doch das Herz der Menschen, wenn es gilt, so erhabene

Geheimnisse mit Dankbarkeit anzuerkennen! Mein höchstes Gut, Du Leben meiner Seele, wie schlecht erwidern wir Deine unermeßliche Liebe! O Liebe, du kennst weder Maß noch Grenze, da selbst die vielen Gewässer unserer Untreue und Undankbarkeit dich nicht löschen können! Er, dessen Wesen Güte und Heiligkeit ist, konnte sich nicht tiefer erniedrigen und uns keine größere Liebe erweisen, als daß Er die Gestalt eines Sünders annahm. Wenn die Menschen ein solches Beispiel verachten und eine solche Wohltat vergessen, wie können sie da noch behaupten, daß sie Verstand hätten? Wie können sie sich rühmen, weise und verständig zu sein? O undankbarer Mensch, klug wäre es, deine Torheit und Gefühllosigkeit zu beklagen, da selbst das Feuer der göttlichen Liebe das Eis deines Herzens nicht schmelzen kann.

Lehre der Himmelskönigin

Meine Tochter, es ist für dich eine große Gnade, daß ich dir die Sorgfalt und Hingebung zu erkennen gebe, mit der ich meinem heiligsten Sohne diente. Gott schenkte dir ein so besonderes Licht nicht nur, daß du die Freude darüber genießest, sondern daß du mir als treue Dienerin in allem *nachfolgest.* Du sollst darin die andern überragen. Betrachte es als deine Aufgabe, die Lieblosigkeit und Undankbarkeit der Menschen nach deinen schwachen Kräften gutzumachen, indem du Ihn liebst, Ihm dankst, Ihm dienst, sowohl für dich als für alle, die es nicht tun. Sei darum im Gehorchen schnell wie die Engel, glühend im Eifer und pünktlich in jeder Gelegenheit. Sterbe allem Irdischen ab, und zerreiße die Bande der menschlichen Neigungen, um dich dorthin emporzuschwingen, wohin der Herr dich ruft.

Die Seligen des Himmels, die diese Geheimnisse im göttlichen Lichte schauen, sind über sich selbst verwundert, daß sie während ihres Erdenlebens so wenig daran gedacht haben. Könnten sie noch einen Schmerz empfinden, würden sie aufs äußerste die Nachlässigkeit beklagen, mit der sie die *Werke der Erlösung* zu wenig geschätzt und meinem Sohn zu wenig nachgefolgt sind. Alle Engel und Heiligen sind von einem den Sterblichen unbekannten Staunen ergriffen über die Grausamkeit, von der die Menschen gegen sich selbst und gegen ihren Schöpfer und Erlöser erfüllt sind. Sie haben kein Mitgefühl für die Leiden des Herrn noch für die Peinen, die ihrer warten. Wenn die Verdammten einst mit unheilvoller Bitterkeit einsehen, wie schrecklich dieses Vergessen und Verachten der Wohltaten des Erlösers ist, wird ihnen die Bestürzung und der Gram darüber eine unerträgliche Qual sein und eine alle Begriffe übersteigende Züchtigung, indem sie sehen, wie überreich die Erlösung war, die sie verachtet haben.

Höre, meine Tochter, auf meinen Rat. Verbanne aus deinem Innern jede Zuneigung zu irdischen Dingen. *Wende dein ganzes Herz und deinen ganzen Geist den Geheimnissen und Wohltaten der Erlösung zu.* Sie betrachte, für sie danke, wie wenn du allein auf der Welt wärest und sie dir allein und jedem Menschen im besonderen erwiesen worden wären. In ihnen wirst du das Leben, die Wahrheit und den Weg zur Ewigkeit finden.

* * *

15. Maria mit dem Kind in der Geburtshöhle

ie Gottesmutter wußte durch ihre eingegossene Kenntnis der Heiligen Schrift sowie durch erhabene Offenbarungen, daß
die *Heiligen Drei Könige* aus dem Morgenland zur Anbetung ihres göttlichen
Kindes kommen würden. Joseph war dies Geheimnis verborgen. Maria hatte es ihm nicht mitgeteilt, weil sie in allem
umsichtig die Weisung des göttlichen Willens abwartete.

Joseph schlug vor, die arme Krippenhöhle zu verlassen, da
sie weder für das göttliche Kind noch für Maria geeignet sei
und man jetzt in Bethlehem ein Obdach finden werde, wo sie
bis zur Darstellung des Kindes im Tempel wohnen könnten.
Er fürchtete immer, wegen seiner Armut möchte dem Kind
und der Mutter die rechte Pflege abgehen. Doch fügte er sich
in allem dem Willen seiner Braut.

Sie antwortete, ohne ihm das Geheimnis zu entdecken:
„Ich gehorche deinem Befehl und folge dir mit Freuden, wohin du gehst." Maria hatte aber eine gewisse Zuneigung zu
der Höhle, weil sie so arm und elend und durch die Geheimnisse der Geburt und Beschneidung geheiligt war. Sie sollte
noch geheiligter werden durch die Ankunft der Könige. Mariä Zuneigung zur Krippenhöhle war durch Frömmigkeit und
Ehrfurcht geheiligt. Gleichwohl zog sie den Gehorsam ihrer
persönlichen Neigung vor, um in allem ein Vorbild höchster
Vollkommenheit zu sein. Diese gleichmütige Ergebung versetzte Joseph in noch größere Sorge. Er hatte gewünscht, daß
Maria entscheide. Da ließ ihnen Gott durch die beiden En-
gelfürsten Michael und Gabriel, die in körperlicher Gestalt

zugegen waren, sagen: „Gott will, daß der menschgewordene Sohn Gottes an diesem Ort von drei *Königen der Erde,* aus dem Morgenlande kommend, angebetet werde. Sie sind seit zehn Tagen unterwegs, um den *König des Himmels* zu suchen und werden bald hier ankommen. So erfüllen sie die Weissagungen des Propheten."

Joseph freute sich über die Erkenntnis des Willens Gottes. Maria sagte ihm: „Dieser Ort ist zwar arm und unpassend in den Augen der Welt. In den Augen der göttlichen Weisheit aber ist er reich, ja der erhabenste auf Erden, da der König des Himmels sich mit ihm begnügt und ihn durch Seine Gegenwart heiligt. Dieser Ort ist ein Land der Verheißung, und Seine Allmacht kann bewirken, daß wir uns hier erfreuen. Ist es Sein heiliger Wille, so wird Er uns während der Zeit unseres Verweilens gegen die Unbilden der rauhen Witterung schützen." Diese Worte gaben Joseph Trost und Mut, und er meinte, sie könnten dann bis zum Tag der Darstellung im Tempel an diesem heiligen Orte bleiben.

Maria fügte sich gänzlich dem Willen ihres Bräutigams. Ihr Verlangen ging ohnehin dahin, dieses „heilige Zelt", das heiliger und ehrwürdiger war als das Allerheiligste des Tempels, bis zur Darstellung nicht zu verlassen. Unterdessen tat sie alles Mögliche, um das göttliche Kind gegen die rauhe Witterung zu schützen. Sie reinigte auch die Grotte aufs neue und bereitete sie für die Ankunft der Könige vor, soweit der arme Ort es zuließ. Doch ihre Hauptsorge ging dahin, das göttliche Kind immer in ihren Armen zu halten. Wenn der Winter seine Strenge besonders fühlen ließ, machte sie von ihrer Macht als Königin aller Geschöpfe Gebrauch. Sie gebot dann der Kälte, den Winden, dem Schnee und dem Eis, ihrem Schöpfer nicht wehe zu tun, sondern ihre rauhen Einflüsse an ihr geltend zu machen. Sie sagte dann: „Haltet euren Zorn zurück vor eurem Schöpfer, eurem Herrn, der euch Dasein, Kraft und Wirksamkeit verliehen hat. Ihr habt eure

Strenge durch die Sünde erhalten, um den Ungehorsam des ersten Adam und seiner Nachkommen zu bestrafen. Dem zweiten Adam gegenüber, der kommt, um diesen Fall gutzumachen, und der an ihm keinen Anteil hat, müßt ihr ehrfurchtsvoll und höflich sein und dürft Ihm kein Leid antun. Ich gebiete euch dies in Seinem Namen. Bereitet Ihm keine Beschwerden."

Der *bereitwillige Gehorsam* dieser vernunftlosen Geschöpfe verdient von uns bewundert und nachgeahmt zu werden. Wenn Maria es befahl, blieben Schnee und Wasser zehn Ellen weit von ihr entfernt, die Winde hielten sich zurück, die Luft milderte sich. Zu diesem Wunder kam ein anderes: während das göttliche Kind Linderung fühlte, empfand die jungfräuliche Mutter die Kälte und Unbilden der Witterung in hohem Grade, weil sie ihr in allem gehorchten. Sie selbst wollte sich dem Leiden nicht entziehen. Auch Joseph fühlte die Milderung der Elemente, doch wußte er nicht, daß die Macht Mariä dies bewirkt hatte. Sie sagte ihm von diesem Vorrecht nichts, da sie von Gott keinen Auftrag erhalten hatte.

Die göttliche Mutter bot dem Jesuskind dreimal im Tage ihre jungfräuliche Brust mit solcher demütiger Ehrfurcht, daß sie zuvor ihr Kind um Erlaubnis bat und um Verzeihung ihrer Unwürdigkeit. Viele Zeit hielt sie kniend ihr Kind auf den Armen, um Es anzubeten. Mußte sie sich setzen, so bat sie jedesmal um Erlaubnis. Dieselbe Ehrfurcht zeigte sie, wenn sie Es dem heiligen Joseph übergab oder es von ihm entgegennahm. Oft küßte sie Ihm die Füße. Wollte sie Es aber im Gesicht küssen, bat sie innerlich um Seine wohlwollende Zustimmung. Das süßeste Kind erwiderte die Liebkosungen nicht nur, indem Es sie mit freundlicher Miene, aber voll Majestät annahm, sondern auch durch Gebärden nach Art anderer Kinder, nur mit mehr Ernst und Würde. Gewöhnlich schmiegte Es sich liebevoll an die Brust

Seiner reinsten Mutter, zuweilen an die Schulter, wobei es ihren Hals mit Seinen göttlichen Ärmchen umfaßte. Maria benahm sich mit solcher Umsicht und Überlegung, daß sie das göttliche Kind weder durch kindische Zärtlichkeiten, wie andere Mütter es tun, dazu anlockte, noch durch Furcht davon abhielt. In allem war sie ganz weise und vollkommen, ohne je zu wenig oder zu viel zu tun. Die größte Liebe, die ihr heiligstes Kind ihr kundgab, hatte die Wirkung, sie bis in den Staub zu demütigen und mit *tiefster Ehrfurcht* zu erfüllen. Diese Ehrfurcht regelte alle ihre Gefühle und verlieh ihnen den Glanz höchster Vollkommenheit.

Noch eine andere, erhabene Art von Liebesbezeigungen fand zwischen dem göttlichen Kinde und Seiner jungfräulichen Mutter statt. Während sie ihr Kind auf den Armen trug, zeigte sich ihr die *Menschheit Christi* wie ein Kristall. In ihr schaute sie dann die *persönliche Vereinigung der Gottheit mit der Menschheit, die Seele* des göttlichen Kindes und alle Akte, die Es, zum Himmlischen Vater betend, für das Menschengeschlecht verrichtete. Diese Akte und Bitten ahmte Maria nach. Dabei wurde sie in ihren Sohn ganz versenkt und umgestaltet. Das göttliche Kind genoß im Anschauen der Mutter eine außerwesentliche Seligkeit und Wonne. Es fand Seinen Trost darin, eine solche Reinheit in einem Geschöpfe zu erblicken und freute sich, Maria erschaffen zu haben. Es freute sich auch über die Vereinigung Seiner Gottheit mit Seiner Menschheit, die Es aus ihrer jungfräulichen Substanz genommen hatte. Bei diesem Geheimnis fiel mir ein, was die Hauptleute zu Holofernes sagten, als sie die schöne Judith auf den Gefilden von Bethulien sahen: „Wer soll das Volk der Hebräer verachten, das so schöne Frauen hat, daß wir schon um ihretwillen wider sie streiten müßten?" (Jdt 10, 18).

Diese Rede scheint geheimnisvoll und wahr im Munde des menschgewordenen Gottes. Er konnte mit viel mehr Recht dasselbe zu Seinem himmlischen Vater sagen: „Wer wollte leugnen, daß Ich recht tat, als Ich vom Himmel auf die Erde kam, um die menschliche Natur anzunehmen, den Satan, dieWelt und das Fleisch zu überwinden, da unter den Kindern Adams sich eine solche Frau findet wie Meine Mutter?"

O meine süße Liebe! Du Kraft meiner Kraft! Du Leben meiner Seele, liebevoller Jesus! Siehe, wie Maria, die heiligste Jungfrau, allein so große Schönheit in der menschlichen Natur besitzt. Sie ist die Einzige, die Auserwählte, Dir, o Herr, so vollkommen wohlgefällig, daß sie Deinem ganzen übrigen Volke nicht nur gleichkommt, sondern dasselbe unvergleichlich übertrifft, und daß sie allein die Häßlichkeiten der ganzen Nachkommenschaft Adams aufwiegt.

Während das göttliche Kind solche Freuden genoß, wurde Seine jungfräuliche Mutter ganz vergeistigt und aufs neue in Gott umgestaltet. Ihre reinste Seele nahm einen so hohen Aufschwung, daß sie oft die Bande des irdischen Lebens zerrissen und den Körper verlassen hätte, wenn sie nicht durch ein Wunder gestärkt und erhalten worden wäre. Maria sprach zu ihrem heiligsten Sohne innerlich und äußerlich so erhabene und inhaltsschwere Worte, daß unsere arme Sprache sie nicht wiedergeben kann. Was ich davon sage, bleibt weit hinter dem zurück, was mir geoffenbart wurde. „O meine süße Liebe", sprach sie zu Ihm, „Du Seele meiner Seele, wer bist Du, und wer bin ich? Was willst Du aus mir machen, daß Du in Deiner unermeßlichen Liebe Dich herablässest, unnützen Staub so zu begünstigen? Was soll Deine Magd Dir zuliebe tun, und wie soll sie Dir den schuldigen Dank abstatten? Was soll ich Dir vergelten für alles, was Du mir gegeben hast? Mein Leben, meine Kräfte, meine Sinne, meine Wünsche und Seufzer, alles ist Dein! Tröste Deine Magd und Mutter, damit sie wegen ihres Unvermögens, Dir zu dienen, wie sie es glühend verlangt, nicht verschmachte und vor Liebe zu Dir sterbe: O wie beschränkt ist die Fähigkeit des Menschen, wie eingeengt sein Vermögen, wie schwach sind seine Gefühle, da sie Deine Liebe nicht nach Gebühr erwidern können! Immer bleibst Du Deinen Geschöpfen gegenüber Sieger durch Deine Großmut und Barmherzigkeit. Immer wirst Du Triumphe der Liebe feiern. Wir aber müssen uns Dir dankbar unterwerfen und uns als durch Deine Macht besiegt erklären. Wir werden uns erniedrigen bis in den Staub, Deine Größe aber wird erhöht und verherrlicht bis in alle Ewigkeit."

Manchmal schaute Maria in der Erkenntnis ihres heiligsten Sohnes die *Seelen,* die sich während der Zeit des Neuen Bundes durch göttliche Liebe besonders auszeichnen würden. Sie schaute die *Werke,* die sie vollbringen und die *Martern,* die sie in der Nachfolge Christi leiden sollten. Dann wurde ihr wetteiferndes Herz von solcher Liebe entzündet, daß das Martyrium ihrer Sehnsucht schmerzlicher war als das tatsächliche Martyrium aller Märtyrer. So erfuhr sie an sich selbst die Worte des Bräutigams im Hohenliede, daß der Eifer der Liebe stark ist wie der Tod und hart wie die Hölle. Auf dieses Liebessehnen der Mutter antwortete der Sohn: „Setze Mich wie ein Siegel auf dein Herz, wie ein Siegel auf deinen Arm!" (Hld 8, 6). Zugleich gab Er ihr das Verständnis und die Wirkung dieser Worte. Durch dieses heilige Martyrium war Maria Märtyrin vor allen Märtyrern. Jesus aber, das sanfteste Lamm, „weidete unter diesen Lilien, bis der Tag der Gnade anbrach und die Schatten des Alten Bundes sich neigten" (ebd. 2, 16, 17).

Solange Maria ihr göttliches Kind an ihrer jungfräulichen Brust nährte, genoß es keine andere Nahrung. Ihre Milch war ebenso süß, lieblich und kräftig, als der Leib der seligsten Jungfrau rein und vollkommen frei war von jedem Fehler, jeder Unordnung, jedem Übermaß. Kein anderer Leib kam ihm gleich an Gesundheit und Vollkommenheit.

Joseph freute sich als Augenzeuge über die Liebkosungen zwischen Mutter und Kind. Er selbst wurde auch gewürdigt, solche vom Jesuskinde zu empfangen; denn die himmlische Braut gab Es ihm oft auf die Arme. Dann empfand er immer göttliche Wirkungen in seiner Seele. Das Kind schaute ihn sehr freundlich an, schmiegte sich an seine Brust und liebkoste ihn, zwar mit königlicher Würde und Majestät, aber doch auch mit liebevoller Zärtlichkeit, wie andere Kinder bei ihren Eltern es tun. Doch tat das Jesuskind es beim heiligen Joseph nicht so häufig und nicht so zärtlich wie bei Seiner jungfräulichen Mutter. Wenn sie das göttliche Kind weggab, nahm sie die Reliquie der Beschneidung, die gewöhnlich der heilige Joseph zu seinem Troste bei sich trug. So waren beide Gatten immer reich: Maria durch ihren göttlichen Sohn, Joseph durch dessen heiliges Blut und das mit Ihm vereinigt gewesene Fleisch. Sie bewahrten diese Reliquie in einem Kristallfläschchen, das der heilige Joseph mit dem von Elisabeth gesandten Geld gekauft hatte. Die Öffnung des Fläschchens war mit Silber eingefaßt. Zur größeren Sicherheit verschloß die mächtige Königin es durch ihr bloßes Gebot. Dadurch schlossen sich die beiden Teile des Deckels fester zusammen als der Künstler, der sie verfertigt hatte, sie hätte zusammenfügen können. Diese Reliquie bewahrte Maria ihr ganzes Leben lang. Dann übergab sie diesen kostbaren Schatz den Aposteln und überließ ihn der heiligen Kirche als Erbstück. In das unermeßliche Meer dieser Geheimnisse versenkt, bin ich als unwissende Frau außerstande, sie mit meinen unzureichenden Worten zu erklären.

Lehre der Himmelskönigin

Meine Tochter, ich ermahne dich, nichts auf übernatürlichem Weg vom Herrn auszuforschen, weder um einem Leiden zu entgehen, noch aus natürlicher Neigung, am allerwenigsten aus eitler Neugier. So oft du deine geistigen Kräfte oder deine leiblichen Sinne betätigst, mußt du deine Neigungen bezähmen und ihnen nie nachgeben, selbst nicht unter dem Schein der Tugend und Frömmigkeit. Mein Verlangen, in der Höhle zu bleiben, war von Frömmigkeit beseelt. Trotzdem wollte ich es nicht kundgeben. Ich zog den Gehorsam dieser Frömmigkeit vor, da ich wußte, daß es für die Seelen sicherer und Gott wohlgefälliger ist, wenn wir Seinen heiligen Willen *nach dem Rate und dem Gutdünken anderer suchen.* Der unwissende und engherzige Mensch läßt sich oft von einer Kleinigkeit so ganz einnehmen, als wäre sie eine wichtige Sache; und was nichts ist, scheint ihm etwas Großes zu sein. Dadurch aber beraubt er sich vieler Gnaden, Erleuchtungen und Verdienste und macht sich zu ihrem Empfang unfähig.

Lege dir in deinem Herzen ein Gedenkbuch an von allem, was ich getan habe, um es nachzuahmen. Achte namentlich auf die Ehrfurcht, Liebe, Sorgfalt und Umsicht, womit ich meinen Sohn behandelte. Nachdem ich den Sohn Gottes in meinem Schoße empfangen hatte, verlor ich Ihn nie aus den Augen und ließ nie die Liebe erschlaffen, die Er mir damals mitteilte. Mein Herz war so weit entfernt, sich an etwas Irdisches zu hängen oder einer sinnlichen Neigung zu folgen, daß ich in dieser Hinsicht lebte, als ob ich nicht von der allgemeinen, menschlichen Natur wäre. Begehre und suche auch du nichts Irdisches, mag es auch notwendig sein oder ganz gerecht erscheinen. Und was du notwendig brauchst wie Kleidung, Nahrung, die Zelle, das gebrauche im Gehorsam, mit Gutheißung deiner Obern. Der Herr verlangt dies, und ich billige es, damit du alles zum Dienste des Allerhöchsten gebrauchst. Nach diesen meinen Regeln muß sich dein ganzes Verhalten richten.

* * *

Die Anbetung der Drei Könige

16. Die Anbetung der Könige

ie drei Könige waren gebürtig aus Persien, Arabien und Saba, also aus Ländern östlich von Palästina. David hatte ihre Ankunft vorausgesagt und vor ihm schon Balaam, als er nach Gottes Willen das Volk Israel segnete, obwohl der Moabiterkönig Balak ihn gerufen hatte, es zu verfluchen. Balaam sagte, er werde Christus, den König, sehen, aber nicht sogleich; er werde ihn schauen, aber nicht nahe. Er selbst sah Ihn nämlich nicht, wohl aber seine Nachkommen, die Weisen. Er sah Ihn nicht sogleich, sondern nach mehreren Jahrhunderten. Er sagte auch, daß ein Stern aus Jakob aufgehen werde, um den anzuzeigen, der ewig im Hause Jakob herrschen werde.

Die drei Könige waren in den Naturwissenschaften und in den heiligen Schriften des Volkes Gottes sehr bewandert. Deshalb wurden sie *Weise* genannt. Durch ihre Kenntnis der Heiligen Schrift und durch Unterredungen mit Hebräern waren sie zu einem gewissen Glauben an die Ankunft des Messias gelangt. Sie waren aufrichtige, wahrheitsliebende Männer und gerecht in der Regierung ihrer Staaten. Da diese nicht so ausgedehnt waren wie die heutigen Reiche, konnten sie sie leicht selbst regieren. Sie regierten gerecht; das ist die eigentliche Aufgabe eines Königs. Darum sagt der Heilige Geist, Gott habe des Königs Herz in Seiner Hand, um es wie Wasserbäche zu leiten, wie er will (Spr 21, 1). Die Könige waren großherzig, edelmütig und frei von erniedrigender Habsucht. Da sie beieinander wohnten, kannten sie sich gegenseitig, förderten einander in den sittlichen Tugenden sowie in ihren Kenntnissen. Sie standen in treuestem freundschaftlichen Verkehr.

Drei der Schutzengel Mariä erleuchteten in der heiligen Nacht die Schutzengel der Könige und teilten diesen als Botschaft des Herrn mit, sie möchten ihren Schutzbefohlenen das Geheimnis der Geburt unseres Erlösers kundgeben. Sie taten es in derselben Stunde, während die Könige schliefen. Solche Offenbarungen gelangen gewöhnlich von Gott durch die Engel an die Seelen. Die Könige erhielten dabei ein umfassendes, klares Licht über die Geheimnisse der Menschwerdung. Sie wurden belehrt, daß der als wahrer Gott und Mensch geborene König der Juden der erwartete Messias sei, den ihre heiligen Schriften verhießen. Jener Stern, den Balaam vorherverkündigt habe, sei ihnen gegeben. Jeder der Könige wurde auch inne, daß die beiden andern dieselbe Nachricht erhielten. Diese wunderbare Gnade sei ihnen gegeben, um nach der Weisung des göttlichen Lichtes zu handeln. Sie erglühten vor Liebe und Verlangen, den menschgewordenen Gott kennen zu lernen, Ihn als ihren Schöpfer und Erlöser anzubeten und Ihm vollkommen zu dienen. Durch ihre erworbenen sittlichen Tugenden waren sie wohl vorbereitet, das göttliche Licht zu empfangen.

Als die Könige erwachten, warfen sie sich sofort zur Erde nieder und, in den Staub gebeugt, beteten sie den unveränderlichen Gott im Geiste an. Sie priesen Seine unendliche Barmherzigkeit und Güte, die das göttliche Wort von einer Jungfrau Fleisch annehmen ließ, um die Welt zu erlösen und den Menschen das ewige Heil zu verleihen. Dann faßten sie, vom gleichen Geiste geleitet, den Entschluß, sofort nach Judäa zu reisen, um das göttliche Kind zu suchen und anzubeten. Sie richteten ihre Gaben her: Gold, Weihrauch und Myrrhe. In allem waren sie auf geheimnisvolle Weise geleitet und trafen dieselben Anordnungen, ohne sich darüber verständigt zu haben. Um rasch reisen zu können, versahen sie sich mit den nötigen Kamelen, Vorräten und Dienern. Sie achteten nicht darauf, daß das Volk verwundert werde, noch daß sie mit so wenig Pracht in ein fremdes Land zögen. Ohne genau den Ort zu wissen und ohne Zeichen, das Kind zu erkennen, beschlossen sie voll Eifer und Liebe, abzureisen und Es zu suchen.

Der heilige Engel, der von Bethlehem zu den Königen gekommen war, bildete aus Luft einen hell schimmernden Stern, der nicht so groß war wie die Sterne des Firmamentes. Er wandelte in einer zweckentsprechenden Höhe, um die heiligen Könige führen zu können. Sein außergewöhnlicher Glanz war von dem der Sonne und der anderen Sterne verschieden. In der Nacht leuchtete er wie eine hell brennende Fackel. Bei Tage zeigte er sich im Licht der Sonne mit außerordentlicher Lebhaftigkeit. Beim Heraustreten aus dem Hause sah jeder der Könige den Stern, und zwar jeder denselben. Sie folgten ihm und kamen in kurzer Zeit zusammen. Dann senkte er sich um viele Grade, so daß sie in noch größerer Nähe sich seines Glanzes erfreuen konnten. Sie besprachen die Offenbarungen sowie ihre Absichten und stimmten in allem überein. Dabei wurde ihr Verlangen, das göttliche Kind anzubeten, noch glühender. Voll Staunen priesen sie den Allmächtigen in Seinen erhabenen, geheimnisvollen Werken.

Die Weisen verloren den Stern nicht mehr aus den Augen, bis sie nach Jerusalem kamen. Als er verschwand, vermuteten sie, daß der wahre König in der Hauptstadt der Juden geboren sei. Sie fragten darum öffentlich: „Wo ist der neugeborene König der Juden? Wir haben Seinen Stern im Morgenland gesehen und sind gekommen, Ihn anzubeten." Diese Neuigkeit gelangte zu Herodes, der, obwohl widerrechtlich, in Judäa regierte und zu Jerusalem wohnte. Er erschrak und ward sehr verwirrt und erzürnt. Die ganze Stadt wurde mit ihm unruhig, die einen aus Schmeichelei gegen Herodes, die andern aus Furcht vor Wirren. Herodes ließ, wie der heilige Matthäus berichtet, sogleich die Hohenpriester und Schriftgelehrten zusammenkommen und fragte sie, wo Christus geboren werden sollte. Sie antworteten ihm nach dem Propheten Michäus: Zu Bethlehem im Stamme Juda. Von dort werde der Fürst hervorgehen, der das Volk Israel regieren solle.

Herodes plante, den neuen König der Juden mit List aus dem Wege zu räumen. Er entließ die Priester und berief heimlich die Könige, um die Zeit zu erforschen, in der sie den Stern gesehen hatten. Nun wies sie Herodes nach Bethlehem und sprach mit verstellter Bosheit: „Forschet nach dem Kind; und wenn ihr es gefunden habt, so zeigt es mir an, damit auch ich hingehe, es anzubeten." Die Weisen reisten ab. Der heuchlerische König aber war in Unruhe und Angst. Er hätte sich beruhigen können, weil ein neugeborenes Kind nicht so bald zur Regierung kommen kann. Allein so schwach und trügerisch ist das irdische Glück, daß selbst ein Kind es umstürzt oder eine von ferne drohende Gefahr, ja, nur eine eingebildete, allen Trost und alle Freude verdirbt, die es zu bieten scheint.

Als die Weisen Jerusalem verließen, erblickten sie den Stern wieder. Sie folgten seinem Lichte und gelangten zur Geburtsgrotte. Über ihr stand der Stern still, ließ sich dann nieder, schwebte, sich verkleinernd, in die Höhle hinein, blieb über dem Haupt des Kindes stehen und überströmte Es mit seinem Lichte. Darauf löste er sich auf und verschwand. Als Maria, vom Herrn unterrichtet, hörte, daß die Könige sich näherten, teilte sie es dem heiligen Joseph mit, damit er ihr zur Seite stehe. Es war nicht nötig, daß er sich entfernte; denn die Weisen wußten durch himmlische Erleuchtung, daß die Mutter eine Jungfrau, das Kind selbst aber wahrer Gott und nicht der Sohn Josephs sei. Wie hätte auch Gott, der sie zur Anbetung herführte, zulassen können, daß sie aus Mangel an Unterweisung sich in einer so wesentlichen Sache geirrt hätten. Sie waren bei ihrer Ankunft über alles erleuchtet und von den erhabensten, solch großen Geheimnissen entsprechenden Gefühlen beseelt.

366

Das göttliche Kind auf den Armen, erwartete die Gottesmutter mit unaussprechlicher Sittsamkeit und Anmut die frommen Könige. Bei all ihrer Demut und Armut ruhte doch eine mehr als menschliche Majestät auf ihr. Ihr Antlitz leuchtete. Das göttliche Kind verbreitete einen solchen Lichtglanz, daß die ganze Höhle in einen Himmel umgewandelt wurde. Als die Könige eintraten, waren sie beim ersten Anblick des Kindes und der Mutter eine geraume Zeit hindurch von Bewunderung hingerissen. Sie warfen sich zur Erde nieder und beteten das Kind als wahren Gott und wahren Menschen, als den Erlöser des Menschengeschlechtes an. Durch den Anblick, die Gegenwart und die Macht des süßen Jesuskindes wurden sie aufs neue innerlich erleuchtet. Sie schauten die Menge der himmlischen Geister, die als Diener des Königs der Könige, des Herrn der Herren, mit Ehrfurcht und Zittern zugegen waren. Dann richteten sie sich auf und brachten Maria ihre Glückwünsche dar, daß sie die Mutter des Sohnes des ewigen Vaters geworden sei. Sie bezeigten ihr durch Kniebeugen ihre Ehrfurcht. Sie wollten auch ihre Hand küssen, wie dies in ihrem Reiche Königinnen gegenüber Sitte war, aber die weiseste Jungfrau zog ihre Hand zurück und bot ihnen die des Erlösers der Welt an mit den Worten: „Mein Geist frohlocket im Herrn, und meine Seele lobpreist Ihn, weil Er unter allen Nationen euch erwählt und berufen hat, mit euren Augen den zu sehen, den viele Könige und Propheten vergebens zu sehen verlangten: den menschgewordenen und ewigen Sohn Gottes. Lasset uns Seinen Namen lobpreisen wegen der geheimnisvollen Erbarmungen, die Er Seinem Volke erwiesen hat. Lasset uns die Erde küssen, die Er durch Seine königliche Gegenwart geheiligt hat!"

Nach diesen Worten beteten die Könige das Jesuskind nochmals an und dankten Ihm für die Wohltat, daß ihnen die Sonne der Gerechtigkeit so frühzeitig erschienen sei, um ihre Finsternis zu erleuchten. Darauf priesen sie den heiligen

Joseph glücklich, daß er der Bräutigam der Mutter Gottes sei. Sie waren voll Staunen und zugleich voll Mitleid wegen der großen Armut, in der die größten Geheimnisse des Himmels verborgen waren. Nach drei Stunden baten sie die heiligste Jungfrau um Erlaubnis, sich in der Stadt ein Obdach zu suchen. Sie hatten einiges Gefolge, allein das Licht der Gnade war nur in den Königen wirksam. Die anderen hatten nur acht auf das Äußere, sahen den geringen, armen Stand der Mutter und ihres Bräutigams, und obwohl sie etwas verwundert waren über dieses ungewöhnliche Schauspiel, erkannten sie doch das Geheimnis nicht. Als Maria und Joseph mit dem Kinde wieder allein waren, priesen sie den Herrn mit neuen Lobgesängen, weil nun zum ersten Mal Sein Name von den Heiden erkannt und angebetet worden war.

Lehre der Himmelskönigin

Meine Tochter, diese Ereignisse bieten allen Kindern der heiligen Kirche große Lehren. Die bereitwillige Frömmigkeit und Demut der Weisen sollen sie nachahmen, die gottlose Verhärtung des Herodes aber fürchten. Alle ernteten die Frucht ihrer Werke: die Könige die Frucht ihrer Gerechtigkeit und ihrer vielen anderen Tugenden; Herodes die seines blinden Ehrgeizes und Stolzes sowie anderer Sünden seiner ungezügelten Leidenschaften. Wende diese Lehre auf dich an. Alles, was du aus der Heiligen Schrift und aus andern frommen Büchern hörst oder liest, mußt du deinem Herzen tief *einprägen* und es *befolgen,* damit du reich werdest an guten Werken in beständiger Hoffnung auf die Heimsuchung des Allerhöchsten.

Bei solcher Gesinnung wird dein Wille bereit und behende, wie ich ihn wünsche, und der Wille Gottes findet in dir die notwendige *Gefügigkeit* und *Unterwerfung,* sobald du ihn erkannt hast. Tust du deine Pflicht, so werde ich dein Stern sein und dich auf den Pfaden des Herrn leiten, damit du schnell voranschreitest, bis du auf Sion das Angesicht deines Gottes schauen und das höchste Gut genießen wirst.

Die Erlebnisse der frommen Könige offenbaren die gewöhnliche, jedoch wenig erkannte *Ordnung der Einsprechungen Gottes:* die ersten treiben an, einige Tugenden zu üben; entspricht man ihnen, so sendet Gott neue und größere Gnaden, um weitere Fortschritte zu machen. Durch die Benutzung der einen bereitet man sich für andere vor und erhält immer neue, kräftigere Gnadenhilfen. *Die Gnaden des Herrn nehmen in dem Maße zu, in dem die Seele ihnen entspricht.* Hieraus erkenne erstens, welch große Verluste es bringt, wenn man die Tugendübung geringschätzt und den Einsprechungen nicht entspricht; zweitens, daß Gott den Seelen oft große Gnaden gäbe, wenn sie mit den geringeren mitwirkten. Weil man aber auf diese Ordnung Gottes nicht achtet, hält Gott Seinen Gnadenstrom zurück und gibt nicht, was Er geben möchte.

Die Heiligen Drei Könige und Herodes gingen ganz entgegengesetzte Wege. Jene entsprachen den ersten Gnaden durch gute Werke und machten sich durch Übung vieler Tugenden fähig, durch göttliche Offenbarung zur Erkenntnis der Geheimnisse der Menschwerdung des göttlichen Wortes und der Erlösung des Menschengeschlechtes berufen und geleitet zu werden. Von diesem Glück stiegen sie zu dem weiteren empor, heilig und vollkommen zu werden auf dem Wege zum Himmel. Das Gegenteil geschah bei Herodes: Hartnäckig vernachlässigte er es, mit der Gnade Gottes Gutes zu tun. Das führte ihn zu maßlosem Stolz und Ehrgeiz. Diese Laster stürzten ihn in den tiefsten Abgrund der Grausamkeit. Er war der erste unter allen Menschen, der dem Erlöser der Welt das Leben nehmen wollte. Dabei heuchelte er noch Frömmigkeit und Liebe. Um den Herrn zu treffen, ermordete er in seiner Zorneswut sogar die unschuldigen Kinder, damit seine fluchwürdigen Pläne nicht vereitelt würden.

17. Die Opfergaben der Heiligen Drei Könige. Ihr Abschied

Von der Geburtsgrotte zogen die drei Könige zu einer Herberge in Bethlehem. Dort sprachen sie während eines großen Teiles der Nacht unter Tränen über das, was sie gesehen, was ein jeder in seinem Herzen empfunden und an dem göttlichen Kinde und Seiner Mutter bemerkt hatte. Das steigerte ihre Liebe zu Gott. Sie staunten über die Majestät und den Glanz des Jesuskindes, über die Weisheit, den Ernst und die heilige Sittsamkeit der Mutter, über die Heiligkeit des Bräutigams Joseph, über die Armut aller drei sowie über die Niedrigkeit des Ortes, an dem der Herr des Himmels und der Erde hatte geboren werden wollen. Sie fühlten ihre Herzen von solcher Liebesglut zu Gott entbrannt, daß sie sie nicht zurückhalten konnten und sie durch Worte und Akte tiefster Verehrung und Liebe äußerten. „Was für ein Feuer brennt doch in uns", sagten sie. „Wie groß ist die Macht dieses Königs, der solches Sehnen, solche Gefühle in uns wachrufen kann? Was werden wir im Verkehr mit Menschen tun? Wie werden wir unsere Tränen zurückhalten? Was sollen jene tun, die ein so tiefes, neues, erhabenes Geheimnis erkannt haben? O Größe des Allmächtigen, die du den Menschen verborgen und in solche Armut gehüllt bist! O Demut, an die kein Sterblicher gedacht hätte! O könnten wir doch alle Menschen hierher bringen, daß niemand dieses Glückes beraubt wäre!"

Die Könige gedachten auch der großen Not, die Jesus, Maria und Joseph in der Grotte litten. Sie beschlossen, ihnen zum Beweis ihrer zarten Zuneigung Geschenke zu senden und so ihr Verlangen, ihnen zu dienen, zu befriedigen. Sogleich überbrachten ihre Diener viele Gaben. Maria und Joseph nahmen sie mit demütigem Danke an. Dieser bestand aber nicht in leeren Worten, sondern in reichlichen Segnungen, die in den Herzen der Könige geistlichen Trost bewirkten. Mit den Geschenken der Könige konnte Maria ihren gewöhnlichen Gästen, den Armen, ein reiches Mahl bereiten. Arme waren gar oft bei ihr, angezogen durch die Almosen, noch mehr aber durch ihre freundlichen Worte. Voll himmlischer Freude begaben sich die Könige zur Ruhe. Im Traum gab ihnen der Engel die Weisung bezüglich der Heimreise.

Früh morgens kehrten die Könige zur Grotte zurück, um dem König des Himmels ihre Geschenke anzubieten. Zur Erde niedergeworfen beteten sie in tiefster Demut den Sohn Gottes an. Sie öffneten, wie das Evangelium sagt, ihre Schätze und brachten Ihm *Gold, Weihrauch und Myrrhe* dar. Sie legten auch der Mutter Gottes manche Fragen vor über Geheimnisse des Glaubens, über den Zustand ihres Gewissens sowie über die Regierung ihrer Staaten. Sie wollten nicht zurückkehren, ohne über alles unterrichtet zu sein, was zu einem heiligen Leben gehört. Maria hörte sie wohlwollend an. Während sie zu ihr redeten, beriet sie sich mit dem göttlichen Kinde über die Antworten und Belehrungen, die sie diesen neuen Söhnen Seines heiligen Gesetzes geben sollte. Sie antwortete dann als Organ der göttlichen Weisheit auf alle vorgelegten Zweifel. Ihre Antworten waren so belehrend und heiligend, daß die Könige, von der Weisheit und Güte Mariä hingerissen, sich nicht von ihr trennen konnten. Darum mußte ein Engel des Herrn ihnen ankündigen, in ihre Heimat zurückzukehren. Es ist nicht zu verwundern, daß die Könige so erstaunt waren; denn bei den Worten Mariä wurden sie vom Heiligen Geiste erleuchtet und nicht nur über das, was sie fragten, sondern auch über viele andere Dinge mit himmlischem Lichte erfüllt.

Maria nahm die Geschenke der Könige in Empfang und bot sie in deren Namen dem Jesuskind an. Durch die Freundlichkeit Seines Angesichtes gab Es zu erkennen, daß Es sie annehme. Es segnete die Könige, und zwar in einer Weise, daß sie erkennen konnten, Es wolle sie für die dargebrachten Gaben mehr als hundertfach mit himmlischen Gütern belohnen. Der Sitte des Landes gemäß boten sie Maria einige sehr kostbare Kleinodien an. Doch Maria gab alles, was keine geheimnisvolle Bedeutung und keine Beziehung zu dem heiligen Geheimnisse hatte, den Königen zurück. Sie behielt nur die drei Gaben: Gold, Weihrauch und Myrrhe. Um die Heiligen Drei Könige getröstet zu entlassen, gab ihnen Maria einige Windeln des göttlichen Kindes. Andere sichtbare Kostbarkeiten besaß sie nicht und konnte auch keine kostbareren besitzen. Die Könige empfingen diese Reliquien mit Hochachtung und Ehrfurcht. Sie ließen sie in Gold und Edelsteine fassen und sorgfältig aufbewahren. Die Windeln verbreiteten zum Zeugnis ihrer hohen Heiligkeit einen lieblichen und so starken Wohlgeruch, daß man ihn fast eine Stunde weit verspürte. Aber nur jene nahmen ihn wahr, die an die Ankunft Gottes in der Welt glaubten. Die Ungläubigen waren von dieser Gnade ausgeschlossen. Die Könige wirkten in ihrer Heimat durch diese Reliquien große Wunder.

Sie boten der Mutter Jesu an, ihr mit all ihren Gütern und Besitzungen zu dienen. Falls sie gern am Geburtsorte ihres heiligsten Sohnes bleiben wolle, wollten sie ihr dort ein Haus bauen. Die weiseste Mutter dankte, nahm aber das Anerbieten nicht an. Zum Abschied baten die Könige mit der ganzen Inbrunst ihres Herzens die heiligste Jungfrau, sie möge sie doch niemals vergessen. Dasselbe baten sie auch den heiligen Joseph. Nachdem sie von Jesus, Maria und Joseph den Segen empfangen hatten, verabschiedeten sie sich mit solcher Rührung, daß man hätte glauben können, sie lassen ihre Herzen, in Tränen und Seufzer aufgelöst, dort zurück. Gemäß der Weisung des Engels kehrten sie nicht zu Herodes nach Jerusalem zurück. Sie wurden von Bethlehem durch einen Stern auf einem anderen Weg geführt. Er geleitete sie bis zu dem

Ort, wo sie zusammengetroffen waren. Von dort kehrte jeder in seine Heimat zurück. Das übrige Leben dieser glücklichen Könige entsprach ihrer göttlichen Berufung; denn sie lebten in ihren Staaten als *Schüler der Lehrmeisterin aller Heiligkeit* und regierten nach ihren Lehren sowohl ihre Seelen als auch ihre Reiche. Durch ihr Beispiel und durch Belehrungen über den Erlöser der Welt führten sie viele Seelen zur Erkenntnis Gottes und auf den Weg des Heiles. Reich an Jahren und Verdiensten beschlossen sie ihre Laufbahn in Heiligkeit und Gerechtigkeit, wie im Leben so im Tode von der Mutter der Barmherzigkeit begünstigt.

Nach der Abreise der Könige sangen Maria und Joseph dem Allerhöchsten neue Loblieder für Seine Wunderwerke. Sie verglichen sie mit den Weissagungen der Heiligen Schrift und sahen, wie alles an dem Jesuskind in Erfüllung gegangen war. Die weiseste Mutter, die tief in diese Geheimnisse gedrungen war, bewahrte und erwog sie alle in ihrem Herzen. Die heiligen Engel, die bei diesen Geheimnissen zugegen gewesen waren, wünschten ihrer Königin Glück, daß ihr heiligster Sohn von den Menschen erkannt und angebetet wurde. Sie priesen Ihn durch neue Loblieder wegen der Erbarmungen, die Er den Menschen erzeigte.

Lehre der Himmelskönigin

Meine Tochter, groß waren die Geschenke der Könige, noch größer ihre gebefrohe Liebe, am größten das Geheimnis, das sie andeuten. Darum waren sie der göttlichen Majestät höchst wohlgefällig. Auch du sollst dem Herrn Opfer bringen: du sollst danksagen, daß Er dich zum Stand der Armut berufen hat. Es gibt vor Gott kein kostbareres Geschenk und kein wertvolleres Opfer als die *freiwillige Armut*. Nur sehr wenige Menschen machen von ihren zeitlichen Gütern einen guten Gebrauch und opfern sie ihrem Gott und Herrn mit der

Großmut und Liebe dieser heiligen Könige. Die große Zahl der Armen des Herrn erfährt und bezeugt, wie grausam und geizig das Menschenherz geworden ist, da die Notleidenden bei den Reichen so wenig Hilfe finden. Diese *Hartherzigkeit* schmerzt die Engel und betrübt den Heiligen Geist, der sehen muß, wie die Würde der Seelen so tief erniedrigt ist, und wie alle mit ihren Kräften und Fähigkeiten der schändlichen Selbstsucht dienen. Sie eignen sich Reichtümer an, als wären diese für sie allein erschaffen, und verweigern sie den Armen, ihren Brüdern, mit denen sie dasselbe Fleisch und Blut haben. Ja, nicht einmal Gott dem Herrn opfern sie diese Reichtümer, da doch Er es ist, der sie erschaffen hat, sie erhält und sie geben oder nehmen kann, wie es Ihm gefällt. Das Beklagenswerteste aber ist, daß die Reichen, während sie mit ihrem Vermögen das ewige Leben erkaufen könnten, sich eben damit *ihr Verderben zuziehen.*

Das ist unter den Kindern Adams etwas ganz allgemeines. Darum ist auch die freiwillige Armut so erhaben und gewährt so große Sicherheit. Wer im Stande der Armut das Wenige frohen Herzens mit den Armen teilt, bringt dem Herrn ein großes Opfer. Du kannst von deinem Unterhalt einen Teil den Armen geben und dabei das Verlangen hegen, wenn es möglich wäre, allen mit deiner Arbeit und mit deinem Schweiß zu Hilfe zu kommen. Deine beständigen Opfer aber müssen sein: die *Werke der Liebe,* die sind das Gold; *beständiges Gebet,* das ist der Weihrauch; und ruhig ertragene *Leiden* und wahre Abtötung in allen Stücken, die sind die Myrrhe. Tue alles mit feuriger Liebe und bereitwilligem Herzen, ohne Lauheit und Zagen. Nachlässige oder tote Werke sind kein wohlgefälliges Opfer in den Augen des Herrn. Daher muß das Licht des Glaubens immer in deinem Herzen leuchten und dich auf Gott hinweisen, um Ihn zu loben und zu verherrlichen. Ebenso mußt du auf den Sporn der Liebe achten, da der Titel „Braut" die Liebe bedeutet und zu beständiger Hingabe verpflichtet.

18. Die heilige Familie in Bethlehem

ach der Abreise der heiligen Könige hatten Maria und Joseph in der armen, aber heiligen Grotte nichts mehr zu erwarten. Sie sollten sie nun verlassen. Die weiseste Mutter sagte zu Joseph: „Das Opfer der Könige darf nicht unnütz liegen bleiben. Es muß der Majestät Gottes dienen und nach Seinem Willen verwendet werden. Verfüge du über alles wie über deinen und meines Sohnes Besitz." Er antwortete mit gewohnter Demut und Höflichkeit, daß er die Verteilung ihr überlasse. Maria aber bat dringend: „Möchtest du, mein Gebieter, dies aus Demut ausschlagen, so tue es doch aus Liebe zu den Armen; denn sie verlangen den ihnen zukommenden Teil. Sie haben ein Recht auf die Dinge, die ihr himmlischer Vater zu ihrem Unterhalt erschaffen hat." Sie kamen nun überein, drei Teile zu machen: einen für den Tempel zu Jerusalem, nämlich den Weihrauch, die Myrrhe samt einem Teil des Goldes; einen Teil für den Priester, der das Kind beschnitten hatte, daß er es für sich und die Synagoge zu Bethlehem verwende; endlich den dritten Teil für die Armen. Sie gaben alles mit freiwilligem und liebendem Herzen.

Der Allmächtige fügte es, daß eine ehrsame, fromme Frau die heilige Familie mehrmals besuchte. Ihr Haus lag an der Stadtmauer nicht fern von der Grotte. Sie hatte von den Königen gehört, wußte aber nicht, was sie getan hatten. Sie kam am folgenden Tag zur heiligsten Jungfrau und fragte, ob die Könige aus der Ferne gekommen seien, um den Messias zu suchen. Da Maria das gute Herz dieser Frau kannte, unterrichtete sie sie im allgemeinen im Glauben an den Erlöser, ohne ihr das Geheimnis näher zu erklären, das in ihr und dem Kind auf ihren Armen verborgen war. Um ihr zu helfen, gab sie ihr einen Teil des für die Armen bestimmten Goldes. Dadurch besserte sich die Lage dieser glücklichen Frau vollständig, und sie blieb ihrer Wohltäterin von Herzen zugetan. Darum bot sie der Gottesmutter ihr Haus an, das wegen seiner Armut das passendste war, um die Stifter der heiligen Armut zu beherbergen. Die arme Frau bat dringend, die unbequeme Grotte zu verlassen. Maria wies das Anerbieten nicht zurück, sondern sagte mit freundlichem Dank, daß sie ihr später ihren Entschluß mitteilen wolle. Dann beriet sie sich mit dem heiligen Joseph und sie beschlossen, in das Haus der Frau zu übersiedeln bis zur Zeit der Darstellung im Tempel. Die Nähe der Grotte bewog sie auch dazu.

Nicht ohne Rührung verließen sie den heiligen Ort. Jene Frau nahm sie mit großer Liebe als Gäste auf und überließ ihnen den besten Platz ihres Hauses. Alle Engel begleiteten die heilige Familie in menschlicher Gestalt. Auch dann, wenn Maria und Joseph von diesem Hause aus die Grotte besuchten, gingen die himmlischen Fürsten mit. Als Maria mit dem Kinde die Grotte verließ, bestimmte Gott einen Engel, daß er sie bewache, wie ein Engel das Paradies bewacht. Dieser Engel steht noch jetzt mit seinem Schwert am Eingang der Geburtsgrotte, und nie mehr ist ein Tier an diesen heiligen Ort gekommen. Wenn der heilige Engel die Ungläubigen, in deren Macht dieser und die übrigen heiligen Orte sich befinden, nicht am Eintritt hindert, so geschieht dies nach den Ratschlüssen Gottes, der die Menschen nach den Absichten Seiner Weisheit und Gerechtigkeit handeln läßt. Dies Wunder wäre nicht nötig, wenn die christlichen Fürsten, von Eifer für die Ehre Jesu Christi beseelt, trachteten, diese heiligen Orte, die durch das Blut und die Fußstapfen unseres Herrn und Seiner heiligsten Mutter sowie durch die Werke unserer Erlösung geweiht sind, wiederherzustellen. Gesetzt, dies wäre nicht möglich, so finden sie doch keine Entschuldigung, wenn sie nicht wenigstens gläubig sorgen, daß diese geheimnisvollen Orte in Ehren gehalten werden. Wer glaubt, würde Berge versetzen; wer glaubt, dem ist alles möglich. Ich erkannte, daß die andächtige Verehrung des Heiligen Landes eines der kräftigsten und wirksamsten Mittel ist, den Bestand der katholischen Monarchien zu sichern. Kein Fürst kann leugnen, daß er andere übermäßige und überflüssige Ausgaben vermeiden und sie diesem Unternehmen zuwenden könnte, das Gott und den Menschen so wohlgefällig wäre.

Maria blieb mit ihrem göttlichen Kind in jenem Haus bis zur Darstellung im Tempel. Sie bereitete sich auf dieses Geheimnis würdig vor und verlangte glühend, dem ewigen Vater ihr Kind aufzuopfern und nach dessen Beispiel sich selbst Ihm darzubringen, geschmückt mit Tugenden, durch die sie dem Allerhöchsten ein würdiges Opfer würde. Sie verrichtete deshalb so hohe Akte der Liebe und anderer Tugenden, daß weder Engel noch Menschen sie beschreiben könnten, wieviel weniger ich ganz Unnütze, ganz Unwissende. Wer sich durch christliche Frömmigkeit zu einer ehrfurchtsvollen Beschauung befähigt, wird der Gnade gewürdigt, sie zu erkennen und sie zu verkosten.

Von der Zeit an, da das göttliche Kind gleich nach der Geburt mit vernehmbarer Stimme zu Seiner Mutter sagte: *„Folge Mir nach, meine Braut, und werde Mir ähnlich"*, sprach Es oft mit deutlichen Worten zu ihr, doch nur, wenn Es mit der Mutter allein war. Mit dem heiligen Joseph sprach Es erst, als Es ein Jahr alt war. Maria sagte ihrem Bräutigam nichts von dieser Gnade; sie wußte, daß sie ihr allein vorbehalten war. Die Worte des göttlichen Kindes waren so würdevoll, wie es Seiner Hoheit – und so wirksam, wie es Seiner Allmacht entsprach; Worte, die Es nur zu jener sprechen konnte, die nach Ihm reiner, heiliger, weiser und erleuchteter als alle übrigen Geschöpfe und zudem noch Seine Mutter war. Manchmal sagte das Kind: „Meine Taube, meine Geliebte, meine liebste Mutter." Im Hohenlied sind diese liebevollen Unterredungen enthalten. Dazu kam der innere Verkehr der beiden, der ein andauernder war. Dabei empfing Maria so außerordentliche Gnaden und hörte so süße Worte, daß sie alles im Hohenliede übertreffen, ja alles, was gerechte und heilige Seelen je gesagt haben und noch sagen werden bis zum Ende der Welt. Das Jesuskind wiederholte oft die Worte: „*Werde Mir ähnlich, Meine Mutter, Meine Taube!*" Das waren Worte des Lebens, Worte von unendlicher Kraft. Ihnen entsprach die himmlische Kenntnis, die Maria von allen inneren Akten der Seele ihres Sohnes besaß. Keine Zunge kann die Wirkungen dieser verborgenen und kräftigen Worte im reinsten, liebeglühenden Herzen der Mutter Gottes aussprechen; kein Verstand kann sie erfassen.

Unter den Gnaden der reinsten Jungfrau ist die erste ihre *Mutter-Gottes-Würde.* Sie ist das Fundament aller anderen. Die zweite ist ihre *unbefleckte Empfängnis;* die dritte die zeitweilige *Anschauung Gottes* während ihres Erdenlebens; die vierte ist die ununterbrochene, klare *Anschauung der heiligsten Seele ihres Sohnes* und deren inneren Akten, damit sie sie nachahme. Die heiligste Seele Jesu war vor ihr wie ein reiner, klarer Spiegel, in dem sie sich selbst schaute, und sie schmückte sich mit den kostbaren Zierden dieser heiligsten Seele, indem sie sie in sich selbst nachbildete. Sie schaute die Vereinigung der Seele Jesu mit dem göttlichen Wort und in tiefster Demut erkannte sie, daß sie in ihrer menschlichen Natur dem Worte nachstehe. Sie schaute klar die Akte des Dankes und der Lobpreisung, die diese Seele Gott darbrachte, sowohl für die Erschaffung aus dem Nichts als auch für alle Gnaden, die sie als Geschöpf vor allen andern erhalten hatte, namentlich für die Erhebung ihrer menschlichen Natur zur unauflöslichen Vereinigung mit der Gottheit. Die seligste Jungfrau betrachtete, wie ihr heiligster Sohn ständig für das Menschengeschlecht zum ewigen Vater flehte. Sie schaute, wie Er in Seinen Handlungen die Erlösung und Belehrung vorbereitete und sie als einziger Heiland und Lehrer des ewigen Lebens einleitete.

Von der Menschwerdung und Geburt ihres Sohnes an hatte Maria dies Vorbild ständig vor Augen. Sie richtete alle ihre Handlungen danach ein und bereitete dem menschgewordenen Wort süßeste Wonne. Unser göttlicher Erlöser und Lehrer wollte, daß Seine heiligste Mutter in einziger und erhabenster Weise an den Früchten der Erlösung teilnehme. In dieser einzig ausgezeichneten Schülerin sollten sich Seine Lehren so lebendig ausprägen und ihr eine solche Ähnlichkeit mit Ihm verleihen, wie es bei einem reinen Geschöpf nur möglich war. Daraus kann man schließen, wie erhaben die Werke Mariä und wie groß die Wonnen waren, die Er auf ihren Armen genoß, gelehnt an die Brust, die das „Brautgemach und Blumenbettlein" (Hld 1, 15) dieses wahren Bräutigams war.

In Bethlehem kamen manche Besucher. Sie gehörten fast alle der ärmsten Klasse an. Einige kamen wegen der Almosen, andere, weil sie von den Königen gehört hatten. Alle sprachen davon und von der Ankunft des Messias. Nicht ohne göttliche Fügung ging in jenen Tagen bei den Juden das Gerücht um, daß die Zeit der Geburt nahe sei. Bei diesen Unterredungen übte die Gottesmutter große Tugenden. Sie bewahrte dabei das Geheimnis ihres Herzens und erwog alles, was sie sah und hörte. Sie leitete die Seelen auch zur Erkenntnis Gottes an, bestärkte sie im Glauben, unterrichtete sie über die Tugenden und Geheimnisse des Messias, den sie erwarteten, und zog sie aus der Unwissenheit, da sie in göttlichen Dingen schlecht unterrichtet waren. Diese Leute führten manchmal so einfältige Reden, daß der gute, heilige Joseph darüber lächelte. Andererseits aber bewunderte er die hohe Weisheit und göttliche Kraft der Antworten Mariä, ihre Geduld und tiefe Demut, ihren ruhigen Ernst, womit sie die Leute ertrug und zur Erkenntnis der Wahrheit führte. Maria entließ alle zufrieden getröstet und im Nötigen unterrichtet; denn sie sprach zu ihnen Worte des Lebens, die in die Herzen drangen und sie mit Eifer und Mut erfüllten.

Lehre der Himmelskönigin

Meine Tochter, in der Klarheit des göttlichen Lichtes erkannte ich besser als alle Menschen den geringen Wert der *irdischen Reichtümer* vor Gott. Darum fiel es mir in meiner heiligen Freiheit schwer und lästig, mich mit den Schätzen beladen zu sehen, die die Könige meinem Sohn geopfert hatten. Da Demut und Gehorsam all mein Tun beseelen mußten, wollte ich jene Schätze weder mir aneignen, noch sie nach meiner Wahl verteilen, sondern dem Willen meines Bräutigams folgen. Bei dieser Entäußerung dachte ich, ich sei seine Dienerin und die zeitlichen Geschenke gingen mich nichts an. Es ist häßlich und für euch schwache Geschöpfe sehr gefährlich, euch irdische Güter, wie Reichtum und Ehren, zuzueignen. Das geschieht aus Habsucht, Ehrgeiz und eitler Prunksucht.

Du darfst, meine Tochter, *weder Geschenke noch Ehrenbezeigungen annehmen* oder dir zueignen, als ob sie dir etwa gebührten, am allerwenigsten, wenn sie von mächtigen, hochstehenden Personen kommen. Bewahre deine innere Freiheit und brüste dich nicht mit dem, was nichts wert ist und dich vor Gott nicht rechtfertigen kann. Schenkt man dir etwas, so sage nicht: „Dies hat man mir gegeben", sondern: „Der Herr sendet dies für die Klostergemeinde. Betet zu Ihm für das Werkzeug dieser Seiner Barmherzigkeit." Nenne dann den Almosengeber, daß man besonders für ihn bete und er in seiner Absicht nicht getäuscht werde. Nimm auch die Almosen nicht eigenhändig in Empfang; denn das wäre ein Zeichen, daß du danach verlangtest; tue es vielmehr durch jene, denen dieses Amt anvertraut ist. Mußt du als Oberin ein empfangenes Almosen jener übergeben, die es der Gemeinde zu verteilen hat, so zeige dich dabei vollkommen gleichgültig für die Sache. Gleichwohl mußt du dem Herrn sowohl als den Wohltätern danken und anerkennen, daß du die Wohltat nicht verdienst. Für das, was andere Schwestern gebrauchen, sollst du als Oberin gleichfalls danken und alsbald sorgen, daß es für die ganze Gemeinde verwendet werde, ohne etwas für dich zu nehmen. Schau nicht einmal neugierig an, was ins Kloster gebracht wird, damit die Sinne nicht daran Freude finden und es zu besitzen verlangen; denn die Natur ist gebrechlich und voll verkehrter Neigungen, und darum fällt sie in Fehler, die sehr wenig beachtet werden. Man kann der verdorbenen Natur in nichts trauen. Immer verlangt sie nach mehr, als sie hat. Niemals sagt sie: es ist genug. Je mehr sie erhält, desto größer wird ihr Durst, noch mehr zu bekommen.

Vor allem pflege den *innigen, häufigen Verkehr mit Gott* durch beständige Liebe und ehrfurchtsvollen Lobpreis. Gebrauche dazu voll Eifer und ohne Unterlaß alle deine Kräfte und Fähigkeiten, sonst wird der niedere Teil die Seele unvermeidlich bemeistern, herabdrücken, zerstreuen und zu Fall bringen und bewirken, daß sie das höchste Gut aus dem Auge verliert. Dieser liebevolle Verkehr mit dem Herrn ist so zart, daß man ihn schon verliert, wenn man auf die Vorspiegelungen des bösen Feindes auch nur achtet. Darum gibt sich der Feind so große Mühe. Er weiß, daß sich das höchste Gut dann vor der Seele verbirgt. Sobald sie unachtsamer Weise Gottes Schönheit aus den Augen verliert, schreitet sie auf den Pfaden der Sorglosigkeit dahin. Gewahrt sie dies zu ihrem Schrecken durch den Schmerz ihres Verlustes, so will sie wohl umkehren und nach dem verlorenen Gut suchen; doch sie wird es nicht immer finden. Dann bietet ihr Satan, der sie betrogen hat, andere Vergnügen, die aber tief unter jenen stehen, an deren Genuß sie gewöhnt war. Daraus folgen neue Traurigkeit, Verwirrung, Niedergeschlagenheit, Lauheit und Überdruß. In dieser Verwirrung ist sie allen Gefahren bloßgestellt.

Meine Tochter, dies hast du teilweise schon erfahren, wenn du nachlässig und träge warst in der gläubigen und dankbaren Aufnahme der Wohltaten Gottes. Es ist Zeit, daß du bei deiner Einfalt auch klug und standhaft seiest, das Feuer des Heiligtums zu bewahren und keinen Augenblick das höchste Gut aus den Augen zu verlieren. Ich hielt beständig alle Kraft und alle Vermögen meiner Seele darauf gerichtet. Wohl kannst du das wahre Gut nicht so unmittelbar genießen, noch mit solcher Vollkommenheit handeln wie ich. Aber ich zeige dir, was ich in der Nachfolge meines Sohnes getan habe. So kannst du *nach deinen Kräften* mir nachfolgen, indem du erwägst, daß du den Herrn wie in einem Spiegel schaust. Ich schaute Ihn durch den Spiegel meiner Seele und meiner Person. Zu dieser Vollkommenheit ladet der Allerhöchste *alle* ein, wenn sie nur folgen wollen. Darum bedenke, was du tun mußt, da Seine Rechte dich so freigiebig und mächtig an sich zieht.

* * *

19. Die Reise zur Darstellung im Tempel

em Gesetz gemäß wurde jede Frau, die einen Sohn geboren hatte, vierzig Tage als unrein betrachtet und mußte sich zur Reinigung in den Tempel begeben. Die Mutter der Reinheit wollte dieses Gesetz erfüllen, ebenso das andere, durch das Gott befahl, Ihm alle Erstgeburt aufzuopfern und zu heiligen. Wegen des ersten Gesetzes, das Unsere Liebe Frau selbst anging, hatte sie weder Zweifel noch Schwierigkeiten. Nicht, als ob sie um ihre Unschuld und Reinheit nicht gewußt hätte. Seit der Menschwerdung des Sohnes Gottes erkannte sie klar, daß sie unschuldig und ohne Erbsünde empfangen war und daß sie durch die Wirkung des Heiligen Geistes bei der Empfängnis und Geburt des göttlichen Kindes allzeit Jungfrau geblieben war, reiner als die Sonne. Gleichwohl hegte sie in ihrer Weisheit keinen Zweifel, daß sie sich dem allgemeinen Gesetz unterwerfen solle. Auch ihr immerwährendes, glühendes Verlangen, sich bis in den Staub zu verdemütigen, trieb sie dazu an.

Hinsichtlich des zweiten Gesetzes hätten Zweifel entstehen können wie bei der Beschneidung. Sie wußte, daß Jesus als wahrer Gott über die Gesetze erhaben war, die Er selbst gegeben hatte. Sie hatte aber durch himmlische Erleuchtungen und durch die Akte der Seele des menschgewordenen Wortes Sein Verlangen erkannt, sich dem ewigen Vater als lebendiges Opfer darzubringen zum Dank, daß Er Seinen reinsten Leib gebildet, Seine heiligste Seele erschaffen und Ihn zum wohlgefälligen Opfer für das Heil der Menschen bestimmt habe. Diese Akte verrichtete die heilige Menschheit des Wortes schon immerwährend in Gleichförmigkeit mit dem Willen Gottes, nicht nur sofern sie bereits beseligt, sondern auch sofern sie Erdenpilger und Erlöser war.[*] Dies Opfer wollte Jesus dem Gesetze gemäß dem ewigen Vater auch in Seinem heiligen Tempel darbringen, wo alle Ihn anbeteten und verherrlichten als in einem Hause des Gebetes, der Sühne und der Opfer.

Nachdem das Notwendige bereitet war, verabschiedeten Maria und Joseph sich von der frommen Frau, deren Gastfreundschaft sie genossen hatten. Sie hatte reiche, himmlische Segnungen empfangen, aus denen sie viele Früchte zog, obwohl ihr das Geheimnis ihrer Gäste unbekannt blieb. Die heilige Familie besuchte die Geburtsgrotte, um von dort aus ihren Weg anzutreten. Hier übergab die reinste Mutter das Jesuskind dem heiligen Joseph, um sich niederzuwerfen und den Boden, der Zeuge so anbetungswürdiger Geheimnisse gewesen war, zu verehren.

Darauf sprach sie zu ihrem Bräutigam: „Mein Gebieter, gib mir den Segen für die Reise; du gibst ihn mir ja immer, so oft ich dein Haus verlasse. Ich bitte dich auch, erlaube mir, daß ich den Weg zu Fuß mache, und zwar mit bloßen Füßen, da ich auf meinen Armen das Opfer tragen muß, das dem ewigen Vater dargebracht werden soll. Das ist eine geheimnisvolle Handlung, und ich wünsche sie mit der Vollkommenheit und Ehrfurcht zu verrichten, die Er fordert." Aus Sittsamkeit trug Maria eine Fußbekleidung, aus einer Art Hanf oder Malve verfertigt. Sie war zwar ärmlich, grob und stark, doch reinlich.

---

[*] Die heiligste Seele Christi besaß vom Augenblick der Menschwerdung an ununterbrochen die beseligende Anschauung Gottes. Somit war Christus Seiner Menschheit nach nicht nur Erdenpilger (vivator), sondern Er war zugleich im Endzustand (comprehensor) und genoß die Freuden der Seligkeit des Himmels.

Der heilige Joseph hieß Maria aufstehen. Darauf sprach er: „Der höchste Sohn des ewigen Vaters, den ich auf meinen Armen halte, gebe dir Seinen Segen! Du darfst zu Fuß gehen und das Kind auf deinen Armen tragen, aber in dieser Jahreszeit nicht barfuß. Dein Verlangen aber wird dem Herrn wohlgefällig sein!" So gebrauchte der heilige Joseph sein Ansehen, der heiligsten Jungfrau als ihr Haupt zu befehlen. Er tat es mit der größten Ehrfurcht und in der Absicht, Maria nicht der Freude zu berauben, die sie in der Verdemütigung und im Gehorsam fand. Da Joseph ihr nur aus Gehorsam befahl und das Befehlen für ihn eine *Abtötung und Verdemütigung* war, so übten beide gegenseitig Gehorsam und Demut. Er fürchtete, die Kälte möchte ihr schaden, weil er von der wunderbaren Beschaffenheit ihres vollkommensten, jungfräulichen Körpers und von anderen Privilegien nichts wußte. Maria tat, wie Joseph befohlen hatte. Um das Jesuskind aus seinen Händen zu empfangen, kniete sie nieder, betete es an und dankte Ihm für alle Wohltaten, die Es ihr und der ganzen Menschheit in dieser Grotte erwiesen hatte. Sie bat auch das göttliche Kind, Es möge dies Heiligtum bewahren, daß es mit Ehrfurcht behandelt werde, den Gläubigen verbleibe und von ihnen allzeit verehrt werde. Dem heiligen Engel, der zu dessen Schutze bestimmt war, empfahl sie es aufs neue. Dann bedeckte sie sich mit einem langen Schleier, nahm den Schatz des Himmels auf ihre Arme, und indem sie das göttliche Kind an ihre Brust lehnte, bedeckte sie Es mit großer Vorsicht, um Es gegen die Kälte zu schützen.

Bevor Maria und Joseph die Grotte verließen, baten beide das göttliche Kind um Seinen Segen. Es spendete ihn auf sichtbare Weise. Dann legte Joseph dem Esel das Päckchen mit Linnenzeug für das göttliche Kind auf sowie jene Geschenke der Könige, die sie für den Tempel bestimmt hatten. Darauf setzte sich die feierlichste Prozession, die man je im Tempel gesehen, von Bethlehem nach Jerusalem in Bewegung; denn in Begleitung Jesu, des Fürsten der Ewigkeit, Seiner königlichen Mutter und ihres Bräutigams Joseph zogen von der Geburtsgrotte aus nicht nur die zehntausend Schutzengel der Gottesmutter mit, sondern auch jene Engel, die bei der Beschneidung mit dem süßen Namen Jesus vom Himmel gekommen waren. Alle diese Fürsten des himmlischen Hofes gingen in menschlicher Gestalt mit, so schön und strahlend, daß im Vergleich zu ihrer Schönheit alles Kostbare und Reizende auf Erden geringer ist als Lehm und Schlacke im Vergleich zum feinsten Gold. Sie hätten die Sonne in ihrem höchsten Glanz verfinstern und die Nacht in hellsten Tag verwandeln können. Maria und Joseph freuten sich beim Anblick dieser Engel. Sie alle feierten das Geheimnis mit neuen, erhabenen Liedern zu Ehren des göttlichen Kindes. So legten sie die zwei Stunden Weges bis Jerusalem zurück.

Es herrschte, nicht ohne göttliche Fügung, eine sehr strenge Kälte, die selbst ihres Schöpfers nicht schonte, sondern Ihm eine solche Pein verursachte, daß Er als wahrer Mensch zitternd auf den Armen Seiner Mutter weinte und Maria noch mehr in ihrem Herzen durch Mitleid als am Leibe durch die Ungunst der Witterung litt. Da wandte sich Maria an die Elemente und wies sie als ihre Herrin mit heiliger Entrüstung zurecht, daß sie ihrem Schöpfer Pein verursachten. Dann befahl sie ihnen, dem göttlichen Kinde gegenüber ihre Strenge zu mildern, nicht aber für sie selbst. Die Elemente gehorchten: die kalte Luft verwandelte sich für das Kind in milden Frühlingswind, während sie für die Mutter ihre strenge Kälte beibehielt.

Maria wandte sich gegen die *Sünde,* von der sie allezeit freigeblieben war, und sprach: „O Sünde, wie bist du so verkehrt und ganz unmenschlich, da zu deiner Sühne der *Schöpfer aller Dinge von den Geschöpfen leiden muß,* denen Er das Dasein gab, und die Er erhält! Du bist ein fürchterliches Ungeheuer; denn du beleidigst Gott, zerrüttest die armen Menschen, verwandelst sie vor Gott in Gegenstände des Abscheus und beraubst sie des höchsten Glückes, Freunde Gottes zu sein. O ihr Menschenkinder, wie lange noch liebt ihr Eitelkeit und Lüge? Seid doch nicht so undankbar gegen den allerhöchsten Gott, nicht so grausam gegen euch selbst! Öffnet die Augen und schaut eure Gefahr! Verachtet nicht die Gebote eures himmlischen Vaters und die Lehren eurer Mutter, die euch durch Liebe das Leben gegeben hat; denn da der Eingeborene des Vaters in meinem Schoße die menschliche Natur angenommen hat, hat Er mich zur Mutter des ganzen Menschengeschlechtes gemacht. Als solche liebe ich euch. Und wenn es mir möglich und dem Herrn wohlgefällig wäre, so würde ich alle Peinen, die von Adam an bis auf den heutigen Tag erduldet worden sind, gern für euer Heil auf mich nehmen."

Während dieser Zeit wurde der Hohepriester Simeon zu Jerusalem vom Heiligen Geiste erleuchtet, daß der menschgewordene Sohn Gottes auf den Armen Seiner Mutter zur Darstellung gebracht werde. Das wurde auch der heiligen Witwe Anna geoffenbart. Beide erfuhren, daß das Kind, Maria und Joseph in Armut und Not daherkämen. Beide teilten einander die Offenbarung mit, riefen den Verwalter des Tempels, der für das Zeitliche zu sorgen hatte, und bezeichneten ihm die zu erwartenden Personen und trugen ihm auf, sie am Tore des Weges nach Bethlehem zu empfangen und sie voll Liebe und Wohlgefallen in sein Haus aufzunehmen. Maria und Joseph waren in Sorge gewesen, ob sie für das göttliche Kind eine geziemende Herberge finden würden. Nun waren sie getröstet. Der glückliche Gastgeber brachte dem Hohenpriester Nachricht.

Maria bat Joseph, die Geschenke der Könige ohne Verzug, still, ohne Aufsehen im Tempel darzubringen. Zugleich solle er die Turteltauben zum morgigen Opfer kaufen. Er übergab als unbekannter Fremdling das Gold, den Weihrauch und die Myrrhe dem für den Empfang solcher Gaben bestimmten Tempeldiener, ohne ihm Zeit zu lassen, zu beobachten, wer ein so großes Almosen gebe. Joseph hätte mit dem Almosen auch ein Lamm kaufen können, wie die Reichen es mit ihren Erstgeborenen opferten. Doch er tat es nicht; denn es hätte nicht gepaßt zu der Niedrigkeit der Armut, in der die Mutter das Kind und der Bräutigam erschienen. Selbst mit frommer, ehrbarer Absicht wäre es nicht gut gewesen, von der Armut und Demut abzuweichen; denn die Mutter der Weisheit war in allem die *Lehrmeisterin der Vollkommenheit,* wie ihr heiligster Sohn der *Lehrmeister der Armut* war.

Simeon war gerecht und gottesfürchtig und wartete auf den Trost Israels. Er hatte vom Heiligen Geiste die Verheißung, daß er nicht sterben werde, ehe er den Gesalbten des Herrn gesehen hätte. Auf Antrieb des Heiligen Geistes kam er in den Tempel. Während der Nacht war er aufs neue durch göttliches Licht erleuchtet worden, so daß er mit größerer Klarheit alle Geheimnisse der Menschwerdung und Erlösung erkannte. Er sah, wie in Maria, der heiligsten Jungfrau, die Prophezeiungen des Isaias erfüllt waren: daß eine Jungfrau einen Sohn empfangen und gebären solle und eine Blume hervorgehe aus der Wurzel Jesse, nämlich Christus, der Herr. Kurz, er schaute die Erfüllung dieser und anderer Weissagungen. Er erhielt auch sehr klares Licht über die Vereinigung der beiden Naturen in der Person des ewigen Wortes sowie über die Geheimnisse des Leidens und Sterbens des Erlösers. Dadurch wurde Simeon vom glühendsten Verlangen beseelt, den Erlöser der Welt zu sehen. Da er wußte, daß Er komme, um sich dem ewigen Vater darzustellen, wurde er am folgenden Tag im Geiste, d.h. kraft dieses göttlichen Lichtes, zum Tempel geführt.

Auch die Prophetin Anna erhielt in dieser Nacht Offenbarungen über viele dieser Geheimnisse, und groß war die Freude ihres Geistes; denn sie war die Lehrmeisterin Mariä gewesen, als diese im Tempel weilte. Sie ging nimmer fort vom Tempel und diente Gott mit Fasten und Beten Tag und Nacht. Sie war eine Tochter Phanuels aus dem Stamme Aser. Nachdem sie sieben Jahre mit ihrem Manne gelebt hatte, war sie nun eine Witwe von 84 Jahren.

Lehre der Himmelskönigin

Meine Tochter, die Seelen machen sich unglücklich oder verringern ihr Glück, indem sie ihre *Tugendwerke nachlässig und ohne Eifer* verrichten, als handle es sich um etwas Unwichtiges, Nebensächliches. Darum gelangen nur *wenige* Seelen zum *vertrauten, freundschaftlichen Umgang mit dem Herrn.* Nur durch feurige Liebe kommt man zu Ihm. Wie das Feuer das Wasser in Wallung bringt, so hebt die Liebe mit der sanften Gewalt des göttlichen Feuers des Heiligen Geistes die Seele empor über sich selbst, über alles Geschaffene und über ihre eigenen Werke. Je mehr die Seele liebt, desto mehr wird sie entzündet. Aus dieser Liebe entsteht ein unersättliches Verlangen, in dem sie nicht nur das Irdische verachtet und vergißt, sondern selbst durch alle guten Werke nicht befriedigt noch ersättigt wird. Wie das Menschenherz, wenn es nicht erreicht, was es heftig liebt – vorausgesetzt, daß das Geliebte überhaupt erreichbar ist, – von noch glühenderem Verlangen ergriffen wird, es durch neue Mittel zu erreichen, ebenso ist auch die Seele, die Gott glühend liebt, durch diese Liebe gedrängt, für den Geliebten immer mehr zu verlangen und zu tun. Alles, was sie tut, scheint ihr gering. Darum strengt sie sich an und schreitet vom guten Willen zum vollkommenen, von diesem zu dem, was Gott am wohlgefälligsten ist, bis sie endlich zur vollkommensten, innigsten Vereinigung mit Gott und zur Umwandlung in Ihn gelangt.

Nun erkennst du, meine Tochter, warum ich mit bloßen Füßen zum Tempel zu gehen wünschte und auch das Gesetz der Reinigung erfüllen wollte. Ich gab nämlich allen meinen Werken die höchstmögliche Vollkommenheit, kraft der *Liebe,* die immer das Vollkommenste und Gottgefälligste von mir verlangte. Folge mir nach; denn wisse, daß wir nach dieser Art wirken und lieben, begehrt der Allerhöchste mit sehnsüchtigem Verlangen. Er schaut nach den Worten des Hohenliedes „durch die Gitter", um zu sehen, wie die Seele all ihre Werke tut. Er ist ihr so nahe, daß nur „ein Gitter" sie trennt, damit Er ihres Anblickes sich erfreuen könne. Jene Seelen, die Ihm mit allen ihren Werken so dienen, begleitet Er voll Hingebung und Liebe, während Er sich von den Lauen und Nachlässigen entfernt oder ihnen nur mit der allgemeinen, gewöhnlichen Vorsehung beisteht. Strebe also immer nach dem Vollkommensten und Reinsten. Sinne stets auf neue Mittel und Wege, deine Liebe zu bezeigen, so daß alle deine inneren und äußeren Kräfte stets mit dem Erhabensten und Gottgefälligsten beschäftigt sind. Versäume nicht, all diese Begierden deinem Seelenführer mitzuteilen und sie seinem Rat und Befehl zu unterwerfen. Dann tue, was er dir befiehlt; denn das ist das Wichtigste und Sicherste.

* * *

20. Darstellung Jesu im Tempel

ie heiligste Menschheit Jesu Christi war das Eigentum des ewigen Vaters, nicht nur wie die übrigen Geschöpfe kraft der Schöpfung, sondern auch unmittelbar kraft der hypostatischen Vereinigung mit der Person des Wortes, das aus Seinem eigenen Wesen als eingeborenen Sohn, als wahren Gott vom wahren Gott, erzeugte. Dennoch ordnete Gott der Vater an, daß Ihm Sein Sohn im Tempel geopfert werde wegen der darin verborgenen Geheimnisse und zur Erfüllung Seines heiligen Gesetzes, dessen Endziel Christus war. Um Seinetwillen mußten die Juden alle ihre Erstgeborenen Gott heiligen und aufopfern, damit sie den erwarteten, der der Erstgeborene des ewigen Vaters und Seiner heiligsten Mutter sein sollte. Nach unserer Weise zu reden, handelte der himmlische Vater nach Art der Menschen, die sich ja auch freuen, wenn sie von einer ihnen angenehmen Sache wiederholt sprechen hören. Obwohl nun Gott der Vater in Seiner Allwissenheit alles erkannte, so hatte Er doch Freude an der Aufopferung Seines menschgewordenen Sohnes, der Ihm aus so vielen Gründen angehörte.

Maria erkannte diesen Willen des ewigen Vaters und sah auch, wie die Seele Christi dem Willen des Vaters vollkommen gleichförmig war. Die Nacht vor der Darstellung verbrachte Maria in Unterredung mit Gott. Sie sprach: „Höchster Herr und Gott, Vater meines Herrn! Morgen wird ein Festtag für Himmel und Erde sein, weil ich den Schatz der Gottheit zu Deinem heiligen Tempel trage und Dir als lebendiges Opfer darbringe. Diese Gabe ist reich, mein Herr und Gott! Für sie kannst Du wohl dem Menschengeschlecht Deine Erbarmungen schenken, den Sündern verzeihen, die Betrübten trösten, den Bedrängten helfen, die Armen bereichern, die Verlassenen beschützen, die Blinden erleuchten und den Verirrten den Weg weisen. Darum bitte ich Dich, indem ich Dir Deinen Eingeborenen aufopfere, der durch Deine Güte und Gnade auch mein Sohn ist. Du gabst Ihn mir als Gott. Ich aber stelle Ihn Dir dar als Gott und Mensch zugleich. Sein unendlich großer Wert geht weit über das, was ich von Dir verlange. Arm habe ich Deinen heiligen Tempel verlassen, reich kehre ich zu ihm zurück, und meine Seele wird Dich ewig preisen, da Deine Rechte sich an mir so freigebig und mächtig gezeigt hat."

Als der Morgen graute, an dem die Sonne des Himmels auf den Armen der reinsten Morgenröte sich der Welt zeigen sollte, nahm Maria die Turteltäubchen und zwei Kerzen, wickelte das Jesuskind ein und ging mit Joseph zum Tempel. Die Prozession ordnete sich; denn es gingen in wunderbar schöner körperlicher Gestalt auch jene Engel mit, die von Bethlehem mitgekommen waren. Sie sangen dem göttlichen Kind viele süße Loblieder, die aber nur Maria hörte. Außer diesen zehntausend Engeln stiegen andere vom Himmel nieder und gesellten sich zu denen, die den heiligen Namen Jesus auf der Brust trugen. Diese letzteren gingen nicht in körperlicher Gestalt mit, sondern so, wie sie an sich sind. Deswegen konnte nur Maria sie sehen.

An der Tempelpforte angekommen, fühlte Maria eine überaus süße Andacht. Sie schritt bis zum Platz der andern Mütter vor und verneigte sich. Dann betete sie kniend den Herrn in Seinem heiligen Tempel im Geiste und in der Wahrheit an und stellte sich, ihren Sohn auf den Armen, Seiner höchsten Majestät dar. Dann offenbarte sich ihr die heiligste Dreifaltigkeit in geistiger Vision, und Gott der Vater sagte, was nur Maria vernahm: „*Dieser ist Mein geliebter Sohn, an dem Ich Mein Wohlgefallen habe!*" (Lk 2, 29-32). Joseph fühlte eine außerordentlich liebliche Gnadenwirkung des Heiligen Geistes, die ihn mit übernatürlichem Licht und himmlischer Wonne erfüllte.

Nun trat der Hohepriester Simeon in den Tempel. Auch er war vom Heiligen Geiste geleitet. Er ging zu der Stätte, wo er Maria mit dem Jesuskinde auf ihren Armen fand. Hier erblickte er Mutter und Sohn, voll Glanz und Herrlichkeit, jedoch nicht in gleicher Weise. Simeon war hochbetagt und überaus ehrwürdig, ebenso die Prophetin Anna, die auch kam. Auch sie schaute Mutter und Sohn in wunderbarem himmlischem Lichtglanze. Sie kamen in heiligem Jubel. Der Priester nahm das Jesuskind in seine Arme. Er erhob die Augen zum Himmel, opferte das Kind dem ewigen Vater auf und sprach folgenden geheimnisvollen Lobgesang: „*Nun entlassest Du, Herr, Deinen Diener nach Deinem Wort im Frieden; denn meine Augen haben Dein Heil gesehen, das Du bereitet hast vor dem Angesichte aller Völker, ein Licht zur Erleuchtung der Heiden und zur Verherrlichung Deines Volkes Israel!*" (Lk 2, 29-32).

Diese Worte besagten: Jetzt, o Herr, wirst Du mich frei und im Frieden scheiden lassen, erlöst aus den Ketten dieses sterblichen Lebens, in dem mich die Erwartung Deiner Verheißung und das Verlangen, Deinen menschgewordenen Sohn zu sehen, zurückgehalten hatten. Nun werde ich sicheren, wahren Frieden genießen: denn meine Augen haben Dein Heil gesehen, d. h. Deinen eingeborenen Sohn, der sich mit unserer Natur vereinigt hat, um ihr das ewige Heil zu verleihen, das vor allen Jahrhunderten in dem Geheimnis Deiner göttlichen Weisheit und unendlichen Barmherzigkeit beschlossen worden ist. Nun, o Herr, hast Du Ihn bereitet und allen Menschen vor Augen gestellt, damit alle, wenn sie nur wollen, sich Seiner erfreuen und von Ihm das Heil erlangen und das Licht, das jeden Menschen in der Welt erleuchtet. Es ist das Licht, das sich den Heiden offenbaren wird zur Verherrlichung Deines auserwählten Volkes Israel.

Maria und Joseph vernahmen staunend diesen Lobgesang. Der Evangelist bedient sich an dieser Stelle des Ausdrucks „die Eltern des Kindes". Damit bezeichnet er die Meinung des Volkes, da dieser Vorgang öffentlich geschah. Dann wandte sich Simeon ehrerbietig an die Mutter und sprach: *„Siehe, dieser ist gesetzt zum Falle und zur Auferstehung vieler in Israel und zu einem Zeichen, dem widersprochen werden wird. Auch deine eigene Seele wird ein Schwert durchdringen, damit die Gedanken vieler Herzen offenbar werden."* Als Priester segnete Simeon dann die Eltern des Kindes. Darauf lobpries auch die Prophetin Anna den menschgewordenen Sohn Gottes. Vom Heiligen Geist erleuchtet, redete sie viel von Seinen Geheimnissen zu denen, die auf die Erlösung Israels warteten. So wurde die Ankunft des Messias durch diese beiden hochbetagten Heiligen *öffentlich bezeugt.*

In dem Augenblick, da Simeon das Leiden und Sterben des Herrn mit dem Worte „Schwert" andeutete, verneigte das göttliche Kind Sein Haupt. Durch diese äußere Handlung und durch zahlreiche Akte innerlichen Gehorsams nahm Es die Weissagung des Priesters als den Urteilsspruch des ewigen Vaters an, verkündigt durch dessen Diener. Die liebevolle Mutter sah und verstand alles und begann schon jetzt die Wahrheit dieser prophezeiten, schmerzensreichen Geheimnisse zu fühlen, die wie in einem klaren Spiegel deutlich vor ihrem inneren Blick standen. Sie sah, daß ihr heiliger Sohn ein Stein des Anstoßes werden würde zum Fall für die Ungläubigen, zum Leben für die Gläubigen. Sie sah den Sturz der Synagoge und die Erhebung der Kirche unter den Heiden, den Triumph ihres Sohnes über Tod und Hölle, aber um den teuren Preis Seines eigenen schmerz- und schmachvollen Todes am Kreuze. Sie sah, welchen Widerspruch das Jesuskind sowohl in Seiner Person als auch in der Kirche von seiten jener erleiden werde, die in so großer Zahl verlorengehen. Endlich sah sie das hohe Glück der Auserwählten. Schwankend zwischen Freude und Schmerz über diese Geheimnisse erweckte sie die erhabensten Tugendakte. Sie bewahrte alles in ihrem Gedächtnis, ohne es auch nur einen Augenblick zu vergessen. Mit demselben lebhaften Schmerz betrachtete sie später ihren heiligsten Sohn immerdar in stets neuer Bitterkeit der Seele. Als Mutter eines göttlichen Kindes wußte sie allein würdig zu empfinden, was wir Menschen in unserem undankbaren Herzen nicht zu fühlen wissen. Auch Joseph erkannte vieles von den Geheimnissen der Erlösung und von den Leiden des Kindes, doch nicht in der Klarheit und Fülle, mit der Maria in sie eindrang. Die Gründe der Offenbarung waren für beide verschieden. Joseph sollte nicht alles während seines Lebens erfüllt sehen.

Nach der Darstellung küßte Maria dem Priester die Hand und bat nochmals um seinen Segen. Dasselbe tat sie bei Anna, ihrer ehemaligen Lehrerin. Obwohl ihre Würde als Mutter Gottes über alle Engel und Menschen erhaben ist, ließ sie sich von diesen Akten tiefster Demut nicht abhalten. Dann kehrte sie mit dem göttlichen Kind, ihrem Bräutigam und den Engeln zur Herberge zurück. Aus Andacht verweilte Maria noch einige Tage in Jerusalem und sprach noch öfter mit Simeon über die Geheimnisse der Erlösung und über seine Prophezeiung. Die Worte der weisesten Mutter waren kurz, gemessen und ernst, doch voll Weisheit und Kraft, so daß sie Simeon in Staunen setzten und in seiner Seele ungewöhnliche Freude und die erhabensten und lieblichsten Gnadenwirkungen hervorbrachten. So war es auch bei der heiligen Prophetin Anna. Beide Heilige verschieden nicht lange nachher im Herrn.

Die heilige Familie wurde in der Herberge auf Kosten Simeons verpflegt. Maria besuchte während dieser Tage öfters den Tempel und erhielt dort neue Tröstungen, durch die ihr Schmerz über die Vorhersagungen gemildert wurde. Um diese Tröstungen noch zu erhöhen, sprach das Jesuskind einmal zu ihr: „Liebste Mutter, Meine Taube, trockne deine Tränen, erweitere dein unschuldiges Herz; denn es ist der Wille Meines Vaters, daß ich am Kreuze sterbe. Du sollst meine Schmerzen mit mir teilen. Ich will sie für die Seelen erdulden, die das Werk Meiner Hände sind, geschaffen nach Meinem Bild und Gleichnis. Triumphierend über Meine Feinde will Ich sie in Mein Reich einführen, damit sie dort ewig mit Mir leben." Die Mutter antwortete: „Meine süßeste Liebe, Sohn meines Schoßes! Mein größter Trost wäre es, wenn ich Dich begleiten dürfte, nicht nur, um Dich mitleidvoll leiden zu sehen, sondern um mit Dir zu sterben. Mein größter Schmerz wird sein zu leben, nachdem ich Dich sterben gesehen." In solchen Ergüssen der Liebe und des Mitleidens verbrachte Maria einige Tage, bis Joseph die Weisung erhielt, nach Ägypten zu fliehen.

Lehre der Himmelskönigin

Meine Tochter, erkenne, mit welcher Standhaftigkeit und Großherzigkeit du bereit sein sollst, Glück und Unglück, Süßes und Bitteres gleichmütig anzunehmen. Wie eng und kleinmütig ist doch das Menschenherz, wenn es gilt, etwas den irdischen Neigungen Widriges und Peinliches anzunehmen! Es vergißt, daß sein Herr und Meister zuerst gelitten hat und an sich selbst das Leiden geehrt und geheiligt hat. Große Schande, ja Verwegenheit ist es, daß die Gläubigen das Leiden verabscheuen, nachdem mein heiligster Sohn für sie gelitten hat. Viele Heilige haben schon *vor* Seinem Tode das Kreuz mit Liebe umarmt, allein in der Erwartung, daß Christus an demselben leiden werde, obwohl sie dies noch nicht sahen. Wie schändlich wäre eine solche Undankbarkeit bei dir, die du den Titel einer Braut des Allerhöchsten trägst, die du verlangst, meine Schülerin zu sein und mir, deiner Mutter, als treue Tochter zu folgen. Es genügt nicht, Anmutungen zu erwecken und oft zu sagen: „Herr! Herr!" daneben aber dich zu betrüben, wenn du den Kelch und das Kreuz der Schmerzen zu verkosten hast. Im Leiden muß sich die aufrichtige Liebe eines Herzens erproben.

Wenn du in der Tat verleugnest, was du mit Worten sprichst, so wirst du den Weg des ewigen Lebens verlassen. Du kannst Christus nicht nachfolgen, ohne *freudig das Kreuz zu umfangen*. Auch mich kannst du auf keinem anderen Weg finden. Wenn die Menschen dich verlassen, Versuchung dich bedroht, Trübsal dich heimsucht und die Schmerzen des Todes dich umringen, darfst du dich nicht verwirren lassen, noch dich feige zeigen. Vergeude die Leidensgnaden nicht; du würdest dem bösen Geist einen großen Triumph bereiten. Er rühmt sich mächtig, jene verwirrt und besiegt zu haben, die sich als Schüler Christi und meine Schüler betrachten. Vertraue auf den Schutz des Allerhöchsten und auf meine Fürsorge für dich. Kommt Trübsal, so sprich voll Vertrauen: „Der Herr ist mein Licht und mein Heil, wen sollte ich fürchten! Er ist mein Beschützer, vor wem sollte ich zittern? (Ps 26. 1). Ich habe eine Mutter, Lehrerin, Königin und Herrin, die mich beschützt und in meiner Trübsal für mich sorgt."

In diesem Vertrauen bewahre den *inneren Frieden,* hab mich stets vor Augen. Denke an den Schmerz, der bei der Prophezeiung Simeons mein Herz durchbohrt hat. Bei dieser Pein bewahrte ich die ruhige Ergebung, ohne irgendwie verwirrt und aufgeregt zu werden, obwohl Herz und Seele vom Schmerz durchbohrt waren. Ich pries den Herrn und betete Seine wunderbare Weisheit an. Ruhig und freudig hingenommene Leiden vergeistigen den Menschen, erfüllen ihn mit himmlischer Weisheit und ertöten seine Leidenschaften. Diese Wissenschaft lernt man nur in der *Schule des Erlösers.*

Sie ist jenen verborgen, die zu Babylon wohnen und die Eitelkeit lieben. Du sollst mir auch in der *Ehrfurcht gegen die Priester* und Diener des Herrn nachfolgen. Seitdem das göttliche Wort sich mit der menschlichen Natur vereinigt hat und ewiger Priester nach der Ordnung Melchisedechs geworden ist, ist ihre Würde erhabener als im Alten Bunde. Höre ihre Lehre an als von Gott kommend; denn sie vertreten Seine Stelle. Bedenke, welche Macht und welche Ansehen ihnen der Herr im Evangelium überträgt mit den Worten: „Wer euch hört, der hört Mich" (Lk 10, 16).

* * *

21. Befehl, nach Ägypten zu fliehen

Nach der Darstellung des Kindes im Tempel wollten Maria und Joseph noch neun Tage in Jerusalem bleiben, um dem ewigen Vater täglich Seinen heiligsten Sohn aufs neue im Tempel als Dankopfer für ihre großen Gnaden darzubringen. Maria hatte eine besondere Vorliebe für die Zahl neun zum Andenken an die neun Tage ihrer Vorbereitung auf die Menschwerdung und an die neun Monate, während welcher sie das göttliche Kind in ihrem jungfräulichen Schoße getragen hatte. Sie begaben sich täglich vor neun Uhr zum Tempel und blieben dort im Gebet bis zum Abend. Dabei wählten sie mit dem Jesuskind den letzten Platz, so daß sie jene ehrenvollen Worte zu hören verdienten, die der Herr des Gastmahls im Evangelium an den demütigen Gast richtete: *„Freund, rücke höher hinauf!"* (Lk 14, 10). Diese Worte hörte Maria aus dem Munde des ewigen Vaters, vor dem sie ihre Seele ergoß.

An einem dieser Tage betete sie: „Höchster Herr und König, Schöpfer aller Wesen! Siehe mich unnützen Staub, den allein Deine unaussprechliche Gnade erhoben hat, die zu verdienen mir unmöglich war. Der gewaltige Strom Deiner Wohltaten drängt mich, dankbar zu sein. Doch was kann ich Dir als Entgelt bieten, die ich nichts war und nur von Dir Dasein und Leben empfing und unvergleichliche Wohltaten? Welchen Dienst kann ich Dir erweisen, welche Verehrung Deiner Majestät bezeigen, welche Gaben Deiner Gottheit darbringen? Meine Seele, mein Leben, mein Vermögen habe ich schon oft Deiner Ehre geweiht und aufgeopfert. Ich bin Dir verpflichtet, nicht nur für Deine Gaben, sondern auch für die *Liebe,* mit der Du mir alles verliehen hast. Deine Güte hat mich vor der Sünde bewahrt und mich zur Mutter Deines eingeborenen Sohnes erwählt, da ich doch eine Tochter Adams bin, aus niedrigem Erdenstoff gebildet. Mein Herz verschmachtet in Dankbarkeit. Mein Leben löst sich auf im Gefühl der Liebe zu Dir, da ich nichts habe, um Dir zu vergelten. Doch nein! Mut und Freude beseelt schon mein Herz, da ich Deiner Größe den aufopfern kann, der mit Dir eins ist in der Wesenheit, Dir gleich in der Majestät und Vollkommenheit, durch Dein Erkennen erzeugt, das Ebenbild Deines Wesens, die Fülle Deines Wohlgefallens, Dein geliebtester eingeborener Sohn. Er ist die Gabe, die ich Dir, ewiger Vater, anbiete. Er ist das Opfer, das ich Dir in der festen Zuversicht darbringe, daß Du es annehmen wirst. Ich habe Ihn als Gott empfangen, als Gottmenschen gebe ich Ihn Dir zurück. Ich und alle Geschöpfe, wir haben Dir nichts Größeres zu opfern, o Herr, und Deine Majestät kann kein kostbareres Geschenk verlangen. So groß ist Er, daß Er zur Vergeltung alles dessen genügt, was ich erhalten habe. In Seinem und meinem Namen opfere ich Ihn Deiner Majestät auf. Da ich Deinem Eingeborenen den menschlichen Leib gegeben und Ihn dadurch zum Bruder der Menschen gemacht habe, und da Er als ihr Erlöser und Lehrer kommen wollte, so obliegt es mir, Fürsprache für sie einzulegen, ihre Sache zur meinigen zu machen und für sie um Rettung zu flehen. Mit Ihm und durch Ihn flehe ich, Du wollest den Sündern verzeihen, Deine ewigen Erbarmungen über das Menschengeschlecht ausgießen und neue Zeichen tun, um das Wunderwerk zur Ausführung zu bringen. Siehe hier den Löwen von Juda. Er ist zum Lamm geworden, um die Sünden der Welt hinwegzunehmen. Siehe hier den Schatz Deiner Gottheit!"

Solche und ähnliche Gebete verrichtete die Mutter der Barmherzigkeit in den ersten Tagen der Novene. Der ewige Vater antwortete ihr auf alle. Er nahm sie mit der Hingabe Seines Eingeborenen als wohlgefälliges Opfer an und sah mit zärtlichster Liebe und mit Wohlgefallen auf die Reinheit und Heiligkeit Seiner einzigen, auserwählten Tochter. Er verlieh ihr neue, große Vorrechte, nämlich *bis ans Ende der Welt alles zu erlangen, um was sie für ihre Verehrer bitte; daß auch die größten Sünder gerettet werden, wenn sie ihre Fürsprache anrufen; daß sie in der christlichen Kirche die Gehilfin ihres heiligsten Sohnes und Lehrerin sein werde.* Besonders solle sie nach Seiner Himmelfahrt als Schutz und Werkzeug der göttlichen Macht bei der Kirche verbleiben. Noch andere geheimnisvolle Gnadenauszeichnungen verlieh ihr der Allerhöchste. Sie sind zu erhaben, als daß man sie schildern könnte.

Unsere Liebe Frau setzte diese Gebete bis zum fünften Tage fort und befand sich wieder im Tempel, das göttliche Kind auf den Armen. Da zeigte sich ihr die Gottheit, doch nicht in klarer intuitiver Schau. Sie ward entzückt und ganz vom Heiligen Geiste erfüllt. Dies war sie schon vorher, aber Gottes Macht und unendlicher Reichtum gibt niemals so viel, daß Er einem bloßen Geschöpfe nicht noch mehr zu geben hätte. Gott wollte Maria in dieser Vision auf die bevorstehenden Leiden vorbereiten. Er ermutigte sie mit den Worten: „Meine Braut, meine Taube, deine Wünsche und Absichten sind mir immer wohlgefällig. Doch du kannst die begonnene neuntägige Andacht nicht vollenden. Ich will, daß du eine andere Übung verrichtest, nämlich Mir zuliebe leidest. Um das Leben deines Sohnes zu retten, mußt du dein Haus und Vaterland verlassen und mit ihm und Joseph nach Ägypten ziehen und dort bleiben, bis Ich einen andern Befehl gebe. Herodes will das Kind töten. Die Reise ist lang und beschwerlich. Ertrage sie aus Liebe zu Mir; denn Ich bin mit dir und werde immer mit dir sein."

Jede andere Heiligkeit, jeder andere Glaube hätte verwirrt werden können bei der Tatsache, daß der allmächtige Gott vor einem elenden Staubgebilde flieht, als wäre Er der Furcht zugänglich und nicht Mensch und Gott zugleich. Doch die weiseste, gehorsamste Mutter hatte keine Zweifel, machte keine Einwendungen. Sie war nicht im mindesten verwirrt, sondern blieb bei dieser unerwarteten Kunde in vollkommener Ruhe. „Mein Herr und mein Gott!", antwortete sie. „Siehe hier Deine Magd. Ihr Herz ist bereit, wenn nötig, Dir zuliebe zu sterben. Verfüge über mich nach Deinem Willen. Nur um eins bitte ich Deine unermeßliche Güte: Schaue nicht auf meinen Mangel an Verdiensten und auf meine Undankbarkeit, und lasse ihretwegen nicht zu, daß mein Sohn leiden müsse. Die Leiden mögen mich allein treffen; denn ich bin schuldig, sie zu tragen." Der Herr wies sie an Joseph, daß sie ihm während der Reise in allem gehorche. Dann trat sie aus der Vision, während welcher sie den Gebrauch der äußeren Sinne nicht verloren hatte; denn sie hatte das Jesuskind in ihren Armen gehalten und war nur dem höheren Teile der Seele nach entzückt gewesen. Doch strömten gewisse andere Gaben auf die Sinne über, durch die sie vergeistigt wurden, gleichsam zum Zeugnis, daß die Seele mehr dort sei, wo sie liebte, als wo sie lebte.

Die unvergleichliche Liebe Mariä zu ihrem Kinde erfüllte ihr Mutterherz mit Mitleid. Sie weinte und ging aus dem Tempel zur Herberge, ohne Joseph die Ursache ihrer Schmerzen mitzuteilen. Er meinte, die Prophezeiung Simeons sei allein schuld. Da er Maria zärtlich liebte und von Natur aus sehr besorgt war, verwirrte es ihn etwas zu sehen, daß Maria so bitterlich weinte. Wegen dieser Unruhe erschien der Engel ihm im Traum und nicht im Wachen. In derselben Nacht sagte er zu ihm: *„Steh auf, nimm das Kind und Seine Mutter, fliehe nach Ägypten und bleibe dort, bis ich es dir sage; denn Herodes geht damit um, das Kind zu suchen, um es zu töten"*

(Mt 2, 13). Voll Kummer stand Joseph sofort auf. Er begab sich zu Marias Betkämmerchen und sagte: „Maria! Es ist der Wille Gottes, daß wir leiden. Sein Engel hat mir mitgeteilt, daß wir mit dem Kinde nach Ägypten fliehen sollen, weil Herodes es töten will. Fasse Mut für dieses Leiden und sage mir, was ich zu deiner Erleichterung tun kann; denn mein Leben ist nur dazu da, dir und unserem lieben Kind zu dienen." Maria antwortete: „Mein Bräutigam, wenn wir aus der Hand des Herrn so viele Gnadengüter empfangen haben, so ist es recht, daß wir auch die vergänglichen Leiden mit Freuden annehmen. Wir nehmen den Schöpfer des Himmels und der Erde mit uns, dann ist keine Hand stark genug, uns ein Leid zuzufügen, auch nicht die des Herodes. Wohin wir unsern Reichtum, das höchste Gut, den Schatz des Himmels, unsern Herrn, unsern Führer und unser wahres Licht mitnehmen, können wir nicht in Verbannung sein. Er ist ja unsere Ruhe, unser Anteil, unser Vaterland. Mit Ihm haben wir alles! Erfüllen wir also Seinen heiligen Willen!"

Dann gingen Maria und Joseph zur Wiege des schlafenden Kindes. Die Mutter nahm Es auf, ohne Es zu wecken. Es erwartete die zärtlichen, schmerzvollen Worte Seiner lieben Mutter: „Fliehe, mein Geliebter, und sei gleich einem Reh und jungen Hirsch auf den Gewürzbergen" (Hld 8, 14). „Komm, mein Geliebter, laß uns weilen in den Dörfern" (Hld 7, 11). Die zärtlichste Mutter fügte hinzu: „Meine Liebe, sanftmütiges Lamm, Deine Macht ist durch die Gewalt irdischer Könige nicht beschränkt. Du willst sie aber in höchster Weisheit aus Liebe zu den Menschen verbergen. Wie kann doch ein Mensch daran denken, Dir das Leben zu nehmen, da doch Deine Macht das seinige vernichten kann? Wenn Du allen das Leben gibst, warum wollen sie es Dir nehmen? Wenn Du sie suchst, um ihnen das Leben zu geben, warum wollen sie Dich töten? Wer kann die Geheimnisse Deiner Vorsehung begreifen? Wohlan, mein Herr, Du Licht meiner

Seele, erlaube mir, daß ich Dich wecke; denn wenn Du schläfst, wacht Dein Herz."

Ähnliche Worte sprach auch der heilige Joseph. Dann nahm Maria das Kind in ihre Arme. Um Seine Mutter noch mehr zu rühren und Seine wahre Menschheit zu zeigen, weinte das Kind ein wenig. Wie groß sind doch die Wunder des Allerhöchsten in Dingen, die unserem schwachen Verstand klein erscheinen! Bald schwieg Es wieder und gab Seiner reinsten Mutter und dem heiligen Joseph auf ihre Bitte den Segen. Darauf legten sie das Linnenzeug in das Kästchen, nahmen den Esel und begaben sich etwas nach Mitternacht auf den Weg nach Ägypten.

Es wurde mir erklärt, wie die heiligen Evangelisten Matthäus und Lukas übereinstimmten. Matthäus beschrieb die Anbetung der Könige und die Flucht nach Ägypten, während Lukas nichts darüber berichtet. Umgekehrt berichtet Lukas die Beschneidung und Darstellung im Tempel, die Matthäus verschweigt. Wenn Matthäus nach der Abreise der Könige sogleich die Flucht berichtet, ohne die Darstellung zu erwähnen, so folgt daraus keineswegs, daß das göttliche Kind nicht zuvor dargestellt worden war. Wenn anderseits Lukas nach der Darstellung im Tempel sagte, Maria und Joseph seien nach Nazareth gegangen, so folgt hieraus nicht, daß sie nicht vorher nach Ägypten flohen. Da Lukas die Reise nach Ägypten nicht zu berichten hatte, mußte er, um den Faden seiner Geschichte nicht zu unterbrechen, unmittelbar nach der Darstellung von ihrer Rückkehr nach Nazareth sprechen. Übrigens kann man aus dem Text des heiligen Lukas selbst schließen, daß die Rückkehr nach Nazareth erst auf die Flucht nach Ägypten folgte; denn er sagt, das Kind sei gewachsen, habe an Weisheit zugenommen, und es sei die Gnade an Ihm bemerkbar geworden. Dies war aber offenbar erst dann, als die ersten Jahre vollendet waren und man den Gebrauch der Vernunft bei Kindern zu bemerken beginnt.

Mir wurde auch die Torheit der Ungläubigen erklärt, die an dem Eckstein Jesus Christus, unserem Herrn, schon in Seiner Kindheit straucheln, da sie Ihn nach Ägypten fliehen sahen, um dem Herodes zu entgehen, als wäre dies eine Folge Seiner Schwäche gewesen und nicht vielmehr ein Geheimnis, dem viel höhere Absichten zugrunde lagen als die, Sein Leben gegen die Grausamkeit eines sündigen Menschen zu schützen. Für ein gutgesinntes Herz hätte Hoseas Prophezeiung, die der Evangelist anführt, genügt: „Aus Ägypten rief Ich meinen Sohn" (Hos 11, 1). Wenn aber auch die Werke des menschgewordenen Wortes nicht alle so geheimnisvoll wären, so kann doch niemand die *liebliche Vorsehung* tadeln und verkennen, mit der Gott die zweiten oder erschaffenen Ursachen lenkt und die Menschen nach ihrem freien Willen handeln läßt. Aus diesem Grunde, nicht aber aus Mangel an Macht, läßt er so viele Frevel der Abgötterei, der Häresie und anderer Sünden zu, die nicht geringer sind als die des Herodes. Aus demselben Grunde ließ Er die Sünde des Judas und die Sünden jener zu, die unsern Herrn mißhandelten und kreuzigten. Er hätte alles verhindern können, aber er tat es nicht, um die Menschen nach ihrem *freien Willen* handeln zu lassen. Er verleiht ihnen die Gnadenhilfe, wie es Seiner göttlichen Vorsehung gut scheint, auf daß sie mit Seinem Beistand Gutes tun, wenn sie ihre Freiheit für das Gute gebrauchen wollen. Sie können aber auch Böses tun.

Dieselbe Vorsehung gibt auch den Sündern Zeit zur Bekehrung. Sie wartet, wie sie es auch bei Herodes getan. Wollte Gott aber Seine unumschränkte Macht gebrauchen und große Wunder tun, um die Wirkungen der erschaffenen Ursachen aufzuhalten, so würde die natürliche Ordnung gestört und Gott wäre als Urheber der Gnade gewissermaßen im Widerspruch mit sich selbst als Urheber der Natur. Darum müssen die Wunder selten und nur aus einer ganz besonderen Ursache stattfinden. Gott hat sie sich vorbehalten, um zu gelegener Zeit zu zeigen, daß Er allmächtig, der Urheber von allem und unabhängig ist von eben diesen Ursachen, die Er erschaffen hat und erhält. Darum soll man sich nicht wundern, daß Er den Mord der unschuldigen Kinder durch Herodes zuließ. Es war nicht gut, sie durch ein Wunder davor zu bewahren; denn der Tod verschaffte ihnen das ewige Leben mit überreicher Belohnung. Das ewige Leben aber ist unvergleichlich mehr wert als das zeitliche. Wären alle diese Kinder am Leben geblieben und später eines natürlichen Todes gestorben, so wären vielleicht nicht alle selig geworden. Die Werke des Herrn sind durchaus gerecht und heilig, wenn wir auch jetzt die Gründe dafür nicht einsehen. *In Gott* werden wir sie einstens sehen, wenn wir Ihn von Angesicht zu Angesicht schauen.

Lehre der Himmelskönigin

Meine Tochter, lerne *demütige Dankbarkeit* für die empfangenen Wohltaten. Vor vielen Menschen bist du ohne dein Verdienst durch Gnaden ausgezeichnet und bereichert. Ich habe oft die Worte Davids wiederholt: *„Was soll ich dem Herrn vergelten für alles, was Er mir getan hat?"* (Ps 115, 12). Mit diesem Gefühl der Dankbarkeit verdemütigte ich mich bis in den Staub und betrachtete mich als unnütz unter den Geschöpfen. Wenn ich als Mutter Gottes so tat, wie sehr bist dann *du* dazu verpflichtet: Bedenke, daß du ganz unfähig bist, alles dankbar zu vergelten. Um deinem Unvermögen abzuhelfen, bringe dem ewigen Vater das *lebendige Opfer Seines menschgewordenen Sohnes* dar, namentlich, wenn du Ihn nach der heiligen Kommunion in deinem Herzen trägst. Ahme auch hierin David nach, der auf die Frage, was er dem Herrn vergelten solle für alle Wohltaten, antwortet: *„Ich will den Kelch des Heiles nehmen und den Namen des Herrn anrufen"* (Ps 115, 13). Nimm an und wirke das dir angebotene

Heil deiner Seele. Erwidere diese Gnade durch ein vollkommenes Leben. Rufe den Namen des Herrn an und opfere Ihm Seinen Eingeborenen auf. Er allein kann der gebührende Dank sein für alles Gute, das Gott dem Menschengeschlecht erwiesen hat. Ich gab Ihm die menschliche Gestalt, auf daß Er allen als ihr Eigentum gehöre. Er hat sich aber auch unter den Gestalten des Brotes und des Weines verborgen, um sich noch mehr jedem einzelnen zu eigen zu geben. Jeder soll Ihn im besonderen genießen und als sein Eigentum dem ewigen Vater aufopfern. Dadurch ersetzen die Seelen, was sie allein nicht geben können. Der Allerhöchste wird dadurch sozusagen vollständig bezahlt, da Er von Seinen Geschöpfen nichts Wohlgefälligeres erwarten oder verlangen kann.

Es gibt noch ein anderes, Gott sehr wohlgefälliges Opfer, nämlich *das gleichmütige Annehmen und geduldige Ertragen der Leiden.* Mein göttlicher Sohn und ich waren Lehrer dieser Wahrheit. Sobald Er in meinem Schoße empfangen war, begann Er, diese Lehre zu geben. Nach Seiner Geburt erlitten wir die Verfolgung des Herodes und die folgende Verbannung. So dauerte Sein Leiden fort bis zu Seinem Tod am Kreuze. Auch ich habe bis zum Ende meines Lebens gelitten. Du mußt uns nun nachfolgen als Braut meines göttlichen Sohnes und als meine Tochter. Leide großmütig und mühe dich ab, deinem Herrn und Gebieter *Seelen zu gewinnen,* die so kostbar in Seinen Augen sind, daß Er sie um Sein Blut und Leben erkauft hat. Nie darfst du vor einer Mühe und Beschwerde, vor Bitterkeit oder Schmerz zurück weichen, wenn du dadurch eine Seele gewinnen oder ihr helfen kannst, ihr Leben zu bessern. Werde auch nie mutlos, weil du so arm und unnütz bist, und dein Verlangen und Mühen so wenig Erfolg hat. Du weißt nicht, wie der Herr es annimmt, und wie Er durch deinen Dienst zufriedengestellt wird. Wenigstens sollst du dienstfertig für Ihn arbeiten in Seinem Hause.

* * *

Nächtliche Rast auf der Flucht nach Ägypten

22. Die Flucht nach Ägypten

aria und Joseph verließen im Schweigen und Dunkel der Nacht Jerusalem, voll Sorge für den Schatz des Himmels, den sie mit sich nahmen in ein fremdes, unbekanntes Land. Wohl flößten ihnen der *Glaube* und die *Hoffnung* Mut ein; dennoch ließ der Herr sie im Leiden, und sie wußten nicht, was ihnen auf der langen Reise begegnen werde. Ihr Herz war von Sorgen bestürmt, als sie in aller Eile die Herberge verließen. Doch wurde dieser Schmerz durch den Beistand der zehntausend Engel bedeutend gelindert, die sich in sichtbarer Gestalt, in gewohnter Schönheit und in solchem Glanze zeigten, daß sie für die heiligen Wanderer die Nacht in den hellsten Tag verwandelten. Die Engel beteten den menschgewordenen Sohn Gottes auf den Armen seiner jungfräulichen Mutter demütigst an. Dann sprachen sie ihr Mut zu und boten sich aufs neue an, ihr gehorsam zu dienen und sie zu führen, wohin immer der Herr es wolle.

Dieser Trost verlieh Maria und Joseph großen Mut. Sie verließen Jerusalem durch das Tor, das nach Nazareth führt. Maria fühlte ein Verlangen, die Geburtsgrotte zu besuchen, um die Krippe und jene heilige Stätte zu verehren. Noch ehe sie ihren Wunsch ausgesprochen hatte, sagten die Engel: „Unsere Königin, Mutter unseres Schöpfers, wir müssen uns beeilen. Das Volk ist aufgeregt, weil die Könige nicht über Jerusalem zurückgekehrt sind und wegen der Worte des Priesters Simeon und der Prophetin Anna. Einige sagen schon, du seist die Mutter des Messias; andere, du kenntest ihn; wieder andere, dein Sohn sei ein Prophet. Auch über den

Besuch der Könige gibt es verschiedene Ansichten. Herodes ist von allen unterrichtet und hat befohlen, dich sorgfältig zu suchen. Dieser Befehl wird genau ausgeführt. Darum hat dir der Herr befohlen, noch in der Nacht in höchster Eile abzureisen."

Maria gehorchte dem Willen des Allmächtigen. Auf dem Weg bezeigte sie der Geburtsgrotte von ferne ihre Verehrung und rief sich alle Geheimnisse und Gnaden ins Gedächtnis zurück. Der Engel jenes Heiligtums nahte in sichtbarer Gestalt und betete das göttliche Kind auf den Armen Seiner Mutter an. Das tröstete Maria, und sie freute sich aufs neue. Sie redete auch mit dem Engel. Maria wäre gern nach Hebron gegangen, das am Wege lag, um ihre Base Elisabeth und Johannes zu besuchen, der gerade bei seiner Mutter weilte. Doch Joseph hegte Besorgnis. Er sagte zu Maria: „Ich glaube, wir dürfen unsere Reise um keinen Augenblick verzögern. Wir wollen lieber beschleunigen, um bald außer Gefahr zu sein. In Hebron wird man uns eher suchen als irgendwo anders." Maria antwortete demütig: „Dein Wille geschehe. Aber mit deiner Erlaubnis werde ich einen Engel bitten, meiner Base Elisabeth von unserer Reise zu berichten, damit auch sie ihr Kind in Sicherheit bringe; denn die Wut des Herodes wird sich bis dorthin erstrecken."

Maria kannte die Absicht des Herodes, die Kinder zu ermorden. Mariä *Demut* und *Gehorsam* erfüllten mich mit Staunen. Sie gehorchte nicht nur in dem, was Joseph selbst anordnete; sie wollte ohne seinen Willen auch nicht einmal das tun, was ausschließlich ihre Sache war, nämlich einen Engel an Elisabeth abzusenden. (Ich bekenne meine Schande und Nachlässigkeit, daß ich die reinste Wasserquelle vor mir sehe und doch meinen Durst nicht lösche und das mir gebotene Licht und Beispiel nicht benütze, obwohl es alle mit lebendiger, milder und lieblicher Macht antreibt, den verderblichen Eigenwillen zu verleugnen.) Als Königin der

Engel beauftragte nun Maria einen der vornehmsten Engel, Elisabeth zu benachrichtigen. Sie teilte ihm innerlich mit, was er der heiligen Base Elisabeth und dem kleinen Johannes sagen solle.

Der Engel vollzog den Auftrag seiner Königin. Er sprach zu Elisabeth von der Flucht, von Herodes, und daß sie den kleinen Johannes in Sicherheit bringen möchte. Er erklärte ihr auch noch andere Geheimnisse des menschgewordenen Wortes gemäß dem Auftrag der heiligsten Mutter. Elisabeth war voll Verwunderung über diese Botschaft. Sie wollte gern das Jesuskind anbeten und Seine heiligste Mutter sehen und fragte den Engel, ob sie sie treffen könnte. Er antwortete, sie seien schon fern von Hebron, und es sei nicht gut, sie aufzuhalten. So mußte sie verzichten. Unter Tränen gab sie dem Engel die liebevollsten Empfehlungen für Sohn und Mutter mit, und der Engel überbrachte sie seiner Königin. Elisabeth aber sandte eilig einen Boten mit Lebensmitteln, Geld und Stoff zu Windeln für das Kind ihnen nach. Er traf sie in Gaza, einer Stadt, nicht ganz zwanzig Stunden von Jerusalem entfernt. Sie liegt am Ufer des Besor, am Wege von Palästina nach Ägypten, nicht weit vom Mittelländischen Meer.

In Gaza ruhte die Familie zwei Tage aus. Joseph war ermüdet und ebenso das Lasttier. Sie sandten den Boten zu Elisabeth zurück. Joseph schärfte ihm ein, niemandem zu sagen, wo er sie getroffen habe. Doch Gott war noch besorgter, dies zu verhüten. Er bewirkte, daß dieser Mann vollständig vergaß, was er verschweigen sollte. Nur der Antwort an Elisabeth erinnerte er sich. Maria teilte die Geschenke Elisabeths mit den Armen. Sie war ja ihre Mutter und konnte sie darum nicht vergessen. Von der Leinwand machte sie eine Decke für das göttliche Kind und einen Wettermantel für den heiligen Joseph. Sie bereitete auch noch einige andere Gegenstände; denn soweit sie den Unterhalt des Kindes und Josephs durch *Arbeit* und *Emsigkeit* besorgen konnte, wollte sie es nicht durch Wunder tun. Sie richtete sich nach der gewöhnlichen, natürlichen Ordnung. Um die Stadt nicht zu verlassen, ohne ihr große Wohltaten gespendet zu haben, wirkte Maria einige Wunder. Zwei Todkranken gab sie die Gesundheit und heilte eine gichtbrüchige Frau. In den Seelen brachte sie himmlische Gnadenwirkungen hervor. Viele, die sie sahen und sprachen, wurden durch sie zur Erkenntnis Gottes und zur Besserung geführt. Alle fühlten sich mächtig zum Lobe ihres Schöpfers angetrieben. Niemandem entdeckten Maria und Joseph ihr Vaterland und den Zweck ihrer Reise, damit die Nachforschungen des Herodes nicht auf ihre Spur kämen.

Die Handlungen des Jesuskindes und Seiner jungfräulichen Mutter auf diesem Wege zu beschreiben, fehlen mir die Worte und noch mehr die Andacht und Hochschätzung, die so wunderbare Geheimnisse erfordern. Die Arme der reinsten Jungfrau dienten immer als „angenehmes Ruhebettlein" für den neuen, wahren König Salomon.

Maria schaute die Geheimnisse der Seele Jesu. So geschah es manchmal, daß Mutter und Sohn süße Unterredungen führten und abwechselnd Lobgesänge sprachen. Das göttliche Kind machte den Anfang. Beide verherrlichten besonders die unendliche Wesenheit Gottes mit ihren Vollkommenheiten und Eigenschaften. Dazu empfing Maria neues Licht und intellektuelle Visionen, in denen sie das erhabenste Geheimnis der *Einheit des göttlichen Wesens in der Dreiheit der Personen* erkannte, sodann die *Tätigkeiten Gottes nach innen* (operationes ad intra), die *Zeugung des Wortes* und das *Ausgehen des Heiligen Geistes,* wie nämlich das Wort gezeugt ist und immer gezeugt wird durch das göttliche Erkennen, und wie der Heilige Geist ausgeht durch die Tätigkeit des Willens. Nicht als gäbe es da eine Zeitfolge von vorher und nachher – in der Ewigkeit besteht alles zugleich–, sondern weil wir dies nach der Weise einer Zeitfolge auffassen. Maria sah auch, wie die drei göttlichen Personen durch einen und denselben Erkenntnisakt sich gegenseitig erkennen, und wie alle drei die mit der Menschheit vereinigte Person des Wortes und die Wirkungen schauen, die die Vereinigung mit der Gottheit in jener hervorbringt.

Mit dieser erhabenen Kenntnis stieg sie dann von der Gottheit zur Menschheit nieder und brachte Gott neue Lob- und Danklieder dar, daß Er diese heiligste Menschheit nach Leib und Seele im höchsten Grade vollkommen erschaffen hatte, die Seele voll Weisheit und Gnade mit den Gaben des Heiligen Geistes in der möglichsten Fülle, den Leib ganz rein und im höchsten Grade wohlgebildet. Dann schaute Maria alle die heroischen und ausgezeichneten Akte der Seelenkräfte Jesu und ahmte sie soviel wie möglich nach. Sofort begann sie, ihren Sohn zu preisen und Ihm zu danken, daß Er sie zu Seiner Mutter gemacht habe und sie ohne Sünde empfangen werden ließ, daß Er sie aus Tausenden erwählte und mit allen Auszeichnungen und Gaben Seiner Allmacht bereicherte. Um diese und andere Geheimnisse zu verherrlichen, sprachen das Kind und die Mutter so erhabene Worte, daß keine Engelszunge sie aussprechen, noch ein erschaffener Verstand sie fassen kann. Dabei vergaß die Mutter nicht, das Kind zu pflegen, reichte Ihm dreimal täglich Milch und liebkoste Es mit zärtlichster Mutterliebe.

Manchmal sagte sie zu Ihm: „Mein Sohn, meine süßeste Liebe, erlaube mir, Dich zu befragen, damit ich den Trost habe, Deine Antwort zu vernehmen. O Du Leben meiner Seele, Du Licht meiner Augen, sage mir, ob die mühevolle Reise Dich ermüdet, ob Du durch die Strenge der Witterung leidest. Und was kann ich tun, Dir zu dienen und Deine Leiden zu erleichtern?" Das göttliche Kind antwortete: „Meine liebe Mutter, alle Beschwerden und alle Ermüdungen werden Mir, besonders in deiner Gesellschaft, sehr leicht und süß durch die Liebe zu Meinem ewigen Vater und durch die Liebe zu den Menschen, die Ich belehren und erlösen will."

Das Kind weinte auch manchmal, aber ernst und würdevoll wie ein erwachsener Mann. Maria erkannte, daß es *Tränen der Liebe und des Mitleids* waren, vergossen für die Erlösung der Menschen und wegen ihrer vielfachen Undankbarkeit. Die Mutter pflegte dann, einer klagenden Turteltaube gleich, die Schmerzen und Klagen zu teilen. Sie liebkoste und küßte das Kind voll zärtlichen Mitleids und mit unvergleichlicher Ehrfurcht. Joseph war oft Zeuge dieser göttlichen Geheimnisse und erhielt dadurch manche Erleuchtungen. Diese erleichterten ihm die Beschwerden der Reise. Zuweilen fragte er seine Braut, ob sie für sich oder das göttliche Kind etwas begehre. Dann nahte er sich dem Kinde, betete Es an, küßte Ihm die Füße, bat um Seinen Segen und nahm Es manchmal auf seine Arme. Durch solche Tröstungen wurden ihm alle Beschwerden der Reise leicht und süß. Auch Maria ermutigte und stärkte ihn, indem sie mit großmütigem Herzen auf alles achtgab. Ihre innere Sammlung hinderte sie nicht an der Sorge für die äußeren Bedürfnisse, und diese Sorge störte sie nicht in ihren erhabenen Gedanken und häufigen Affekten; sie war ja in allem höchst vollkommen.

Lehre der Himmelskönigin

Meine Tochter, die Bewunderung und die Anmutungen, die meiner Seele entstiegen, als ich im himmlischen Lichte erkannte, wie sich mein heiligster Sohn freiwillig der unmenschlichen Wut der Bösewichte preisgab, müssen dir zum Vorbild dienen. Aus allen Werken Gottes leuchtet Seine unendliche Größe, Güte und Weisheit hervor. Am meisten aber war mein Geist mit Staunen erfüllt, als ich zu gleicher Zeit die göttliche Majestät meines Sohnes und Sein Verhalten gegen Herodes im erhabensten Lichte schaute. Ich sah, wie mein heiligster Sohn, der ewige, allmächtige, unendliche Gott, Schöpfer und Erhalter aller Dinge war. Ich sah, wie das Leben des Herodes von der Güte meines Sohnes abhing, und, wie trotzdem die heiligste Menschheit den ewigen Vater bat, Er möge ihm gute Einsprechungen, Gnaden und viele Wohltaten verleihen. Ich sah, wie Er den Herodes damals nicht züchtigte, was Ihm doch leicht gewesen wäre, sondern daß Er vielmehr durch Seine Bitten erlangte, daß Herodes nicht nach dem Maße seiner Bosheit bestraft wurde. Wohl ist Herodes zuletzt durch seine Hartnäckigkeit zugrunde-gegangen, aber seine Strafe ist doch nicht so groß, wie sie gewesen wäre, wenn mein Sohn nicht für ihn gebetet hätte. Diese unaussprechliche *Barmherzigkeit und Sanftmut* mei-nes Kindes ahmte ich nach. Es lehrte mich jene *Feindesliebe,* die Es später durch Wort und Beispiel verkündete. Ich sah, wie mein Sohn Seine unendliche Allmacht verbarg und wie Er, der unüberwindliche Löwe, sich wie ein demütiges, sanft-mütiges Lamm der Wut reißender Wölfe überließ. Da brach mein Herz, und meine Kräfte schwanden vor Verlangen, Ihn zu lieben und Ihm in Seiner Liebe, Geduld und Sanftmut nachzufolgen.

Aus diesem Beispiel lerne, wie du die *Beleidiger ertragen, ihnen verzeihen und sie lieben* mußt; denn weder du noch die anderen Menschen sind unschuldig und sündenlos. Ja, es gibt viele, die zahlreiche und schwere Sünden begehen und darum eine üble Behandlung sehr wohl verdienen. Wenn dir nun aber Verfolgungen die kostbare Gelegenheit verschaf-fen, unser Beispiel nachzuahmen, warum solltest du sie dann nicht als ein großes Glück schätzen und jene nicht lieben, die dir Anlaß zur Übung der höchsten Vollkommenheit geben? Warum solltest du nicht dankbar sein für eine solche Wohltat und die Beleidiger, weit entfernt, sie als Feinde anzusehen, vielmehr als Wohltäter betrachten? Wenn du angesichts un-seres Beispiels fehlst, bist du nicht zu entschuldigen.

* * *

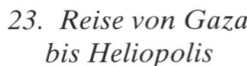

23. Reise von Gaza bis Heliopolis

m dritten Tage nach ihrer Ankunft in Gaza reiste die heilige Familie nach Ägypten ab. Sie verließen nun die bewohnten Gegenden von Palästina und kamen in die Sandwüste von Bersabee. Über sechzig Stunden zogen sie durch unbewohnte Strecken, bis sie nach Heliopolis gelangten. Ihre Tagesmärsche waren kurz wegen der Beschwerlichkeit des sandigen Weges und weil ihnen Obdach und Lebensmittel mangelten. Ich will nur einige Erlebnisse erzählen. Um sich von der Größe ihrer Beschwerden einen Begriff zu machen, muß man vor allem bedenken, daß es der Wille Gottes war, daß Sein eingeborener Sohn mit Maria und Joseph die Beschwerden und Peinen dieser Verbannung fühlte. Maria und Joseph ertrugen alles in Ruhe, aber ihre Betrübnis war dabei doch sehr groß. Beide erlitten persönlich viele Unbequemlichkeiten und Mühsale. Größer aber waren die Leiden, die Maria in ihrem Herzen trug wegen der Leiden ihres Kindes und des heiligen Joseph. Er aber war betrübt über die Leiden Jesu und Mariä und über seine Unfähigkeit, ihnen zu helfen.

Die Nächte mußten sie in der Wüste Bersabee unter freiem Himmel zubringen, und dies zur Winterszeit. Ihre Reise fiel ja in den Februar. Während der ersten Nacht blieben sie am Abhang eines Hügels. Dies war die einzige Zuflucht, die sie fanden. Ihr göttliches Kind auf den Armen, setzte sich Maria zur Erde nieder. Auch Joseph ruhte ein wenig aus, und beide genossen von den Lebensmitteln, die sie aus Gaza mitgenommen hatten. Maria reichte ihrem Kinde die Brust.

Durch ein freundliches Lächeln spendete Es Seiner Mutter und ihrem Bräutigam Trost. Joseph machte mit seinem Mantel und einigen Stöcken eine Art Zelt, damit es, wenn auch ärmlich und klein, den Sohn Gottes und die heiligste Jungfrau einigermaßen gegen die Kälte schütze. Die zehntausend Engel, die voll Bewunderung die heiligen Reisenden begleiteten, bildeten während dieser Nacht die Leibwache ihres Königs und ihrer Königin, indem sie, in sichtbarer Gestalt einen Kreis bildend, sie in ihre Mitte nahmen. Maria sah, wie das göttliche Kind Seine Hilflosigkeit und Seine Leiden sowie die Leiden Seiner Mutter und Josephs dem ewigen Vater aufopferte. Sie brachte den größten Teil der Nacht damit zu, sich diesem Gebet und den übrigen Akten ihres göttlichen Sohnes anzuschließen. Das Jesuskind schlief ein wenig in ihren Armen. Sie selbst aber wachte in heiligen Unterredungen mit Gott und den Engeln. Joseph legte sich auf die Erde nieder, das Haupt auf ein Kistchen gelehnt, in dem sich das Linnenzeug und einige Gerätschaften befanden.

Am folgenden Tag setzten sie ihre Reise fort. Der geringe Vorrat an Brot und Früchten ging bald zu Ende, und die heilige Familie geriet in die größte Not und litt Hunger. Das war besonders für Joseph sehr beschwerlich. Einmal blieben sie bis abends neun Uhr ohne jede Nahrung. Da dieser Not auf menschliche Weise nicht abzuhelfen war, wandte sich Maria an den Herrn: „Ewiger, allmächtiger Gott, ich danke Dir und preise Dich für die großen Werke, die Du an mir vollbracht hast. Aus lauter Güte gabst und erhältst Du mir das Leben. Ich habe Dir nicht den gebührenden Dank für all diese Wohltaten dargebracht. Wie soll ich also für mich verlangen, was ich nicht vergelten kann? Doch, mein Vater, schaue auf Deinen eingeborenen Sohn und gib mir das Nötige, um Sein natürliches Leben und das meines Bräutigams zu erhalten, damit sie es zum Dienste Deiner Majestät anwenden, und damit auch ich Deinem göttlichen Sohne diene.“

Damit dieses Flehen aus noch größerer Trübsal erwachse, ließ Gott zu, daß die heilige Familie außer durch Hunger, Ermüdung und Verlassenheit auch noch durch schlechte Witterung zu leiden hatte. Es kam ein starker Regen mit so heftigem Sturmwind, daß sie fast nichts mehr sahen und äußerst müde wurden. Maria war besonders des göttlichen Kindes wegen betrübt, da Es so zart war. Sie bedeckte und schützte Es so gut sie konnte. Doch sie konnte nicht verhindern, daß Es das rauhe Wetter schmerzlich empfand und vor Kälte zitterte und weinte. Da machte sie von ihrer Macht als Königin der Geschöpfe Gebrauch und befahl den Elementen, ihren Schöpfer nicht zu peinigen, sondern Ihn zu schützen und zu erquicken, an ihr selbst aber ihre Strenge auszulassen. Alsbald hörte der Sturm auf, und der Wind kam dem Kind und Seiner Mutter nicht mehr nahe. Zum Dank für diese liebreiche Sorge befahl das Jesuskind Seinen Engeln, Seine Mutter gegen die rauhen Elemente zu schützen. Sie bildeten sogleich eine hell strahlende, wunderschöne, undurchdringliche Kugel, in die sie die heilige Familie einschlossen, daß sie besser geborgen war, als sie es in Palästen und in kostbaren Gewändern gewesen wäre. Das taten die Engel mehrmals in dieser Wüste.

Der Herr, der sie in die äußerste Not hatte kommen lassen, schickte ihnen durch die Engel auch sehr gutes Brot, schöne, schmackhafte Früchte und ein erfrischendes Getränk. Die Engel bedienten sie. Dann sangen alle zusammen dem Herrn Lob- und Danklieder. Dies geschah in derselben Wüste, in der einst Elias, vor Jezabel fliehend, vom Engel des Herrn das Aschenbrot erhielt, das ihn so stärkte, daß er bis zum Berg Horeb gelangte. Allein, weder dieses Brot noch jenes, das ihm früher die Raben am Bache Karith gebracht hatten, noch das Manna, das den Israeliten vom Himmel fiel, noch die vom Südwestwind herbeigeführten Wachteln, noch die, einem Zelte gleich, kühlenden Wolken, keine von all diesen

Wohltaten kann verglichen werden mit dem, was der Herr auf dieser Reise für die heilige Familie getan hat. Diese Wohltaten waren ja nicht bestimmt, einen Propheten oder ein unverständiges, undankbares Volk zu ernähren; sie sollten dem menschgewordenen Gott und Seiner Mutter Speise bieten und ein leibliches Leben erhalten, von dem das ewige Leben des ganzen Menschengeschlechtes abhing. Wie die himmlische Speise dem erhabenen Rang der Gäste entsprach, so stand auch ihre Dankbarkeit in vollkommenem Verhältnis zur Größe dieser Wohltaten. Der Herr ließ die Not immer bis zum Gipfelpunkt steigen, die dann von selbst die Hilfe des Himmels herbeirief.

Durch dieses Beispiel mögen die Armen sich erfreuen, die Hungrigen Mut fassen und die Verlassenen hoffen. Niemand klage über die göttliche Vorsehung, so betrübt und bedrängt er auch sein mag. Wann hat der Herr die auf Ihn Vertrauenden verlassen, wann Sein väterliches Antlitz von Seinen armen, betrübten Kindern abgewendet? Wir sind Brüder und Schwestern Seines menschgewordenen Sohnes, also Seine Kinder, Erben Seiner Güter und auch Kinder Mariä. Warum habt ihr denn Mißtrauen gegen einen solchen Vater, gegen eine solche Mutter? Warum raubt ihr ihnen die Ehre eures Vertrauens und euch selbst das Recht, von ihnen ernährt und unterstützt zu werden? Kommet mit Demut und Vertrauen! Die Augen eures Vaters und eurer Mutter schauen auf euch. Ihre Ohren hören das Geschrei eurer Not. Die Hände dieser Herrin sind ausgestreckt nach den Armen und geöffnet den Dürftigen. Ihr aber, ihr Reichen dieser Welt, warum vertraut ihr auf euren unbeständigen Reichtum, so daß ihr in Gefahr kommt, vom Glauben abzufallen, und euch in viele Sorgen und Schmerzen verwickelt? Bekennt ihr euch als Kinder Gottes und Seiner Mutter? Ihr leugnet es vielmehr durch eure Werke und zeigt euch als unechte Kinder, als Kinder anderer Eltern. Ein rechtmäßiger Sohn würde seine Eltern betrüben, wenn er sein Vertrauen auf andere setzte, die nicht nur Fremde, sondern sogar seine Feinde sind. Das himmlische Licht belehrt mich über diese Wahrheit, und die Liebe bewegt mich, sie auszusprechen.

Der himmlische Vater erleichterte die Beschwerden und die Einsamkeit durch sichtbare Erquickungen. Wenn Maria mit ihrem Kinde ausruhte, kamen manchmal Scharen von Vögeln von den Bergen. Sie ergötzten die göttliche Mutter durch ihren lieblichen Gesang und durch ihr buntes Gefieder. Sie flogen auf ihre Schultern und Hände, um sich mit ihr zu erfreuen. Maria nahm sie liebevoll auf und befahl ihnen, ihren Schöpfer dankbar zu loben, weil Er sie so schön erschaffen und mit Federn bekleidet habe, weil sie der Erde und der Luft sich erfreuen könnten und Er ihnen Tag für Tag den nötigen Lebensunterhalt schenke. Die Vögel gehorchten durch freudige Bewegungen und durch liebliche Lieder. Doch süßer und wohlklingender waren die Loblieder der liebenden Mutter, die sie dem Jesuskinde darbrachte. An diesen lieblichen Unterhaltungen nahmen auch die Engel teil. Sie wechselten mit der Königin des Himmels und mit den einfältigen Vögelein ab. Alles aber bildete mehr eine geistige als sinnlich wahrnehmbare Harmonie.

Manchmal sagte Maria zu ihrem Kinde: „Meine Liebe, Du Licht meiner Seele, wie soll ich Dich den Reisebeschwerden entziehen? O könnte ich Dich nicht nur auf meinen Armen, sondern in meinem Herzen tragen, und aus demselben Dir ein weiches Bettlein machen, in dem Du ohne Beschwerden ruhen könntest!" Das Jesuskind antwortete: „Meine liebe Mutter, Ich finde große Erleichterung in deinen Armen. Ich ruhe in deinem Herzen. Ich freue Mich über deine zarte Liebe und ergötze Mich an deinen Worten." Manchmal sprachen beide innerlich miteinander. Joseph nahm teil an vielen dieser geheimnisvollen Tröstungen, so daß er die Beschwerden der Reise vergaß und die Süßigkeit und das Glück seiner

Gesellschaft fühlte. Doch hörte und wußte er nicht, daß das Kind auf vernehmbare Weise mit Seiner Mutter redete. Diese Gnade war damals der Mutter allein vorbehalten.

Lehre der Himmelskönigin

Meine Tochter, wer den Herrn kennt, hofft auf Seine unendliche Güte und Liebe. Wer es nicht tut, kennt Ihn nicht. Vom Mangel an Glauben und Hoffnung kommt der Mangel an Liebe. In diesem Fehler hat das ganze Verderben der Menschen seinen Grund. Sie haben von Gottes unendlicher Güte eine zu geringe Vorstellung. Darum wenden sie ihre Liebe den Geschöpfen zu. An diesen schätzen und von diesen hoffen sie, was sie verlangen, nämlich Macht, Reichtum, Glück und Eitelkeit. Wohl könnten die Gläubigen durch die ihnen eingegossenen Tugenden des *Glaubens* und der *Hoffnung* diesem Verderben vorbeugen. Doch sie lassen diese Tugenden unbenutzt, müßig und tot und hängen sich an irdische Dinge. Besitzen sie Reichtümer, so setzen sie ihre Hoffnung auf sie. Besitzen sie keine, so verlangen sie danach. Andere verschaffen sich Reichtum auf verkehrten Wegen. Andere vertrauen auf die Mächtigen und schmeicheln ihnen. Und so machen sich nur wenige der liebevollen Vorsehung würdig, die für ihre Kinder sorgt.

Die Verblendung hat der Welt so viele Liebhaber gegeben. Alle sagen insgemein, daß sie den Reichtum und die zeitlichen Güter lieben, um ihrer Not abzuhelfen. Doch sie sagen die Unwahrheit. Sie begehren nicht nur das Notwendige, sondern Überflüssiges, damit es der Hoffart der Welt, nicht aber ihren wirklichen Bedürfnissen diene. Da ich auf die Vorsehung vertraute, war ich ohne jede Furcht. Sie half immer zur Zeit der Not. Auch du, meine Tochter, bekümmere dich nicht übermäßig. Werde deiner Pflicht nicht untreu, um einer Not abzuhelfen. Vertraue nicht auf Menschen. Hast du das Deinige getan, dann vertraue ohne Verwirrung und Unruhe auf den Herrn, auch dann, wenn die Hilfe zögert. Sie wird zur rechten Zeit kommen, wo die väterliche Liebe des Herrn sich am deutlichsten zeigen wird.

Alle, die nicht mit Geduld leiden und keine Not ertragen wollen, die sich nicht mit Wenigem begnügen und mit brennender Begier verlangen, was sie zum Leben nötig haben, die zähe festhalten, was sie besitzen, damit ihnen nichts fehle, und deswegen den Armen das schuldige Almosen verweigern, alle diese sollen mit Recht fürchten, daß ihnen das mangeln werde, was sie von der Vorsehung nicht erwarten könnten, wenn diese ebenso karg im Geben wäre, wie sie im Vertrauen und in der Unterstützung der Armen aus Liebe zu Gott es sind. Doch der wahre Vater, der im Himmel ist, läßt Seine Sonne aufgehen über Gute und Böse. Er läßt regnen über Gerechte und über Ungerechte. Weil Er Seine Wohltaten allen spendet, so kann Seine Verteilung der zeitlichen Güter, die dem einen mehr, dem andern weniger spendet, keineswegs als Maßstab der Liebe gelten, die Er zu den Menschen trägt. Im Gegenteil, Er will, daß die Auserwählten arm seien, teils, damit sie größere Verdienste und Belohnungen erwerben, teils, damit sie sich nicht von der Liebe zu den zeitlichen Gütern umstricken lassen; denn nur wenige verstehen es, sie gut zu gebrauchen und sie ohne ungeordnetes Verlangen zu besitzen. Für meinen heiligsten Sohn und mich bestand diese Gefahr nicht. Aber mein Sohn wollte durch das Beispiel die Menschen diese göttliche Weisheit lehren, von der ihr ewiges Leben abhängt.

* * *

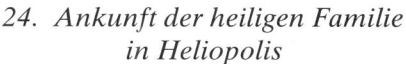

24. Ankunft der heiligen Familie in Heliopolis

er Flucht des göttlichen Kindes lagen noch andere Geheimnisse und höhere Absichten zugrunde als die, dem Zorne des Herodes zu entgehen. Dies war nur ein Mittel, dessen sich der Herr bediente, um nach Ägypten zu gehen, um dort *Seine Wunder zu wirken,* von denen die alten Propheten gesprochen haben. Besonders deutlich sprach Isaias, als er sagte, der Herr werde auf einer leichten Wolke nach Ägypten kommen. Dann würden die Götzen Ägyptens vor Seinem Antlitz beben und der Ägypter Herz in ihrer Brust verzagen (Is 19, 1). Endlich kamen Jesus, Maria und Joseph in die bewohnten Gegenden Ägyptens. Vor ihrer Ankunft in Heliopolis hatten die Engel sie auf einigen Umwegen geführt. Gott fügte es so, damit sie zuvor an viele andere Orte kämen, an denen Er einige Wunder wirken wollte, um Ägypten zu beglücken. So brachten sie auf diesen Wegen mehr als fünfzig Tage zu und legten von Jerusalem mehr als zweihundert Stunden zurück. Auf geradem Wege hätten sie viel früher zum Ziel kommen können.

Die Ägypter waren der Abgötterei und dem Aberglauben sehr ergeben. Selbst die kleinsten Ortschaften waren voll Götzenbilder. Viele hatten Tempel, in denen verschiedene böse Geister wohnten. Die unglücklichen Bewohner bezeigten ihnen durch Opfer und durch Zeremonien, die von den bösen Geistern selbst angeordnet waren, ihre Anbetung. Die bösen Geister antworteten auf ihre Fragen durch Orakelsprüche, von denen das törichte Volk sich leiten ließ. Durch diese Betrügereien waren die Ägypter so verblendet und der

Anbetung Satans so ergeben, daß der starke Arm des Herrn, das ist das menschgewordene Wort, nötig war, um dieses verlassene Volk von einer Tyrannei zu erlösen, die härter und gefährlicher war als jene, in der einst das Volk Gottes schmachtete. Damit nun Satan besiegt und jene, die im Lande und Schatten des Todes lebten, erleuchtet würden und dieses Volk jenes große Licht sähe, von dem Isaias sprach (Is 9, 2), wollte Gott, daß die *Sonne der Gerechtigkeit,* Jesus Christus unser Herr, in Ägypten auf den Armen Seiner Mutter erscheine und dieses Land sozusagen im Kreise umziehe, damit es ganz von der Kraft Seines göttlichen Lichtes erleuchtet würde.

Beim Eintritt in die Ortschaften erhob das Jesuskind auf den Armen Seiner Mutter die Augen zum Himmel, faltete die Hände und betete zum himmlischen Vater für das Heil dieser vom Satan beherrschten Bewohner. Dann stürzte Es in Seiner unumschränkten, göttlichen Macht die bösen Geister aus den Götzenbildern in den Abgrund. Schnell wie der Blitzstrahl aus der Wolke fuhren sie hinab in die tiefste Hölle. Im gleichen Augenblick fielen die Götzenbilder mit großem Getöse um, und die Götzentempel und ihre Altäre stürzten ein. Maria wußte um die Ursache dieser wunderbaren Wirkungen. Sie vereinigte ihr Gebet mit dem ihres heiligsten Sohnes, da sie in allem die Mitwirkerin des menschlichen Heiles war. Auch Joseph wußte, daß die Vorgänge das Werk des göttlichen Kindes waren: Voll heiliger Bewunderung lobpries er den Herrn in Seinen Werken. Die bösen Geister fühlten zwar die Macht Gottes, wußten aber nicht, von wem diese Kraft ausging.

Das ägyptische Volk war über diese unerwarteten und ungewöhnlichen Ereignisse sehr erstaunt. Unter den Weisen bestand zwar eine Überlieferung, die sich von alters her, seit dem Aufenthalt des Jeremias in Ägypten, fortgepflanzt hatte, daß nämlich ein König der Juden in dieses Reich kommen und die Götzenaltäre Ägyptens zerstören werde. Doch das Volk wußte nichts davon. Auch die Gelehrten wußten nicht, wie dies geschehen sollte. Darum waren alle in Furcht und Verwirrung, wie Isaias vorhergesagt hatte. Sie fragten einander. Einige kamen aus Neugierde, die Ankömmlinge zu sehen und sprachen mit ihnen über den Sturz ihrer Tempel und Götter. Maria sprach zu ihnen vom wahren Gott und belehrte sie, daß nur einer der wahre Gott sei, der Schöpfer des Himmels und der Erde, daß man nur Ihn allein anbeten dürfe. Alle anderen Götter wären falsch und unterschieden sich nicht vom Holz, Ton oder Metall, aus denen sie gebildet seien. Sie hätten weder Augen noch Ohren noch irgendwelche Macht. Die Künstler könnten sie gerade so gut zerstören, wie sie sie gemacht hätten, und ebenso jeder andere; denn alle Menschen seien edler und mächtiger als diese Götzen. Die Antworten der Götzen aber kämen von den bösen Geistern, die in ihnen wohnten, um zu lügen und zu betrügen. Sie hätten keine wahre Kraft, da Gott allein wahrhaft sei.

Die Worte Mariä waren so lieblich und zugleich so lebendig wirksam, ihr Angesicht so freundlich und liebenswürdig, die Wirkungen so heilsam, daß sich alsbald die Kunde von den fremden Wanderern verbreitete und viel Volk zusammenströmte, um sie zu sehen und zu hören. Zu gleicher Zeit wirkte auch das Gebet des göttlichen Kindes und erlangte ihnen große Gnaden. Von all diesem war das Volk tief ergriffen. Viele bekehrten sich zum Glauben an den wahren Gott und taten Buße, ohne jedoch zu wissen, woher ihnen dieses Glück gekommen sei. Solche Wunder wirkten Jesus und Maria an vielen Orten. Sie trieben auch die bösen Geister aus Besessenen und heilten viele Kranke. Viele wurden erleuchtet und von Maria und Joseph über den Weg der Wahrheit und des ewigen Lebens belehrt. Namentlich auch durch zeitliche Wohltaten, die bei dem unwissenden, irdisch gesinnten

Volk so viel gelten, ließen sich viele bewegen, jene Lehren zum Heile ihrer Seelen anzuhören.

Sie kamen nach Hermopolis, der Stadt des Merkur, die gegen die Thebais gelegen ist. Dort waren einige Götzenbilder und sehr mächtige, böse Geister. Einer von ihnen wohnte in einem Baum beim Eingang der Stadt. Weil die Bewohner der Umgegend diesen Baum wegen seiner Größe und Schönheit verehrten, schlug der böse Geist seinen Sitz in ihm auf, um sich anbeten zu lassen. Als das göttliche Kind in die Nähe des Baumes kam, stürzte sich Satan in den Abgrund. Der Baum verneigte sich bis zur Erde, als wollte er Ihm für das Glück der Befreiung danken. So legten selbst die vernunftlosen Geschöpfe Zeugnis ab für die Härte der Tyrannei des bösen Feindes. Die Bäume neigten sich auf dieser Fahrt noch öfter vor ihrem Schöpfer. Das Wunder von Hermopolis lebte viele Jahrhunderte lang im Andenken des Volkes fort; denn die Blätter und Früchte dieses Baumes hatten in der Folge die Kraft, verschiedene Krankheiten zu heilen. Mehrere Schriftsteller haben über dieses und andere Wunder geschrieben, die bei der Ankunft und während des Aufenthaltes des göttlichen Kindes und Seiner heiligen Mutter in Ägypten geschehen sind. Sie berichten z. B. von einer Quelle in der Nähe von Kairo, aus der Maria zum Trinken und zum Waschen Wasser holte. Diese Begebenheiten sind war. Ihr Andenken und ihre Verehrung haben sich bis auf den heutigen Tag erhalten, nicht nur bei den Gläubigen, sondern auch bei den Ungläubigen; denn auch sie empfangen zuweilen an diesen Orten Wohltaten. Die Überlieferung bezeichnet noch andere Orte, an denen große Wunder geschahen. Der Hauptaufenthaltsort der heiligen Familie aber war Heliopolis. Es ist ein Geheimnis, daß diese Stadt den Namen „Sonnenstadt" trug. Jetzt heißt die Großstadt Kairo.

Während ich diese Wunder niederschrieb, fragte ich Maria voll Verwunderung, warum sie mit dem göttlichen Kind so viele unbekannte Gegenden durchreist habe. Dadurch seien ihre Mühen und Leiden doch bedeutend vergrößert worden. Die seligste Jungfrau antwortete mir: „Wundere dich nicht, daß mein heiligster Sohn und ich gereist sind, um so viele Seelen zu gewinnen. Wenn es nötig gewesen wäre, hätten wir, *um eine einzige Seele zu retten, die ganze Welt durchwandert.*" Wenn es uns zuviel scheint, was Jesus und Maria für das Heil der Seelen getan haben, so kommt das daher, daß wir die unermeßliche Liebe, mit der sie uns geliebt haben, nicht kennen, und weil wir eine solche Liebe durch Gegenliebe nicht zu erwidern verstehen.

Als Luzifer die wunderbaren Vorgänge gewahrte und sah, daß so viele böse Geister mit einer ihnen ganz unbekannten Kraft in die Hölle geschleudert worden waren, wurde er höchst aufgebracht. Von Zornesglut entbrannt, begab er sich auf die Erde und streifte weit umher, um die Ursache dieser außerordentlichen Ereignisse zu erforschen. Er zog durch ganz Ägypten, wo die Tempel und Altäre mit ihren Götzenbildern umgestürzt waren. Als er nach Heliopolis kam, wo das Reich Satans wegen der Größe der Stadt in weiterem Umfange zerstört worden war, untersuchte er aufmerksam, was für Leute dort seien. Er entdeckte nichts Neues, außer daß Maria dorthin gekommen war. Um das Jesuskind kümmerte er sich nicht, da er es als ein Kind wie die übrigen betrachtete. Der Unterschied war ihm nicht bekannt. Da er aber durch die Heiligkeit und Tugenden Mariä schon oft besiegt worden war, bekam er doch wieder Besorgnis. Zwar meinte er, ein Weib sei zu gering, so große Werke zu verrichten. Trotzdem beschloß er aufs neue, sie zu verfolgen und dazu die Diener seiner Bosheit aufzubieten.

Er kehrte sogleich zur Hölle zurück, berief eine Versammlung der Fürsten der Finsternis und berichtete ihnen den Sturz der Götzenbilder und Tempel in Ägypten. Als die bösen Geister diese verließen, wurden sie durch Gottes Macht mit solcher Schnelligkeit, Beschämung und Qual in die Hölle gestürzt, daß sie gar nicht bemerkten, was mit den Götzenbildern und Orten geschah, die sie verließen. Luzifer berichtete ihnen nun alles. Er sagte, daß seiner Herrschaft in Ägypten der Untergang drohe, die Ursache davon aber könne er nicht entdecken. Er habe dort nichts angetroffen als das ihm feindliche Weib – so nannte der Drache die heiligste Jungfrau Maria –, deren Tugend ihm zwar als ausgezeichnet bekannt sei, die aber doch nicht jene große Kraft besitzen könne, die sie an sich erfahren hätten. Trotzdem habe er einen neuen Krieg gegen dieses Weib beschlossen. Die Diener Luzifers erklärten sich bereit, ihm zu gehorchen, trösteten ihn in seiner verzweifelten Wut und versprachen ihm den Sieg, als ob ihre Macht ihrem Stolze gleich käme.

Viele Legionen verließen nun miteinander die Hölle und begaben sich nach Ägypten. Sie meinten, wenn sie Maria besiegt hätten, wäre ihr Verlust durch diesen Triumph allein schon wieder gut gemacht, und sie würden alles zurückerobern, was sie in jenem unglücklichen Lande verloren hatten. Sie vermuteten, die seligste Jungfrau sei das Werkzeug der göttlichen Macht. Sie wollten sie also versuchen. Doch – o Wunder! – sie konnten ihr bloß auf zweitausend Schritte nahe kommen. Eine göttliche Kraft hielt sie zurück, und sie fühlten, daß diese Kraft von Maria ausgehe. Luzifer und die anderen bösen Geister strengten alle ihre Kräfte an. Doch sie waren unvermögend und wie mit starken Ketten gebunden und gequält. Es war ihnen unmöglich, zur unüberwindlichen Königin zu gelangen. Sie aber sah, den allmächtigen Gott in ihren Armen haltend, alles mit an. Während nun Luzifer sich weiter anstrengte, wurde er samt allen seinen höllischen Rotten plötzlich noch einmal in den Abgrund geschleudert. Diese neue demütigende Niederlage bereitete dem Drachen große Qual und Unruhe. Weil Ähnliches seit der Menschwerdung schon mehrere Male stattgefunden hatte, kam ihm die Vermutung, der Messias könne schon in die Welt gekommen sein. Ihm war aber das Geheimnis verborgen. Er meinte, der Messias werde in Pracht und Herrlichkeit kommen. Er blieb voll Verwirrung und Unentschiedenheit, voll Wut und Raserei und war furchtbar gequält. Er verging vor Begierde, die Ursache seiner Qual ausfindig zu machen. Allein, je mehr er forschte, desto größer wurde seine Blindheit und desto geringer sein Verständnis.

Lehre der Himmelskönigin

Meine Tochter, groß und überaus kostbar ist der *Trost der gläubigen Seelen,* die meinen Sohn lieben, wenn sie mit lebendigem Glauben erwägen, daß sie dem höchsten Herrn dienen, der allein Macht und Herrschaft über alles Geschaffene besitzt, und der über seine Feinde herrscht und triumphiert. An dieser Wahrheit erfreut sich der Verstand, erquickt sich das Gedächtnis, ergötzt sich der Wille. Alle Fähigkeiten der Seele geben sich der Wonne hin, die sie bei der Betrachtung der Güte, Heiligkeit und unendlichen Macht dieses Herrn fühlen; dieses Herrn, der keines Menschen bedarf, und von dessen Willen alle Geschöpfe abhängen. O wie vieler Güter gehen die Menschen verlustig, die, ihres Glückes vergessend, alle ihre Zeit und Kräfte dazu verwenden, auf das Sichtbare zu achten, das Vergängliche zu lieben und eitle Scheingüter zu suchen. Ich wünsche, meine Tochter, daß du mit dem dir verliehenen Licht diese Gefahr vermeidest und dein Verstand und dein Gedächtnis sich immer mit dem Geheimnis der göttlichen Wesenheit beschäftigen. In dieses unermeßliche Meer versenke und vertiefe dich, indem du oft die Worte wiederholst: *„Wer ist wie der Herr, unser Gott, der in der Höhe wohnt und auf das Niedrige schaut im Himmel und auf Erden?"* (Ps 112, 5, 6). Wer ist wie Er, der die Hochmütigen erniedrigtund jene stürzt, die von der blinden Welt

„Mächtige" genannt werden? Wer ist Er, der über den Satan triumphiert und ihn in die Tiefe schleudert?

Damit dein Herz durch diese Wahrheiten erweitert werde und du den Feinden überlegener werdest, sollst du, meinem Beispiel folgend, dich über die Siege und Triumphe des allmächtigen Gottes freuen und dich bemühen, an den Siegen, die Er zu jeder Zeit über den grausamen Drachen davonzutragen wünscht, einigen Anteil zu haben. Keine erschaffene Zunge, selbst kein Seraph vermag die Gefühle zu beschreiben, die ich in meinem Herzen empfand, als mein göttlicher Sohn auf meinen Armen zum Heile jener blinden, von den Täuschungen Satans umstrickten Seelen so großartige Wunder gegen Seine Feinde wirkte, und wie durch Ihn die Ehre des göttlichen Namens immer mehr erhöht und ausgebreitet wurde. Jubelnd pries meine Seele den Herrn, und ich brachte mit meinem heiligsten Sohne als Seine Mutter und als Braut des Heiligen Geistes dem Herrn neue Loblieder dar. Du bist eine Tochter der heiligen Kirche, eine Braut meines gebenedeiten Sohnes und von Ihm mit Gnaden bereichert. Darum sollst auch du dich bemühen, Seine Glorie zu erhöhen, indem du gegen Seine Feinde wirkst und streitest und so dein Bräutigam in dir triumphiere.

* * *

25. Die heilige Familie in Heliopolis

Das Andenken an die Wunder des göttlichen Kindes hat sich an vielen Orten Ägyptens erhalten. Daher kommt es, daß von den Heiligen und andern Schriftstellern die einen sagen, die heilige Familie sei in dieser Stadt gewesen und die andern eine andere nennen. Jedoch können alle die Wahrheit sagen, indem sie von verschiedenen Zeitpunkten reden; denn die heilige Familie wohnte zu Hermopolis, zu Memphis und zu Mataria. Mir ist mitgeteilt worden, daß sie zuletzt nach Heliopolis kam. Bei der Ankunft des Herrn in den Städten stürzten die Götzenbilder und Tempel zusammen. Hier in Heliopolis wollte Er zu Seiner Ehre und zum Heile der Seelen noch andere Wunder wirken, damit für die Bewohner der Stadt der Name „Sonnenstadt" sich erfülle, die Sonne der Gerechtigkeit und der Gnade ihnen aufgehe und sie noch mehr erleuchte als die Sonne am Himmelsgewölbe. Joseph suchte eine Wohnung und versprach, den gerechten Mietpreis zu bezahlen. Der Herr fügte es, daß er ein einfaches armes Häuschen fand. Es lag ein wenig abseits der Stadt, gerade wie Maria es wünschte.

Sie begab sich mit ihrem heiligsten Kinde und ihrem Bräutigam sogleich zu dieser einsamen Stätte, kniete nieder, küßte demütig und dankbar den Boden und dankte dem Allerhöchsten, daß sie nach einer so langen und beschwerlichen Wanderung diese Ruhestätte gefunden hatten. Sie dankte sogar der Erde und den Elementen, daß sie zu ihrem Unterhalt mitwirkten. Bei ihrer unvergleichlichen Demut hielt sie sich alles dessen, was sie empfing, stets für unwürdig. Dann weihte sie alles, was sie dort tun würde, der Ehre Gottes und Seinem Dienste. In ihrem Herzen opferte sie dem Herrn alle ihre Seelenkräfte und ihre Sinne auf und bot sich an, willig und freudig alle Leiden anzunehmen, die der Allmächtige ihr in dieser Verbannung schicken würde. Ihre Klugheit sah die Leiden voraus, ihre Liebe umfaßte sie. Maria schätzte sie im Lichte ihrer himmlischen Weisheit. Sie sah, daß die Leiden vor dem Richterstuhle Gottes gar viel gelten, und daß ihr heiligster Sohn sie als Seinen kostbaren Schatz und als Sein Erbteil betrachtete. Dann begann sie, mit Hilfe der Engel das arme Häuschen zu scheuern. Das nötige Werkzeug dazu mußte sie leihen. Maria und Joseph fanden ihr Obdach bequem genug, doch es fehlten ihnen noch die notwendigste Einrichtung und auch Lebensmittel. Da sie an einem bevölkerten Orte weilten, blieben jetzt die wunderbaren Mahlzeiten vom Himmel aus. Gott wies sie an die gewöhnliche Tafel der Armen, d. h. an das erbetene Almosen. Als sie schon Hunger litten, ging Joseph aus und bat um Almosen aus Liebe zu Gott. Angesichts solchen Beispieles dürfen die Armen nicht mehr über ihre Not klagen, sich auch nicht schämen, um Almosen zu bitten, wenn keine andere Möglichkeit besteht, da dem Herrn aller Geschöpfe das Leben durch Almosen erhalten wurde.

In den ersten Tagen lebten sie von diesen Almosen. Dann konnte Joseph beginnen, durch seine Arbeiten etwas zu verdienen. Für Maria verfertigte er dann eine Lagerstätte und für das göttliche Kind eine Wiege. Seine eigene Lagerstätte war die bloße Erde. Später erwarb Joseph auch die unentbehrlichsten Geräte. In der äußeren Armut und Not erwähnten Maria und Joseph nie ihr Haus zu Nazareth, noch etwa ihre Verwandten und Freunde, noch die Geschenke der Heiligen Drei Könige, die sie hätten behalten können anstatt sie auszuteilen. Nie klagten sie über ihre Not und ihre Verlassenheit. Sie dachten nicht an das Vergangene und fürchteten sich nicht vor der Zukunft. In allem waren sie unvergleichlich ruhig und freudig, indem sie sich der göttlichen Vorsehung überließen. Wie kleinlich sind dagegen unsere ungläubigen Herzen! Von welchen Sorgen sind sie bestürmt und gequält, wenn wir Not leiden! Wir klagen, daß wir eine Gelegenheit versäumt hätten, dieser Not zu entgehen. Alle diese Kümmernisse sind töricht, da sie nichts helfen. Sicher wäre es gut gewesen, wenn wir uns unsere Leiden nicht durch Sünden zugezogen hätten. Gewöhnlich aber kümmern wir uns nur um den zeitlichen Schaden, der uns trifft, nicht aber um die Sünde, durch die wir ihn verdient haben. Wir sind zu schwerfälligen, törichten Herzens, um das geistige Anliegen unserer Heiligung und unseres Wachstums in der Gnade zu verstehen. Das Beispiel der heiligen Familie in Ägypten gibt unserer niedrigen Gesinnung eine strenge Zurechtweisung.

So waren Maria und Joseph, von allem Zeitlichen entblößt, doch froh in ihrem armen Häuschen. Von den drei Räumen wurde einer als Heiligtum für das Jesuskind und Seine heiligste Mutter bestimmt. Dort standen die Wiege des Kindes und die Lagerstätte Mariä. Einige Tage später erhielten sie durch die Arbeit Josephs und die Güte einiger guter Frauen hinreichenden Stoff, sie zu bedecken. Der zweite Raum war Josephs Schlaf- und Betkammer, der dritte seine Werkstätte. Maria entschloß sich, durch ihrer Hände Arbeit zum Unterhalt beizutragen. Durch Vermittlung einiger guter Frauen, die sich durch Mariä Sittsamkeit und Sanftmut angezogen fühlten, fand sie Arbeit. Da sie diese höchst vollkommen ausführte, wurde Mariä Kunstfertigkeit bald bekannt, und es fehlte ihr nie an Arbeit.

Maria arbeitete den ganzen Tag hindurch. Während der ganzen Nacht oblag sie ihren geistlichen Übungen. Dabei unterließ sie aber auch tagsüber keinen Augenblick die Beschauung. Sie weilte ja immer in der Gegenwart ihres göttlichen Kindes. Doch sie verlegte einige Übungen, die sie sonst bei Tag verrichtete, auf die Nacht, um mehr arbeiten zu können und nicht durch ein Wunder von Gott zu verlangen, was sie durch Fleiß und Vermehrung der Arbeit erwerben konnte. Weil sie aber nicht auf sich selbst und ihren Fleiß vertraute, bat sie arbeitend um das, was der Herr durch dieses Mittel auch uns andern Geschöpfen verleiht.

Das göttliche Kind hatte großes Wohlgefallen an dieser Klugheit Seiner Mutter und an ihrer Ergebung in ihrer äußersten Armut. Zum Lohn für diese mütterliche Treue wollte das Kind ihr die begonnene Arbeit etwas erleichtern. Darum sagte Es eines Tages aus der Wiege zu ihr: „Meine liebe Mutter, ich will die Ordnung deines Lebens und deiner Arbeit festlegen." Maria warf sich auf die Knie und antwortete: „Meine süßeste Liebe, Herr meines Wesens, ich lobe und preise Dich wegen Deiner Herablassung zu meinem Wunsche; denn ich sehne mich, daß Dein göttlicher Wille meine Schritte lenke und meine Werke leite. So rede, o Du Licht meiner Augen; denn Deine Dienerin hört!" Das Kind sprach: „Meine liebste Mutter, von Beginn der Nacht an sollst du bis Mitternacht ruhen und schlafen. Dann wirst du mit mir bis zum Morgen der Beschauung obliegen und den ewigen Vater loben. Darauf wirst du die nötigen Speisen bereiten, mir Nahrung reichen und Mich bis zur Terz auf deinen Armen tragen. Um diese Stunde (neun Uhr) sollst du Mich in die Arme deines Bräutigams legen, damit er von seiner Arbeit ausruhe. Du wirst dich dann in deine Kammer zurückziehen, bis es Zeit ist, ihm das Mittagsmahl zu bereiten. Nach demselben sollst du wieder an die Arbeit gehen. Da du die Heilige Schrift, die dein Trost war, nicht hier hast, wirst du in Mir die Lehre des ewigen Lebens lesen, damit du in allem Mir vollkommen nachfolgest. Bete allezeit zu Meinem Vater für die Sünder."

Das war die *Tagesordnung* Mariä während ihres Aufenthaltes in Ägypten. Dreimal täglich reichte sie dem göttlichen Kind die Brust. Es hatte nur angegeben, wann dies das erste Mal geschehen solle. Es hatte damit nicht verboten, daß sie es noch zweimal tue, wie seit der Geburt. Wenn Maria in Gegenwart des Kindes arbeitete, tat sie es immer auf den Knien. Ihre Unterredungen bestanden gewöhnlich aus geheimnisvollen Lobgesängen. Der König des Himmels sprach von Seiner Wiege aus, die Königin bei ihrer Arbeit. Wären sie aufgeschrieben, so würden sie zahlreicher sein als alle Psalmen und Lobgesänge der Kirche, ja als alle ihre Bücher. Ohne Zweifel hat Gott durch Seine Menschheit und durch Seine heiligste Mutter auf erhabenere und wunderbarere Weise gesprochen als durch David, Moses, Myriam, Anna und alle Propheten. Bei diesen Lobgesängen wurde die göttliche Mutter immer wie umgewandelt, mit neuen Liebesflammen zu Gott entzündet und mit heftiger Sehnsucht nach der Vereinigung mit Seiner unveränderlichen Wesenheit erfüllt. Sie allein war der Phönix, der aus diesem Feuer neugeboren hervorging. Sie allein war der königliche Adler, der die Sonne des unaussprechlichen Lichtes mit unverwandtem Auge ansehen konnte, und zwar in einer Nähe, zu der sich kein anderes Geschöpf emporschwingen konnte. Sie entsprach dem Ziel, für das das göttliche Wort in ihrem jungfräulichen Schoß Fleisch angenommen hatte, um nämlich die Menschen zu Seinem ewigen Vater zu führen. Sie allein wurde nicht aufgehalten durch ein Hindernis der Sünden oder deren Folgen, durch Leidenschaften und verkehrte Neigungen. Sie war frei von allem Irdischen und von dem niederdrückenden Einfluß der Natur. Darum flog sie ihrem höchsten Gute zu, schwang sich zu Seiner erhabenen Wohnung empor, ohne stille zu stehen, bis sie zu ihrem Mittelpunkt, zur Gottheit, gelangt war. Und da sie „den Weg und die Wahrheit", ihr göttliches Kind, immer vor Augen hatte und all ihr Verlangen, all ihre Zuneigung auf die unwandelbare Wesenheit Gottes gerichtet hielt, so eilte sie Ihm voll feurigen Eifers entgegen und befand sich mehr am Ziel als auf dem Wege, mehr dort, wo sie liebte als wo sie lebte.

Zuweilen schlief das göttliche Kind in Gegenwart der Mutter, damit auch jene Worte in Erfüllung gingen: „Ich schlafe, aber mein Herz wacht!" (Hld 5, 2). Da für Maria der heiligste Leib ihres Sohnes einem reinsten, klarsten Kristalle glich, durch den sie die Geheimnisse und Akte seiner heiligten Seele erblickte, beschaute sie sich in diesem makellosen Spiegel immer wieder. Besonders erfreute es sie, daß der höhere Teil Seiner heiligsten Seele mit den heroischen Akten eines Erdenpilgers und zugleich eines Beseligten vor ihren Blicken entschleiert war, während das göttliche Kind zu gleicher Zeit den Sinnen nach in größter Ruhe und wunderbarer Schönheit schlief; denn alles Menschliche war mit der Gottheit persönlich vereinigt. Welch süße Affekte, welch glühende Seufzer, welch heroische Akte Maria dann erweckte, kann unsere Zunge nicht aussprechen. Wo die Worte fehlen, möge der Glaube und das Herz tätig sein!

Wenn sie dem heiligen Joseph das Jesuskind gab, sagte sie: „Mein Sohn, sieh Deinen treuen Diener mit der Liebe eines Sohnes und eines Vaters an, und erfreue dich an der Reinheit seiner unschuldigen, Dir so wohlgefälligen Seele." Zu Joseph sagte sie: „Mein Bräutigam, nimm hin den Herrn, der mit Seiner Hand alle Himmelskreise samt der Erde umfaßt, denen Er aus unendlicher Güte das Dasein gab. Erhole dich mit Ihm von deiner Ermüdung. Er ist ja die Glorie aller Geschöpfe." Der Heilige nahm diese Gnade mit tiefster Ehrfurcht an und fragte demütig, ob er das Kind liebkosen dürfe. Von Maria darüber beruhigt, tat er es und vergaß über diesen Trost alle Beschwerden der Arbeit, so daß sie ihm leicht, ja ganz süß wurde. Während des Essens hatten Maria und Joseph das Kind immer bei sich. Sie aßen mit größter Sittsamkeit. Ihrer reinsten Seele aber gab Maria noch größere und süßere Erquickung als dem Leibe, indem sie ihren Sohn als den wahren Gott verehrte und anbetete und liebte, während sie ihn als Kind auf ihren Armen hielt und mit der Zärtlichkeit einer Mutter liebkoste. Es ist unmöglich, sich vorzustellen, wie aufmerksam und sorgfältig sie diese zwei Pflichten als Geschöpf gegen den Schöpfer erfüllte: wie sie einerseits Jesus stets in Seiner Gottheit als den Sohn des ewigen Vaters, als den König der Könige, den Herrn der Herren, den Schöpfer und Erhalter des Weltalls betrachtete und anderseits Ihn in Seiner Kindheit als wahren Menschen schaute und eifrigst bemüht war, Ihn zu bedienen und zu nähren. Durch diese zwei so weit voneinander abstehenden Beweggründe der Liebe war sie ganz entzündet und entflammt in heldenmütigen Akten der Bewunderung, des Lobpreises und der zärtlichsten Liebe. Alle Handlungen Mariä und Josephs erregten die Bewunderung der Engel und gefielen in ihrer vollendeten Heiligkeit dem Herrn im höchsten Grade.

Lehre der Himmelskönigin

Meine Tochter, als wir nach Ägypten kamen, waren wir ohne Freunde und Verwandte, ohne Obdach und ohne Nahrungsmittel. Daraus kannst du entnehmen, wie groß durch Gottes Zulassung unser Leid und unsere Trübsal waren. Du kannst dir aber keine Vorstellung machen von der Geduld, mit der wir alles ertrugen. Die Engel sogar können den Lohn nicht begreifen, den der Allerhöchste mir für meine Liebe und Ergebung, die größer waren als im größten Glück, gegeben hat. Wohl schmerzte es mich, Joseph in solcher Not zu sehen. Doch auch diesen Schmerz litt ich mit Freuden und pries den Herrn dafür. Meine Tochter, diese Geduld und ruhige Großherzigkeit sollst du im Leiden nachahmen und dabei das Innere und Äußere klug ordnen. Der Arbeit und der Beschauung sollst du den gebührenden Anteil erweisen, ohne daß die eine durch die andere verkürzt wird.

Sollte deinen Untergebenen der nötige Lebensunterhalt fehlen, so suche, ihn auf gebührende Weise zu erwerben. Solltest du dabei manchmal deine eigene Ruhe opfern, so verlierst du sie deswegen nicht, besonders wenn du bei keiner Beschäftigung Gott aus den Augen lässest. Mit Seinem Lichte und in Seiner Gnade kannst du alle Geschäfte in Ruhe verrichten, wenn du sorgsam bist. Wenn man sich durch menschliche Mittel helfen kann, soll man keine Wunder erwarten und nicht der Arbeit ausweichen in der Hoffnung, Gott werde übernatürliche Hilfe senden. Die göttliche Vorsehung hilft durch liebliche, gewöhnliche passende Mittel. Gerade die Handarbeit ist geeignet, daß Körper und Seele dem Herrn dienen, Opfer bringen und Verdienste erwerben. Auch kann der Mensch während der Arbeit Gott loben und Ihn im Geiste und in der Wahrheit anbeten. Meine Tochter, richte alle deine Handlungen ausdrücklich auf das Wohlgefallen des Herrn. Berate dich mit Ihm darüber, wäge sie ab auf der Waagschale des Heiligtums, und achte sorgfältig auf das göttliche Licht, das der Allmächtige dir eingießt.

* * *

26. Wunder in Heliopolis

Der Prophet Isaias sagt, der Herr werde auf einer leichten Wolke nach Ägypten kommen, um dort Wunder zu wirken. Mag man nun unter dieser Wolke die heiligste Jungfrau oder die aus ihr angenommene Menschheit verstehen, gewiß ist, daß der Prophet sagen wollte, der Herr werde mittels dieser himmlischen Wolke das unfruchtbare Land, nämlich *die Herzen seiner Bewohner, fruchtbar machen,* damit sie Früchte der Heiligkeit und Erkenntnis Gottes brächten. Bald nachher verbreitete sich in Ägypten der Glaube an den wahren Gott. Die Abgötterei wurde zerstört und der Weg zum Himmel geöffnet, der Weg, den Satan bis dahin so versperrt hatte, daß bei Ankunft des göttlichen Kindes kaum jemand in diesem Lande den wahren Gott kannte.

Wohl waren einige durch Verbindung mit den dort wohnenden Juden zur Erkenntnis Gottes gelangt. Doch sie vermischten damit große Irrtümer, Aberglauben, ja Teufelsdienst, wie früher die Babylonier, die sich in Samaria niedergelassen hatten. Seitdem aber die Sonne der Gerechtigkeit Ägypten erleuchtete und die von aller Sünde reine Wolke, die seligste Jungfrau Maria, es fruchtbar machte, zeitigte es viele Jahrhunderte hindurch reiche Früchte der Heiligkeit und Gnade. Man sah dies an den Heiligen, die das Land hervor brachte und an den vielen Einsiedlern, die bewirkten, daß jene Berge den süßesten Honig der christlichen Heiligkeit träufelten.

Heliopolis war sehr bevölkert und voll von Götzenbildern,

Tempeln und Altären Satans. Diese stürzten bei der Ankunft des Herrn mit großem Getöse zum Schrecken der Nachbarschaft ein. Die ganze Stadt geriet in Aufregung und Verwirrung. Außer sich vor Bestürzung liefen alle zusammen. Von Neugierde getrieben, sprachen viele Männer und Frauen mit den eben angekommenen Fremdlingen Maria und Joseph. Maria kannte das Geheimnis und den Willen des Allerhöchsten und antwortete auf alle Fragen so klug und redete den Leuten so sanft zu Herzen, daß sie über ihre unvergleichlichen Antworten erstaunten und, durch ihre Lehre erleuchtet, von ihren Irrtümern befreit wurden. Zugleich heilte Maria einige Kranke, die sehr getröstet wurden. Das Gerücht dieser Wunder verbreitete sich schnell. In kurzer Zeit versammelte sich eine Menge Volkes bei den „fremden Heiligen". Maria bat ihren göttlichen Sohn, ihr zu sagen, was sie mit diesen Leuten tun solle. Das Jesuskind antwortete, sie solle alle in der Wahrheit unterrichten, zur Erkenntnis des einen wahren Gottes führen und sie belehren, wie man Gott dienen und die Sünde verlassen müsse.

Dieses Amt einer *Lehrerin der Ägypter* übte Maria als Werkzeug ihres göttlichen Sohnes aus. Er war es, der ihren Worten Kraft verlieh. Darum war auch die Frucht ihrer Worte in den Seelen so groß. Wenn man alle ihre Wunder beschreiben und alle Seelen, die sich während des siebenjährigen Aufenthaltes der heiligen Familie in jenem Lande zum wahren Glauben bekehrten, aufzählen wollte, so wären viele Bücher zu schreiben. Das ganze Land wurde geheiligt und mit Segnungen der Süßigkeit erfüllt. Wenn Unsere Liebe Frau die Leute anhörte oder ihnen antwortete, hielt sie jedesmal das Jesuskind auf ihren Armen. Es war ja der Urheber jener Gnadenwirkungen wie überhaupt aller Gnaden, die den Sündern verliehen wurden. Maria sprach zu den Leuten immer deren Fassungskraft entsprechend, so daß sie die Lehre des ewigen Lebens auffassen und verstehen konnten.

So sagte sie zu ihnen, Gott sei nur einer. Es könne unmöglich mehrere Götter geben. Auch belehrte sie die Leute über die Wesenheit Gottes und die Erschaffung der Welt. Dann sagte sie ihnen, daß derselbe Gott diese Welt erlösen und wiederherstellen werde. Sie erklärte ihnen auch die zehn Gebote Gottes – diese sind ja Vorschriften des Naturgesetzes – und belehrte sie, wie sie Gott ehren und anbeten und die Erlösung des Menschengeschlechtes erwarten müßten.

Maria sagte ihnen, daß es böse Geister gebe, Feinde des wahren Gottes und der Menschen. Sie deckte ihnen die Irrtümer über die Götzenbilder und deren trügerische Antworten auf, in denen sie befangen waren. Sie zeigte ihnen die Abscheulichkeiten der Sünden, zu denen sie von den bösen Geistern verleitet wurden. Die bösen Geister trieben sie an, die Orakel zu befragen und sie durch böse Einflüsterungen und Erregung ungeordneter Begierden zur Sünde zu verführen. Obschon Maria ganz rein und von jeder Unvollkommenheit frei war, verschmähte sie es doch nicht, zur Ehre des Allerhöchsten und zum Heile der Seelen diese Leute von den schändlichen Sünden der Unreinigkeit, in die ganz Ägypten versunken war, abzuschrecken. Sie erklärte ihnen auch, daß der Erlöser, der den Satan besiegen und sie von so großen Übeln befreien werde, schon gekommen sei. Daß sie Ihn auf ihren Armen trage, sagte sie ihnen nicht.

Damit die Leute diese Lehren besser annähmen und für die Wahrheit noch mehr eingenommen würden, bekräftigte Unsere Liebe Frau sie durch *große Wunder*. Sie heilte alle Arten von Krankheiten und auch Besessene. Manchmal ging sie in die Spitäler und erwies dort den Kranken wunderbare Wohltaten. Überall tröstete sie die Betrübten, ermutigte die Leidenden und half den Bedrängten. Alle fesselte sie durch sanfte Liebe, ermahnte sie mit milder Strenge und gewann sie durch Wohltaten. In der Pflege der Kranken und Verwundeten schwankte Maria zwischen zwei Gefühlen, dem der Liebe, das sie anzog, die Wunden der Kranken eigenhändig zu pflegen, und dem der Sittsamkeit, um derentwillen sie niemand berühren wollte. Ihr göttlicher Sohn sagte ihr, beides berücksichtigend, sie solle die Männer nur durch Worte heilen, während sie sie ermahne. Die Frauen könne sie eigenhändig verpflegen, indem sie deren Wunden berühre und reinige. Das tat sie von nun an und übte so das Amt einer Mutter und Krankenpflegerin aus, bis nach zwei Jahren auch der heilige Joseph anfing, Kranke zu heilen. Maria half den Frauen mit unvergleichlicher Liebe. Sie pflegte sie, wenn sie auch voll von Geschwüren waren. Sie legte eigenhändig die nötigen Verbände mit solchem Mitleid an, als litte sie selbst die Schmerzen einer jeden Kranken. Manchmal bat sie ihr heiligstes Kind um die Erlaubnis, Es in die Wiege legen zu dürfen, um die Kranken zu pflegen. Auch dann war der „Herr der Armen" mit Seiner liebevollen, demütigen Mutter. Und o Wunder! Bei all diesen Liebesdiensten schaute die sittsame Jungfrau niemals in das Gesicht eines Mannes oder einer Frau. Selbst wenn sie Wunden im Gesicht hatten, schaute sie die Wunden an und hätte nachher niemand von Gesicht gekannt, wenn ihr nicht durch inneres Licht alle bekannt gewesen wären.

Die Krankheiten waren in Ägypten wegen des heißen Klimas und wegen der Ausschweifungen des unglücklichen Volkes häufig und gefährlich. Zudem herrschte während des Aufenthaltes des Jesuskindes einige Male die Pest in Heliopolis und an anderen Orten. Durch die Not getrieben und angezogen durch den Ruf der Wunder strömte dann eine Menge Leute aus dem ganzen Lande zu Jesus und Maria. Gesund an Leib und Seele kehrten sie dann zurück. Damit aber die Gnade des Herrn sich noch reichlicher ergieße und Maria in den Werken der Barmherzigkeit einen Gehilfen habe, ordnete Gott auf ihre Bitten an, daß auch Joseph das Amt, zu lehren und Kranke zu heilen, ausübe. Die heilige Jungfrau erlangte ihm dafür besondere innere Erleuchtung und besondere Gnaden der Heiligkeit. Er unterrichtete und heilte gewöhnlich die Männer, Maria dagegen die Frauen. Durch diese ununterbrochenen Wohltaten, namentlich durch die wirksamen Gnaden, die von den Lippen Mariä strömten, brachten sie unglaubliche Früchte hervor, da alle, durch die Bescheidenheit und Heiligkeit Mariä gewonnen, ihr von Herzen zugetan waren.

Man bot ihr oft Geschenke an. Doch sie nahm nie etwas für sich selbst an und bewahrte auch nichts. Sie wollte immer mit ihrem heiligen Bräutigam von ihrer Hände Arbeit leben. War es einmal angebracht, eine Gabe anzunehmen, so verteilte sie alles unter die Armen und Notleidenden. Nur zu diesem Zweck nahm sie manchmal Gaben frommer Personen zu deren Troste an. In solchen Fällen schenkte sie oft den Gebern zum Dank eine von ihr verfertigte Arbeit. Alle Wunder, die Jesus, Maria und Joseph während der sieben Jahre in Ägypten gewirkt haben, aufzuzählen, ist unmöglich.

Lehre der Himmelskönigin

Meine Tochter, du staunst über die Werke der Barmherzigkeit, die ich in Ägypten geübt habe. Wie sie sich mit meiner Sittsamkeit und meiner Liebe zur Zurückgezogenheit vertrugen, wirst du verstehen, wenn du die *unermeßliche Liebe* bedenkst, mit der mein heiligster Sohn jenem Lande Hilfe bringen und in dessen Bewohnern die ersten Funken des Liebesfeuers entzünden wollte, das in Seinem Herzen für das Heil der Menschen glühte. Diese Liebe teilte er mir mit und machte mich zum Werkzeug Seiner Liebe und Macht. Aus mir selbst hätte ich mich nicht zu so vielen Werken erkühnt, da ich immer geneigt war, zu schweigen und mit niemandem zu verkehren. Aber der Wille meines göttlichen Sohnes war immer die Richtschnur meines Verhaltens. Von dir, meine

Tochter, verlange ich, daß du nach meinem Beispiel am Wohle deines Nächsten arbeitest. Du hast die Gelegenheit dafür nicht zu suchen; der Herr wird sie dir senden. Nur wenn ein wichtiger Grund vorliegt, wirst du dich selbst anbieten. In allen Gelegenheiten aber erleuchte und belehre mit Hilfe des dir verliehenen Lichtes so viele du nur kannst, nicht als hättest du das Amt einer Lehrerin, sondern wie jemand, der trösten will und Mitleid hat mit seinen leidenden Brüdern, und der von ihnen Geduld lernen will, so daß große Demut und große Zurückhaltung mit der Übung der Liebe Hand in Hand gehen.

Deine Untergebenen sollst du ermahnen, zurechtweisen und zu dem anleiten, was das Vollkommenste und Gottgefälligste ist. Dies ist das Wichtigste, das du tun kannst, nachdem du selbst das Vollkommenste übst. Für jene, mit denen du nicht sprechen kannst, bete, auf daß sie zum Heile gelangen.

So kannst du die Liebe auf alle ausdehnen. Weil du auswärtige Kranke nicht pflegen kannst, so ersetze dies an den Kranken deines Hauses. Leiste ihnen Dienste, bereite ihnen Freude und sorge für Reinlichkeit. Du sollst dich aber nicht als Oberin betrachten. Für sie bist du die Mutter. Das sollst du allen mit mütterlicher Liebe und Sorge zeigen. Die Welt verwendet gewöhnlich die Ärmsten und Verachtetsten zur Pflege der Kranken, da sie in ihrer Unwissenheit die Erhabenheit dieses Dienstes nicht kennt. Da du arm und die Geringste bist, so gebe ich auch dir das Amt der Krankenpflegerin. Folge mir darin nach.

* * *

Unschuldige Kinder

27. Tod der Unschuldigen Kinder

n Jerusalem wartete Herodes mit teuflischer Arglist auf die Rückkehr der Weisen. Als er erfuhr, daß sie in Bethlehem bei Maria und Joseph gewesen seien, nun aber die Grenze von Palästina schon wieder überschritten hätten, sah er sich getäuscht. Er fragte nun nochmals einige Gesetzesgelehrte. Als er von allen Ereignissen, auch von denen im Tempel, Kunde erhalten hatte, befahl er, Maria, Joseph und das Kind sorgfältig zu suchen. Ihre Abreise aber war verborgen geblieben. Von ihrer Flucht wurde keine Spur entdeckt. Darum brachten die Diener des Herodes die Antwort, ein solcher Mann, eine solche Frau und ein solches Kind seien in der ganzen Gegend nicht zu finden.

Da entbrannte Herodes in Wut. Satan aber, der wohl wußte, daß Herodes zu jeder Missetat bereit sei, flüsterte ihm unheilvolle Pläne ein, durch die Herodes wieder getröstet wurde. Er schlug ihm vor, alle Knäblein dieser Gegend, die nicht über zwei Jahre alt seien, zu ermorden. Unter diesen werde unfehlbar auch der neugeborene König der Juden sein. Der tyrannische König hatte an diesem Gedanken große Freude und willigte ein, ohne Schrecken oder Abscheu zu empfinden. Er versammelte Soldaten und stellte sie unter den Befehl einiger ihm besonders vertrauter Männer und gebot ihnen unter schweren Strafen, alle Kinder unter zwei Jahren in Bethlehem und der Umgebung zu ermorden. Der Befehl wurde ausgeführt. Die ganze Gegend war voll Bestürzung, Klagen und Tränen der Väter, Mütter und Verwandten dieser unschuldigen Kinder, die zum Tode verurteilt waren, ohne daß jemand widerstehen oder helfen konnte. Herodes gab diesen gottlosen Befehl sechs Monate nach der Geburt unseres Erlösers. Als die Ausführung begann, hatte Maria ihr göttliches Kind auf den Armen. In Seine Seele blickend, sah sie wie in einem klaren Spiegel alles, was zu Bethlehem vorging, und zwar deutlicher, als wenn sie beim Klagegeschrei der Kinder und ihrer Eltern gegenwärtig gewesen wäre. Maria sah auch, wie Jesus für die Eltern der unschuldigen Kinder zum himmlischen Vater betete. Er opferte Ihm die Kinder als Erstlingsfrüchte Seines Todes auf. Da sie Seinetwegen geopfert wurden, bat Er den ewigen Vater, ihnen den Gebrauch der Vernunft zu verleihen, damit sie ihr Leben freiwillig opfern könnten, den Tod zur Ehre Gottes annähmen und so durch ihr Leiden die Krone der Märtyrer verdienten. Der himmlische Vater gewährte alle diese Bitten. Maria schloß sich Seiner Aufopferung und Seinen Bitten an. Sie nahm auch teil an den Schmerzen, dem Mitleiden der Eltern über den Tod ihrer Söhne. Sie war in Wahrheit und vor allem andern die „Rachel", die die Kinder Bethlehems beweinte, die ja auch die ihren waren. Keine andere Mutter beweinte sie so wie sie; denn keine war in solcher Weise Mutter wie Maria.

Unsere Liebe Frau wußte damals noch nicht, was Elisabeth zur Rettung ihres Kindes getan hatte. Sie zweifelte nicht, daß sich an Johannes alle Geheimnisse erfüllen würden, die sie im göttlichen Licht über sein Amt als Vorläufer erkannt hatte; aber sie wußte doch nicht, welche Sorge und Mühe die Grausamkeit des Herodes Elisabeth und ihrem Sohne verursacht hatte, und durch welches Mittel sie seiner Wut entgangen waren. Maria wagte nicht, das Jesuskind darüber zu fragen wegen der Ehrfurcht und Klugheit, die sie solchen Offenbarungen gegenüber immer beobachtete. Sie schwieg also in Demut und Geduld. Das Jesuskind aber entsprach ihrem mitleidvollen Verlangen und teilte ihr mit, Zacharias sei vier Monate nach der Geburt Jesu gestorben. Elisabeth habe keine andere Gesellschaft als die ihres kleinen Johannes und lebe mit ihm an einem abgelegenen Ort. Auf die Mahnung des Engels, und weil Herodes begann, seinen grausamen Plan auszuführen, habe sie sich entschlossen, mit ihrem Sohn in die Wüste zu fliehen und unter den wilden Tieren zu leben, um der Verfolgung zu entgehen. Sie habe diesen Entschluß auf Antrieb und mit Billigung des Allerhöchsten gefaßt und halte sich in einer Höhle verborgen, wo sie mit großer Mühe und Beschwerde ihr und des kleinen Johannes Leben friste.

Maria ward auch inne, daß Elisabeth nach drei Jahren dieses einsamen Lebens sterben werde. Johannes aber werde in der Wüste bleiben, ein engelgleiches Leben führen und die Wüste nicht verlassen, bis er von Gott Befehl erhalte, als Vorläufer des Herrn Buße zu predigen. Das Jesuskind zeigte Seiner Mutter auch, welch große, verborgene Gnaden Elisabeth und ihr Sohn in der Wüste empfangen würden. Maria schaute dies so, wie sie auch den Tod der Unschuldigen Kinder geschaut hatte. Dabei wurde ihr Herz von *Freude und Mitleid* durchdrungen: von Freude, da sie nun wußte, daß der kleine Johannes und seine Mutter gerettet seien, von Mitleid wegen der Beschwerden, die sie in der Einsamkeit zu leiden hatten. Maria bat sogleich ihren göttlichen Sohn um Erlaubnis, von da an die Sorge für ihre Base Elisabeth und für den kleinen Johannes übernehmen zu dürfen. Sie sandte ihnen oftmals Engel, um ihnen zu dienen und Lebensmittel zu bringen, die den größten Teil ihres Unterhaltes in der Wüste ausmachten. So unterhielt Maria von Ägypten aus mittels der Engel einen beständigen, doch verborgenen Verkehr mit ihnen.

Als für Elisabeth die Todesstunde kam, sandte Maria ihr sehr viele Engel, die ihr beistehen und zugleich des kleinen Johannes, der vier Jahre zählte, sich annehmen sollten. Mit Hilfe der Engel beerdigte Johannes seine verstorbene Mutter in der Wüste. Von da an sandte Maria ihm täglich Speise, bis er alt genug war, sich selbst mit Kräutern, Wurzeln und

Waldhonig seine Nahrung zu verschaffen. Eine andere Nahrung nahm er bei seiner wunderbaren Enthaltsamkeit nicht.

Keine Zunge kann aussprechen, kein Verstand begreifen, welche Fortschritte an Verdiensten, an Heiligkeit und Gnade die seligste Jungfrau bei all diesen Wunderwerken machte. Aus allem zog sie Nutzen. Während sie mit ihrem göttlichen Sohn zum ewigen Vater betete, wurde sie von Bewunderung und Rührung ergriffen und zum Lobe Gottes bewogen, da sie sah, wie freigebig die göttliche Vorsehung gegen die Unschuldigen Kinder war. Wie wenn sie gegenwärtig gewesen wäre, sah sie die große Zahl der Kinder, die starben, wie sie alle den Gebrauch der Vernunft erhielten, obwohl die größten nicht älter waren als zwei Jahre, andere nur sechs oder zwei Monate, andere acht Tage. Sie sah, wie diesen Kindern eine hohe Erkenntnis Gottes und eine vollkommene Liebe Gottes sowie die Tugenden des Glaubens und der Hoffnung eingegossen wurden, kraft deren sie heroische Akte des Glaubens, der Anbetung, der Liebe zu Gott sowie des Mitleids mit ihren Eltern erweckten. Sie beteten, Gott möge ihren Eltern für diesen Schmerz Licht und Gnade verleihen, um die ewigen Güter zu erlangen. Den Martertod nahmen sie freiwillig an. Da ihnen die natürliche Zartheit ihres kindlichen Alters blieb, war ihr Leiden schmerzlicher, aber auch verdienstvoller. Die Engel standen ihnen in großer Zahl bei und trugen sie in die Vorhölle. Durch ihre Ankunft erfreuten sie die heiligen Väter; denn sie bestärkten deren Hoffnung auf baldige Erlösung. Dies alles war die Frucht der Gebete des göttlichen Kindes und Seiner Mutter. Maria entbrannte beim Anblick solcher Wunder in heißester Liebe und sprach: *„Laudate pueri Dominum!"* – „Lobet ihr Kinder den Herrn" (Ps 112, 1). Im Verein mit den Kindern pries sie den Urheber dieser Wunderwerke. Sie allein verstand und verehrte diese Wunder mit der gebührenden Weisheit, Hochachtung und Demut. Sie, die Mutter der Reinheit, Unschuld und Heiligkeit, verdemütigte sich tiefer, als je ein Mensch in seiner Sündhaftigkeit sich verdemütigen kann. Sie allein erkannte gebührend, daß ein Geschöpf die Wohltaten des Herrn nicht mit entsprechendem Dank erwidern kann, und noch viel weniger Seine unendliche Liebe, von der jene Wohltaten ausströmen. Darum verdemütigte sie sich bei dieser Erkenntnis, und nach ihr bemaß sie ihre Liebe, Dankbarkeit und Demut. Allem gab sie die höchste Vollkommenheit, soweit sie als bloßes Geschöpf fähig war, Gott würdig zu danken, einzig durch die Erkenntnis, daß dies nur auf dem Weg der Demut möglich sei.

Ich weiß, daß es unter den heiligen Vätern und Schriftstellern Meinungsverschiedenheiten gibt bezüglich der Zeit der Ermordung der Kinder, ihres Alters und anderer Fragen. Ich will mich nicht dabei aufhalten; denn ich schreibe nur, was mir mitgeteilt und diktiert wird, oder was mir der Gehorsam manchmal auferlegt zu fragen. Es geziemt sich nicht, Streitfragen in dieses Buch einzuführen; denn von Anfang an ist mir die Weisung zugekommen, ich solle das ganze Werk ohne Rücksicht auf Meinungen schreiben, einzig nach der Wahrheit, die das göttliche Licht mich lehren werde.

Ob das, was ich schreibe, mit der Heiligen Schrift sowie mit der Majestät und Größe dieses Gegenstandes übereinstimmt, und ob die Dinge unter sich selbst im rechten Zusammenhang stehen, überlasse ich der Weisheit meiner Obern sowie dem Urteil gelehrter und frommer Männer. Die Meinungsverschiedenheit ist bei den Schriftstellern gewissermaßen unvermeidlich, da die einen diesem, die andern jenem Autor folgen und die jüngeren jenem aus den älteren, der ihnen am meisten entspricht. Ich aber konnte beim Schreiben diese Methode nicht befolgen, da ich eine unwissende Frau bin.

Lehre der Himmelskönigin

Meine Tochter, du empfindest es schmerzlich, daß ein edles Geschöpf, das von Gott nach Seinem Bilde und Gleichnis erschaffen und mit erhabenen, ja himmlischen Fähigkeiten ausgerüstet ist, nämlich Gott zu erkennen, zu lieben, ewig zu schauen und zu genießen, daß ein solches Geschöpf diese hohe Würde vollständig vergißt und sich zu so tierischen und schrecklichen Plänen verleiten und erniedrigen läßt, daß es das Blut unschuldiger Kinder vergießt, die niemandem ein Leid zufügen konnten. Dieses Mitleid muß dich bewegen, den Untergang so vieler Seelen zu beweinen, die im gegenwärtigen Jahrhundert verloren gehen, weil der gleiche Ehrgeiz, der den Herodes beseelte, grausamen Haß und schreckliche Feindschaft unter den Kindern der Kirche stiftet und den Verlust zahlloser Seelen herbeiführt. Das für ihre Erlösung vergossene Blut meines heiligsten Sohnes geht an ihnen verloren. Weine bitterlich über ein solches Verderben.

Erwäge, was eine blinde Leidenschaft vermag. Sie entflammt das Herz mit dem Feuer der Begierlichkeit, wenn sie ihr Verlangen erreicht, oder mit dem Feuer des Zornes, wenn sie es nicht erreichen kann. Meine Tochter, fürchte diese Gefahr. Gib acht, daß du dein Herz an nichts hängst, so klein es auch scheinen mag. Ein kleinstes Fünkchen genügt, den größten Brand anzufachen. Die Lehre der *Abtötung deiner Neigungen* habe ich dir schon oft gegeben und werde sie noch oft wiederholen; denn die größte Schwierigkeit für die Tugend besteht darin, allem Sinnlichen und allen Vergnügen abzusterben. Du kannst in der Hand des Herrn kein Werkzeug nach Seinem Wunsche sein, wenn du nicht sogar jede Vorstellung von einem Geschöpf aus deinem Geiste verbannst. Sie soll keinen Zutritt zu deinem Willen finden. Darum sei es ein unverletzliches Gesetz für dich, alles, was außer Gott und Seinen Engeln und Heiligen existiert, so zu betrachten, als bestünde es nicht. Zu diesem Zweck offenbart dir der Herr Seine Geheimnisse und ladet dich zu Seinem vertrauten und innigen Verkehr ein. Auch ich lade dich dazu ein. Habe den Willen, nur mit Gott zu leben!

28. Das Jesuskind beginnt zu sprechen

ls das Jesuskind ein Jahr alt war, sprachen Maria und Joseph eines Tages über die unendliche Vollkommenheit Gottes, vor allem über die unendliche Liebe, die Ihn bewogen hatte, Seinen eingeborenen Sohn als Lehrer und Erlöser der Menschen vom Himmel zu senden und Ihm Menschengestalt zu geben, damit Er mit den Menschen verkehre und ihre Leiden auf sich nehme. Joseph wurde von höchstem Erstaunen über die Werke des Herrn und von feurigen Gefühlen des Lobes und Dankes ergriffen. Da sprach das Jesuskind auf den Armen Seiner Mutter als auf Seinem ersten Lehrstuhl mit lauter Stimme: „Mein Vater, Ich bin vom Himmel gekommen, um das Licht der Welt zu sein und sie von der Finsternis der Sünde zu erlösen, um als guter Hirt Meine Schafe zu suchen, ihnen die Weide des ewigen Lebens zu geben, sie den Weg zum Himmel zu lehren und die durch die Sünde verschlossenen Pforten zu öffnen. Ich will, daß ihr beide Kinder des Lichtes seid, da ihr das Licht so nahe bei euch habt." Mit Seiner Mutter hatte das göttliche Kind schon seit Seiner Geburt gesprochen.

Diese Worte, voll des Lebens und göttlicher Kraft, gossen neue Liebe, Ehrfurcht und Freude in das Herz Josephs. Demütig kniete er nieder und dankte dem göttlichen Kind, daß das erste Wort, das er von Seinen Lippen vernommen, der Name „Vater" war. Er bat Es unter Tränen, daß Sein göttliches Licht ihn erleuchte, ihn zur vollkommenen Erfüllung Seines Willens führe und ihn lehre, dankbar zu sein für die unaussprechlichen Wohltaten, die er von Seiner freigebigen Hand erhalten habe.

Wie hoch erfreut, ja stolz sind die Eltern, wenn sie einige Anzeichen entdecken, daß ihre Kinder sich durch Weisheit und Tugenden auszeichnen werden. Und ist dies auch nicht der Fall, so geben sie mit Freuden auf die Kindereien acht, die sie sagen oder tun. Das alles steigert die natürliche Zuneigung zu den Kleinen. Wenn auch Joseph nicht der leibliche Vater des göttlichen Kindes war, so übertraf dennoch seine Liebe ohne Maß alle Liebe, die ein leiblicher Vater für seine Kinder hegt. In ihm war die Gnade und selbst die Natur mächtiger als in allen andern Vätern zusammen. Nach dieser Liebe und nach der Hochschätzung des Glückes, der Nährvater des Jesuskindes zu sein, muß man die Freude seiner reinsten Seele bemessen, da er sich Vater des Sohnes Gottes, des Sohnes des ewigen Vaters, nennen hörte und zugleich sah, daß das göttliche Kind so schön, so voll der Gnade war und schon beim ersten Mal mit so erhabener Weisheit zu ihm redete.

Während des ganzen ersten Jahres war das göttliche Kind in Windeln gewickelt. Der Sohn Gottes wollte sich darin nicht von andern Kindern unterscheiden; teils zum Beweis Seiner wahren Menschheit, teils zum Zeugnis Seiner Liebe zu den Sterblichen. Für sie alle litt Er diese Beschwerde, von der Er sich hätte befreien können. Als Maria dachte, es sei Zeit, dem Kinde Schuhe zu geben, kniete sie vor der Wiege nieder und sprach: „Mein Sohn, Du Liebstes meiner Seele, als Deine Dienerin verlange ich, in allem nach Deinem Wohlgefallen zu handeln. Schon lange bist Du in die Windeln eingehüllt gewesen und hast dadurch die Gewalt Deiner Liebe zu den Menschen geoffenbart. Ist es jetzt Zeit, die Bekleidung zu wechseln? Sage mir, was soll ich nun tun?"

„Meine Mutter", antwortete das göttliche Kind, „aus Liebe zu den Seelen sind mir die Bande Meiner Kindheit nicht beschwerlich gefallen. In Meinem Vollalter soll Ich ja gefangengenommen, gebunden und Meinen Feinden zum Tode – für sie – ausgeliefert werden. Ist der Gedanke daran wegen des Wohlgefallens Meines Vaters für Mich süß, so wird Mir alles übrige leicht sein. Ich werde in dieser Welt nur ein Kleid tragen. Ich will nur so viel, als Ich zu Meiner Bedeckung bedarf. Als Schöpfer gehört zwar alles Mir, doch Ich habe es den Menschen überlassen, damit sie Mir um so mehr zu verdanken haben, und damit sie von Mir lernen, nach meinem Beispiel und aus Liebe zu Mir alles für das zeitliche Leben Überflüssige abzutun und zu verachten. Meine Mutter, gib Mir einen langen Rock von einfacher, gewöhnlicher Farbe. Diesen allein werde Ich tragen; denn er wird mit Mir wachsen. Über diesen Rock wird man bei meinem Tode das Los werfen. Selbst über diesen soll nicht Ich, sondern sollen andere verfügen, damit die Menschen sehen, daß Ich leben will, wie Ich geboren wurde, *in Armut und Entblößung*. Die irdischen Dinge drücken das Menschenherz nieder und verfinstern es. Schon im Augenblick Meiner Empfängnis habe Ich auf alles in der Welt verzichtet, obwohl wegen der Vereinigung Meiner menschlichen Natur mit der göttlichen Person alles Mein Eigentum war. Ich wollte die sichtbaren Dinge nur Meinem Vater aufopfern. Ihm zuliebe habe Ich auf alles verzichtet und nur das angenommen, was zur Erhaltung des natürlichen Lebens notwendig ist, um später auch dieses für die Menschen hinzugeben. Durch Mein Beispiel will Ich die Menschen lehren, daß sie die Armut lieben, nicht aber verachten. Wenn Ich, der Herr aller Dinge, allem entsage, wird es für jene, die an Mich glauben, eine Schande sein, das, was Ich zu verachten gelehrt habe, so heftig zu begehren.“

Die Erinnerung an den heiligsten Tod ihres Sohnes durchbohrte das mitleidsvolle Herz der Mutter. Das Beispiel Seiner äußersten Armut aber erfüllte sie mit Bewunderung und spornte sie zur Nachahmung an. Die unermeßliche Liebe ihres Kindes zu den Menschen entflammte sie mit Eifer, im Namen aller Menschen dem Herrn für diese Liebe zu danken. So erweckte sie heldenmütige Tugendakte. Da sie vernahm, das Jesuskind wolle nur einen Rock und keine Fußbekleidung, sagte sie zu Ihm: „Mein Sohn, Deine Mutter hat nicht das Herz, Dich in so zartem Alter mit bloßen Füßen den Boden betreten zu lassen. Laß sie doch bekleiden. Auch weiß ich, daß das rauhe Kleid, unter dem Du keine Leinwand tragen willst, in Deinem kindlichen Alter Deinen zarten Leib sehr verletzen wird." Darauf das Jesuskind: „Meine Mutter, Ich nehme eine arme Fußbekleidung an, bis für Mich die Zeit zum Predigen gekommen sein wird. Dagegen werde Ich keine Leinwand tragen. Sie verzärtelt das Fleisch und ist Ursache mancher Sünden. Durch Mein Beispiel will Ich viele lehren, aus Liebe zu Mir und zu Meiner Nachfolge darauf zu verzichten."

Maria verschaffte sich alsbald natürliche Wolle, spann sie eigenhändig sehr fein, ohne sie zu färben, und wob davon ein Röckchen von einem Stück, ohne Naht. Es war nicht glatt wie Tuch, sondern schnurförmig. Sie verfertigte es auf einem kleinen Webstuhl. Es ist geheimnisvoll, daß dieses Röckchen ungenäht und von einem Stück war. Auf die Bitte und nach dem Willen Unserer Lieben Frau veränderte es seine natürliche Wollfarbe in Graubraun. Maria verfertigte auch Schuhe von starkem Garn, grob wie aus Hanf geflochten. Dann machte sie noch ein Halbröckchen von Leinwand, das dem Jesuskind aus Sittsamkeit als Unterkleid dienen sollte.

Die Jahrestage der Menschwerdung und Geburt Jesu feierte Maria alljährlich. Vor dem Tag der Menschwerdung hielt sie eine Novene mit erhabenen Übungen entsprechend den neun Tagen, an denen Gott sie mit den wunderbaren Gnaden auf jenes Geheimnis vorbereitet hatte. Am Tage der Verkündigung selbst lud sie ihre Schutzengel und alle heiligen Engel des Himmels ein, ihr diese erhabenen Geheimnisse feiern und dem Herrn würdig dafür danken zu helfen. Auch an das Jesuskind stellte sie, in Kreuzform auf die Erde niedergeworfen, die Bitte, Es möge in ihrem Namen den ewigen Vater für alle Gnaden lobpreisen, die Er ihr und dem Menschengeschlecht erwiesen habe, indem Er Seinen eingeborenen Sohn dahingab. Ebenso tat sie am Jahrestag Seiner Geburt.

Weil sie beständig das Andenken an diese erhabenen Geheimnisse erneuerte, empfing sie an diesen Tagen außergewöhnliche Gnaden von Gott. Sie hatte erkannt, daß es dem ewigen Vater wohlgefalle, wenn sie in Kreuzesform auf die Erde hingeworfen, Ihm ihr Kind aufopfere im Hinblick darauf, daß dieses göttliche Lamm einst ans Kreuz genagelt werden sollte. Darum verrichtete sie diese Übung an allen Festtagen und flehte dabei zu Gott, daß Er Seine Gerechtigkeit besänftigen und den Sündern Barmherzigkeit erweisen möchte. Dann erhob sie sich, von Liebesfeuer entbrannt, und beschloß die Feier dieser Feste mit wunderbaren Lobliedern. Sie sang diese abwechselnd mit den heiligen Engeln, die einen Chor bildeten und ihren Vers mit himmlischer lieblicher Musik sangen. Die Antworten Mariä aber waren dem Herrn noch lieblicher und angenehmer als der Gesang aller Seraphim und Seligen zusammen. Das Echo ihrer erhabensten Tugenden klang hinauf bis zur Wohnung der allerheiligsten Dreifaltigkeit und zum Throne der Majestät des ewigen Gottes.

Lehre der Himmelskönigin

Meine Tochter, es ist dir und allen Geschöpfen zusammen unmöglich, vollkommen zu begreifen, wie groß der Geist der Armut meines Sohnes gewesen ist. Er hat ihn auch mir geschenkt. Aus dem, was ich dir geoffenbart habe, kannst du wenigstens zum Teil die Erhabenheit dieser Tugend erkennen und auch Seinen Abscheu vor dem Laster der Habsucht.

Wohl konnte Er die Dinge, die Er ins Dasein gerufen hatte, nicht hassen, aber Er sah in Seiner unendlichen Weisheit das unaussprechliche Verderben, das die *ungeordnete Gier nach irdischen Gütern* unter den Menschen anrichten würde. Er sah, wie die unsinnige Liebe zum Zeitlichen den größten Teil der Menschen ins Verderben stürzen werde. Darum war Sein Haß gegen das Laster des Geizes und der Habgier so unaussprechlich groß.

Um diesem Verderben vorzubeugen und ein Gegenmittel zu bieten, erwählte mein Sohn die Armut und lehrte sie durch Wort und Beispiel in wunderbarer Entäußerung. Wenn die Menschen von diesem Heilmittel keinen Gebrauch machen, so ist die Sache des Arztes, der das Heilmittel bereitet hat, gerechtfertigt. Die gleiche Lehre habe auch ich mein ganzes Leben hindurch ausgesprochen und geübt. Durch sie haben die heiligen Apostel die Kirche gepflanzt. Dasselbe taten und lehrten alle Ordensstifter und überhaupt alle Heiligen, die die Kirche verbessert haben und ihre Stütze waren. Sie alle haben die Armut als einzigartiges und wirksames Mittel der Heiligkeit geliebt. Dagegen haben sie die Reichtümer als die Quelle aller Übel und die Wurzel der Laster gehaßt. Ich will, daß auch du diese *Armut* liebst und sorgfältig suchst. Sie ist der *Schmuck der Bräute meines liebsten Sohnes.* Ohne diesen Schmuck erkennt Er sie nicht als solche an. Er verstößt jene, die Ihm sehr ungleich sind. Eine reiche Braut, die Überfluß an allen unnötigen Bequemlichkeiten hat, paßt nicht zu einem ganz armen und von allem entblößten Bräutigam. Bei solcher Ungleichheit kann von gegenseitiger Liebe keine Rede sein.

Wenn du deinen Gnaden entsprechend, nicht arm bist, wie ich es war, so kann ich dich nicht als Tochter anerkennen. Ich werde an dir nicht lieben, was ich für meine eigene Person verabscheut habe. Vergiß auch nicht die Wohltaten des Herrn, die du so reichlich empfängst. Wenn du nicht sehr dankbar bist, wird die schwerfällige Natur dich wie von selbst zu dieser rohen Vergessenheit hinziehen. Erneuere darum täglich oft das Andenken an jene Wohltaten und danke dem Herrn jedesmal mit einem Herzen voll Liebe und Demut. Denke vor allem daran, daß Er dich gerufen und erwartet hat und daß Er dir oft zahlreiche Gnaden verliehen. Das Andenken an diese Wohltaten wird in deinem Herzen eine zarte und kräftige Liebe unterhalten, so daß du mit Umsicht und Eifer wirken wirst. Dann wird der Herr dich mit neuen Wohltaten belohnen, weil Ihm ein dankbares und treues Herz überaus wohlgefällig ist. Wie Er Seine Gaben mit der Fülle Seiner Liebe spendet, so will Er auch, daß wir sie durch emsige, hochherzige und liebevolle Dankbarkeit erwidern.

* * *

29. Die Kleidung des Jesuskindes.
Seine Leiden

Bevor Maria ihr göttliches Kind mit den neuen Gewändern bekleidete, warf sie sich vor Ihm nieder und sprach: „Schöpfer des Himmels und der Erde, wenn es möglich wäre, würde ich Dich gern so bekleiden, wie es der Würde Deiner göttlichen Person geziemt. Gern hätte ich Dir diese Kleidung aus meinem Herzblut bereitet, doch ich glaube, daß sie Dir auch so gefallen wird, weil sie arm und einfach ist. Verzeihe mir das Mangelhafte daran. Siehe an mein Verlangen. Und nun erlaube mir, Dich zu bekleiden." Das Jesuskind nahm diesen Dienst wohlgefällig an. Maria bekleidete es mit dem Rock und mit den Schuhen und stellte Es auf die Füße. Das Röckchen hatte das rechte Maß, Es bedeckte Seine Füße, ohne die Erde zu berühren. Die Ärmel reichten bis zur Mitte der Hand. Dabei hatte Maria dem Kinde nichts angemessen. Der Kragen war rund, vorne geschlossen, etwas hoch und wie dem Halse angepaßt. Darum zog die Mutter den Rock über den Kopf des Kindes, ohne den Kragen zu öffnen. Das Kleid paßte sich gefügig nach ihrem Willen an.

Der Herr legte diesen Rock niemals ab, bis die Henkersknechte Ihn entblößten, zuerst vor der Geißelung, dann vor der Kreuzigung. Der Rock wuchs immer im Verhältnis zu Seinem heiligsten Leibe. Dasselbe gilt von den Sandalen und dem Unterkleid, das die Mutter Ihm anzog. Während zweiunddreißig Jahren wurde nichts daran verdorben oder abgenützt. Der Rock verlor auch seine Farbe und Frische nicht, noch viel weniger wurde er schmutzig, sonderner blieb immer in demselben Zustand. Jenes Kleid, das Jesus ablegte, als Er den Aposteln die Füße waschen wollte, war ein Mantel, den Er über den Schultern trug. Er war auch von der heiligsten Jungfrau verfertigt worden, als sie nach Nazareth zurückgekehrt waren. Auch er wuchs wie der Rock, war auf dieselbe Weise gewoben und von der gleichen Farbe, nur ein wenig dunkler.

Das Jesuskind stand jetzt auf Seinen Füßen und erschien als der „Schönste unter den Menschenkindern". Die Engel waren voll Verwunderung, daß der, der die Himmel mit Licht und die Felder mit Schönheit bekleidet, eine so arme, geringe Kleidung gewählt hatte. Das göttliche Kind konnte sogleich vollkommen gehen. Es tat dies aber nur in Gegenwart seiner Eltern. Den Auswärtigen blieb dies Wunder noch eine Zeitlang verborgen. Wenn Fremde kamen, nahm Maria das Kind auf die Arme, auch wenn sie mit Ihm das Haus verließ. Unbeschreiblich große Freude empfanden Maria und Joseph, als sie sahen, wie das Kind gehen konnte und wie schön es war.

Ein und ein halbes Jahr nahm das göttliche Kind Seine Nahrung an der Brust Seiner reinsten Mutter. Dann genoß Es gewöhnliche Nahrung, doch nur wenig und geringe. Sie bestand anfangs aus Suppe und Früchten oder Fischen. Solange das Kind im Wachsen begriffen war, gab die Mutter Ihm wie bisher dreimal zu essen. Niemals begehrte Es Speise. Als Jesus größer geworden war, aß Er mit Seinen Eltern. Dann warteten sie immer, bis Er den Segen gegeben hatte. Am Ende der Mahlzeit sprach Er das Dankgebet.

Nachdem das Kind zu gehen begonnen hatte, zog es sich manchmal in die Betkammer Seiner Mutter zurück und blieb dort einige Zeit allein. Maria wünschte zu wissen, ob Er allein bleiben oder sie bei sich haben wolle. Als sie darüber nachdachte, sagte ihr das göttliche Kind: „Liebe Mutter, du darfst immer mit Mir eintreten und bei Mir bleiben, damit du Mir nachfolgest und nach deinen Kräften Meine

Werke nachahmst. Es ist Mein Wille, daß die hohe Voll-kommenheit, in der Ich die Seelen zu sehen wünsche, in dir verwirklicht und ausgeprägt werde. Hätten die Menschen Meinem von Anfang an gehegten Wunsch, sie mit Heiligkeit und Gnade zu erfüllen, nicht widerstanden, so hätten sie sie in reichster Fülle und im Überfluß erhalten. Weil das Men-schengeschlecht dies aber verhindert hat, so will Ich, daß all Mein Wohlgefallen in dir allein sich erfülle, und daß in dei-ner Seele alle Schätze niedergelegt werden, die die übrigen Menschen verscherzt und verloren haben. Achte darum auf Meine Werke, um Mir nachzufolgen."

Jetzt wurde Maria aufs neue die *Schülerin ihres göttli-chen Sohnes.* Von da an fanden neue, große, tiefe und un-aussprechliche Geheimnisse zwischen beiden statt. Erst am Tage der Ewigkeit werden sie bekannt werden. Das göttliche Kind warf sich oft zur Erde nieder. Oft streckte Es, vom Bo-den in die Luft erhoben, die Arme kreuzweise aus, indem Es immer zum ewigen Vater für das Heil der Sterblichen be-tete. Seine liebevollste Mutter aber ahmte Es in allem nach. Dabei waren die inneren Akte Seiner Seele ihr gerade so sichtbar wie Seine äußeren, körperlichen Handlungen. Die-ses Schauen war für sie das Licht und Vorbild, nach welchem sie die Heiligkeit Jesu in sich abbildete. Diese einzigartige Gnade können alle Geschöpfe zusammen weder fassen noch aussprechen.

Maria genoß nicht immer die Vision der Gottheit. Wohl aber hatte sie allezeit die Anschauung der Menschheit und der heiligsten Seele ihres Sohnes und aller ihrer Akte. Be-sonders schaute sie die Wirkungen der hypostatischen und beseligenden Vereinigung in Ihm, zwar nicht immer die Glorie und Vereinigung dem Wesen nach, wohl aber die in-neren Akte, durch die die Menschheit die mit ihr vereinigte Gottheit verherrlichte und liebte. Dies war ausschließlich das Vorrecht der jungfräulichen Mutter. Bei diesen Übungen weinte das Jesuskind oft vor den Augen Seiner Mutter und *schwitzte Blut*. Die seligste Jungfrau trocknete Ihm dann das Antlitz ab. In Seinem Innern aber schaute sie die Ursache dieser Betrübnis, nämlich den Untergang jener, die undankbar die Werke ihres Schöpfers und Erlösers an sich vereiteln. Oft schaute die glücklichste Mutter ihren göttlichen Sohn in *hellstem Lichte strahlen*. Sie hörte die Loblieder der Engel und schaute das Wohlgefallen des ewigen Vaters an Seinem einzigen, geliebten Sohne. Diese Wunder begannen, als das Kind ein Jahr alt war und zu gehen anfing. Seine heiligste Mutter war allein Zeugin. Ihrem Herzen mußten sie anvertraut werden, da sie die Einzigerwählte ihres Sohnes und Schöpfers war. Die Akte der Liebe, des Lobes, der Ehrfurcht und Dankbarkeit, in denen sie sich ihrem göttlichen Sohne anschloß, die Gebete, die sie für das Menschengeschlecht verrichtete, alles dies übersteigt meine Fassungskraft. Ich weiß nicht auszudrücken, was ich davon verstehe. Ich überlasse es darum dem christlichen Glauben und der christlichen Frömmigkeit.

Das Jesuskind wuchs heran zur Bewunderung und Freude aller. Mit sechs Jahren fing Es an, zuweilen das Haus zu verlassen, um die Kranken in den Spitälern zu besuchen und sie auf wunderbare, geheimnisvolle Weise zu trösten und zu ermutigen. Viele Bewohner von Heliopolis kannten das göttliche Kind. Durch die Macht Seiner Gottheit und durch Seine Heiligkeit zog Es alle Herzen an sich. Manche boten Ihm Geschenke an, die Es nach den Gründen Seiner Weisheit entweder ausschlug oder annahm und an die Armen verteilte. Seine weisen Reden und Seine sittsame, würdevolle Haltung erregten solche Bewunderung, daß viele Seine Eltern beglückwünschten und seligpriesen. Jesus begehrte, daß man Seine heiligste Mutter in Ihm und Seinetwegen verehre, soweit dies damals möglich war. Den tieferen Grund ihrer Ehrwürdigkeit erkannten die Menschen noch nicht.

Da Kinder gern beisammen sind, versammelten sich auch um das Jesuskind viele Kinder aus Heliopolis. Es lehrte sie den wahren Gott kennen, unterrichtete sie über die Tugenden und den Weg zum ewigen Leben, und zwar in reicherer Fülle als den Erwachsenen. Da seine Worte lebendig und wirksam waren, zog das göttliche Kind die Kleinen an, rührte sie und prägte Seine Worte so tief in ihre Herzen ein, daß alle, die dieses Glückes teilhaftig wurden, später große Männer und Heilige geworden sind. Der so früh in ihre Seele gestreute himmlische Same brachte mit der Zeit seine Frucht.

Maria wußte um alle diese Wunderwerke. Wenn ihr heiligster Sohn den Willen Seines Vaters an den Ihm anbefohlenen Schäflein vollbracht hatte und sie wieder mit Ihm allein war, warf sie sich vor Ihm nieder, um Ihm für die Wohltaten zu danken, die Er den Kleinen erwiesen hatte. Sie küßte Ihm als dem Hohenpriester des Himmels und der Erde die Füße. Das tat sie auch, wenn Er ausging. Er aber richtete sie mit kindlichem Wohlgefallen freundlich vom Boden auf. Die göttliche Mutter erbat sich auch Seinen Segen für alles, was sie tat. Nie ließ sie eine Gelegenheit vorübergehen, ohne alle Tugendakte mit höchstem Eifer zu üben. Immer wirkte sie mit der ganzen Fülle der Gnaden mit, so daß diese immer mehr zunahmen. Maria suchte auch immer Mittel, sich zu verdemütigen. Sie betete das menschgewordene Wort an, indem sie ihre Knie vor Ihm beugte, voll Liebe sich vor Ihm auf ihr Angesicht warf oder andere Akte voll heiliger, weiser Ehrfurcht verrichtete. Die Engel waren darüber von Verwunderung erfüllt. Gott lobend, sprachen sie chorweise zueinander: „Wer ist diese reinste Kreatur, von Lust überfließend für unsern Schöpfer und ihren Sohn? Wer ist sie, die mit solchem Fleiß und solcher Weisheit den Allerhöchsten ehrt, daß sie an Eifer, Bereitwilligkeit und Liebe uns alle unvergleichlich übertrifft?"

Je älter das wunderbare, holdselige Kind wurde, desto

größeren Ernst zeigte es im Verkehr mit Seinen Eltern. Die zärtlichen Liebkosungen, die übrigens immer maßvoll waren, unterblieben; denn in Seinen Mienen zeigte sich die verborgene Gottheit in solcher Majestät, daß die Eltern oft aus Ehrfurcht nicht gewagt hätten, mit Ihm zu sprechen, wenn Es dieselbe nicht durch sanfte Freundlichkeit gemildert hätte. Bei Seinem Anblick empfanden Maria und Joseph mächtige, himmlische Gnadenwirkungen, durch die sich nicht nur die Kraft und Stärke der Gottheit, sondern zugleich auch die Güte eines höchst liebevollen Vaters kundgab. Bei all Seiner Majestät und Würde zeigte der Jesusknabe sich doch auch zugleich als *Kind der göttlichen Mutter* und behandelte den heiligen Joseph als den, der dem Namen und Amte nach Sein Vater war. Er gehorchte ihnen wie der demütigste Sohn seinen Eltern. Alle diese verschiedenen Pflichten und Arten des Verhaltens: die würdevolle Haltung wie den Gehorsam, die Majestät wie die Demut, den göttlichen Ernst wie die menschliche Freundlichkeit ordnete das menschgewordene Wort mit unendlicher Weisheit und gab jedem, was ihm gebührte, so daß Größe und Erniedrigung einander keinen Eintrag taten.

Maria aber war voll Aufmerksamkeit auf diese Geheimnisse. Sie allein durchschaute, soweit es einem bloßen Geschöpfe möglich ist, auf tiefe und würdige Weise die Werke ihres heiligsten Sohnes sowie die Ordnung, die Seine unendliche Weisheit dabei einhielt. Es ist unbeschreiblich, welche Wirkungen all dies in der reinsten und weisesten Seele Mariä hervorbrachte, und wie sie, ihren heiligsten Sohn nachahmend, sich zum lebendigen Abbild Seiner unaussprechlichen Heiligkeit machte.

Unzählbar sind die Seelen, die in Heliopolis und ganz Ägypten bekehrt und gerettet, die Kranken, die geheilt, die Wunder, die von Jesus, Maria und Joseph während ihres siebenjährigen Aufenthaltes gewirkt wurden. Eine solche glückbringende Schuld war die Grausamkeit des Herodes für Ägypten! So groß ist die Kraft der unendlichen Güte und Weisheit, daß sie selbst das Böse und die Sünden als Mittel zur Erlangung großer Güter gebraucht. Stößt man die Gnade auf einer Seite zurück, und verschließt man sich vor ihren Erbarmungen, dann bewirkt sie an anderen Orten, daß man sie einläßt. Gottes Liebesverlangen, dem Menschengeschlecht gnädig zu sein, kann selbst durch die vielen Wasser unserer Sünden und Undankbarkeiten nicht ausgelöscht werden.

Lehre der Himmelskönigin

Meine Tochter, von der Zeit an, da du den Auftrag erhieltest, die Geschichte meines Lebens zu schreiben, hast du erkannt, daß der Herr auch die Absicht hat, der Welt zu zeigen, was die Menschen Seiner und meiner Liebe schuldig sind. *Er hat uns geliebt bis zum Tode am Kreuze.* In diesen Worten ist alles eingeschlossen. Dies ist die äußerste Grenze, bis zu welcher Seine unermeßliche Liebe gehen konnte. Doch es gibt Undankbare, denen das Andenken an diese Wohltat Ekel einflößt. Für diese und überhaupt für alle wird es ein neuer Ansporn sein, wenn sie wenigstens das einigermaßen erkennen, was der Sohn Gottes während Seines dreiunddreißigjährigen Lebens für sie getan hat. Jedes Seiner Werke hat einen unendlichen Wert, und jedes verdient einen Dank von ewiger Dauer. Der Allmächtige hat mich von allem Zeuge sein lassen. Vom ersten Augenblick Seiner Empfängnis an hat Er nie aufgehört, für das Heil der Menschen zu Seinem Vater zu flehen. Schon in jenem Augenblick umarmte Er das Kreuz, nicht nur mit dem Verlangen Seines Herzens, sondern so viel wie möglich, schon in der Tat, indem Er als Kind die Haltung eines Gekreuzigten annahm und diese Übung Sein ganzes Leben hindurch fortsetzte. Ich schloß mich Seinen Werken und Gebeten für die Menschen an, und zwar von dem ersten Akte an, mit dem Er für die Seiner heiligsten Menschheit verliehenen Wohltaten dankte.

Die Menschen mögen nun sehen, ob ich, die Zeugin und Mitwirkerin ihrer Erlösung, nicht auch am Tage des Gerichtes Zeugnis geben werde, wie sehr Gottes Sache ihnen gegenüber gerechtfertigt worden ist. Sie mögen erwägen, ob es nicht höchst gerecht ist, daß ich alsdann meine Fürsprache jenen verweigere, die so viele Gnaden und Wohltaten meines Sohnes verachtet und vergessen haben. Welche Ausrede, welche Entschuldigung werden sie dann vorbringen, da sie so gut unterrichtet, ermahnt und von der Wahrheit erleuchtet wurden? Wie können solche Undankbare und Hartherzige Barmherzigkeit erwarten von einem höchst gerechten Gott, der ihnen bestimmte und gelegene Zeit gegeben und während derselben sie eingeladen, gerufen, erwartet und mit unermeßlichen Wohltaten beschenkt hat? Aber sie haben alles verscherzt und verloren, um ihren Eitelkeiten nachzugehen.

Fürchte, meine Tochter, diese größte aller Gefahren und Verblendungen! Erneuere oft in dir das Andenken an die Werke meines allerheiligsten Sohnes sowie an die meinigen, und ahme sie eifrig nach. Setze die Kreuzesübungen mit Erlaubnis deiner Obern fort und habe dabei vor Augen, was du nachahmen und wofür du danken sollst. Mein Sohn hätte, ohne so viel zu leiden, die Welt erlösen können. Er wollte jedoch aus unermeßlicher Liebe zu den Seelen Seine Schmerzen steigern. Der Dank für solche Güte soll darin bestehen, daß sich das Geschöpf nicht begnügt, für Gott nur weniges zu tun, wie es die Menschen in ihrer Blindheit gewöhnlich machen. Füge du eine Tugendübung, eine Mühe an die andere, um deine Pflicht zu erfüllen und meinem Herrn und mir Gesellschaft zu leisten in den Leiden, die Er auf Erden erduldete. Opfere alles für die Seelen auf und vereinige es vor dem Angesichte des ewigen Vaters mit den Verdiensten des Erlösers.

* * *

30. Rückkehr der heiligen Familie nach Nazareth

Als das Jesuskind sein siebtes Jahr in Ägypten vollendet hatte, war die von der ewigen Weisheit festgesetzte Zeit der geheimnisvollen Verbannung abgelaufen. Damit die Prophezeiungen sich erfüllten, mußte das Jesuskind nach Nazareth zurück. Dies teilte der ewige Vater eines Tages der Menschheit Seines göttlichen Sohnes mit. Maria schaute diesen Willensentschluß des Herrn in der Seele Jesu und sah, wie ihr göttlicher Sohn diesen Befehl entgegennahm, um ihn auszuführen. Maria unterwarf sich gleichfalls dem göttlichen Willen, obwohl sie in Ägypten mehr aufrichtig ergebene Bekannte hatte als zu Nazareth. Beide offenbarten diesen neuen Befehl des Himmels dem heiligen Joseph nicht. Aber in der folgenden Nacht sprach der Engel des Herrn zu ihm im Traum, wie der Evangelist Matthäus berichtet. Er gab die Weisung, das Kind und die Mutter zu nehmen und in das Land Israel zurückzukehren, da Herodes und jene, die dem Kinde nach dem Leben strebten, gestorben seien. So sehr liebt Gott die gute Ordnung in allen geschaffenen Dingen. Obwohl das Jesuskind wahrer Gott war und Seine heilige Mutter Joseph an Heiligkeit hoch überragte, wollte Gott doch nicht, daß die Reise von Seinem heiligsten Sohne oder von Maria äußerlich angeordnet werde, sondern von Joseph, der das Haupt der heiligen Familie war.

Dadurch wollte der Herr allen Menschen vor Augen stellen, daß es Ihm wohlgefällt, wenn alles durch die übernatürliche, von Seiner Vorsehung bestimmte Ordnung geleitet werde, und daß am geheimnisvollen Leibe der heiligen Kirche die Untergebenen jenen gehorchen müssen, die das Amt der Obern bekleiden, wenn sie diese auch durch andere Eigenschaften oder durch Tugenden übertreffen sollten.

Der heilige Joseph teilte dem Jesuskinde und seiner heiligen Braut den Befehl des Herrn mit. Beide antworteten, der Wille des Herrn solle geschehen. Sie beschlossen, ohne Verzug abzureisen und verteilten durch das Jesuskind die wenigen Gerätschaften ihres Hauses an die Armen. Maria gab ihre Almosen gewöhnlich dem Jesuskind, da sie wußte, daß Er als Gott der Barmherzigkeit mit eigenen Händen Barmherzigkeit ausüben wollte. Wenn Maria Ihm diese Almosen gab, kniete sie nieder und sagte: „Mein Sohn und Herr, nimm, was du begehrst, um es den Armen, die ja unsere Freunde und Brüder sind, zu verteilen." In das glückliche Haus, das Jesus, der Hohepriester selbst, zum Tempel geweiht und geheiligt hatte, zogen einige der frömmsten Personen von Heliopolis ein. Ihre hohe Tugend hatte ihnen das Glück verdient, das sie selbst noch nicht kannten. Nach allem, was sie gesehen und erfahren hatten, hielten sie sich für sehr glücklich, dort zu wohnen, wo die frommen Fremdlinge sich so lange aufgehalten hatten. Für diese fromme Gesinnung wurden sie mit reichem Licht und reichen Gnaden belohnt, um zur ewigen Seligkeit zu gelangen.

Die heilige Familie machte ihre Rückreise von Heliopolis nach Palästina in Begleitung ihrer Engel. Maria saß auf einem Esel, das göttliche Kind auf ihrem Schoß. Der heilige Joseph ging zu Fuß, ganz bei dem Kinde und der Mutter. Der Abschied von ihren Freunden und Bekannten war für alle schmerzlich, da diese so große Wohltäter verloren. Unter Weinen sagten sie ihnen Lebewohl. Sie fühlten und sprachen es auch aus, daß sie all ihren Trost, ihren Schutz, ihre Hilfe in der Not verlören. Hätte die göttliche Allmacht den Abschied nicht erleichtert, so hätten die Ägypter wegen ihrer großen Liebe zur Heiligen Familie Schwierigkeiten gemacht, sie ziehen zu lassen. Sie hatten in ihrem Herzen ein geheimes Gefühl, daß die Nacht ihres Elendes wieder anbreche, wenn die ihnen wie bisher Licht und Trost spendende Sonne verschwinden würde.

Ehe Jesus, Maria und Joseph in die Wüste kamen, zogen sie durch einige ägyptische Ortschaften, Gnaden und Wohltaten spendend. Die Wunder, die sie bis dahin gewirkt hatten, waren schon im ganzen Lande bekannt. Daher kamen überall die Kranken und Notleidenden, suchten bei ihnen Hilfe und fanden sie auch für Leib und Seele. Sie heilten viele Kranke, trieben auch viele Teufel aus, ohne daß diese wußten, wer sie in den Abgrund der Hölle geschleudert habe. Sie fühlten nur die göttliche Kraft, die sie austrieb und den Menschen so viel Gutes tat.

Über all diese Vorgänge genügt zu sagen, daß alle Menschen, die mit mehr oder weniger Frömmigkeit und Liebe zu ihnen kamen, von der Wahrheit erleuchtet, durch die Gnade gestärkt, von göttlicher Liebe verwundet, sie wieder verließen. Sie fühlten eine geheime Kraft, die sie bewog, das Gute zu wählen, den Weg des Todes zu verlassen und die Pfade des ewigen Lebens zu suchen. Sie kamen, vom Vater gezogen, zu dem Sohne und kehrten zum Vater zurück, vom Sohne geleitet durch das göttliche Licht, das Er in ihrem Verstand entzündete, damit sie die Gottheit des Vaters erkennen möchten. Seine eigene Gottheit verbarg der Heiland, da die Zeit noch nicht gekommen war. Doch immer und allezeit teilte Er jenes Feuer mit, das Er in der Welt zu entzünden und zu verbreiten gekommen war.

Nachdem die von Gott bestimmten Geheimnisse in Ägypten erfüllt waren, gelangte die heilige Familie in die Wüste. Dort hatte sie ähnliche Prüfungen zu bestehen wie das erste Mal. Der Herr ließ Not und Drangsal zu, um auch zur rechten Zeit Hilfe zu senden. Diese kam manchmal durch die

Engel. Manchmal gebot das Jesuskind den Engeln, Seiner heiligsten Mutter und ihrem Bräutigam Speise zu bringen. Um den heiligen Joseph noch mehr zu erfreuen, ließ ihn das göttliche Kind den Befehl vernehmen. Joseph sah dann, wie die Engel überaus schnell und bereitwillig gehorchten. Er sah, wie sie die Speise brachten. Das war ihm ein großer Trost in dem Schmerz, den er darüber empfand, daß ihm der nötige Lebensunterhalt für den König und die Königin des Himmels fehlte. Zuweilen vermehrte das allmächtige Kind ein Stück Brot, so daß alle genug hatten. Als sie an die Grenzen Palästinas kamen, erfuhr Joseph, daß Archelaus seinem Vater Herodes in der Regierung gefolgt sei. Da er fürchtete, Archelaus habe mit dem Thron auch die Grausamkeit gegen das Jesuskind geerbt, ging er nicht nach Judäa, sondern zog durch das Land der Stämme Dan und Issachar nach dem unteren Galiläa, der Küste des mittelländischen Meeres entlang.

So kamen sie nach Nazareth, ihrer Heimat; denn das göttliche Kind sollte Nazarener genannt werden. Dort fanden sie ihr armes, altes Häuschen in der Hut jener heiligen, mit Joseph im dritten Grade verwandten Frau, die Joseph bedient hatte, als Maria bei Elisabeth weilte. Vor der Abreise von Judäa nach Ägypten hatte Joseph dieser Frau berichtet, sie möge für das Haus und alles darin sorgen. Sie fanden alles wohlbewahrt, und die Base empfing sie mit großer Freude. Sie hatte eine große Liebe zu Maria, deren Würde ihr damals aber noch nicht bekannt war. Maria trat mit ihrem Sohn und Joseph ein. Hier warf sie sich zur Erde nieder, um den Herrn anzubeten und Ihm zu danken, daß Er sie von der Grausamkeit des Herodes befreit, in den Gefahren ihrer Verbannung und ihrer beschwerlichen Reise beschützt und an den Ort ihrer Ruhe geführt habe; vor allem aber, daß sie mit ihrem göttlichen Sohne angekommen sei, der schon so groß und voll der Gnade und Tugend war.

Maria richtete sofort ihr Leben und ihre Übungen nach der Weise ihres göttlichen Kindes ein. Auch auf dem Weg hatte sie in Nachahmung ihres göttlichen Sohnes ununterbrochen die vollkommensten Handlungen verrichtet. Aber da sie jetzt ruhig in ihrem Hause war, konnte sie manches tun, was ihr draußen unmöglich gewesen war. Überall war es ihre größte Sorge, mit ihrem göttlichen Sohn *am Heil der Seelen zu wirken*. Das war ihr vom ewigen Vater aufgetragen. Maria ordnete darum mit dem göttlichen Erlöser ihre Übungen. Diese waren ihre und Jesu Hauptbeschäftigung. Auch Joseph richtete alles ein, was sein Amt und seine Geschäfte anging, um den Unterhalt für die Familie zu verdienen. Wie groß war doch das Glück dieses heiligen Patriarchen! Für die übrigen Kinder Adams ist es eine Plage und Strafe, daß sie zur Arbeit im Schweiße ihres Angesichts verurteilt wurden; für den heiligen Joseph war es Segen, Wohltat und Freude ohnegleichen, daß er erwählt war, durch seine Arbeit und seinen Schweiß die göttliche Mutter und Gott selbst zu ernähren, Gott, dem Himmel und Erde gehört mit allem, was darin ist.

Den Dank für diese Sorge und Arbeit Josephs nahm Maria auf sich. Sie diente ihm und bereitete ihm seine ärmliche Nahrung mit unvergleichlicher Aufmerksamkeit und wohlwollendster Dankbarkeit. In allem war sie ihm gehorsam. Von sich selbst dachte sie gering, als wäre sie seine Magd, nicht aber seine Braut und, was noch mehr ist, die Mutter des Schöpfers und Herrn der Welt. Sie erachtete sich jeden Dinges für unwürdig, selbst der Erde, die sie trug. Sie glaubte, von rechtswegen müsse alles ihr mangeln. Auf die Überzeugung, daß sie aus Nichts erschaffen, und daß sie weder die Wohltat der Erschaffung, noch irgend eine andere Wohltat von Gott habe verdienen können, gründete sie eine so tiefe Demut, daß sie sich stets bis zum Staube, ja unter den Staub erniedrigte. Für jede, auch die geringste Wohltat dankte sie dem Herrn mit wunderbarer Weisheit als dem Urheber alles Guten, und den Geschöpfen als den Werkzeugen Seiner Macht und Güte. Den einen dankte sie, daß sie ihr Wohltaten erwiesen, den andern, daß sie sie ihr verweigerten. Wieder andern dankte sie, daß sie mit ihr Geduld hatten. Sie betrachtete sich als die Schuldnerin aller, erfüllte alle mit Segnungen und Gnaden und erniedrigte sich unter alle. Sie forschte nach Mitteln und Wegen, um keine Zeit, keine Gelegenheit vorübergehen zu lassen, ohne das Heiligste, Vollkommenste und Höchste in den Tugenden geübt zu haben zur Bewunderung der Engel, zur Freude und zum Wohlgefallen des Allerhöchsten.

Lehre der Himmelskönigin

Meine Tochter, in den Anordnungen Gottes, von einer Gegend in die andere, von einem Reiche in ein anderes zu ziehen, war mein Herz niemals verwirrt, mein Geist niemals traurig, weil ich allezeit bereit war, den Willen Gottes zu erfüllen. Er gab mir zwar die erhabenen Absichten Seiner Werke zu erkennen, allein nicht immer sofort, damit ich inzwischen mehr leide; denn ein Geschöpf soll keine andern Gründe seiner Unterwürfigkeit suchen als die, daß der Schöpfer es befiehlt, und daß Er alles leitet. Dies allein zu wissen, genügt jenen Seelen, die nur verlangen, Gott Freude zu machen, ohne darauf zu achten, was ihren Neigungen zusage. Du sollst aus Weisheit und nach meinem Beispiel sowie um meines Sohnes willen Angenehmes und Widerwärtiges auf Erden mit derselben Miene, mit Gleichmut und Ruhe annehmen. Das eine darf dich nicht betrüben, das andere nicht zu eitler Freude fortreißen. Du sollst nur daran denken, daß der Allerhöchste alles nach Seinem Wohlgefallen ordnet.

Das Menschenleben ist ein Gewebe verschiedener Ereignisse. Die einen sind für den Menschen erfreulich, die andern schmerzlich; die einen verabscheut, die andern begehrt er. Das kleine, enge Menschenherz nimmt die einen mit übermäßiger Freude an, wegen der andern ist es trostlos und betrübt. Diese Aufregungen sind vielen Tugenden gefährlich. Die ungeordnete Liebe zu einer Sache, die man nicht erlangt, erregt alsbald im Herzen das Verlangen nach einer andern. So sucht man in diesen neuen Wünschen den Verdruß über das, was man nicht erlangt, zu lindern. Wird aber der Wunsch befriedigt, so ist das Herz wie von Freude berauscht. Von dieser geht man weiter zu ungeordneten Wünschen und Leidenschaften.

Sei also, meine Tochter, vor dieser Gefahr auf der Hut. Um sie mit der Wurzel auszureißen, *bewahre dein Herz in heiliger Freiheit. Schaue allein auf Gottes Vorsehung* und laß dich nicht hinneigen zu dem, was du verlangst oder was dich erfreuen würde. Fürchte aber auch nicht, was dir peinlich ist. Erfreue dich einzig im Willen deines Herrn. Laß dich nicht fortreißen von deinen Wünschen und nicht entmutigen durch Furcht vor irgendeinem Ereignis. Laß dich von deinen heiligen Übungen nicht abbringen durch äußere Beschäftigungen und noch viel weniger durch menschliche Rücksichten oder durch den Gedanken an die Geschöpfe. Habe in allem vor Augen, was ich tat, und folge meinen Fußstapfen mit Liebe und Sorgfalt.

***

Ende des vierten Buches

In Memoriam

des edlen Priesters, Mystikers und Wissenschaftlers Prof. Albert Drexel, der vielen tausend Menschen seit dem Jahre 1954 einen Einblick in das grandiose Werk der spanischen Seherin Maria von Jesus zu Agreda ermöglicht hat. Ausschlaggebend war seine Liebe zu Maria, der „Mutter der Kirche". Sein JA wurde zum *fiat*, – Herr nur Dein Wille, – zur Ehre Deiner heiligen Mutter und vielen Menschen zum Heil und Segen.

Den teuren Lesern des Werkes Maria von Agreda soll in diesem 2. Band ein „Bekenntnis" des am 9. März 1977 von uns heimgegangenen lieben Priesters geschenkt sein. Es sind dies wertvolle Gedanken, „Sentenzen", die er betend mit Gott verbunden, meditierend verfaßte.

Zu klein ist Menschengeist,
Gott zu begreifen.
Nur ahnend, glaubend können wir auf Erden,
Sein Licht empfangend, Gottes inne werden und Seinem
Bild und Glück entgegenreifen.

*

Ein Drang des Menschen, – dem Hohen, Reinen, Ew'gen, Unfaßbaren, Gott genannt, sich hinzugeben, im Herzen, mit Verstand, durch Wort und Tat: das nenn' ich fromm.

*

Dreifach offenbart sich Gott dem Menschen: im Kosmos Seiner Schöpfung, durch das Wort, im Wehen der Gnade. Man redet heute viel von einer neuen Weltanschauung, die sich Existenzialismus nennt. Ihr gelten nur die Zeit und das Diesseits. Die Werte „Gott – Jenseits – Ewigkeit" werden als Gegenstand bloßen Glaubens beiseitegestellt. Dem religiösen

Menschen, vorab dem Christen, sind diese Werte höchste Realität und bei aller Anerkennung, Entfaltung und Auswertung diesseitigen Lebens letzlich entscheidend.

*

Vor Gott gelten keine Titel, Auszeichnungen und Würden, in denen sich, ach, so oft Menschen gefallen. Gott sieht allein auf die innere Würde des Menschen. Diese Würde blüht gern im Verborgenen, weit ab vom Lärm und Ruhm.

*

Nur ein Unwissender klammert sich an das Stoffliche und an das Erdendasein. Ihm künden die Milliarden Sterne nichts, und trotz ihres Lichtes bleibt er in der Finsternis.

*

Alles Heilige ist vom Schleier des Geheimnisses umhüllt. Wer diesen Schleier zerreißt, verwundet es tödlich.

*

Menschen, die innerlich leer sind, haben das Bedürfnis, sich nach außen durch allerlei Tand und Schein aufzuwerten.

*

Ich kenne nur einen Menschen, der dem vom Schöpfer gewollten Bildnis am nächsten kommt: Maria, die Jungfrau und Mutter Jesu. Sie ist darum vor allen Menschen der Bewunderung und der Ehrfurcht wert, soweit diese einem bloßen Geschöpfe zukommen können. Dies hat selbst ein Goethe in seiner größten Dichtung, dem *Faust*, angedeutet. Das Jawort der verborgenen Jungfrau Maria zur Mutterschaft am Erlöser Christus ist – nach dem Sterben auf Golgotha – die heilsgeschichtlich größte Tat.

*

Wer im Christentum nur düsteren Ernst, harte Buße, Opfer und Gebet sieht, hat Christus nicht ganz verstanden und vom Christentum einen einseitigen und insoweit falschen Begriff. Das Christentum bejaht das diesseitige Leben und irdische Freuden, und Christi Evangelium bedeutet Frohbotschaft, – freilich innerhalb der Grenzen des natürlichen Sittengesetzes, auf dem Fundament des Glaubens und in ewigkeitlicher Schau.

*

Man mag die Aszese, den irdischen Verzicht, den Geist der Buße und Sühne heroischer Gestalten der früheren Jahrhunderte als weltfremd und lebensfeindlich abtun, ja sogar in theologischen Kreisen gelegentlich belächeln. Das Leben jener Aszeten und Geistesmänner, von der Kirche als Heilige verehrt, gehört zu den Höchstleistungen der Christusnachfolge, und wehe der Zeit, in der die Geltung und Übung christlichen Büßens und Sühnens verkannt würden oder verloren gingen.

*

Tolerant sein heißt, den Nächsten trotz seines rassischen Andersgeartetseins, seiner weltanschaulich unterschiedenen Auffassung, seines kirchlich anderen Bekenntnisses oder seiner politisch-sozial gegenteiligen Einstellung aus der von Christus geforderten, in Gesinnung und Tat wahrhaften Bruderliebe ertragen. Ohne diese Liebe ist Toleranz eine hohle Phrase, eine kalte Geste oder seelenlose Höflichkeit. Was den Sinn menschlichen Leides und menschlicher Leiden betrifft, gibt es nur eine zweifache Möglichkeit der Beantwortung und Deutung: – entweder sieht der Mensch sie im Lichte des Gottesglaubens und der Christusbotschaft mit ihrer Sinngebung aus höherer Schau, der gemäß aller menschliche Schmerz nicht der Abschluß, sondern der Übergang zu einer in Jenseits und Ewigkeit sich verwirklichenden Ordnung der Gerechtigkeit, des Ausgleiches und der Vollendung ist. Oder menschliches Leid und menschliche Leiden werden als „Schicksal" hingenommen, und ihr Sinn endet im unvermeidlichen „Geworfensein" der zeitlich-irdischen Existenz und ihres Einmündens ins Nichts.

*

Liebe ist ein Licht, dem kein Dunkel widersteht; schade aber, daß es nur wenige Fackelträger gibt. Schade auch, daß der Irrlichter so viele sind, und Liebe oft nur Schein ist.

*

Es gibt Märtyrer, die um ihres Glaubens willen ihr Blut vergossen und darum gepriesen werden. Doch gibt es auf Erden und in der Zeit auch ein unblutiges Martyrium, das länger dauert und bisweilen schwerer wiegt: das Erdulden eines Schmerzes, eines Unrechtes, wie sie das Leben langsam ersterben lassen. Urbild und Höhepunkt eines solchen Martyriums bleibt in der Geschichte Maria von Nazareth, die Mater dolorosa.

*

Daß der Mensch auf das Licht vom Geiste Gottes vergißt und nicht von dem Glauben an dieses Licht erfüllt ist, ist seine Tragik. Nur dieser Glaube, dieses Licht, Gott vermag allem menschlichen Dasein und Schaffen einen letzten Sinn zu geben.

Maria von Agreda

Das Leben der jungfräulichen Gottesmutter Maria

Im deutschen Sprachraum ist eine der größten Mystikerinnen des Christentums heute weitgehend in Vergessenheit geraten: die spanische Äbtissin Maria von Jesus zu Greda (1602–1665), von der die heilige Teresa von Avila schon zwanzig Jahre vor ihrer Geburt weissagte: „Agreda, dieser Gottesgarten, wird für die heilige Kirche eine duftende Blume hervorbringen."

Über das Leben der seit frühester Kindheit begnadeten Ordensfrau sind viele Einzelheiten bekannt, doch kann eine bloße Aufzählung der außerordentlichen Gnaden und Vorzüge, die Gott ihr schenkte, nur ein schwaches Licht auf die Tugend und Heiligkeit werfen, die sie zu Lebzeiten umstrahlte. Nachdem Gott seine Auserwählte über fünfzig Jahre lang vorbereitet hatte, war Maria von Agreda der Himmelskönigin in großer Demut immer ähnlicher geworden, deren Leben sie in Visionen schaute und niederschrieb: „Die geheimnisreiche Stadt Gottes – Maria. Das Leben der heiligsten Jungfrau und Gottesmutter." Schon zu Maria von Agredas Lebzeiten erkannten viele Gelehrte und Theologen die

Maria von Jesus zu Agreda (*1602 – †1665)

Einzigartigkeit und herausragende Stellung, die dieses Werk in der christlichen Literatur einzunehmen bestimmt war.

Gott selbst als eigentlicher Autor dieses Werkes unterstrich dessen Bedeutung folgendermaßen: Als man im Jahr 1667, zwei Jahre nach Maria von Agredas Tod, ihren Sarg öffnete, lag ihr Leib so da, als ob sie lebe, schön und gesund, einen lieblichen Duft verbreitend. Seither wurde der Sarg noch vierzehn Mal für medizinische und kirchliche Untersuchungen geöffnet, ohne dass der Leichnam dadurch beeinträchtigt worden wäre. Besonders die Hände, die Gott gebraucht hatte, waren frisch geblieben. Trotz der warmen Empfehlung zahlreicher Kardinäle, Bischöfe und sogar Päpste wie Pius XI. blieb das Werk einige Jahrzehnte lang vergriffen, bis Prof. Albert Drexel († 1977), ein Priester und Mystiker, in seinen Freitags-Visionen vom Herrn die Bitte erhielt, das Werk neu zu verlegen, da es gerade in dieser Zeit zu großer Bedeutung gelangen werde. Das von ihm theologisch bearbeitete und redigierte Werk ist seither in vier Bänden erhältlich und inhaltlich unterteilt.

Schwester Marias unversehrter Leichnam in einem Sarg in der Kirche ihres Klosters in Agreda, Spanien

480